竞争优势

Michael Porter
［美］迈克尔·波特◎著
陈丽芳◎译

COMPETITIVE ADVANTAGE

Creating and Sustaining
Superior Performance

中信出版社 · CHINACITICPRESS · 北京 ·

图书在版编目（CIP）数据

竞争优势 /（美）波特著；陈丽芳译. —北京：中信出版社，2014.6（2025.10 重印）
书名原文：Competitive Advantage: Creating and Sustaining Superior Performance
ISBN 978-7-5086-4347-2
I. 竞… II. ①波… ②陈… III. 企业竞争－研究 IV. F270
中国版本图书馆CIP数据核字（2014）第 271467 号

竞争优势

著　　者：[美] 迈克尔 · 波特
译　　者：陈丽芳
策划推广：中信出版社（China CITIC Press）
出版发行：中信出版集团股份有限公司
（北京市朝阳区东三环北路 27 号嘉铭中心　邮编　100020）
（CITIC Publishing Group）
承 印 者：河北鹏润印刷有限公司

开　　本：787mm × 1092mm　1/16　　印　　张：28.25　　字　　数：488 千字
版　　次：2014 年 6 月第 1 版　　印　　次：2025 年 10 月第 31 次印刷
京权图字：01–2013–6369
书　　号：ISBN 978–7–5086–4347–2 / F · 3076
定　　价：88.00 元

服务热线：010–84849555　　服务传真：010–84849000
投稿邮箱：author@citicpub.com

谨以此书献给C. 罗兰 · 克里斯滕森（C. Roland Christensen）和
理查德 · E. 凯夫斯（Richard E. Caves）

· COMPETITIVE ADVANTAGE · 目 录 ·

第二部分 行业内的竞争范围

第三部分 公司战略和竞争优势

第四部分 进攻和防御竞争战略的意义

波特教授是享誉全球的管理大师，是战略管理领域的开拓者、泰斗，其战略思想影响至深，迄今依然是商学院最受欢迎的战略分析工具之一。在中欧国际工商学院EMBA（高层管理人员工商管理硕士）学员的小组课题报告中，波特教授的分析框架当仁不让成为首选。中欧办学至今近20年来无不如此，足见大师作品历久弥新的经典价值。

为何波特的战略思想如此受欢迎？我想大概有以下几条理由。第一，他的战略思想将复杂的竞争现象精简为通俗易懂的思维模型，企业家听了就能理解，拿过来就可以应用。第二，在看似朴素的方法背后，是他惊人的洞察力。尽管现实世界纷繁芜杂，商业创新层出不穷，但其战略分析均可适用。即便前几年风靡一时的《蓝海战略》，也是在波特战略理论基础上的创新与延展。第三，尽管在现实世界的管理决策中，企业家未必能够完全按照波特的分析方法去制定战略，但这并不影响企业家对波特战略的钟爱。因为，波特战略总是能帮助他们更加有条理地去思考、总结问题，也可以更好地把自己的战略意图与同事们交流和分享。

波特之所以能做到以上几点，其中一个原因是他对案例的运用。在每一个战略步骤/环节，波特都借具体案例加以阐释和说明，这使读者感觉非常受用。当然，更重要的是波特教授独特的个人经历：第一，他先取得MBA（工商管理硕士）学位，再拿到经济学博士学位，MBA的经历让他的研究始终围绕现实世界运转；第二，他不是学管理出身，而是经济学博士，经济学的特点在于抽象的总结，经济学训练赋予了波特化繁为简的功力；第三，他26岁就执教于以案例教学法闻名世界的哈佛商学院，这进一步强化了他与现实世界的联系。波特教授的这些成功因素，是值得如今的商学院教授们认真借鉴的。

对中国的一些企业家而言，《竞争优势》及《竞争战略》等“竞争”系列丛书是特别需要补课的好教材。企业家往往热衷于制定宏大的战略，这听起来很刺激、很有成就感，但真正让一家企业走向持久成功的，不是战略宏图，而是战略背后的能力、执行力，即竞争优势。“一流的战略+二流的执行”，往往比不上“次佳的战略+一流的执行”。原因很简单，任何战略，无论你多么超前，都会吸引新的进入者。先发者建立起难以模仿的竞争优势，才是成功的关键。在中国这样一个过去30年年均GDP（国内生产总值）增长率高达9.8%的市场，有那么一些企业家总是在追逐机会，而缺乏打造竞争优势的耐心和恒心。因此，我们看到了太多的流星企业，各领风骚三五年。《竞争优势》是《竞争战略》的姊妹篇，如果企业家只学习后者而遗漏了前者，无疑是只学到了表面功夫。

中国企业需要认真学习波特的这套“竞争”系列丛书，其迫切性还与当下的经济转型有关。中共十八届三中全会提出的全面改革方案，开启了中国经济社会转型的大幕。转型对企业而言意味着新的竞争环境。经济增速将从高速变为中高速，原来的劳动力成本优势进一步下降，人口结构迎来刘易斯拐点，经济从投资推动转向消费驱动，以上海自贸区为标志的对外开放进一步升级……显然，企业未来的成功将不能继续简单地依赖低成本优势和经济高速增长带来的投资机会。转型的根本出路在于创新，创新将是成就未来赢家的不二法宝。但任何一次商业创新都只能带来暂时的领先，只有建立在竞争优势基础之上的持续创新，才是成就伟大企业之路。

我郑重推荐这套丛书，希望企业家们潜心细读，一定会有令你感到惊喜的收获与顿悟。

中欧国际工商学院院长，上海数字化与互联网金融研究中心主任
朱晓明迈克尔·波特的《竞争战略》、《竞争优势》以及《国家竞争优势》，都是商学或管理学领域很有影响力的著作。其贡献不仅在理论上，而且为公共和民营组织的实践者提供了一个系统的思想方法，帮助人们考虑一个企业、组织乃至国家的竞争战略问题。从理论上来说，波特的工作开启了用不同学术领域的研究方法来分析、研究、解决同一个问题的先河，产业经济学、组织行为学乃至社会学，都被用到战略管理的理论研究当中。对其在实践或应用方面的贡献，我只想谈一点近年来自己在国内商学院任教时的体验。国内EMBA学生的毕业论文大多以企业战略为题，在几个主要商学院中这个统计数字都超过60%，而这些论文都是用波特的方法来思考和解决学员所在的企业或其他组织的战略问题。可见其影响之大，是许多其他著作难以企及的。

波特教授在其著作中提出的标准分析方法，如"五力分析"、三种基本战略等，应用起来很方便。这里就有一个实战性的问题：是否用了波特的方法，就一定能在经营中成功、在竞争中取胜？这显然与事实不符。所以在读波特的书时要注意，有些东西可以套用，有些东西不能简单套用。分析的框架、考虑的要素、思想的方法可以套用，但分析的结论，特别是针对某些特定案例的结论，就不一定能套用。即使在同一行业，但是时间不同，地点不同，文化背景不同，企业的最佳策略就不一定相同。所以看波特的书，一定要结合自己的工作实际来读、来想、来分析。一切从实际出发，才是成功的秘诀。

为了保证理论阐述的完备性，波特教授在书中对问题条件、决定因素、战略选择、挑战与风险等方面的陈述和分析面面俱到，力求详尽。好处是可以全面看待问题，不会疏漏了应该考虑的条件、因素和风险。但是可能出现的问题是读者会被林林总总的信息所淹没，丢失了重点，搞不清什么是关键问题。说到“五力”，什么是起主要作用的力？说到“优势”，什么是能克敌制胜的强项？说到“劣势”，什么是可能致命的弱点？重要的东西不多，但要抓住它们并不容易。要抓住重点、抓住关键，除了经验和判断力之外，利用企业和行业的历史统计数据也是一个有效的办法。

应用波特教授的分析方法，还要注意“与时俱进”。世间万物都在变化，市场和客户在变化，产品和技术在变化，经营环境在变化，竞争对手在变化，企业本身的能力、文化也在不断地变化。这些变化超过一定限度，就要求对企业的竞争战略做出相应的调整。成功的战略决策固然不会是“一蹴而就”，更不可能“一劳永逸”，所以一定要有长远的观点、动态的观点，时时把握重要因素的变化，及时做出相应的调整。常怀危机意识，戒骄戒躁，才有企业的“长治久安”。

这里我讲了三点意思，一是要联系实际，二是要抓要点、抓关键，三是要灵活变通、与时俱进。这些意见供读者在研读和应用波特教授著作时参考。

这次由中信出版社引进并翻译的《竞争优势》，行文平白，颇合乎中国广大读者的口味，特此推介。在写此序言时，我一直把陈小悦亲笔题赠的译著放在手边，他的音容笑貌，时时浮现眼前。小悦兄与我同年出生，同年考进大学——他在清华、我在复旦，后来又一同献身管理教育和研究。如今他英年早逝，谨以这一段文字纪念这位我国改革开放后第一代管理学界的杰出学者。

耶鲁大学荣誉教授，长江商学院学术副院长

李乐德

《竞争优势》英文版首次于1985年出版，是竞争三部曲中继《竞争战略》之后的第二部。《竞争战略》的主要切入点是行业，而《竞争优势》主要是对企业层面的分析。本书旨在构建企业的概念框架，揭示竞争优势的基础及其可持续性。

本书的核心是企业活动基础论（activity-based theory）。若要在任何行业内竞争，企业必须实施多项具体的活动，包括订单处理、拜访买方、组装产品和训练员工等。相比营销或者研发等传统部门，活动（activities）的覆盖范围较小。活动会产生成本，但开展活动能为顾客创造价值，所以它是竞争优势的基本单位。

本书介绍了价值链的概念。价值链是企业活动战略思维、评估活动相对成本和角色的通用框架。买方愿意为某个产品或者服务支付的价格与生产产品或提供服务所开展活动的成本之间的差别决定了利润。通过价值链，人们得以严谨地思考要求溢价的买方价值的源泉，明白某种产品或者服务能够取代其他产品或者服务的原因，而战略定义了企业活动内在一致的性质，是区分企业与对手的标志。

企业基于活动的观点为我们思考企业多元化战略提供了基础。本书探讨了竞争中互补性产品或者服务的作用，以及某些行业的竞争优势。活动是我们分析多元化经营策略的竞争优势和劣势的基本工具。从活动共享或者不同活动之间专有技术的转化这一角度，能够更加深刻地理解多元化竞争为企业创造附加值的能力，这使得人们能够对协同增效这个难以捉摸的概念进行更具体、更严密的界定。除了这些问题外，本书还探讨了跨部门业务协作过程中面临的组织层面的挑战。随着全球企业兼并新浪潮的到来，企业从中获得的竞争价值尚待商榷，这些问题作为核心再次摆在了人们的面前，亟待解决。

最后，企业的活动基础观为我们分析国际战略乃至通俗意义上的跨地区竞争提供了强大的理论框架。在国际竞争中，企业能够在多个区域扩展活动[我将这种现象称为活动配置（configuration）]，在全球范围内的多个地区协调活动，赢得潜在的竞争优势。由于本书篇幅较长，有关国际问题，我将另行撰书阐述。按照这个思路，我们还要分析地理位置在获取竞争优势过程中所起的作用。竞争三部曲的第三部《国家竞争优势》（*The Competitive Advantage of Nations*）①就探讨了这个问题。

本书英文版出版后13年的时间里，我看到书中所提的基本概念被人们广泛认可，这让我深受鼓舞，甚感欣慰。竞争优势和可持续性竞争优势（sustainable competitive advantage）已经成为人们耳熟能详的名词。活动这一概念不仅在处理竞争和战略问题上作用显著，在应对诸如服务管理和竞争中的信息技术作用等功能问题上也被广泛应用。虽然基于活动的成本核算（activity-based costing）在战略应用层面尚不成熟，但它已经成为管理会计的新标准。

回首过去，我作为一名学者，对于本书产生的反响非常满意。虽说本书吸收了产业经济学丰富的传统，但以前的管理学或者经济学文献并没有对竞争优势进行界定。在我提出这个问题后，出现了更多有关竞争优势的论述。我们应该如何理顺、系统地分析与成本、差异化相关联的竞争优势的根基，进而反映企业之间的本质区别？当下，我相信企业活动已经成为分析成本最基本的工具。随着研究的深入，竞争优势这个概念比我预期的作用更强大。

为什么？因为通过竞争优势，我们能够不偏不倚地定义企业竞争的本质，避免了过度宽泛或者片面的特征界定。业内早期的研究将优势归结为企业总体的规模或者所占的市场份额。这种结论过于简单，理由如下。首先，在企业的某些方面，规模和市场份额对成本以及产品和服务的差异化更有影响力。其次，在很多行业里，中小型企业的业绩远超大型企业。最后，即使在那些企业规模和市场份额与出色的业绩密不可分的行业里， 企业规模和市场份额也往往是获得竞争优势的结果，而不是取得竞争优势的原因。

其他试图解释竞争优势的概念，包括优点和缺点、关键的成功要素或者独特能

---

① 《国家竞争优势（上、下）》由中信出版社于2012年再版。——编者注

力，都恰如其分地承认了企业的多面性，但是却没能系统严格地界定优势的来源，更无法与企业的赢利能力联系起来。本书论证的前提是竞争优势取决于多种因素，所有优势都可以与具体的企业活动关联，它们与企业活动和供应商活动以及顾客活动之间联系起来的方式相关。本书阐明了一项活动具备优势的根本原因：为什么企业能够降低成本？活动如何能创造可见的买方价值？本书强调了最有利的竞争地位往往源自于多项活动的经验积累。建立在多项活动基础上的优势更容易被人发现，也更容易被模仿。最后，活动和价值链说明企业作为一个互相依赖的系统，其组成部分必须保持内在一致。

从更广泛的意义来讲，本书更加具体地界定了战略以及实施的步骤。活动是企业日常行为的体现，是实在的，能为人所见，且得到妥善管理。战略不仅是一种广义的愿景，也是企业开展活动的具体方略，企业凭借战略及其实施区别自己和对手。成本领先战略涉及一系列的活动选择，差异化战略也一样。

活动是连接战略和实施的桥梁。从广义的概念来定义战略，对于明确区分战略和结构具有非凡的实践意义。战略的内容和实施的方式有着本质的不同。当人们意识到企业发展是谨慎地开展一系列活动的结果后，就会以为以前对战略、策略和组织的定义不够清楚。战略体现在多种活动的实施过程中，这些活动主要是为选定的买方创造特定的价值。每个活动的设置都体现在活动执行的方式中，包括需要使用的人力、物力因素以及组织层面的安排。而能力也体现在具体的活动中，不再是与成本或者买方价值无关的抽象概念。

企业的职能一般被视为组织层面的职责，如薪酬体制、员工培训，甚至总体的决策结构等。其实，它们也是活动。我称其为辅助活动，以区别于直接与企业生产、交付、营销或者产品服务等相关的活动。辅助活动本身可以是企业竞争优势的来源，企业竞争的活动方式同样影响了企业与员工以及其他公司正当的契约关系。活动还为企业划定正确的组织界限提供了框架。

因此，活动使得战略能在企业发展实践中得以执行。换言之，将企业看作是一系列活动的集合明确地说明了企业上下所有人都是战略的一部分，这恰好说明了企业员工必须都要理解战略。唯有如此，他们才能理解活动安排的原理以及彼此的关联。

本书中提出的观点也许比《竞争战略》中提出的观点操作起来难度更大，主要原因是本书提出的观点只有在更加深刻而全面理解企业行为的前提下才能领会。在习惯了寻找简单的管理处方的世界里，无论在过去还是现在，详细的活动分析都是让人头疼的事情。要找到实例来展示企业工作的价值链，具体操作起来总会碰到困难。企业是一个复杂的体系，靠若干个例子就想理解并掌握全局是不可能的。话又说回来，深入的案例研究也很难得。首先要求参与调查的企业能够透露大量的信息，但多数成功的企业都将企业活动的详细安排视为企业机密，外界想要知晓企业活动构造很难，这正是企业具有持久竞争力的重要原因。

在本书出版十几年后，书中的观点依然深入人心。在竞争和战略领域，存在将外部因素（如行业结构和定位）与内部因素（如核心能力和关键资源）进行区分的明显倾向。有些人认为企业的内因对其生存发展起的作用更大。将竞争优势和企业的核心能力与关键资源形成对立，是一种方向的错误，错解了问题的核心，这样的二分法是错误的。

认为企业的竞争地位与那些貌似持久的企业内部实力、名声和组织能力是两码事，这种想法过于简单。事实上，活动能够将这两者联系起来。那么，企业究竟是一系列活动的集合，还是诸多资源和能力的集合？显然，两者都是。但是活动是企业的作为，它们定义了与企业相关的资源和能力。活动能让人理解要素市场和产品市场定位之间的联系。企业活动具体可见，能够操作，且直接与成本和差异化关联。绝大多数资源和能力可以因一个特定的战略体现出价值，也可以因另一个战略而削弱价值。倘若企业的资源或者能力与活动、战略和行业分离，“内向”的企业无异于闭门造车。分析企业已有的资产，从中可以了解企业的内情，但这绝不等于让企业割裂自身与周围的关系。

本书为我们描述和评估战略提供了逻辑框架。通过联系企业的活动，理解企业形成竞争优势的原因，我们深入挖掘战略的可行性就有了基础。回首过去，显然本书已经引导我们通过调查思考更深层次的问题。这些问题正是我当前的研究课题：活动差异如何能提升企业独特的竞争地位？何时正确权衡不同的市场定位？企业活动难以被模仿的原因是什么？各种活动彼此如何契合？随着时间的流逝，如何实现企业独特的市场定位？

有一点是肯定的，对于企业超越对手、卓尔不群的原因到底是什么，我们还有很多知识需要学习。企业如何发现其独特战略，并根据实际情况落实？当环境变化时，应如何调整？这些过程纷繁复杂，要得到正确的答案，需要我们用整体性的思维来思考。

迈克尔 · 波特

1998 年 1 月于马萨诸塞州布鲁克莱恩

· COMPETITIVE ADVANTAGE · 自　序·

企业在竞争市场的表现如何，竞争优势是核心。经过几十年的大力发展和繁荣，很多企业在寻求发展和多元化扩张的道路上失去了竞争优势。而今，竞争优势变得空前重要。全球各地的企业发展速度放缓，面临着国内外竞争对手的巨大压力，市场上整体的情况是僧多粥少。

本书的核心内容主要是基于过去几十年里有关竞争优势的研究和实践，探讨企业创建并维持竞争优势的方法。本书表明了我的观点：很多企业无法实施战略，主要原因是没能把广义的竞争优势转化为实现竞争优势所需的具体的行动步骤。本书提出了诸多概念，目的是在战略形成和实施之间搭建桥梁。在以前的相关文献中，这两个概念往往是分离的。

我在《竞争战略》一书中设定了分析行业和竞争对手的框架，还描述了获得竞争优势的三大通用战略：成本领先战略（cost leadership）、差异化战略（differentiation）和集中战略（focus）。本书则阐明了企业实施基本战略的方法，以及获得持久成本优势的方法。企业如何区别于自己的竞争对手？企业如何选定市场细分领域，以便通过聚集目标战略赢得竞争优势？企业如何且何时能通过在相关行业实施协调战略竞争赢得竞争优势？在追求竞争优势的过程中，如何处理不确定因素？企业如何捍卫自身的竞争地位？本书将一一解答这些问题。

竞争优势基本上源于企业能为其买方创造的价值。竞争优势体现在以较之竞争对手更低的价格满足顾客的相同利益，或是向顾客提供他们愿意额外加价的特殊利益。本书应用价值链的概念来分析企业与买方、供应方之间的关系，进而分析企业谨慎实施的互相关联的活动和创造价值的过程。价值链是贯穿本书始终的主题，以此我们可以分析竞争优势的具体成因及其与买方价值的关系。

竞争优势不是新生的主题。从某种程度上来说，很多有关商战的著作或多或少都有所涉及。人们关注成本控制、差异化和行业细分。本书涉及了营销、生产、控制、财务以及其他影响企业竞争优势的领域。长期以来，有关企业政策和工业经济的研究也与竞争优势息息相关。若不能整合所有的领域，用全局的眼光来看待企业发展，就无法真正理解竞争优势。通过全面完整地分析竞争优势的所有来源，我希望能为大家研究竞争优势提供全新的视角。要说本书提出的观点绝大多数来自于与之有关的各行各业的知识，这话肯定有些夸张。但是，若没有这些行业知识的积淀，就没有本书的诞生。

本书的目标读者主要是肩负执行企业战略责任、决定如何赢得竞争的人士。当然，本书也适用于那些渴望理解企业以及如何提升企业业绩的人。竞争优势的潜在来源遍布企业的各个地方。每个部门、工厂、分公司办事处以及其他组织单位在赢得企业竞争优势的过程中究竟扮演着什么角色，我们要明确界定并理解。所有员工，无论其本职工作是否与战略制定过程相关，都必须明白他们在帮助企业实现并保持竞争优势过程中所起的作用。试图将竞争和战略割裂开来研究的学者应该将自身的研究与竞争优势的总体概念联系起来。我希望所有读者都能从本书中受益。

在撰写本书的过程中，我得到了很多人的帮助。哈佛商学院为我研究这个课题提供了良好的环境。我非常重视哈佛商学院建立的跨学科研究以及理论联系实际的传统。约翰 · 麦克阿瑟院长是我的好友。多年来，他一直鼓励我研究，并且非常慷慨地为我提供了各种资源和机会，方便我教研结合。科研处处长雷蒙德 · 科里一直是我难得的好帮手。我将哈佛商学院商业政策研究小组的研究成果，充分体现在本书观点形成的过程中。我尤其感谢C. 罗兰 · 克里斯滕森和肯尼思 · 安德鲁斯，感谢他们不吝赐教。本书是我潜心研究产业经济学的结果，并深受理查德 · E. 凯夫斯思想的启发。

我与同事和朋友共事多年，没有他们的创意和帮助，就不会有本书的面世。哈佛大学副教授约翰 · 韦尔斯和我一起在学校教书，本书第 3 章和第 9 章的很多观点都由他提出。约翰针对竞争战略的研究为这个领域做出了巨大的贡献。哈佛大学副教授潘卡基 · 格玛沃特和我一起主讲战略制定（Strategy Formulation）课程，他也为本书提出了许多宝贵的意见，并在这个领域里开展了重要的研究。马克 · 富勒曾是哈佛大学的副教授，如今在摩立特咨询公司工作。他的观点对本书的整体思路及第 11 章的观点产生了重大影响。凯瑟琳 · 海登也在摩立特咨询公司工作，她一直鼓励我，给我提出了很多建议。她的意见对我顺利完成第 4 章的撰写帮助很大。

约瑟夫 · 富勒和我一起做研究、课程开发，还积极在战略领域中开展实践。在我撰写本书时，他时常提出深思熟虑的建议和见解。哈佛商学院副研究员理查德 · 罗林森先生与我倾力合作，给出的评论很有针对性。我还要感谢很多人，他们在读完本书初稿后，鼎力相助，给出了很多修改意见。他们有些是我在哈佛大学的同事：马克 · 阿尔比恩、罗伯特 · 埃克尔斯、道格拉斯 · 安德森、埃隆 · 科尔伯格和理查德 · 迈耶，还有一些人帮助我积极实践书中提出的理论，并拓展了我的写作思路，他们是迈克尔 · 贝尔、托马斯 · 克雷格、玛丽 · 卡尼、马克 · 托马斯。此外，简 · 肯尼 · 奥斯汀、埃里克 · 埃文斯、保罗 · 罗塞蒂在调查重点课题方面对我帮助也很大，他们都提出了诸多宝贵的意见。最后，我还得益于哈佛商学院其他同人的支持，他们是理查德 · 斯默兰西和约翰 · 斯特兰格瑞维克斯。

没有助理凯萨琳 · 斯文松的帮助，我就不可能完成本书的撰写。她不仅安排我的活动，还负责了组稿工作。我非常感谢自由出版社的罗伯特 · 华莱士及其他编辑，他们非常有耐心，百般包容我这个顽固的写手。我还要感谢哈佛大学的很多 MBA 和博士生，他们给了我无限灵感，著书过程中，我体验到了应用新理念的快乐。感谢德博拉 · 齐尔贝尔博格对我无数次的鼓励。最后，我还要感谢众多向我提出意见、建议以及各种问题的实践者，你们如此善于思考，让我受教有地，受益匪浅。

01 竞争优势：核心概念

竞争是企业成败的核心。竞争决定了企业活动能否提升企业的发展成效，包括创新、公司文化和凝聚力建设，决定企业能否有优秀的执行能力等。竞争战略寻求在堪称竞技场的行业竞争中获取有利地位，旨在通过抵御决定行业竞争态势的力量来实现赢利或者保持可持续性发展的地位。

有两个核心问题是做出竞争战略选择的基础。首先是行业长期赢利的吸引力以及相关的决定因素。并非所有的行业都能为企业持久赢利提供相同的机会，而行业内在的赢利性是确定企业能否赢利的关键要素。竞争战略第二个核心问题是决定行业内竞争地位的决定因素。在大多数行业中，不管平均赢利能力是多少，有些企业的赢利能力总是比其他企业的赢利能力更强。

这两个问题本身都不可能引导我们完成竞争战略的选择。行业前景好的企业如果没能选择最佳的竞争位置，有可能不会赢利。反之，在一个不赢利的行业里，即使已处于卓越竞争位置的企业，无论它怎么努力提升行业地位，都将收效甚微。这两个问题都是动态的，行业吸引力和竞争地位都会发生变化。随着时间的流逝，行业吸引力有可能增强或减弱，而竞争地位则反映了竞争对手永不停止的对抗状态，哪怕是长期的稳定发展也有可能被突如其来的竞争变化打断。

企业可以同时拥有行业吸引力和竞争地位，这提升了竞争战略选择的难度，也让决策过程变得更加刺激。虽然行业吸引力只是部分反映了企业对之影响甚微的要素，然而竞争战略对行业的吸引力强弱却能产生巨大的影响。与此同时，企业可以通过战略的选择直接提升或者降低其行业地位。因此，竞争战略既是企业对环境做出的反应，也是努力使环境朝着对企业有利的方向发展的尝试。

竞争战略中的这两个核心问题是我研究的中心。《竞争战略》为理解行业和竞争对手、制定总体的竞争战略提供了分析框架。该书描述了五种决定行业吸引力及其内在原因的竞争力量，还阐明了这五种力量如何随着时间改变、如何受战略影响。本书展示了实现竞争优势的三大基本战略，阐明如何分析竞争对手、预测并影响其行为的方式，提出了将竞争对手分为各类不同的战略群组、评价行业内最抢手的竞争位置的方法。此外，我们还介绍了如何将该分析框架应用于一系列重要的行业环境类型中。我把这些行业环境归纳为结构环境（structural settings），包括细分行业、新兴行业、走向成熟的行业、没落的行业和全球行业。最后，本书审视了在行业背景下开展的重要战略决策过程，包括纵向一体化、产能扩张和市场准入等。

本书首先采用了《竞争战略》一书的分析框架，其核心主题是企业如何能创造并保持行业内竞争优势，如何实施广泛意义上的基本战略。我的目标是建立战略制定和执行之间的桥梁，而不是将这两个概念分开对待，或者像已有的研究那样，只谈战略的制定，几乎不涉及战略的执行。

竞争优势基本上源自于企业为其买方创造超越成本价值的能力。买方愿意支付金钱购买价值，买方的竞争优势源于企业以较竞争对手更低的价格满足顾客相同的利益，或是向顾客提供他们愿意额外加价的特殊利益。通常存在两种基本的竞争优势：成本领先和差异化。本书描述了企业赢得成本优势和实施差异化战略的方法，主要阐明了竞争范围的选择或企业的各种活动在决定竞争优势方面发挥的关键作用。最后，本书结合我之前作品的观点，阐明了进攻战略和防御战略的意义，包括未知因素如何影响战略选择。本书不仅考虑到某个行业内的竞争战略，还讨论了多元化经营所需要的公司战略。通过实现相关行业内互相竞争的业务单元之间的关联，可以大力提升一个行业的竞争优势。多元化经营的企业创造价值的主要方式是建立不同业务单元之间的关联，由此确定公司战略的基础。我将在本书中介绍如何确定业务单元之间的联系，以及根据这些联系制定公司战略的方法，但在多元化经营的企业内要实现多个业务单元之间的关联面临着诸多组织层面的障碍。

虽然本书和我早年所写的著作的重点有所不同，但是它们之间是互补的关系。《竞争战略》着眼于多种行业环境中的行业结构和竞争分析，而阅读本书的前提是要理解行业结构和竞争对手的行为，本书也重点阐述如何将对行业和竞争对手的理解转变为竞争优势。创建竞争优势的行为往往对行业结构和竞争性回应有着重要的影响，因此，我在本书中也会时常提及这个问题。

《竞争优势》和《竞争战略》可以分开来阅读，但若不理解《竞争战略》中提出的核心概念，想通过本书的阅读来获得制定战略的效用就会大打折扣。本章将阐述《竞争战略》的关键概念，这些概念的讨论有助于我们理解本书的理念和实践技巧。在此过程中，我会试图回答在实践中应用这些知识时出现的重要问题。而那些熟悉我先前作品的读者，也可以借此温故而知新。

行业的结构分析

企业赢利能力的首个基本决定因素是行业吸引力（industry attractiveness）。竞争战略必须建立在深刻理解决定行业吸引力的竞争规则的基础上。在理想状况下，竞争战略的终极目标是改变那些企业习惯的规则。在任何行业内，无论是国内还是国际市场，无论是制造业还是服务业，竞争的规则都体现在五种竞争力中：新进入者的威胁、替代产品或服务的威胁、买方的议价能力、供应商的议价能力以及现有竞争者之间的竞争（见图 1–1）。

这五种竞争力的合力，决定了企业在特定行业内除去资本成本外取得的平均投资回报率。这五种竞争力的合力因行业而异，会随着行业的发展而发展，其结果是所有行业的内在赢利能力都会不同。在五种竞争力相对温和的行业中，如制药业、软饮料和数据库出版业，很多竞争对手赢得了可观的回报。但是在面临着一种或者几种竞争压力大的行业中，如橡胶、钢材和视频游戏行业，虽然大家都很卖力，但很少有企业能赢得较高的回报率。行业赢利能力并不在于产品功能，也不在于产品是否体现了高科技的发展，而在于整体行业结构。有些看似平常的行业，如自动邮资盖戳机和谷物贸易都非常赚钱；而有些看似光鲜、科技含量高的行业，如个人计算机和有线电视行业却无法赢利。

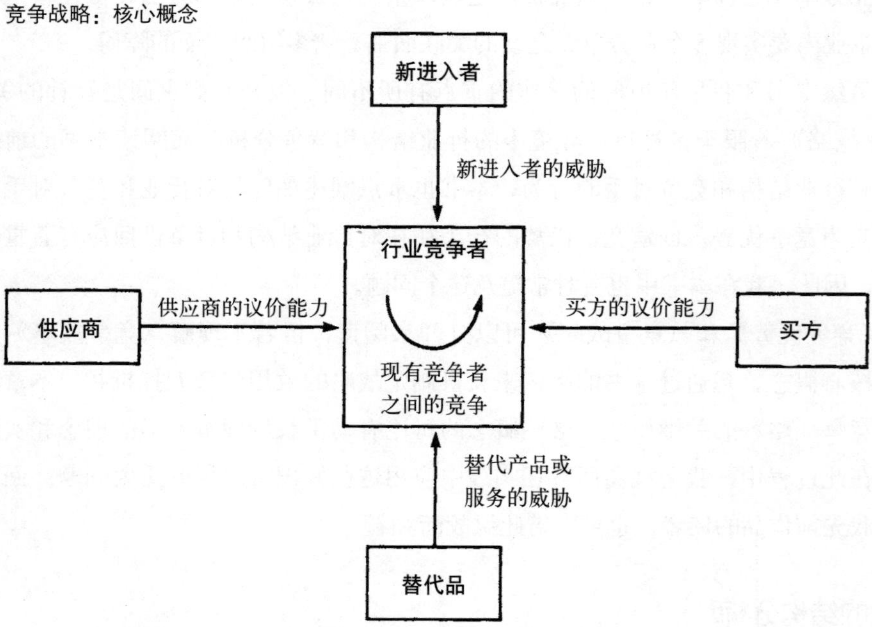

图 1–1　决定行业赢利能力的五种竞争力

五种竞争力决定了行业的赢利能力，它们影响着价格、成本和行业内公司需要做出的投资，这些都是影响投资回报率的要素。买方力量影响着企业产品或服务的价格，替代产品或服务的威胁也一样。买方的压力还会影响成本和投资，因为强大的买方需求的服务成本也较高。供应商的议价能力决定了原材料和其他要素投入的成本。对手的压力会影响产品的价格以及竞争的成本，包括厂房、产品开发、广告和销售团队。市场进入的压力限制了价格，决定了阻止市场新竞争对手进入所需的投资。

这五种竞争力的每一种优势都是行业结构（industry structure）作用的结果，可以说是行业本质的经济和技术特征的体现，其重点要素如图 1–2 所示。行业结构相对比较稳定，不过也会随着行业的演变发生改变。结构变化能改变竞争力量的整体和相对优势，进而给行业赢利能力带来积极或者消极的影响。对战略最重要的行业趋势就是那些能够影响行业结构的趋势。

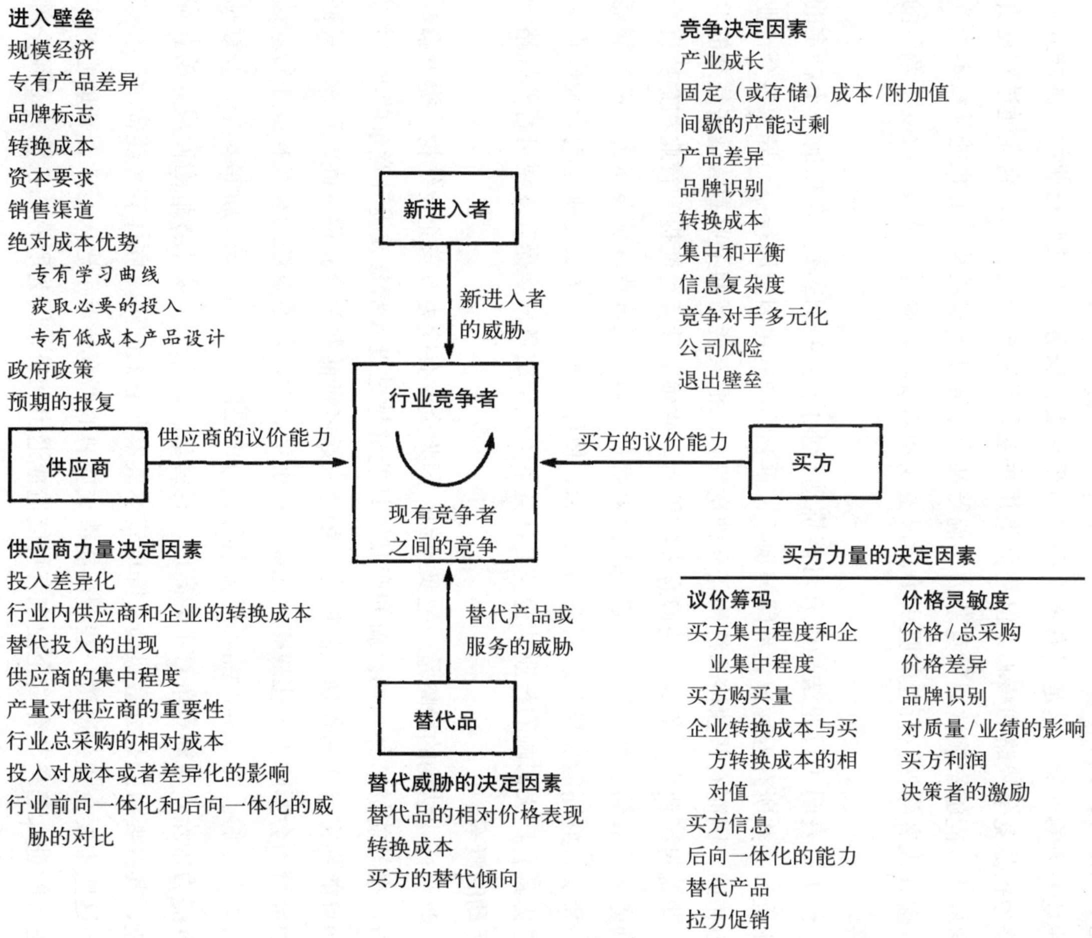
进入壁垒
规模经济
专有产品差异
品牌标志
转换成本
资本要求
销售渠道
绝对成本优势
专有学习曲线
获取必要的投入
专有低成本产品设计
政府政策
预期的报复
竞争决定因素
产业成长
固定（或存储）成本/附加值
间歇的产能过剩
产品差异
品牌识别
转换成本
集中和平衡
信息复杂度
竞争对手多元化
公司风险
退出壁垒
新进入者
新进入者
的威胁
行业竞争者
现有竞争者
之间的竞争
供应商
供应商的议价能力
买方
买方的议价能力
替代品
替代产品或
服务的威胁
供应商力量决定因素
投入差异化
行业内供应商和企业的转换成本
替代投入的出现
供应商的集中程度
产量对供应商的重要性
行业总采购的相对成本
投入对成本或者差异化的影响
行业前向一体化和后向一体化的威胁的对比
替代威胁的决定因素
替代品的相对价格表现
转换成本
买方的替代倾向
买方力量的决定因素
议价筹码
买方集中程度和企业集中程度
买方购买量
企业转换成本与买方转换成本的相对值
买方信息
后向一体化的能力
替代产品
拉力促销
价格灵敏度
价格/总采购
价格差异
品牌识别
对质量/业绩的影响
买方利润
决策者的激励

图 1-2　行业结构的要素

如果这五种竞争力及其结构的决定因素纯粹是内在行业特征的作用结果，那么竞争战略将主要取决于适当的行业选择，并且要求企业比对手更加深刻地理解这五种竞争力的含义。这是所有企业都必须要完成的任务，在某些行业中，理解五种竞争力也是竞争战略的核心，但是企业并非完全受制于行业结构。企业通过实施自己的战略，能够影响这五种竞争力。倘若某个企业能影响结构，它也能从根本上改变（提升或者降低）行业的吸引力。很多成功的战略就通过这种方式改变了竞争的规律。

图 1–2 表明了行业结构中有可能推动行业内竞争的因素。在任何一个特定的行业里，并非所有五种力量都同等重要，重要的结构化因素因行业而异。每个行业各不相同，因而有其独特的结构。五种竞争力的框架能帮助企业看清这些复杂的要素，明确对行业内竞争具有关键意义的因素，并确定最有可能提升行业和企业自身赢利能力的战略创新。这个框架并不会限制企业为寻找行业内新竞争方式的创意能力；相反，它还能引导管理者的创意行为，使他们集中精力关注那些对企业长期赢利能力具有巨大影响的行业结构。五种竞争力框架的目标是提升发现可行的战略创新活动的概率。

改变行业结构的战略是一把双刃剑，因为企业有能力改善企业结构，提升赢利能力，也就能够破坏一切。新的产品设计能够越过进入壁垒或提升竞争的波动性，比如可能损害行业的长期赢利能力，虽然发起者可能暂时会获得更高的利润。长期的削价行为会影响差异化战略。比如，在烟草业中，普通香烟的存在构成了行业结构的潜在威胁。非专利产品可能会提升买方价格的灵敏度，诱发价格竞争，侵蚀那些有能力排除众多新竞争对手的高度广告壁垒。由几个主要铝业制造商成立的合资企业，其主要目的是分散风险、降低资本成本，它们的进入同样有可能损害行业结构。这些主要企业会邀请一些有可能造成威胁的新竞争对手进入行业，帮助它们克服重大的进入壁垒。合资企业也有可能造成退出壁垒，因为所有的投资方必须全部同意，合资企业才能全身而退。

虽然企业都会进行战略决策，但它们经常不考虑自己对行业结构的长期影响。若某个举措成功，它们就能看到竞争地位的提升，但是它们却无法预计竞争反应的结构。如果行业内的重要企业竞相采取某种措施，并且这种现象具有毁坏整个行业结构的力量，那么所有企业就要跟着遭殃了。这种行业的“破坏者”通常是二流企业，它们一直在寻找克服重要竞争劣势的方式，往往都已经发现了问题，亟须解决这些问题；或者，它们只是不了解成本或者对未来有着不切实际想法的盲目的竞争对手。例如，在烟草业，林吉特集团这个看似不起眼的跟风者，就促进了其产品的通用化。

形成行业结构的能力给行业的龙头企业带来了巨大的压力。龙头企业规模较大，对买方、供应商和其他竞争对手的影响也较大，因此它们对行业结构的影响往往会放大。同时，龙头企业占有很大的市场份额，任何有可能改变整个行业结构的因素也会影响到它们自己。因此，一个行业领导者必须不断平衡自身的竞争地位和整个行业的健康发展。龙头企业若能采取行动改善或保护行业结构，其效果往往要比为自己寻找更有利的竞争地位更好。诸如可口可乐和金宝汤这样的行业领先企业就遵循了这样的原则。

行业结构和买方需求

人们常说满足买方需求是企业行为成功的核心。但如何将此与行业结构分析联系起来呢？满足买方需求的确是行业和企业存在的前提，买方必须愿意为产品支付高出其成本的价格，否则行业不可能长期存在下去。第 4 章将详细描述企业如何通过更好地满足买方需求来区别自己与竞争对手。

满足买方需求是行业赢利的前提，但光凭这一点是不够的。决定企业赢利能力的关键是企业是否明白要为买方创造什么价值，或者企业创造的价值能否超过其对手创造的价值。行业结构决定了由谁来抓住这样的价值。市场进入的威胁决定了新企业将进入市场、通过竞争减少价值的概率，要么以更低的价格将其传递给卖家，要么用提高竞争成本来降低创造的价值。买方力量决定了它们保持企业为其创造价值的程度，从而使行业内的企业只能得到一般的回报。替代品的威胁决定了其他产品能够满足买方同样需求的能力，为买方愿意购买本企业产品的数量设定了上限。供应商的力量决定了其分享为买方创造的价值的比例，行业内企业不可能独自占有回报。最后，竞争行为的强度与进入威胁的运作方式类似，它决定了行业内已有企业通过竞争减少创造价值的程度，要么通过低价将其传递给买方，要么通过提高竞争成本减少创造的价值。

行业结构决定了制造产品为买方创造的价值归属。倘若行业的产品不能为其买方创造价值，那么无论行业结构的其他要素如何，企业能得到的价值都是有限的。若产品创造的价值很高，行业结构就会变得格外重要。在某些行业里，如汽车和重型卡车，企业为买方创造了巨大的价值，但是企业本身得到的利润却不高。而在其他行业，如债券评级、医疗器械和油田服务与设备，企业为买方创造的价值较高，得到的利润也较高。在石油服务和设备行业，很多产品能够大大减少钻井的成本。由于行业结构本身比较合理，这个行业里的很多企业都能够以高回报的方式保留很大一部分价值份额。近来，虽然油田服务设备领域的许多行业的结构性吸引力受到了需求下降、新进入者、产品分化和买方价格灵敏度等因素的影响已大大降低，但这个行业的产品依然能够为买方创造巨大的价值，只是企业和行业的利润已经大幅降低。

行业结构和供需平衡

还有一个有关行业赢利能力的常见看法是，认为利润是供需平衡作用的结果。如果需求大于供给，就能产生高利润。然而，行业结构会对长期供需平衡产生重大的影响，就像供需不平衡会影响企业的赢利能力一样。因此，供需关系的短期波动也会影响其短期的赢利能力，而行业结构则决定了企业的长期赢利能力。

供需关系不断在变化、相互调节适应，而行业结构决定了竞争对手增加新供应的速度和能力。市场进入壁垒的高度制约着新的竞争对手进入行业和压低价格的能力，竞争的程度决定了现有企业是选择大力扩张还是保持现有的赢利能力。行业结构还决定了竞争对手撤回过剩供应的周期。退出壁垒使得企业在行业产能过剩时无法全身而退，延长了行业产能过剩的时间。比如在油轮运输业中，退出壁垒非常高，主要是因为资产专业化程度很高。这也解释了为何该行业内的价格只会出现短暂的峰值，大部分时间都萎靡不振。这种行业结构决定了供需平衡的动态关系以及不平衡持续的时间。

影响行业赢利能力供需不平衡的结果主要取决于行业结构。在某些行业中，少量产能过剩会引起价格战，导致利润降低；而有些行业中因竞争压力过大或者买方力量过强，则会引起结构性压力。在其他行业中，产能过剩的时间对企业赢利能力的影响有限，主要是因其产业结构比较合理。比如，石油类工具、球阀和其他油田设备产品行业，在近年来的经济衰退期，就发生了激烈的价格战；而在钻头行业，折扣就很少出现。休斯工具公司、史密斯国际公司和贝克国际公司都是在有利的行业结构中发展起来的强劲竞争对手（见第 6 章）。行业结构还决定了需求过旺的赢利能力。在经济上升时期，有利的行业结构为企业获得额外的高利润提供了条件；而行业结构不理想，则会限制企业利用需求过旺的情况。强大的供应商或者理想的替代品的出现代表着行业发展的新兴成果已转移给其他人。因此，行业结构从根本上决定了按需调整的供应速度以及产能利用和赢利之间的关系。

基本竞争战略

竞争优势的第二个核心问题是企业在行业内的相对地位。定位决定了企业的赢利能力能否超越行业的平均水平。哪怕行业结构不理想，行业的平均赢利能力不高，定位准确的企业也能够赢得高回报率。

长期获得高于行业水平的利润，基本的前提是获得可持续性竞争优势。虽说相对于自己的竞争对手，一个企业有很多优势和劣势，但企业应拥有两种基本形式的竞争优势：低成本或者差异化。企业拥有的任何优势或者劣势将最终体现企业在相对成本或者差异化战略方面的结果。成本优势和差异化源自于行业结构，主要来自于企业比其他竞争对手更善于处理这五种竞争力。

企业两种基本形式的竞争优势结合其试图实现竞争优势采取的活动范围，就形成了三种达到高于行业平均水平业绩的基本战略：成本领先战略、差异化战略和集中战略。集中战略有两个变量：成本集中和差异化集中。这三种战略具体如图 1–3 所示。

这几种基本战略都涉及实现竞争优势的不同路径，也涉及在战略目标范围内，如何实现不同的竞争优势。成本领先战略和差异化战略需要在很多行业细分领域内寻求竞争优势，而集中战略则希望在较小的细分市场内寻找成本优势（成本集中）或者差异化（差异化集中）。每一种基本战略所要求的具体措施因行业而异，而特定行业内可行的基本战略也各不相同。虽然选择和实施基本战略的过程并不容易，但在任何一个行业都必须首先了解竞争优势实现的逻辑路径。

竞争范围		竞争优势：成本较低	竞争优势：差异化
	广泛的目标	1. 成本领先战略	2. 差异化战略
	狭义的目标	3A. 成本集中	3B. 差异化集中

图 1–3　三种基本战略

制定基本战略的根本概念是：竞争优势是所有战略的核心，获得竞争优势要求企业做出选择。企业若要赢得竞争优势，它必须选择其竞争优势的目标以及活动范围。迎合所有人的需要是最平庸的战略方法，这会导致企业的业绩不如行业平均水平。这种方法意味着企业不具备任何竞争优势。

成本领先战略

成本领先战略是最容易理解的基本战略。企业实施成本领先战略，就是要努力成为行业中成本最低的生产商。企业可能拥有广泛的经营范围，服务众多行业细分领域，甚至在相关行业内经营。企业的经营范围对其成本优势至关重要。成本优势取决于行业结构，包括追求规模经济、专有技术、优先获得原材料以及第 3 章中描述的其他细节。例如，在电视机制造行业中，成本领先要求具有高效的大小显像管设备、低成本设计、自动化装配线和能够消化研发经费的全球化销售规模。在安保服务方面，成本优势要求以低廉的管理费、充足的低成本劳动力和有效的培训流程来应对保安队伍较高的流动率。低成本生产商地位的获得，不仅要求企业积极学习，还必须寻找并利用成本优势的所有来源。低成本生产商主要出售的是产品标准，或者说只提供起码的必需品，其重点是利用规模经济和绝对的成本优势。

如果企业能够实施并坚持成本领先战略，只要它能保证其价格与行业平均水平差不多，就能使自己的业绩高于业界平均水平。成本领先企业的价格不会高于竞争对手，因而可以把低成本的竞争地位转变成为更高的回报。但成本领导者却无法忽略差异化的基础，一旦其产品不再为消费者所接受或者与同类产品不具有可比性，就要被迫降价，提供比竞争对手更高的折扣，进而促进销售。这有可能直接抵消降低成本所带来的利益。德州仪器公司（主要从事钟表生产）和西北航空公司（提供航运服务）就是两家陷入这种局面的低成本企业。德州仪器公司无法克服其在差异化过程中的劣势，所以无法从钟表行业中全身而退。西北航空公司则及时意识到当前的问题，积极采取措施来改善营销、客运服务，并对旅行社开放服务，从而提升了其产品形象，增强了与对手产品的可比度。

成本领导者依赖于成本领先来实现其竞争优势，它必须在差异化基础上实现价值平等（parity）或者价值近似（proximity），借此取得高于业界平均水平的绩效。价值平等作为差异化的基础表明，成本领导者能将其成本优势直接转化为更高的利润。差异化战略中的价值近似表明，为了获得足够的市场份额，企业提供了价格折扣，折扣的出现不会抵消成本领导者的成本优势，因而成本领导者依然能获得比平均水平更高的回报。

成本领先的战略逻辑要求某个企业成为成本领导者，而不是很多企业竞相赢得成本领先的地位。很多企业没能意识到这一点，因而犯了严重的战略错误。若行业里存在好几个立志于取得行业领先的成本领导者，这几家企业之间的竞争将会非常激烈，因为市场份额中的每一点都是关键。除非某一家企业能够赢得成本领先优势，迫使其他竞争对手放弃成本领先战略，否则这样激烈竞争的结果势必会影响企业的赢利能力，长期的行业结构也将不堪重负，就像很多石油化工行业一样。成本领先战略讲究的是先下手为强，否则只能靠技术变化，使企业快速改变其成本地位。

差异化战略

第二种基本战略是差异化。在差异化战略中，企业若在买方重视的方面努力，就会成为行业领先的佼佼者。企业选择一个或者多个买方认为重要的特征，确立自身在行业内满足买方需求的独一无二的地位。企业因其具备的独特性才得以凭更高的价格为买方提供产品。

每个行业都有自己独特的差异化方式。差异化可以基于产品本身、销售产品交付系统、营销手段或者其他多种因素。例如，在建筑设备行业，卡特彼勒履带式牵引机公司的差异化体现在产品的耐用性、服务和备件更换以及优质的经销网络上。在化妆品行业，差异化则体现在产品形象及其在百货商场专柜的定位上。我将在第 4 章详述如何建立可持续性的差异化战略。

企业可以实现并保持可持续性的差异化战略。实行差异化战略的企业，假如产品溢价部分超过了实现标新立异所花费的成本，它们将取得高于行业平均水平的回报。因此，寻求差异化的企业必须寻找能够保证产品溢价超过差异化战略成本的途径。意图实现差异化的企业不能忽视其成本情况，若成本使企业处于竞争明显不利的地位，则差异化所带来的溢价也很难弥补成本的劣势。实现差异化的企业将努力实现与竞争对手的产品价值平等或者价值近似，主要途径是在不影响差异化战略执行的领域中减少活动的成本。

差异化战略的逻辑要求企业选择能够真正将自己与其他竞争对手区别开来的特征进行差异化。企业必须在某一方面具有独一无二的特征，或者被视为一枝独秀，否则就不会有所谓溢价的出现。与成本领先战略不同，行业内可以有多种成功的差异化战略，前提是企业具有被买方广泛认同的多种特征。

集中战略

第三种基本战略是集中战略。这种战略与前面两种都不同，因为它发生在某个行业内部较小的竞争范围内。实施集中战略的企业会选择行业的某个细分领域或者其子领域，定制自身的战略，专门为这个范围内的买方服务。通过优化目标群体的战略，实施集中战略的企业能够在细分领域内实现竞争优势，虽然企业本身可能根本不具备在整个市场竞争的优势。

集中战略有两种形式。成本集中是指企业在目标买方群体内寻求成本优势，而差异化集中是指企业在目标细分领域内实施差异化。集中战略的两种形式都建立在企业目标买方群体和行业其他细分领域具有显著差别这一基础之上。目标买方群体必须拥有不一般的需求，或者是最能满足目标买方群体的生产和交付系统与服务于行业其他细分领域的企业有所不同。成本集中主要是利用某些目标细分领域内的成本行为，而差异化集中则努力利用特定目标买方群体的特殊需求。这些差异表明没有具体买方定位的竞争对手就无法满足特定买方群体的需求。因此，实施集中战略的企业能够通过专门服务于这些目标买方群体而获得竞争优势。目标的范围显然有一个度的问题，但是特定目标买方的需求与行业内其他细分领域或者非细分领域的需求不同，实施集中战略的本质是，要利用这样的差异。小范围内的集中本身不足以代表企业一定能获得比一般水平更高的绩效。

实施集中战略的企业会充分挖掘生产过程中的差异化因素，可以满足不同细分领域的需求，哈默密尔造纸公司就是一例。哈默密尔造纸公司努力转型为制造小批量、高质量的专用纸生产商。而大型的造纸商因为生产量大，短期内常面临成本固化的威胁。哈默密尔造纸公司的设备更好地适应了短时间内多批次生产的需求。

非细分领域的竞争对手的产品或者服务有可能在某个领域内无法满足买方需求，也有可能表现过火，在价格上不具备优势。实施集中战略的企业可以充分利用非细分领域竞争对手的定位，超越它们基于次优选择的业绩。若竞争对手在满足某个买方细分领域需求方面表现不令人满意，这就为企业实施差异化集中战略提供了机会。非细分领域的竞争对手也有可能为满足某个群体的需求用力过猛，使其为实现这些需求时承担了不堪重负的成本。如此就为企业实施成本集中战略提供了机会，做到恰如其分地满足目标买方群体的需求就可以了。

若实施集中战略的目标买方群体与其他细分领域并无不同之处，则集中战略不会取得成功。在软饮料行业中，皇冠集团一直很重视可乐饮品，而可口可乐和百事可乐拥有范围较广、口味不同的饮料产品线。可口可乐和百事可乐完全可以在服务好其他客户群体的同时，服务好皇冠集团的目标客户群体。因此可口可乐和百事可乐在可乐这个细分市场中占有竞争优势，二者的产品系列更全面，更容易产生规模经济。

假如企业在其细分领域内实现了可持续性成本领先战略（成本集中）或差异化战略（差异化集中），且该细分领域的结构是理想的，那么实施集中战略的企业的业绩发展就会高于行业的平均水平。由于行业内某些细分领域的利润不如其他细分市场，企业获得高利润的必要前提就是细分市场的合理结构。如果实施集中战略的企业选择了不同的目标市场，行业内往往有实施多个可持续性集中战略的空间。大多数行业拥有多个细分市场，每个行业都牵涉不同的买方需求，而能满足买方不同需求或者拥有独特优化的生产或者交付系统的企业往往有能力实施集中战略。有关界定细分市场、选择可持续性集中战略的方法详见第7章。

进退两难

试图实施基本战略的企业，若无法明确究竟使用哪一个战略，就会面临“进退两难”的局面，这样的企业没有竞争优势。这种不利的战略地位通常会使企业的业绩表现低于行业平均水平。处于进退两难情况的企业只有竞争劣势，因为那些成功实施成本领先战略、差异化战略或者集中战略的企业能在任何细分市场得到更好的竞争地位。倘若进退两难的企业比较幸运，就能够发现赢利的产品或者合适的买方，拥有可持续性竞争优势的竞争对手将迅速剥夺战利品。大多数行业中，只有少数企业面临进退两难的局面。

进退两难的企业只有在行业结构非常有利或者在其他竞争对手也面临停滞不前的状况下才能赢得可观的利润。通常情况下，相比实施基本战略的竞争对手，面临进退两难境遇的企业利润远不如其他企业。行业成熟度往往能够拉大实施基本战略和进退两难的企业之间的绩效差距，因为发展成熟的行业更容易暴露企业战略不当的情况。

战略实施不当，企业进退两难，往往表明了企业不愿意选择恰当的竞争方式。企业试图通过各种方式获得竞争优势未果，通常是因为要获得不同类型的竞争优势所涉及的活动往往不同。成功的企业一旦面临举棋不定的局面，阵脚也会变乱，为了发展、赢得声望，这类企业不得不做出妥协。莱克航空公司就是一个典型的例子。该公司一开始实施清晰的成本集中战略，凭借在北大西洋市场的本色经营和服务，试图抢占对价格极为敏感的旅行大众的特定细分市场。然而，随着时间的流逝，莱克航空公司开始搞出各种花样，增加了新的服务和路线。这不仅模糊了本来界定清晰的公司形象，也降低了航空公司的服务和运输系统。其结果是致命的，莱克航空公司最终只能宣告破产。

一旦实施集中战略的公司抢占了某个细分市场，往往就有模糊某种基本战略的冲动，进而遭遇进退两难的局面。集中战略要求企业有意限定潜在的销售量。占领特定的目标市场，会让成功实施集中战略的企业头脑发热，无法对自己何以取得成功保持清醒的认识。为了拓展规模或者发展，这些企业的做法影响了集中战略的实施。为了避免破坏基本战略的实施，企业最好能找到新的行业，在其中寻求增长，这样它就能够再次启用基本战略，或更好地利用不同的业务单元之间所建立的联系。

实施多种基本战略

每种基本战略都是企业创造和保持竞争优势的独特方法，要结合企业追求的竞争优势和战略目标的范围行事。通常一个企业必须对所实施的基本战略做出选择，否则就会不上不下、停滞不前。若企业力图同时服务于多个细分市场（成本领先战略或者差异化战略），那么为特定的细分市场优化企业的战略（集中战略）就不太可能实现。有时候，一个企业可能创建两个不同的业务单元，每个业务单元都有不同的基本战略。英国酒店集团信托之家就是个很好的例子。该集团旗下有 5 个独立的连锁酒店，每个目标买方群体都不同。除非企业能分开执行不同的基本战略，否则每一种基本战略都有可能无法实现其既定的竞争优势。对于不同业务单元、公司政策和文化的间接影响有可能使得企业采取次优的竞争战略，这往往会导致企业陷入无法实现其战略目标的局面。

实现成本领先战略和差异化战略所需的企业活动是不一致的，因为后者需要较高的成本。要赢得企业独一无二的地位并实现溢价，实施差异化战略的企业会刻意抬高成本，就像卡特彼勒在建筑设备行业的情况一样。与之相对，成本领先战略则会要求企业放弃产品的差异化，统一其产品，减少营销费用等。

降低成本并不意味着牺牲差异化。很多企业已经发现了降低成本的方式，通过采取卓有成效的措施或者不同的技术，不仅保留而且还提升了差异化战略的实施效果。如果企业此前没有刻意集中精力降低成本，那么这样做不仅能节约大量成本，而且丝毫不会影响差异化。然而，降低成本并不代表就能赢得成本优势。如果强大的竞争对手试图实现成本领先，那么企业最终将面临为降价不得不牺牲差异化战略的局面。这样就出现了多种基本战略不一致的情况，企业必须要对实施哪一种战略做出选择。

假如企业能同时实现成本领先和差异化战略，因利益具有累积效应，其回报将不可限量。差异化战略将推动企业成为赢家，而成本领先战略意味着成本更低。皇冠集团就是在金属器皿行业实现成本领先战略和差异化战略的企业。皇冠集团瞄准了所谓的“很难坚守住”的啤酒、软饮料和喷雾剂瓶装市场。它只集中精力生产钢罐，不主张混合生产钢制和铝制易拉罐。在目标细分市场里，皇冠集团在服务、技术支持和提供全线钢罐、瓶盖和罐装设备产品等方面实现了差异化。这种类型的差异化在其他行业细分市场里更难实现，主要是其他行业有更多的需求。同时，皇冠集团还全力集中于生产其选定的细分市场里买方需要的罐装产品，还在现代两件套钢罐技术方面大力投资。结果，皇冠集团在其目标细分市场内成功实现了低成本制造。

企业同时实现成本领先战略和差异化战略，需要具备三个条件。

竞争对手处于进退两难的局面。当竞争对手停滞不前、不知道该执行什么战略时，企业将没有强劲的对手使自己采取的成本领先战略和差异化战略一致。皇冠集团就属于这种情况。它的主要竞争对手没有投资低成本的钢罐生产技术，所以它在不牺牲差异化战略的前提下实现了成本领先。若其竞争对手实施了激进的成本领先战略，而皇冠集团要想实现低成本战略和差异化战略目标，则很有可能最终进退两难。这样的结果往往是皇冠集团的竞争对手抓住了降低成本的机会，同时又实现了差异化。

竞争对手面临进退两难的局面时，可以使企业有机会同时实现差异化和低成本，但这种状态只是暂时的。竞争对手会确定某种基本战略，并有效执行，正确权衡成本领先战略和差异化战略的利弊。如此一来，企业必须选择长期有利于自己实现竞争优势所需要的战略。如果竞争对手比较弱，企业则会濒临险境。主要是因为若要同时实施成本领先和差异化战略，两手都想抓，两手都抓不好，结果影响了自己的成本领先地位或者差异化战略地位，如果市场出现了更强劲的对手，就给了其可乘之机。

市场份额或者不同业务之间的关联严重影响了成本。如果市场份额对成本地位影响力较大，而产品设计、技术水平、提供服务或者其他因素对成本地位的影响力较小，那么成本领先战略和差异化战略就可以同时实现。若企业能够获得占有巨大市场份额的优势，某些活动对应市场份额的成本优势就可以使企业在其他地方付出额外成本的同时依然保持净成本领先的地位。还有一种情况是市场份额降低了差异化的相对成本（见第4章）。与此对应的情况是，行业之间有着重要的关联，某个竞争对手可以利用，其他竞争对手不行。面对这种情况，企业也能同时实现成本领先战略和差异化战略（见第9章）。不匹配的关联能够降低或者抵消差异化产生的高成本，但同时实施成本领先战略和差异化战略往往会给强劲的竞争对手机会，使其更加果断地选择应该执行的战略，大力投资并实现战略目标，赶超市场份额或在其他行业建立经营关系。

企业率先开展重大的创新举措。引进重大的技术创新活动能使企业降低成本或提升差异化，甚至同时实现两种战略。引进新的自动化制造技术可以获得明显的成效，比如引进新的信息系统技术管理物流或者使用计算机辅助设计产品。与技术无关的创新型新实践也有这种效果。与供应商建立合作关系可以降低要素投入的成本，提升要素投入质量，具体见第 3 章。

若企业是开展创新活动的唯一组织，那么其是否有能力实现低成本和差异化战略目标就是关键。一旦竞争对手也引入了创新，企业就要面临新的权衡。比如，企业新设计的信息系统和竞争对手的信息系统相比，是为了突出成本优势还是差异化？若企业是追求同时实现低价和差异化，创新行为的先行者往往处于劣势，因为它忽视了创新活动很快会被模仿的可能性。假如竞争对手选择了低价或者差异化中的某一种战略，并成功模仿赶上了创新的步伐，那么企业既无法实现成本领先战略，也不能达到差异化的目标。

企业应该在不牺牲差异化的前提下，不断寻找降低成本的机会；企业应该努力实现代价不高的差异化战略。此外，企业应该认真思考最终的竞争战略究竟是什么，然后据此做出相关的权衡。

可持续性

即使有人争相模仿，但改善行业结构的活动依然可能提升全行业的利润率，不过，基本战略的实施并不一定意味着企业能够取得高于业界平均水平的绩效，除非企业实施的基本战略和竞争对手的相比，具有可持续性。这三种基本战略的可持续性要求企业的竞争优势具有抵制竞争对手行为或者行业变化影响的能力，每一种基本战略都有不同的风险，具体如表 1–1 所示。

基本战略的可持续性要求企业具备阻碍其他企业模仿战略的能力。这类模仿的壁垒并不是坚不可摧的，它要求企业通过投资，不断提升自身在行业中的竞争地位，不断提高竞争对手进入需要达到的水准。每一种基本战略都是其他各种战略的潜在威胁，如表 1–1 所示。实施集中战略的企业必须关注多领域的竞争对手，后者也不能小觑这些实施集中战略的企业。每一种基本战略可持续性的影响因素将在本书第3章、第4章和第7章详细展开。

表 1–1 基本战略的威胁

成本领先战略的威胁	差异化战略的威胁	集中战略的威胁
成本领先地位不是可持续性的 ● 竞争对手模仿 ● 技术变化 ● 其他基础或者成本领先模式的干扰	差异化优势不是可持续性的 ● 竞争对手模仿 ● 买方不再重视差异化基础	集中战略可以被模仿 目标细分市场的结构没有吸引力 ● 结构侵蚀 ● 需求消失
差异化战略中的近似度不复存在	不再有成本相似性	多领域的竞争对手完全统治了目标细分市场 ● 细分市场和其他细分市场不同 ● 生产线范围扩大的优势
成本集中的企业在细分市场中实现了低成本	差异化因素在目标细分市场内实现了更加显著的差异化	实施集中战略的企业对行业细分市场进行了子领域的进一步细分

表1–1可以用来分析企业该如何攻击使用上述基本战略的竞争对手。追求总体差异化的企业可能受到竞争对手采取的各种手段的攻击，包括加大产品价格差别、减少差异化程度、改变顾客需求的差异化方式或者改变集中的目标细分市场等。每一种普通战略都有可能受到不同类型的攻击，具体见第15章。

在某些行业里，行业结构或者竞争战略降低了实现某一种或者多种基本战略目标的概率。由于很多企业都在关注规模经济、优先获得原材料或者其他成本驱动要素，因此单个企业并没有可行的方式来赢得成本优势。同理，细分市场较少或者细分市场之间差别不大的行业，如低密度聚乙烯行业，其本身就没有多少可供实施集中战略的空间。如此看来，基本战略的组合要依据具体的行业情况来定。

然而，在很多行业中，企业可以同时实施这三种基本战略，只要企业能够充分挖掘不同的因素，选择不同的差异化或集中战略的实施前提即可。若某个行业有多个企业按照不同的买方价值探索实施差异化的道路，那么这个行业的赢利空间就会较大。这样做能改善行业结构，形成更稳定的行业竞争。若有两三家企业选择在同样的基础上实施相同的基本战略，有可能导致旷日持久的战役。最糟糕的状况是多家企业争相争取总成本领先地位。竞争对手在过去和现在选择的基本战略对企业当前的成本战略的选择以及能否改变自身的竞争地位有着重要的影响。

根据具体的行业结构获得竞争优势有多种方式，这是基本战略这个概念的前提。如果行业内的所有企业都遵循竞争战略的原则，则每个企业都会选择不同的竞争优势基础。虽然并非所有的企业都能成功，但是基本战略为企业实现超凡的业绩提供了不同的方式。很多人将战略规划概念狭义地当成实现竞争优势的某一种方式，这种方式往往使企业付出较高的代价。如果这样做，这些概念不仅无法解释企业成功的原因，也会使得行业内所有企业以相同的方式追求同样的竞争优势，结果可想而知，局面无法收拾也是必然。

基本战略和行业演变

行业结构的变化影响着基本战略的根基，也改变着多种战略之间的平衡关系。例如，电子控制和新型成像系统的出现大大降低了复印机产品服务作为差异化战略因素的重要性。行业结构变化也带来了诸多风险，具体如表 1–1 所示。

行业结构变化能够改变某个行业内部不同战略之间的相对平衡，改变基本战略的可持续性，由此进一步改变竞争优势的力量。汽车行业就是一个很好的例子。在其发展初期，汽车制造龙头企业在生产昂贵的房车上遵循差异化战略。技术和市场变化为亨利 · 福特采取经典的总成本领先战略、改变行业竞争规则创造了条件。福特主要制造低成本、低价位的统一车型，并很快占领了全世界的汽车市场。截至 20 世纪 20 年代末，随着经济的发展和技术日新月异的变化，人们日益熟悉汽车，为通用汽车再次改变汽车行业竞争规则创造了条件。通用汽车在产品多元化、功能多样和高价位的基础上实施了差异化战略。在整个汽车行业的演变发展过程中，实施集中战略的竞争对手总能脱颖而出，赢得竞争优势。

连锁零售行业也发生了旷日持久的基本战略之争。美国国民大卖场和其他折扣商店也是采用了成本领先战略，以对抗希尔斯百货和其他传统的百货商场。卖场和折扣商店的特征是管理费用低，品牌知名度在全美较响。如今，国民大卖场面临着以时尚为潮流的折扣店的竞争，如沃尔玛。同时，实施集中战略的折扣店也加入了市场，专门销售运动产品（如赫尔曼）、保健和美容护肤品（如药品零售店CVS）和书籍（如巴诺书店）等。目录商店着重推销家电和珠宝，在这些领域里采取低成本战略。因而国民大卖场的竞争优势基础已经遭到破坏，无法获得超越行业平均水平的业绩。

随着成本领先和差异化基本战略之间拉锯战的展开，伏特加酒行业也出现了类似情况。司木露（Smirnoff）一直是行业内实施差异化战略的佼佼者，其基础是从一开始就明确的高端品牌定位和大量的广告支持。由于增长速度有限，行业的竞争日益剧烈，而商店自有品牌伏特加酒的出现和低价品牌的竞争则大大损害了司木露的竞争地位。同时，百事公司的红牌伏特加酒（Stolichnaya）通过集中战略确立了比司木露更有利的地位。司木露目前正面临着腹背受敌的情况，其长期的市场统治地位受到了前所未有的威胁。为此，司木露推出了一些新的品牌，包括高端品牌来抵制红牌伏特加酒的攻势。

基本战略和组织结构

每一种基本战略的成功，都需要不同的技术和要求。这种区别导致了组织结构和组织文化的区别。成本领先战略要求控制系统严谨、管理费用最小化、追求规模经济和努力学习。对于一个试图不断创新的公司来说，这种努力的方向有可能起反作用。

每种基本战略对应的组织差异不同，其影响和意义也不同。在实施多种战略的时候，会有经济利益的冲突，企业也不希望为实现战略目标采取不一致的行动，最终导致组织结构的次优化。将选择和激励管理者的措施与业务组织的使命挂钩，这种做法非常常见，通常表现在构建、持有或者收获市场份额利益的过程中。不过，了解战略的重要意义，其重要性绝不亚于此。

基本战略的概念对于企业文化在企业实现成功的过程中起到了积极作用，并产生了巨大的影响。文化是帮助企业形成一系列组织标准和态度的要素集合，准确定义其内涵将会很难，但它已经被视作企业成功的重要因素。然而，企业实施不同的基本战略需要不同组织文化的支持。鼓励创新、个性化和冒险的公司文化（惠普）有利于差异化战略的实施，而节俭、有纪律和关注细节的公司文化（艾默生电气公司）将有助于成本领先战略的执行。公司文化如果合适，就能够有力地强化基本战略意图实现的竞争优势。当然，公司文化本身并没有优劣之分。文化只是实现竞争优势的一种手段，并不是目的。

基本战略和组织结构之间的联系对于多元化的企业也有影响。多元化公司往往在很多业务单元中实施着相同的基本战略，原因是企业要有足够的信息和实力来执行实现竞争优势的特定方法。此外，高层管理人员一般都有监管实施特定战略的经验。众所周知，艾默生电气公司已在诸多业务单元中实施成本领先战略，亨氏公司也是如此。

在诸多业务单元内实施相同的通用战略，是多元化企业为这些业务单元创造价值的一种方式。这一点我将在本书第9章中深入探讨，届时会说明不同业务单元之间的关系。然而，使用常见的基本战略涉及一些我们需要格外留意的风险：一个明显的风险是多元化企业将某种基本战略强加给某个业务单元，而该部门所在的行业（或者其竞争地位）并不支持这种战略；另一个微妙的风险是因为行业的情况与通行的基本战略不一致，造成了对这个业务单元的误解。更糟糕的是，有些业务单元的战略实施会受到高层管理人员的阻碍甚至破坏。每一种基本战略对应不同的投资形式、管理风格和公司文化，这些特立独行的部门不得不忍受不合时宜的公司政策和战略目标，这样的风险也存在。例如，整齐划一地降低成本或者实施一套缺少变通的人事政策会对力图在质量和服务方面实现差异化的业务单元不利，一如以差异化为目的而针对管理费用的政策可能会对试图实现成本领先战略的业务单元造成不利影响一样。

基本战略和战略规划过程

竞争优势对于一个企业能否取得非凡的业绩起着核心作用，而企业战略规划的核心则是基本战略。基本战略规定了企业追求竞争优势的基本方法，界定了每个功能领域实施活动的背景。然而，在实践中很多战略规划只是单纯地罗列了行动的步骤，没有清楚地界定企业具备或者努力追求的竞争优势以及实现竞争优势的方式。这一类战略规划在制订的过程中有可能会忽略竞争优势的基本目的。同理，很多规划是建立在对未来的价格和成本预测基础上的，而预测免不了出错，所以这些规划根本没有体现行业结构和竞争优势。无论现实的价格和成本是多少，行业结构和竞争优势是决定企业赢利能力的关键。

作为战略规划过程的一部分，很多多元化企业按照建立、保持竞争优势和收获成果这样的系统阶段来定义业务单元。这种按照阶段给业务单元分类的方式常注重描述或总结业务单元的战略。虽然这样的分类在考虑多元化企业内部的资源分配方面比较有用，但将其认为是战略就有误导性了。业务单元的战略是决定企业业绩竞争优势的重要因素，建立、保持竞争优势和收获成果是基本战略的结果。借此也可以了解到企业是否有能力实现其基本战略，确定是否有即刻收获成果的必要。同理，兼并和垂直一体化并不是战略，而是实现战略的方式。

战略规划的另一种常见做法是使用市场份额来描述业务单元的竞争地位。有些企业比较走极端，设定的目标是所有业务单元都应该是各自所在行业的领头羊（位列第一或者第二）。这种战略方法看似简单，却具有很大的欺骗性，也很危险。虽然市场份额肯定与竞争地位有关（如受规模经济的推动），但行业领导地位肯定不是竞争优势的原因，而是结果。市场份额本身并不具有竞争意义，竞争优势才是关键。业务单元的战略使命是实现竞争优势。若只为自己争取领导地位，企业将永远无法赢得竞争优势；即使已经有了竞争优势，最终也会失去。实现领导地位本身迫使企业管理者纠结于怎样才能精确计算市场份额，这使得作为战略核心问题的竞争优势变得含糊不清。

在某些行业里，市场领导者不能实现最佳的经营业绩是因为，行业领先的企业并没有得益于行业结构。伊利诺伊大陆银行确立了在批发贷款行业成为市场领导者的明确目标。在实现这个目标方面，这个银行非常成功，但是市场的领导地位并没有转化为竞争优势。相反，争取成为市场领导者的行为导致了该银行以其他银行不愿意接受的条件发放贷款，导致成本飙升。作为领导者还意味着伊利诺伊大陆银行不得不应对非常强大的大型集团以及对价格非常敏感的贷款用户。伊利诺伊大陆银行虽然成了市场领导者，但它要花若干年的时间为争取这样的领导地位付出沉重的代价。其他企业，如布料行业的伯林顿实业公司和电气行业的德州仪器公司，一门心思想要当上市场的领袖，却偏离了工作重心，忽略了实现和保持竞争优势这个最重要的主题。

全书导读

本书描述了企业选择并实施基本战略来实现并保持竞争优势的过程，旨在解决竞争优势种类（成本和差异化）与企业活动范围之间的相互关系，阐明诊断企业竞争优势并提升竞争优势的基本工具和方法是价值链。价值链将企业行为划分成具体的活动，包括产品的设计、生产、营销和分销等。企业的活动范围，即所谓的竞争范围，影响着价值链，进而对企业的竞争优势有着重大影响。本书着重阐述了小范围竞争（集中）、定制价值链能够创造竞争优势的原理，针对较大范围的竞争，主要是通过利用价值链上不同目标细分市场、行业或者地域范围之间的联系提升竞争优势。本书论述的重点是竞争优势，希望能帮助读者分析行业和竞争对手的情况，进而提升自己的竞争优势。本书也是《竞争战略》的姊妹篇，内容互为补充。

本书分为四个部分。第一部分描述了竞争优势的种类以及企业实现这些竞争优势的方式。第二部分讨论了行业内的竞争范围及其对竞争优势的影响。第三部分描述了相关行业的竞争范围以及公司战略提升业务单元竞争优势的原理等问题。第四部分总结了竞争优势的总体影响，包括处理未知因素、提升或者捍卫竞争地位的方法等。

第 2 章提出了价值链的概念，表明价值链是诊断企业竞争优势的基本工具。这一章阐明了决定企业竞争优势的活动详情，明确了对企业竞争优势具备核心意义的活动之间的关联。此外，本章还阐明了竞争范围在影响价值链过程中的作用，企业与其他公司联合替代价值链内部活动实施的方法。在这一章里，我们还简单地讨论了价值链在设计组织结构中的应用。

第 3 章描述了企业获得可持续性竞争优势的方法，主要阐述了如何利用价值链来理解成本行为和战略的影响。理解成本行为不仅能改善企业的相对成本地位，还能明确差异化战略的具体成本。

第 4 章阐明了企业区分自己和竞争对手的方式。价值链为我们明确企业差异化的根源提供了条件，使人明确了驱动差异化的基本要素。买方的价值链是理解差异化根基的关键——通过降低买方成本或者提升买方业绩来为买方创造价值。企业在行业中一枝独秀的地位，主要源自于为买方创造价值及识别买方认可的价值的能力。

第 5 章描述了技术和竞争优势之间的关系。技术在价值链中的作用是无处不在的，无论是成本优势还是多样化优势，技术在决定竞争优势方面起着重要的作用。本章说明了技术改变如何影响竞争优势和行业结构的过程，还论述了影响一个行业内技术变化轨迹的变量。本章最后描述企业有权选择提升自己竞争优势的技术战略，包括企业是否将成为行业技术领袖以及技术许可方式的战略应用等问题。先行者优势和劣势的概念的提出是为了确定在企业竞争方式上首创任何变革涉及的潜在风险和收益。

第 6 章讨论了竞争对手的选择问题，在提升竞争优势和行业结构的过程中竞争对手扮演着什么角色。本章阐释了旗鼓相当的竞争对手的存在为何有利于巩固提升企业的竞争地位，描述了确定友好互利型竞争对手的方法以及对企业面临的各类竞争对手施加影响的过程，还梳理了企业决定自身应该拥有市场份额的过程。由于企业很难实现较高市场份额的理想状态，决定这一点就格外重要了。

第 7 章是本书第二部分的开篇，说明了行业细分的方法。接着第 3 章、第 4 章的话题，细分源自于行业内部针对买方需求和成本行为的差异。细分对于集中战略的选择、评估多领域竞争的公司承担的风险具有核心作用。本章描述了确定集中战略赢利和防卫能力的方法。

第 8 章讨论了替代的决定因素，企业替代产品或者抵御替代威胁的方法。替代是五种竞争力之一，主要是由替代品的价值及其对应的成本、转换成本相互影响的过程以及单个买方评估替代经济利益的过程共同驱动的。替代分析是寻找扩大产业边界的方法、理解面临较低替代风险的行业细分市场以及发展推动替代或者抵御替代威胁的战略的关键。因此，深刻了解替代对于扩大或者缩小竞争范围都很重要。替代分析的过程涵盖了第 3~7 章的内容。

本书第三部分包含 4 章。第 9 章是开篇，阐述了多元化企业的公司战略。公司战略的核心概念是如何应用业务单元之间的相互关联来创建竞争优势。第 9 章阐释了业务单元之间相互关联的战略逻辑。具体包括行业之间的三种关系，其重要性随着时间的流逝而增加。接着，本章还阐明了这些关联影响竞争优势的原理。

第 10 章阐明了业务单元之间的关联对横向战略的影响，描述了覆盖不同业务单元的战略。在相关行业内拥有多个业务单元的企业必须建立部门、行业和公司层面的战略，从而协调各个部门之间的战略。本章描述了建立各个层面战略的原则以及各业务单元的关系对在新行业内开展多元化经营的影响。

第 11 章描述了在不同业务单元之间建立联系的方法。这里面存在很多组织障碍，包括保护势力范围、错误的激励措施等。本章详细阐述了这些障碍，以及通过横向组织来克服这些组织障碍的方法。在相关领域内竞争的企业必须拥有联系不同业务单元的横向组织，从而对层级组织的作用进行补充，但又不会替代其管理和控制功能。

第 12 章着重阐明了一个特殊而又重要的业务单元关系案例，其中行业的产品的使用和采购与互补产品同时进行。本章描述了企业必须控制互补产品、防止其他供应商染指的情况，进而阐明了捆绑战略以及利用单独包装将不同产品一起销售的方法。最后，本章还描述了交叉补贴，即对互补产品进行联合定价来反映彼此的关系，而不是割裂每种产品的定价。

第四部分利用本书和《竞争战略》一书提出的概念来阐明制定进攻战略和防御战略的通用原则。第 13 章讨论了面对重大不稳定因素时制定竞争战略的问题。首先，提出了行业情景的概念，说明构建行业情景的方法，借以展示未来可能发生的行业结构的范围。接下来，概括了企业在应对不确定因素时拥有的战略选择，明确考虑了行业情景。最后，针对不同行业情景战略是否一致的情况，在此基础上所制定的竞争战略，成效会大大提高。

本书最后一部分讨论了防御战略和进攻战略。第 14 章和第 15 章对全书进行总结。第 14 章着重阐述防御战略，描述了企业地位受到挑战时，利用防御战略来阻止或者延迟竞争对手攻势的过程。之后，本章还说明了防御战略的影响。第 15 章阐明了攻击行业龙头企业的方法。本章强调了要对市场龙头企业发起攻势需要具备的条件、为成功实现进攻战略必须改变竞争规则等内容。攻击行业龙头企业的战略原则也适用于应对所有竞争对手的进攻战略。

COMPETITIVE ADVANTAGE

第一部分 竞争优势的原则

02 价值链和竞争优势

若从总体上把握企业的发展情况，将无法理解竞争优势。竞争优势来源于企业在设计、生产、营销、交付和支持产品等方面的诸多具体活动。所有这些活动都能影响企业的相对成本地位，为企业的差异化打下基础。比如成本优势有多种成因，包括低成本实体分销系统、高效率的装配流程或者绝佳的销售团队利用等。差异化可能源自于同样多元化的因素，包括采购高品质的原材料、快捷的订单进入系统以及超凡的产品设计等。

系统地对企业开展的所有活动进行分析并了解活动之间的关系是分析企业竞争优势的前提。本章介绍了价值链这个概念，它是分析竞争优势来源的基础工具。价值链将企业行为分解为与企业战略相关的活动，旨在理解成本行为和差异化当前和潜在的诱因。以比竞争对手更低的成本或者更优质的成效来实施具有重要战略意义的活动，将会为企业赢得竞争优势。

企业的价值链内嵌在企业的整个活动流中，即价值体系（value system）中，具体见图 2–1。供应商也有其自身的价值链（上游价值链），生产和提供企业所采购的、为价值链所需的要素。供应商不仅为企业提供产品，还影响了企业诸多方面的绩效。此外，很多产品通过渠道的价值链传递给买方，渠道成为许多影响买方乃至买方价值链活动的载体，企业产品最终成为买方价值链的一部分。企业差异化的最终基础是企业本身以及产品在买方价值链中的作用，后者决定了买方的需求。企业能否赢得并保持竞争优势，取决于企业能否理解其价值链、企业活动是否符合整个价值系统的要求。

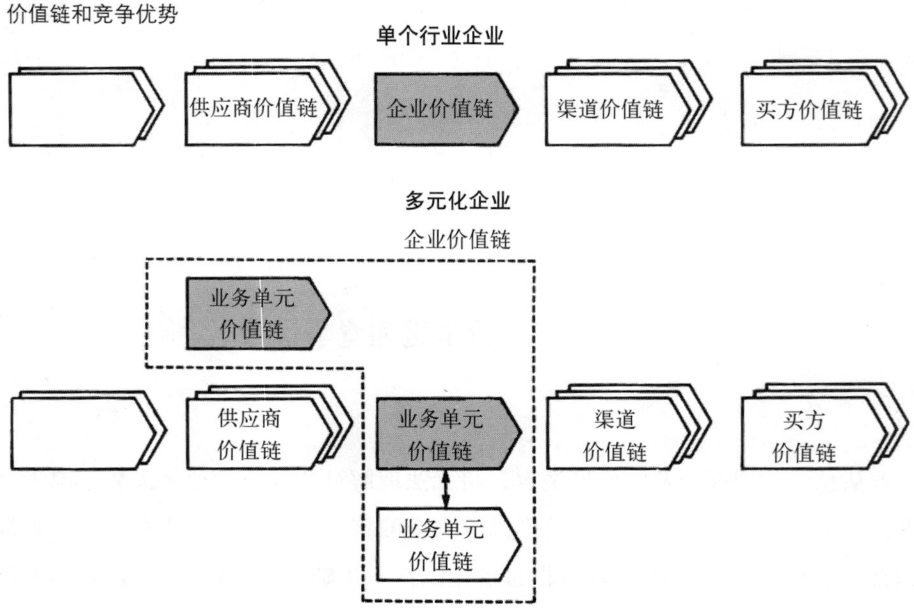

图 2–1　价值系统

行业里不同企业的价值链各不相同，这反映了公司的历史、战略和战略实现的程度。企业价值链差异有可能体现在竞争范围（competitive scope）的不同上，代表了潜在的竞争优势。服务于某个行业的细分市场使企业能够调整自身的价值链，降低企业针对竞争对手的相对成本，或者帮助企业实现差异化。拓宽或者收缩企业服务的区域市场也会影响竞争优势。活动融合的程度在竞争优势中发挥着关键作用。最后，若在拥有协调有序的价值链的相关行业中进行竞争，则可以通过建立业务单元之间的关联构建竞争优势。企业可以利用内部拥有广泛竞争范围的优势或者与其他企业建立合作来实现竞争优势。联合企业是指与其他不愿意直接合并的企业建立长期的联盟关系，包括合资企业、经营许可和供应协议等。联合是指和合作伙伴协调使用或者共享价值链的行为，这些合作伙伴有能力拓宽企业价值链的影响范围。

本章描述了价值链在确定竞争优势来源方面的基本作用。开篇介绍价值链及其组成部分。每个企业的价值链都由 9 种以特定方式关联的普通活动构成。普通价值链用来证明特定企业构建价值链的方式，反映出企业实施了哪些特定的活动。我还会向大家展示企业价值链的活动与其供应商、价值渠道和买方活动彼此关联的方式以及这些方式如何影响竞争优势。接着我会说明企业活动的范围通过对价值链的作用影响到竞争优势。本书后续章节将详细描述价值链作为战略工具在分析相对成本地位、差异化战略竞争范围乃至实现竞争优势过程中的作用。

价值链

每个企业都是设计、生产、营销、交付和支持产品一系列活动的集合。所有这些活动都代表了企业应用价值链的方式，如图 2–2 所示。企业的价值链以及实施单个活动的方式反映了企业的历史、战略、执行战略的方法以及企业活动本身的经济学原理。

企业在特定行业（业务单元）的活动决定了价值链构建的相对程度。若某个行业或者领域范围的价值链范围太广，有可能让人看不清楚竞争优势的重要来源。处于相同行业的企业可能拥有同类竞争优势，但竞争对手的价值链差异较大。例如，美国人民捷运航空公司和联合航空公司都在航空业内竞争，但它们的价值链不同，在登机运行、乘务员政策和飞机运营方面具有巨大差异。竞争对手价值链之间的差异是竞争优势的关键原因。企业在某个行业的价值链因生产线的构成要素、买方、地域范围或者销售渠道的不同而有所区别。企业内部不同部门的价值链紧密相关，只能通过业务单元价值链（business unit chain）的方式来理解。

从竞争的角度来讲，价值是客户对企业提供的产品或服务愿意支付的费用。价值通过总收入来衡量，反映在企业产品的价格和出售的产品数量上。若企业获取的价值大于创造产品涉及的成本，则企业是赢利的。为买方创造的价值超过了此间花费的成本，这是所有基本战略的目标。必须用价值（不是成本）来分析竞争地位，企业经常为了实现差异化的溢价而有意识地提高其运作成本。

图 2–2　普通价值链

价值链显示了总价值，包括价值活动（value activities）和利润（margins）。价值活动是企业开展的具备实体和技术独特性的活动，是企业为买方生产有价值产品的基础。利润是总价值和开展创造价值活动总成本之间的差异，利润可以通过多种方式衡量。供应商和渠道价值链也包括利润，在分析企业成本地位原因的时候，利润这个因素应被独立对待，因为供应商和渠道的利润是买方承担总成本的一部分。

每一种价值活动都需要用购买投入要素、人力资源（劳动力和管理）以及某种形式的技术来执行其功能。每一种价值活动都在使用或者创造信息，包括买方数据（订单输入）、性能参数（测试）和产品故障统计。价值活动还创造了金融资产，包括存货和应收账款或者金融负债，如应付账款。

价值活动可以分为两大类——主要活动（primary activities）和辅助活动（support activities）。在图 2–2 下方列出的主要活动是指制造产品、销售、运输和售后服务等具体活动。无论在什么企业，主要活动都可以分为五种类型，如图 2–2 所示。辅助活动互相支持，共同辅助主要活动，包括提供所购买的投入要素、技术、人力资源和企业范围内实施的多种职能。图中的虚线代表了购买、技术发展和人力资源管理与特定的主要活动的关联，并支持着整个价值链。企业基础设施并不与特定的主要活动关联，却支持着整个价值链。

由此可见，价值活动是竞争优势独特性的组成要素。每种活动开展的方式及其经济学原理决定了企业和竞争对手相比相对成本是高还是低。每一种价值活动实施的方法也会决定为满足买方需求，企业实施差异化战略所做的贡献。比较企业和竞争对手的价值链，能让我们明白决定竞争优势的各种差异。

正确审视竞争优势的方式是分析价值链，而不是分析附加值。附加值（销售价格减去购买原材料的成本）有时候被用作成本分析的焦点因素，因为这是企业能够控制的成本因素。然而，附加值并不是成本分析的理想基础，原因是它将原材料从企业购买投入要素中分离出来借以分析企业的活动，这是不正确的做法。此外，在没有分析实施活动所需的投入成本时，是不可能完成活动的成本行为分析的。附加值没能说明企业和供应商之间的关系，而理解这层关系却能减少成本或者提升企业实施差异化战略的程度。

确定价值活动

确定价值活动要求区分技术活动和具有战略意义的活动。价值活动和会计分类往往不同。会计分类（如间接费用、管理费用和直接劳动成本）将没有可比性的活动放在一起对照，而将隶属于同一活动的成本分开分析。

主要活动

任何行业内竞争都会涉及五种类型的主要活动，如图 2–2 所示。每种主要活动都可以继续分成不同活动，主要取决于具体行业和企业的战略。

- 入厂物流（inbound logistics）。与接收、储存和分配产品投入相关的活动，包括材料处理、仓储、存货控制、车辆调度安排、向供应商退货等。
- 运营（operations）。与将投入要素转变成最终产品形式相关的活动，包括加工制造、包装、装配、设备维护、测试、印刷、设施运行等。
- 出厂物流（outbound logistics）。与收集、存储和实体分销产品给买方相关的活动，包括成品仓储、材料处理、支付车辆运营、订单处理、调度安排等。
- 营销和销售（marketing and sales）。与为买方采购产品创造条件相关的活动，包括广告、促销、销售团队、报价、渠道选择、渠道关系、定价等。
- 服务（service）。为提高或者保持产品价值所提供的服务，包括安装、维修、培训、备件提供、产品调试等。

根据具体的行业要求，上述每一种活动对企业的竞争优势都起着至关重要的作用。对于分销商来说，入厂物流和出厂物流是最重要的。对于那些在本地提供服务的服务型企业，如饭店或者零售商，出厂物流可能并不存在，但运营本身就是一种关键活动。对于涉及公司借贷业务的银行而言，营销和销售活动是竞争优势的关键，主要是看调用的银行职员资质以及贷款的包装和定价方式。对于一个高速复印机制造商而言，服务代表了竞争优势的源泉。在所有企业中，各种类别的主要活动都有所体现，在保持和提升竞争优势的过程中发挥着特定的作用。

辅助活动

在所有行业内，竞争所涉及的支持价值的活动可以分为四大类，如图 2–2 所示。和主要活动一样，每种辅助活动都可以细分为与行业对应的不同的价值活动。例如，在技术发展过程中，具体活动可能包括零件设计、功能设计、实地测试、工艺过程和技术选择等。同理，购买也可以细分为评定合格的新供应商、购买不同的投入要素和实时监控供应商的表现等。

购买（procurement）。购买表示采购企业价值链所需投入要素的功能，而不是指购买的要素本身。投入要素包括原材料、货物和其他耗材，以及诸如机械设备、实验室仪器、办公设备和办公楼等资产。虽然投入要素一般与主要活动关联，但它们与每一种创造价值的活动都有关联，包括辅助活动。例如，实验室物资供给和独立的测试服务是技术部门常见的投入要素，会计师事务所提供的服务是企业基础设施投入要素的一部分。与所有价值活动一样，购买涉及一定的“技术含量”，比如与供应商打交道的程序、准入规则和信息系统等。

购买活动往往覆盖整个公司。有些投入要素，包括原材料，是由传统的采购部门购买的，而其他项目则分别由不同的人员负责购买。例如机器设备是由工厂经理负责购买，临时工由办公室经理安排，工作餐和住宿由销售人员负责，而首席执行官也负责战略咨询业务的外购。我使用购买而不是采购（purchase）来形容这个过程，主要是因为采购的内涵过于狭窄，一般仅限于采购经理的行为；而购买职能的分散往往模糊了整体购买的重要性，使得很多购买活动本身很少接受审核。

给定的购买活动往往与特定的某个或者某些价值活动相关，前者支持后者的运行，但采购部门服务于很多价值活动，而购买政策也适用于整个企业。购买活动的成本本身通常占用了总体成本的一小部分，但对企业的总体成本和差异化行为却能产生重大影响。购买活动的改善能够极大程度影响企业购买投入要素的成本和质量以及其他与接收、应用这些投入要素相关的活动，同时也影响企业与供应商之间的关系。比如，在巧克力生产公司和电气公司，购买可可豆和石油分别是这两家公司决定成本地位最重要的活动。

技术发展（technology development）。每一种价值活动都体现了技术，无论是专有知识、过程，还是体现在工艺设备中的技术。绝大多数企业应用的不同种类的技术范围非常广泛，包括文件材料准备、运输货物所需技术以及产品本身体现的技术。此外，绝大多数价值活动都综合使用了多种技术子类，涉及不同的科学领域。比如，机械加工涉及冶炼、电气和机械等领域。

技术发展过程包含了很多可以细分为提升产品和工艺的具体措施。我把这类活动称为技术发展，而不是研发活动，因为研发活动内涵较窄，涉及人员往往是经理。技术发展过程往往涉及工程部门或者开发小组，它发生在企业的多个部门，但人们未必会意识到这一点。技术发展可能支持价值活动包含的各种技术，包括订单输入系统中使用的电信技术或者财会部门使用的办公自动化技术等。技术发展不仅适用于与终端产品直接关联的技术，它还具备多种形式，涵盖了基本研究和产品设计，以及媒体研究、工艺设备设计和服务程序等。与产品及其功能相关的技术发展活动支持着整个价值链，而其他技术发展活动则与特定的主要活动或者辅助活动相关。

技术发展活动对于所有行业的竞争优势都很重要，在某些行业中尤其起着关键作用。例如，在钢材行业，企业的工艺技术是竞争优势最重要的因素。价值链中涉及的各类技术活动对于竞争优势的影响，我们将在第 5 章详细讨论。

人力资源管理（human resource management）。人力资源管理包括招聘、雇用、培训、人才开发和各种人事薪酬工作等。人力资源管理不仅支持独立的主要活动和辅助活动（例如雇用工程师），也和整个价值链有关（例如劳资谈判）。人力资源管理活动发生在企业的不同部门，辅助活动也一样。这些活动的分散会导致企业政策的不一致。此外，人们很少能真正理解人力资源管理的累计成本，也无法在看待各类人力资源管理活动的成本时进行正确权衡，如正确比较员工薪酬与因人才流动导致的招聘和人才培训的费用。

人力资源管理决定了劳动技能和员工激励的水平，因此人员招聘和培训产生的成本也影响着企业的竞争优势。在某些行业里，人力资源管理活动是企业竞争优势的关键。

企业基础设施（firm infrastructure）。企业基础设施包括一系列活动，如一般管理、规划、财务工作、法律工作、政府事务和质量管理。基础设施与其他辅助活动一样，通常能支持整个价值链，而不是单个活动。按照企业是否实施了多元化经营，企业基础设施可以采取自有或者在业务单元与母公司之间分配两种形式。在多元化经营的企业里，通常情况下，基础设施活动在业务单元和公司层面之间分割开来（例如通常在公司层面完成财务工作，而在业务单元完成质量管理），但很多基础设施活动在业务单元和公司层面都会发生。

有时候，企业基础设施被视为间接成本（overhead），但却是竞争优势的有效源泉。比如，在电话运营公司里，谈判以及与监管机构保持良好的关系是保持并提升竞争优势的最重要的活动。同理，合理的管理信息系统也对成本地位影响很大，而在某些行业中，顶级的管理在与买方打交道时发挥着重要作用。

活动类型

在每种主要活动和辅助活动内，都有三种对竞争优势产生重大影响的活动：

- **直接活动**。与为买方创造价值直接相关的活动，如装配、零件加工、销售团队运作、广告、产品设计和人才招聘等。
- **间接活动**。为企业不间断进行直接活动创造条件的活动，如维护、调度、设施运营、销售团队管理、研究管理、供应商记录管理等。
- **质量保证活动**。保证上述活动质量的活动，包括监控、检查、测试、回顾、审查、调整和返工等。质量保证与质量管理不同，因为很多创造价值的活动都能提升质量，具体内容见第4章。

每个企业都有直接活动、间接活动和质量保证活动三大类价值活动。这三种类型的活动不仅存在于主要活动中，而且在辅助活动中也很常见。在技术发展领域，实验室团队工作是直接活动，而研究管理则属于间接活动。

人们对于间接活动和质量保证活动的作用理解并不深刻，而明确这三类活动的区别则是判断竞争优势的重点。在许多行业内，间接活动在总成本中所占比例较大，而且比例还在不断上升。由于间接活动对直接活动影响较大，因而在差异化过程中发挥着很重要的作用。虽说如此，但企业管理者在思考企业经营活动时，却经常将间接活动与直接活动合并在一起，哪怕这两种活动的经济学原理完全不同。对于直接活动和间接活动，经常要进行权衡，维修费的增加往往会降低设备的成本。间接活动常常在会计处理中被归为管理费用或者间接费用，忽略了其对企业差异化所产生的成本和作用。

质量保证活动在每个企业中都存在，但人们不太留意。测试和审查与很多主要活动联系在一起。运营活动以外的质量保证活动表现不太明显，但同样不可或缺。质量保证活动的累计成本很大，近来人们对于质量成本日益关注就证明了这一点。质量保证活动往往会影响其他活动的成本或者成效，而其他活动开展的方式也会影响质量保证活动的需要和类型。通过更好地执行其他活动简化或者去除质量保证活动是“无质量保证活动观念”的基础。

定义价值链

为了分析竞争优势，有必要定义企业在特定行业竞争中的价值链。从普通价值链开始，在特定的企业内部确定具体的价值活动。每一种价值活动都可以分为独立的活动，图 2–3 列出了某一种活动的具体分类。完整的价值链如图 2–4 所示，该图列举了复印机制造商的情况。

定义相关的价值活动要求区分具有特定技术和经济学原理的活动。制造或者营销这样广义的职能可以进一步分化为活动，而产品流、订单流、文件流（paper flow）在此过程中非常有用。将活动进行分化可以得出范围更小的近乎独立的活动，工厂中的每种机器都可以作为一个单独的活动来对待，因此潜在的活动数量往往非常巨大。

适当的活动分解取决于活动的经济学原理以及价值链分析的目标。下文将对这个问题详细描述，这里要首先明确活动区分和分离的基本原则：第一，具有不同的经济学原理；第二，对差异化能产生巨大的影响；第三，占用的成本比例较大，或者成本比例不断上升。在价值链应用方面，随着活动分析过程的深入，其对竞争优势的作用日益增大，对某些活动的区分也日益细化。其他活动可以整合在一起，因为它们对于竞争优势不太重要，或者其经济学原理相同。

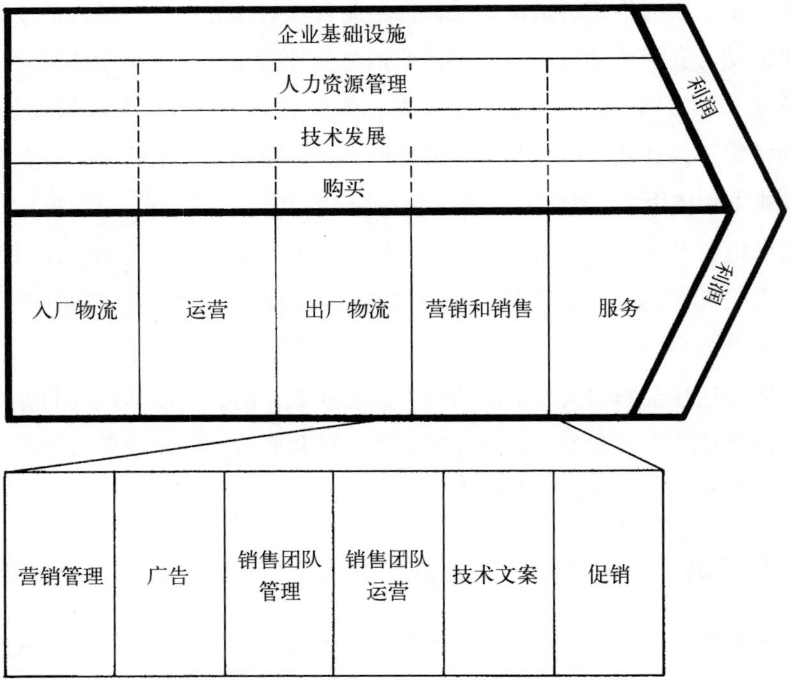

图 2–3　普通价值链的分类

正确对活动进行归类，要求有精准的判断力，且活动分类本身也能给人以启发。比如订单处理可以归为出厂物流（outbound logistics）或者营销活动的一部分。对于经销商来说，订单处理的角色更像是营销功能。同理，销售人员往往要执行服务功能。价值活动可以归为那些最能代表提升企业竞争活动的类别。假如订单处理是企业与买方互动的重要方式，就应该归结为营销活动一类。同理，假如购买投入要素处理和出厂投入要素处理使用相同的设施和人员，那么这两者就应该归为一类价值活动，且归为该活动职能对竞争优势具有最大影响的类别。企业经常通过重新定义传统活动的角色来赢得竞争优势。维特科（Vetco）是一家油田设施供应商，它就使用买方培训作为营销的工具和确立转换成本（switching cost）的手段。

企业的所有活动都应该归为主要活动或者辅助活动。价值活动的标签是随意的，应该做出正确选择，从而用更加准确的态度对待企业的业务。在服务行业对活动进行标记往往会产生疑惑，因为运营、营销和售后支持都是紧密相关的。活动的顺序应该大体上遵循流程，但活动排序本身就很考验我们的判断力。企业往往要执

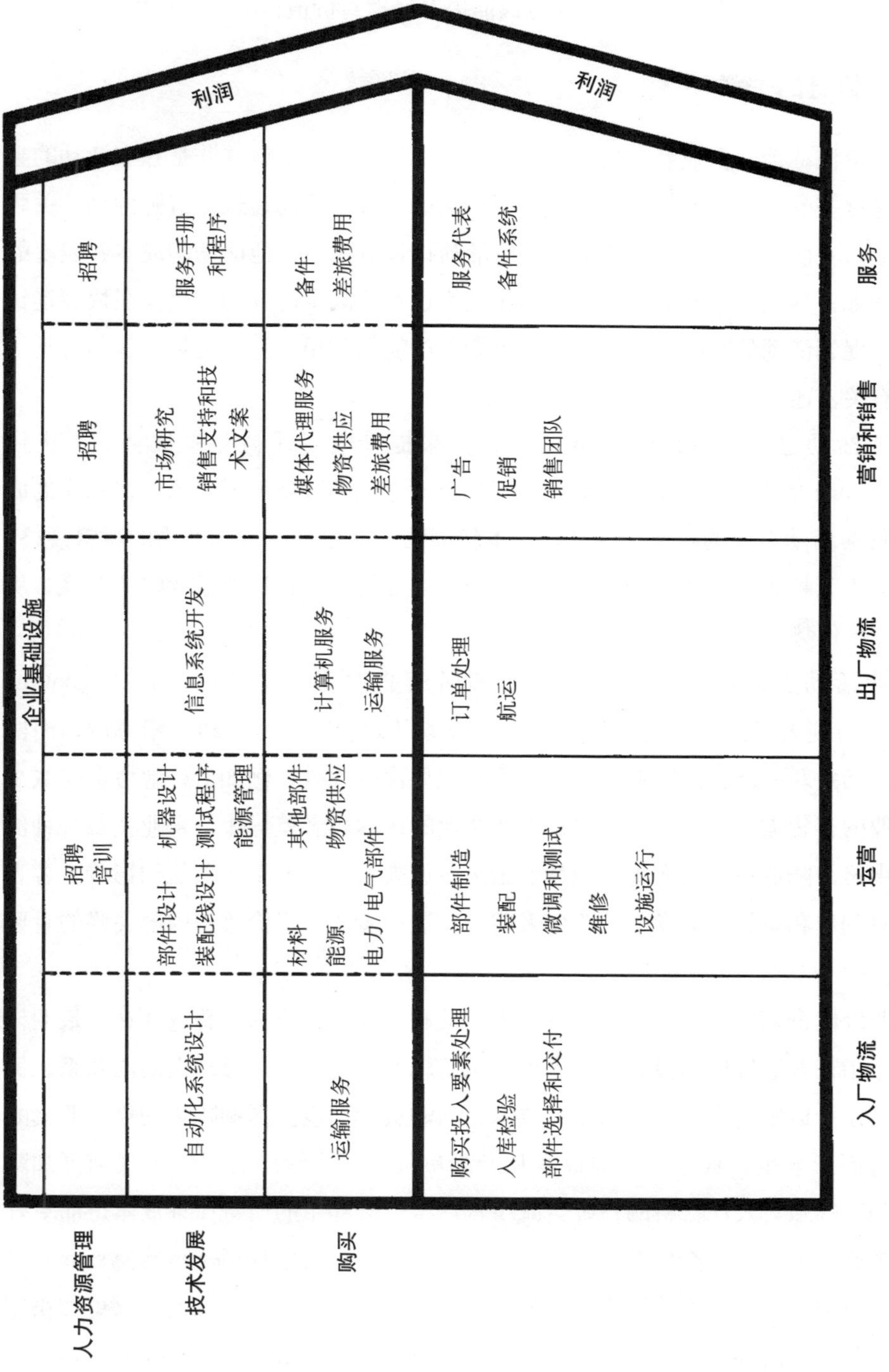

图 2–4　复印机制造商的价值链

行多项活动，而活动的先后顺序选择应该能提升经理对价值链的直观认识。

与价值链的关联

虽然价值活动是企业竞争优势的基本组成要素，但价值链并非是独立活动的集合，而是这些看似独立的活动所构成的一个系统。价值活动通过价值链内部的关联联结起来。关联（linkage）是指某个价值活动执行方式与其他活动的成本和表现的关系。例如，购买高品质的钢板可以简化生产过程，减少碎片的产生。在快餐连锁店行业，促销活动的时机往往能影响整个企业产能的利用。竞争优势不仅与各种活动本身有关，还源自于各种活动之间的关联。

企业活动之间的关联可以从两个方面来提升或者保持竞争优势——优化（optimization）和协调（coordination）。不同活动之间的联系反映了为取得相同的成功所进行的活动之间的权衡。例如，成本较高的产品设计、更加严格的材料规格、更高效的工艺检查可能会减少服务成本。企业必须优化这种反映了战略的关联，从而赢得竞争优势。

企业活动之间的关联还反映了协调活动的需要。实时交付系统（ontime delivery）可能要求运营过程、出厂物流和服务（如安装）等活动互相协调，而协调这些活动关联的能力能降低成本或者提升差异化的成效。例如更好地协调能减少整个企业的存货需求。价值链的关联表明企业的成本或者差异化是企业在每一种价值活动中努力降低成本或者提升业绩的结果。近来，受日本企业做法的影响，各大企业针对制造和质量观念发生的改变表明人们进一步认可了价值链内部关联的重要意义。

企业价值链内部的关联数量很多，很多关联在各个企业内都普遍存在。最明显的关联是指在普通价值链模型中用虚线表示的辅助活动和主要活动之间的联系。例如，产品设计通常会影响产品的制造成本，而购买活动也会影响购买的投入要素的质量，进而影响生产成本、检验成本和产品质量。主要活动之间的关联则更加隐蔽。例如，加强对入库材料的检查会减少日后生产过程中的质量保证成本，而更好的维修服务能够减少设备的停机时间。互动的订单输入系统（order entry system）可能会减少分配给每个买方的销售人员的单位工作时间，因为销售人员可以更加快速地处理订单，不需要跟踪询价和其他问题。对成品详细的检验往往能提升该领域产品的可靠性，减少提供服务的成本。最后，频繁地交付货物能减少存货和应收账款的回收周期。不同类别活动之间的关系往往是最难确定的。

价值活动之间的关联源于多种常见的原因，主要有以下几点：

- 以不同的方式执行相同的职能。例如，通过高品质的购买投入要素、规定制造过程中的误差范围或者成品 100% 全检，可以实现遵从规格的生产。
- 直接活动的成本或者绩效可以通过提升间接活动的成效得以实现。例如，更加合理地调度间接活动可以减少销售人员的差旅时间或者运输车辆的运输时间（直接活动），高质量的维修能够提升机器运行的精度。
- 企业内部执行的活动能减少演示、解释或者提供产品服务的时间。例如，100% 的检查活动能够大大减少该领域内的服务成本。
- 质量保证职能的实现方式有很多种。例如，入库检查可以替代成品检查。

价值链内部的关联是企业竞争优势的关键；它们往往比较微妙，容易被人忽视。购买过程能够影响制造成本和质量，这一点很少有人留意。订单处理、生产调度安排和销售人员使用之间的关联也亟待引起人们的重视。确定价值链内部关联是明确每一种价值行为彼此影响方式的过程。明确引起价值活动之间产生关联的普遍原因，是我们分析的第一步。在此基础上，分离与其相关的购买和技术发展活动，将它们与特定的主要活动关联起来，有助于我们理解辅助活动和主要活动之间的联系。

要明确各个价值活动之间的关联，需要信息或者能推动优化或者协调发生的信息流的存在。因此，信息系统对于企业从明确价值活动之间的关系中赢得竞争优势这一点非常重要。信息系统技术近来的发展为企业活动之间创造了更多新的关联，也大大提升了人们理解传统活动关联的能力。利用企业内价值活动的关联，要求有不断的优化过程或者超越传统组织层面的协调行为的发生。比如，生产制造部门的成本加大，可能导致销售或者服务组织成本的降低。这样的抉择和权衡不应该按照企业现有的信息和控制系统衡量。因此，管理价值活动之间的关联是比管理价值活动本身更加重要的组织任务。鉴于识别并管理这些关联非常困难，有能力识别并管理这些关联是产生可持续性竞争优势的源泉。成本和差异化之间的具体关联将在本书第 3 章和第 4 章中详细描述。

纵向关联

企业内部的价值链不仅存在着关联，在企业价值链与供应商价值链和渠道价值链之间也存在关联。这种关联可以称为纵向关联，与企业价值链内部的关联类似。供应商或者渠道活动的执行方式影响着企业活动的成本或者绩效，反之亦然。生产企业价值链内活动需要的产品或者服务的供应商，其价值链就会在其他触点（contact points）上影响企业的价值链。企业的购买活动和入厂物流活动与供应商的订单输入系统形成互动关系，而供应商的程序工程人员在企业的技术发展和生产活动中发挥着作用。供应商的产品特点及其与企业价值链交叉的方面能够极大程度影响企业的成本和差异化。例如，供应商快速的交付系统能减少企业的存货需求，而适当的供应商产品包装能够降低其处理费用，供应商检查也能减少企业的入库检查需要。

供应商价值链和企业价值链之间的关联为企业提升自己的竞争优势提供了条件。通过影响供应商价值链的设置，进而共同优化活动的配置或者提升企业和供应商价值之间的协调关系，企业和供应商双方都有可能从中受益。供应商关联表明和供应商的关系并不是此消彼长的，即某方得到利益并不一定是以付出另一方的代价为前提，而是双赢关系。例如，通过用罐装车向糖果生产商运输散装巧克力，而不是直接交付整块固体巧克力，巧克力制造公司便能够节约巧克力成形和包装的成本，糖果生产商也能降低入库处理和巧克力化掉的费用。协调并优化企业和供应商之间的关联，对获得的利益进行瓜分，反映了供应商的议价能力，也体现在供应商的利润中。供应商的议价能力从某种程度上来讲属于结构化因素，但部分也取决于企业的购买活动。因此和供应商协调的能力以及适当的议价能力，对于竞争优势都很重要。两者缺一不可，否则就会导致机会的流失。

销售渠道关联和供应商关联类似。销售渠道拥有企业产品得以流通的价值链。渠道往往抬高产品的销售价格（可称为渠道价值），其常在销售价格中占有很大的比重。很多消费品，如酒类产品，其渠道价值占销售价格的一半甚至更多。销售渠道执行诸如销售、广告和展示等其他和企业活动互补的功能。企业和渠道价值链之间有多个触点，如销售队伍、订单输入和出厂物流等。与供应商关联类似，协调和优化渠道能够降低成本或者提升差异化的效果。与供应商价值链的关联具有利益分割协调和共同优化的问题，与渠道价值链的关联也一样。

纵向关联与企业内部价值链的关联一样，往往被人忽视。即使人们意识到它们的存在，供应商或者渠道独立拥有价值链，或者以往企业与供应商或销售渠道之间存在不良的关系，都会减弱妥善利用纵向关联所需要的利益协调和共同优化的效果。有时候，在联合合作伙伴或者兄弟业务单元之间，比独立的企业之间更容易实现纵向关联。当然我们并不保证一定能建立起这样的纵向关联。与价值链内部存在的关联类似，要利用纵向关联需要信息和现代的信息系统来创造更多的机会。我将在本书第 3 章和第 4 章中更加详细地讨论竞争优势中供应商和渠道价值链的关联作用。

买方价值链

买方也有价值链，企业的产品代表了买方价值链中的购买投入要素部门。理解实业、商业和非营利机构买方的价值链比较直观容易，从根本上来讲，它们与企业的价值链类似。理解家庭的价值链就没有那么直观了，虽然理解这种价值链同样很重要。家庭（和家庭内部的个人消费者）会参与一系列活动，家庭购买的产品也和这一系列的活动同时应用。汽车用于代步上班，也可以用于个人购物和休闲活动；食品可以作为烹饪的材料使用。虽然很难构建涵盖了每个家庭及其成员每一项活动的价值链，但要构建与特定产品应用的途径关联的活动价值链还是可能的。每个家庭不需要构建各自的价值链，但是代表性家庭的价值链能够为我们开展差异化分析提供重要的工具，详情参见第 4 章。

企业的差异化源于价值链和买方价值链的关系，是企业实体产品用于特定的买方活动的体现（比如机器可以用于装配），也可以体现企业价值链和买方价值链其他触点的应用。在光电产品零件行业，企业的产品用于装配在买方的设备上，这是一个非常明显的触点。然而，企业可以和买方通力合作进行零件的设计，提供实时的技术支持、故障排除、订单处理和交付服务等。这些触点都是差异化的潜在源泉。要让企业获得独特的竞争优势，质量只是很狭隘的一个观念，因为它主要关注于产品本身，而不是那些对买方产生重大影响的一系列活动。

因此，差异化从根本上来讲，源于通过企业对买方价值链施加影响进而为其创造价值。当企业为买方创造竞争优势——降低了买方的成本或者提升了买方的业绩时，就为买方创造了价值。为买方创造的价值，如果是以溢价的形式出现，就必须被买方识别。这就表明，企业必须通过诸如广告和销售团队的力量将其为买方创造的价值传递给买方。如何在企业和买方之间分割这部分价值（企业的产品溢价和买方的高额利润或者更大的满足感）则体现在企业的利润率上。企业的利润率反映了行业结构的情况。就创造并保持差异化过程中买方价值链和企业价值链之间的关系这一点，我们将在第 4 章中为大家详细介绍。

竞争范围和价值链

竞争范围对竞争优势有着巨大的影响，因为它影响了价值链的配置和经济学原理。竞争范围有四方面要素会影响价值链。

- 细分市场范围。生产的产品类别和服务的买方类型。
- 纵向范围。企业内部执行活动与由其他独立企业执行活动的对照。
- 地域范围。企业使用协调的战略在某个地区、国家或者若干国家竞争的范围。
- 行业范围。企业使用协调的战略在相关行业竞争的范围。

广义的范围可使企业充分利用内部开展活动的便利，以及不同细分市场范围、地域范围或者相关行业价值链之间的关联。例如，共享的销售团队可能销售两个业务单元的产品，一个共享的品牌名称可能在全世界范围内使用。共享和一体化需要成本，这样就有可能抵消它们得到的利益。

竞争范围狭窄，使企业可以调整价值链来服务特定的目标细分市场范围、地域范围或者行业范围，来实现更低的成本或者以独特的方式服务于目标买方群体。一体化过程中竞争范围狭窄，也有可能使企业通过购买行为执行效率更高或者成本更低的活动来提升竞争优势。凭借最适合的价值链，小范围的竞争优势取决于产品类别、买方或者行业内地理区域的差别，或者企业执行活动所具备的资源和技能的差别。

竞争范围的大小与竞争对手有关。在某些行业中，企业拥有广泛的竞争空间，但会在某个细分领域提供系列产品或服务，满足这个领域的买方。而在其他行业，可能涉及纵向一体化在相关行业内的竞争。细分某个行业有多种方式，不同价值链之间联系和一体化的方式也各不相同，而且广阔和狭窄的竞争范围可以互相合并。

企业可以按照某个产品分类来调整价值链，也可以通过服务于全球的目标领域来利用地理上的关联。企业还可以充分利用在相关行业经营的多个业务单元之间的关系。这些问题我将在本书第 15 章中详细讨论。

细分市场范围

由于买方需求的差异和价值链的差别，企业需要提供不同的产品，服务于不同的细分市场，由此推动企业采取集中战略。例如，用来提供精密的小型计算机产品、具有独立提供服务能力的价值链与那些服务于小企业用户计算机制造商的价值链不同。前者需要大量的销售支持，硬件性能的要求不太高，但需要具备用户友好的软件和强大的服务功能。

细分市场之间的区别更适合小范围的竞争，服务于不同细分市场的价值链之间的关系却更青睐于大范围的竞争。通用汽车针对大型汽车的价值链与其针对小车型的价值链不同，但很多创造价值的活动却是共享的。这引发了为某个细分市场修正价值链和实现各大细分市场共享活动之间的较量。这两者之间的对照对于行业细分来说是一种基础的力量，也是专有战略选择的基础，具体内容见第 7 章。

纵向范围

纵向一体化定义了企业与供应商、渠道和买方之间活动的区别。企业可以购买零件，不是用于自己生产，而是外包服务，且无须成立专门的服务机构。同理，渠道也可以执行很多分销、服务和营销职能，不需要企业出马。企业和买方还可以按照不同的方式对活动进行分类。区分自身与其他竞争对手的方式之一是承担多种买方活动。在极端情况下，企业可以完全进入买方的行业。

当我们从价值链的角度来看待一体化问题时，就会发现一体化的机会比表面上看起来要多得多。纵向一体化往往是从实体产品、替换整个供应商关系这个角度，而不是从活动的层面来审视的，但纵向一体化可以包括实体产品和具体活动两个层面。例如，企业可以依赖于供应商应用程序的设计和服务能力，或者说企业可以在内部消化这些活动。究竟哪些活动需要企业内部完成、哪些活动需要从外部采购，有很多种选择。同样的原则适用于渠道和买方一体化。

一体化活动（或者分散活动）能否降低成本，或者提升差异化成效，主要取决于具体的企业和涉及的活动。我在《竞争战略》一书中已经讨论了这个问题的相关因素。价值链允许企业通过强调纵向关联的作用更清楚地了解一体化的潜在利益。利用纵向关联并不要求纵向一体化，但是一体化可以让企业更容易地得到纵向关联的利益。

地域范围

地域范围可以使企业对不同地域的价值活动进行共享或者协调。佳能率先在日本开发并生产了复印机，之后在很多国家分别销售其产品和服务。佳能通过共享技术发展和生产制造功能，建立了成本竞争优势，但它不会在每一个国家都同时执行这些活动。在某一国家某个地域范围内的交叉价值链中建立相互关联也很常见。例如，尊爵（Monarch）和关根工业（SISCO）都是食品服务分销商，在各大城市的闹市区都设定各自的运营部门，它们与企业基础设施、购买和其他辅助价值活动可以共享企业基础设施。

假如共享或者协调价值活动能够降低成本或者提升差异化经营的成效，地域关联也可以提升竞争优势。不同地区或者国家的协调行为可能会产生成本，降低共享的优势。全球战略竞争优势的源泉和障碍已经在《竞争战略》等书中阐明，同样的原则适用于国家或者地区之间价值链的协调。

行业范围

在相关行业内竞争所需要的价值链可能普遍存在着关联。它们可能涉及价值活动，包括主要活动（如共享服务组织）和辅助活动（如共同技术发展或者共享普通投入要素的购买活动）。业务单元之间的关联在概念上与价值链之间存在的地域关联类似。

业务单元之间的关联通过降低成本或者提升差异化的成效对竞争优势产生重大的影响。共享的后勤系统可以使企业获得规模经济的效益，而提供相关产品的共享销售团队则可以提升销售人员的工作成果，进而实现差异化。并非所有的关联都能导致竞争优势，也并非所有的活动都能从共享中受益。共享活动也常需要付出代价，而抵消了部分所得利益，主要是因为针对某个价值活动需要的不同业务单元可能会不同。我将在本书第 9 章至第 11 章描述不同业务单元之间的关联及其对公司和业务单元战略的影响。

联盟和范围

企业可以自己追求大范围的竞争优势，也可以与其他企业建立联盟关系实现部分或者所有利益。联盟是企业之间确立的超越普通市场交易但没有达成直接兼并的长期合作协议。联盟的例子有技术许可、供应协议、营销协议和合资企业等。联盟是一种在不拓展企业规模的前提下开拓竞争范围的形式，其实现方式是与其他企业订立契约（例如供应协议）执行价值活动，或者与其他企业组队合作开展共享活动（例如营销合资企业）。由此可见，有两种最基本的联盟——纵向联盟和横向联盟。

企业通过联盟，可以在不进入新行业细分市场、地域范围或者相关行业的前提下实现活动的共享。联盟也是在不进行实际的一体化的前提下，赢得纵向关联成本优势或者差异化的竞争优势的，此间还可以克服在不同企业之间进行协调的困难。由于联盟涉及长期合作关系，与联盟合作伙伴的协调合作要比与普通合作伙伴的合作更加紧密，当然企业需要有所付出。无法达成联盟协议或者在合作伙伴之间无法正常协调工作可能会影响联盟协议的执行，甚至抵消联盟运作的成效。

联盟合作伙伴是彼此独立的公司，这就出现了如何分割联盟利益的问题。联盟关系中各方具有的议价能力成为利益分享的关键，决定着联盟关系对企业赢得竞争优势会有多大程度的影响。比如，强大的联盟合作伙伴通过协议的规定可能会攫取共享营销组织所获得的所有利益。联盟在竞争优势中起的作用将在介绍全球战略时展开，这在国际竞争中比较普遍。

竞争范围和业务定义

竞争范围和价值链之间的关系为我们界定相关业务单元的界限提供了基础。可以通过权衡一体化和分拆（de-integration）的利益，比较服务于相关细分市场、地域范围或者行业的业务关联与最适合这些服务对象的价值链的差异，来区分战略分明的业务单元。假如地域范围或者产品和买方细分市场的差异需要完全不同的价值链，则细分市场将决定业务单元。相反，一体化和地区间或者不同行业间的关联具有强大广泛的收益，这将会拉大不同业务单元之间的差异。纵向一体化的明显优势将加深开展上游或者下游业务的不同业务单元的区别，而一体化优势不明显则表明每个阶段将涉及独特的业务单元。同理，全球范围内不同价值链的协调工作表明相关的业务单元是全球化经营的，而强大的国家或者地域差别需要大体不同的价值链，这将缩小不同地区业务单元的范围。最后，某两个业务单元之间存在的强大联系表明它们可以合二为一。理解了不同场合竞争的最优价值链以及价值链之间的关联，就能恰如其分地界定业务单元。在介绍了行业细分原则后，本书将在第 7 章详细讨论这个问题。

价值链和行业结构

行业结构决定了企业的价值链，反映了竞争对手价值链的总体情况。行业决定了企业与买方和供应方之间的议价关系，主要体现在企业价值链的设置以及在企业与买方、供应商和联盟合作伙伴之间的利润分割上。对一个行业的替代威胁影响了买方所期望的价值活动。进入壁垒对不同价值链配置的可持续性将产生影响。

竞争企业价值链的部署是行业结构诸多要素的基础。比如，规模经济和专有技术的获得源于竞争对手的价值链所使用的技术。在一个行业内竞争所需的资本要求取决于价值链所需的总体资本。同理，行业产品差异化起因于企业生产的产品在买方价值链中应用的方式。因此，行业结构的很多因素都可以通过分析该行业内竞争对手的价值链来确定。

价值链和组织结构

价值链是确定竞争优势和寻找、创造并保持竞争优势的基本工具。这是本书下面几个章节将论述的重要问题。然而，价值链在涉及组织结构方面也起着重要作用。组织结构将特定的活动在特定的组织部门中组合在一起，比如营销部或者生产部。这种组合的逻辑是，拥有相同点的活动应该在一个部门中组合利用。同时，组织部门也因各自所需的活动不同彼此区别开来。同类活动的分类在组织理论学中就是差异化（differentiation）。组织单位的区分来自于协调不同部门的工作，即所谓的一体化。因此应该在企业中建立一体化机制，确保需要协调的工作按时发生。组织结构平衡了活动区分和一体化的利益。

价值链为分解企业行为、确立各种活动提供了系统的方法，因此可以用来审视企业的活动内容和组合方式。图 2–5 表明了典型的组织结构内价值链的分布情况。组织界限往往不是根据经济学原理类的活动组合划定的。此外，组织部门，如采购部和研发部常常只包含了企业内实施的同类活动的一部分。

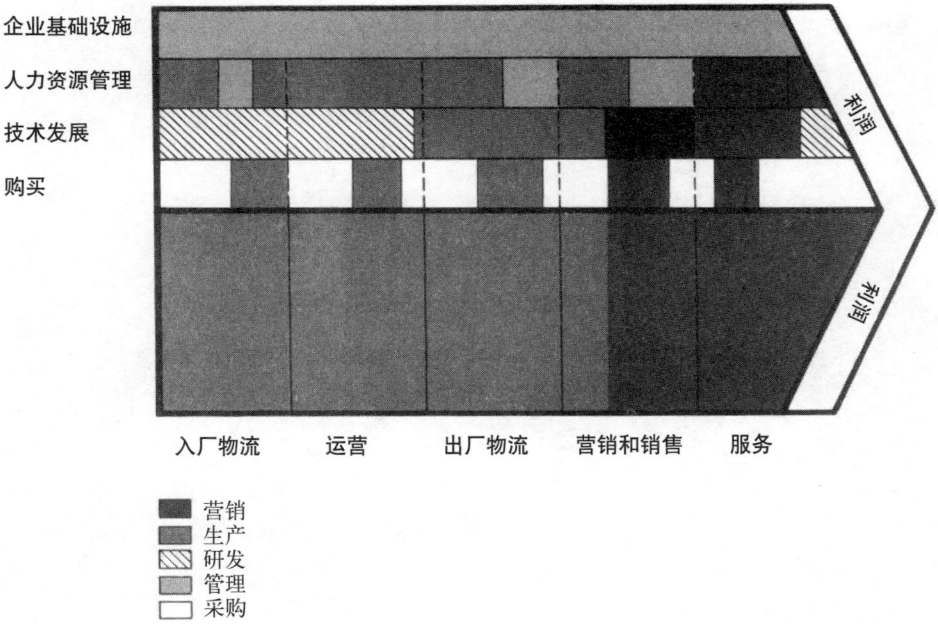

图 2–5　组织结构和价值链

组织部门之间一体化的需要表明了关联的存在。价值链内存在多种关联，组合结构一般不能提供正确协调或者优化价值链内关联的机制。协调和优化关联所需的信息很少在整个价值链中得到妥善的搜集。辅助活动的经理，如人力资源管理和技术发展经理一般不太知道如何将这些信息与价值链体现的企业的总体竞争地位联系起来。最后，组织结构中也不能表示出明确的纵向关联。

企业有能力根据竞争优势的来源划定业务单元的边界，通过联系组织结构和价值链，分析价值链内部的关联以及企业价值链与供应商或者渠道价值链之间的关系，从而更加合理地安排协调工作。符合价值链要求的组织结构能够提升企业创造和保持竞争优势的能力。这一问题虽然在此不能一一展开，但是在执行战略的过程中始终是一个非常重要的话题。

03
成本优势

成本优势是企业拥有的两大重要的竞争优势之一。成本对于差异化战略有着举足轻重的作用，因为追求差异化的企业必须在成本上接近其竞争对手。除非差异化战略的结果能保证产品溢价部分超过差异化的成本，否则企业就不能取得卓越的业绩。成本行为对总体的行业结构也有重大的影响力。

企业管理者意识到了成本的重要意义，很多战略计划确立了成本领先或者降低成本的目标。然而，人们很少能真正理解成本行为。企业管理者针对企业相对成本地位及其背后原因的看法往往有着巨大的分歧。成本研究倾向于注重制造成本，忽略其他活动，如营销、服务和实现相对成本地位的基础设施等。个体活动的成本是按照时间序列研究的，没有意识到彼此之间的关联可能会影响到成本。最后，企业很难评价竞争对手的成本地位，但这却是正确评估自身相对成本地位的关键一步。人们常采用简单对照劳动成本和原材料成本的方式来比较自己和对手的成本地位。

这些问题之所以产生，是因为绝大多数企业内部缺乏成本分析系统的框架。大多数成本分析治标不治本，看待问题的眼光较为短浅。如经验曲线（experience curve）一类常见的工具往往在成本分析中被误用。经验曲线可以作为分析的起点，但它忽略了成本行为中很多重要的因素，模糊了彼此之间的重要关系。成本分析在很大程度上依赖于现有的会计制度。虽然会计系统的确包含了成本分析的有用数据，但它们却不利于战略成本分析。成本系统使用分列项目来归类成本，如直接劳动成本、间接劳动成本和赋税——这样很容易让人模糊视线，分不清企业开展的基本活动。形成活动成本的核算，其所用的经济学原理比较混乱，也造成了人为地割裂了同一项活动的劳动力成本、原材料成本和管理成本。

本章描述了分析成本行为的框架，相对成本地位的决定因素以及企业赢得可持续性成本优势、最小化自身成本劣势的方法。该分析框架还表明了差异化的成本，寻求差异化战略的竞争对手在不影响差异化战略开展的前提下降低活动成本的方式。可以使用这些方法来分析供应商和买方成本行为，这对于实现成本领先地位和差异化战略都有重大意义。

价值链为成本分析提供了基本工具。本章首先将介绍以成本分析为目的的价值链定义方式，并将成本和资产与价值活动关联起来。接着引出成本驱动要素（cost driver）的概念来分析成本行为。成本驱动要素是活动成本的结构化决定因素，按照企业控制的程度有所不同。成本驱动要素决定了活动内部的成本行为，反映了影响成本行为的所有关联或者关系。企业针对每一项活动的成本绩效都是为了确立相对成本地位。

在建立了分析成本行为的框架后，我将着手论述企业如何评价竞争对手的相对成本，进而建立可持续性的成本优势。在阐明了理解成本地位的过程中经常遭遇的陷阱后，本章最后归纳出战略成本分析的步骤。本章列出的分析技巧并不能取代运营管理或者定价行为所必需的详细成本分析，也不能因此说明财务或者成本会计工作没有必要。相反，这样的成本行为分析框架能够帮助企业更加全面地理解广义的成本行为，由此来引导企业寻找可持续性成本优势，帮助竞争战略的制定和实施。

价值链和成本分析

企业的成本行为及其相对成本地位源自于企业在行业内竞争时开展的价值活动。有意义的成本分析要针对这些活动的成本，而不是企业运营的总体成本。每一种价值活动都有自己的成本结构，成本行为会受到该活动与企业内外其他活动的关系的影响。相比竞争对手，如果企业所执行活动具有较低的累积成本，就掌握了成本优势。

为成本分析定义价值链

实施成本分析的第一步是确定企业的价值链，明确分配价值活动所需的运营成本和资产。价值链上的每一种活动都涉及运营成本和以固定和流动资本出现的资产。购买的投入要素是每一种价值活动必不可少的成本，影响到了运营成本（购买的运营投入）和资产（购买资产）。确定价值活动的资产反映了活动的资产数量及资产利用的效率，其对于活动的成本往往非常重要。

为了进行成本分析，将普通的价值链分割为个体价值行为，应该遵循彼此联系的原则：

- 活动体现的成本大小和增长规模。
- 活动的成本行为。
- 执行该项活动时的表现与竞争对手的差异。

如果活动代表了运营成本或者资产相当重要或者快速增长的一部分，应该在成本分析的时候分离不同的活动。虽然绝大多数企业都很容易确定成本的主要组成部分，但它们往往会忽略那些最终能改变成本结构的、规模较小但在不断增加的价值活动。在总成本或者资产中占有固定的小部分成本的活动应该归到更大范围的活动类别中去。

含有不同成本驱动要素的活动应该分离出来，按照下文描述的方式进行详细定义。与成本驱动要素类似的活动可以归为一类。例如，广告和促销往往归为不同的价值活动，因为广告成本对于规模比较敏感，而促销成本的变动余地比较大。业务单元和与其他业务单元共享的任何活动都应该被当作单独的价值活动处理，因为其他业务单元的情况会影响这类活动的成本行为。这一逻辑同样适用于与其他活动有着重要关联的活动。在实践中，人们在开始分析的时候并不知道成本行为的驱动要素具体是什么，因此，价值活动的确定往往要求多次迭代。一开始将价值链分解为活动是基于对成本行为重要差异的主观猜测。然后，价值活动随着逐渐揭示成本行为差异及其相同点，可以进一步分解或者合并。通常先分析合并的价值链，然后再调查分析那些经过证明是重要的、具体的价值活动。

分离价值活动的最后测试是竞争对手的行为分析。当竞争对手采用不同的方式执行某项活动时，这样重要的活动应该单独对待。例如，美国人民捷运航空公司和其他经济型航空公司提供的等级服务与那些知名的大型航空公司，如美国航空公司、东方航空公司、环球航空公司和联合航空公司的服务完全不同。竞争对手之间的差异提升了相对成本优势或者劣势产生的可能。

成本分摊和资产分摊

在确定了价值链以后，企业必须为价值活动分摊运营成本和资产，按照发生的原则为活动分摊运营成本。应该将资产分摊给那些利用、控制或者最能影响资产的活动。原则上分摊运营成本应该更直接，但这很有可能非常耗时间。必须经常重新对照会计记录，保证成本和价值活动的匹配，不能直接按照会计分类记录，尤其是在管理和购买投入要素领域。

有些资产非常昂贵，其选择和使用常涉及运营成本的权衡，资产必须要按照方便成本行为分析的方式分摊给价值活动。给活动分摊资产要比分摊运营成本更加复杂。资产账户必须经常进行重组以对应活动，且要以一贯的方式给资产赋值。分摊资产有两大类方法，主要是按照面值或者重置的价值分摊，与以同种形式分摊的运营成本形成对照。通过资本费用，资产的面值或者重置价值应该转换成对应的运营成本。不管使用哪一种估值方法都有可能遇到困难。同理，折旧时间表也比较随意，固定资产和流动资产都有对应的资本费用。给资产估值的方法应该能够反映行业的特征，同时也决定了数据内部显著性偏差和搜集信息过程中实际要考虑的问题。分析师必须意识到，无论采用什么方法都不可能不出现偏差。成本分析中使用不同的资本分配方式常能让人豁然开朗。

共享价值活动的成本和资产应该使用企业当前使用的方法分摊到业务单元的价值链中，这种分摊通常是根据某种分摊公式进行的。共享价值活动的成本行为反映了活动整体，而不是对业务单元起作用的那部分活动。对规模敏感的共享活动成本应该取决于所有涉及的业务单元的产量。此外，覆盖共享活动的分摊公式可能并不反映活动的经济学原理，主要是企业基于方便或者体制原因制定。随着分析的推进，应该使用更有意义的分摊公式按照活动的成本行为本身来提升共享活动的成本分摊情况。

给价值活动成本分摊和选择资产分摊的时间应该代表企业的典型业绩，且能反映有可能影响成本的季节或者周期波动以及生产中断的情况。比较不同节点的成本能够反映战略变化的效果，帮助人们分析成本行为。连续分析某个活动的成本能够反映企业的学习成效，而比较不同时间具有不同活动层次的成本能够反映企业的规模灵敏度以及产能利用的作用。

切记，成本和资产的分摊并不要求像制定财务报表那样一丝不苟、完全精确。大致的估值足以反映战略成本问题，也可以用于那些花费巨大、需要高精度成本数据的价值活动的成本和资产分摊过程。在深入成本分析的过程中，某些价值活动对成本优势有着重大的影响，这就需要花大力气针对这些价值活动做到更精准的成本分析。最后，企业可能会发现竞争对手分摊运营成本和资产的方式不同。竞争对手衡量成本的方式很重要，因为这会影响它们的行为。竞争对手成本分析的任务目标之一便是努力分析竞争对手的成本核算实践。

初步成本分析

运营成本和资产的分摊将形成展示企业成本分布图的价值链，从中可以看出每一种价值活动的成本都可被分为三大类：购买运营投入、人力资源成本和大类资产。价值链的比例可以反映运营成本和资产在各个活动中的分布，具体如图 3–1 所示。

价值链上运营成本和资产的初次分摊能显示出经过核算的改善成本的领域。比如，购买运营投入在成本中所占的比例比人们认可的要大，因为价值链上所有的购买投入要素很少是累积得到的。通过将价值活动分类为直接活动、间接活动和质量保证活动（见第 2 章的定义），并对成本进行合计，可以得出其他的见解。管理者往往忽略了迅速增加的间接成本，只关注直接成本。很多企业中，间接成本不仅在总成本中占较大比重，而且还比其他成本驱动要素增长速度更快。引进先进复杂的信息系统和自动化过程可以减少成本，但却会因需要复杂的维修服务和计算机程序员来做准备工作，产生更多的间接成本。在价值创造的过程中，间接成本占总成本的比例超过 10%。企业可以发现价值链上所有质量保证活动的总和非常大。在很多行业，

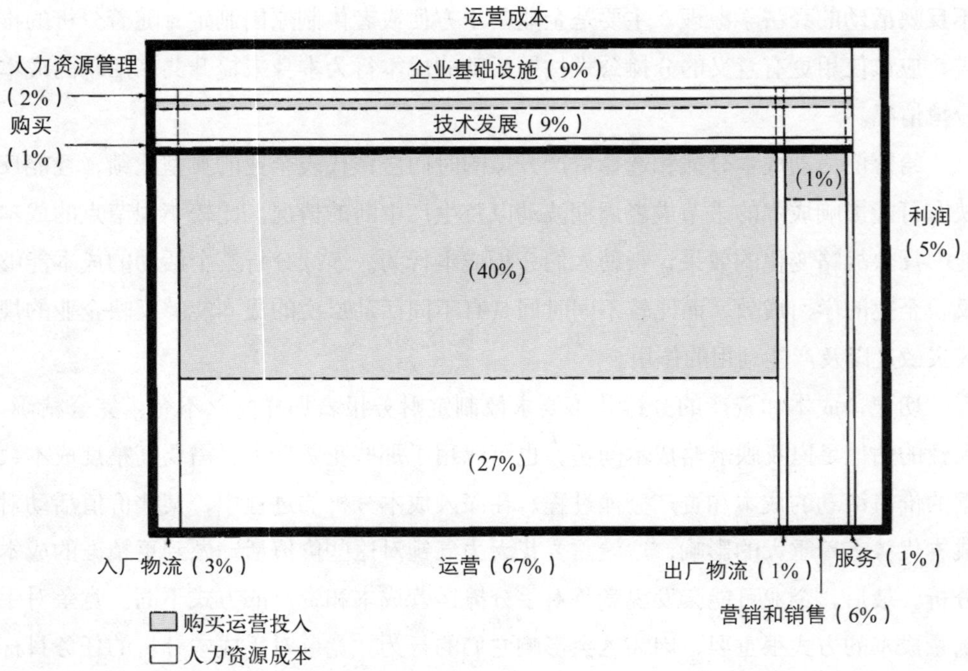

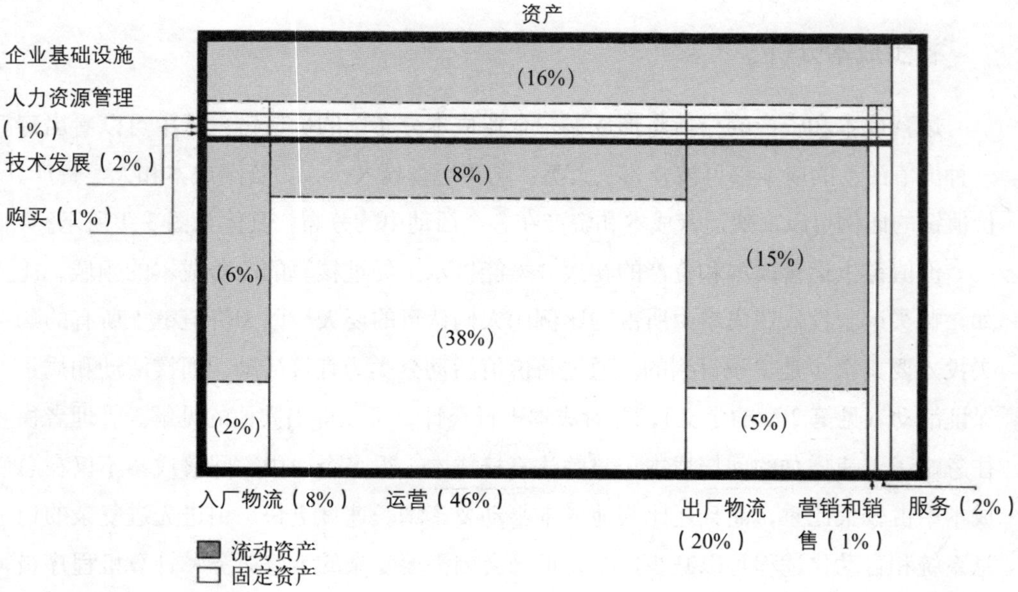

图 3–1　运营成本和资产在流量调节阀中的分配

这越来越让人明白，除了检查、调整和测试以外的质量保证方式能大大节约成本。

成本行为

企业的成本地位来源于价值活动的成本行为。成本行为取决于一系列影响成本的结构因素，即成本驱动要素。若干个成本驱动要素结合起来决定特定活动的成本。同一行业不同企业如果使用不同的价值链，则其重要的成本驱动要素将有所不同。企业价值活动的相对成本地位取决于其长期而又重要的成本驱动要素。

成本驱动要素

十大成本驱动要素决定了价值活动的成本行为：规模经济、学习、产能利用模式、关联、相互关系、一体化、时机、权衡性政策、地理位置和制度因素等。成本驱动要素是活动成本的结构原因，或多或少要受到企业的控制。成本驱动要素相互作用能决定特定活动的成本行为。在价值活动之间，成本驱动要素的相对作用差异较大。因此没有哪一个成本驱动要素（比如规模曲线或者学习曲线）能够独立地决定企业的成本地位。分析每一种价值活动的成本驱动要素能让企业深刻理解其相对的成本地位以及改变的方法。

规模经济或者规模不经济

价值活动的成本常受制于规模经济或者规模不经济。规模经济源自于以不同的方式在更大的规模上以更高的效率执行不同活动的能力，或者在大量销售额基础上摊销诸如广告和研发费用等无形成本的能力。在更大的规模上实际执行某种行为的效率的提高，或者随着规模的增大，需要支持某种行为所需的基础设施或者管理费用比例的降低，产生了规模经济。铝土矿行业里，实际的开矿成本会随着规模的增大而降低，但其下降的幅度小于基础设施成本降低的幅度。

规模经济必须同产能利用的概念明确区分开来。产能利用的提升可以在产量提升的情况下分摊现有设施和人事的固定成本，而规模经济表明在大规模生产的条件下完全施展某一项活动的效率更高。将产能利用误认为规模经济可能导致企业产生错误的结论，误认为一旦当前的产能负荷已满，那么继续扩大产能就可以降低成本。

在增大规模的时候，生产活动变得复杂并产生协调的成本，这可能导致某种价值活动的规模不经济。例如，当金属罐生产线超过 15 条后，工厂运作的复杂度将让人难以应付。规模增加也有可能会打消员工的工作积极性，甚至可能提升员工的薪资或者购买投入要素成本。例如大型工厂也许会形成行会联合（unionization），或者导致工会代表期望的提升以及标准的提升。如果需求增加，企业却碰到无弹性供给，导致外购投入成本的增加，就会出现购买活动的规模不经济。规模不经济常出现在很多时尚敏感的行业和专业服务中，因为这类业务对响应时间要求较高，而创意型人才在大型组织中也未必能充分发挥自己的作用。

活动的规模灵敏度差异很大，诸如产品开发、全国范围的广告和企业基础设施等价值活动往往比购买、销售团队运营等活动对规模的敏感度更高。无论企业规模如何，后面这些活动的成本比较固定，然而规模经济（规模不经济）几乎在企业所有价值活动中皆有可能发生。

规模经济不仅反映了价值活动的技术含量，还体现在企业选择的运营方式上。工厂的规模经济可能会受到生产的产品种类和选定的生产周期的影响。同理，销售人员的分配可能影响销售团队运作的规模经济。在按照地域范围组织销售人员的企业里，这部分成本会随着地域销售额的增加而下降，因为每一个销售人员在每一次销售拜访后得到的订单数额更大，或者几批订单之间的出差时间大幅度减少。若销售团队是按照生产线来组织的，则某个地区销售额增加后，客观上要求销售人员前往这些地区比其他邻近总部地区的出差频率更高或者时间更长，这都会造成规模不经济。

规模经济并非都是绝对的，相对的规模经济在不同价值活动或者行业之间各不相同，忽略了这一事实的企业往往会损害自己的相对成本地位。对于某些价值活动来说，全球规模就是相对的成本驱动要素。而对于其他价值活动而言，国家规模、地区规模、本地规模、工厂规模、项目规模、生产线规模、每个买方的规模、每笔订单的规模或者其他规模指标都有可能成为分析成本行为的基础。

例如，在产品的研发阶段，全球规模或者国家规模往往是规模的相对衡量标准。开发新型产品的投入会分摊到所有已售产品的固定投资上。在全球范围出售的标准型号的产品开发成本对全球规模比较敏感，而针对某个国家定制的产品的开发成本则对国家规模更加敏感。运输中的规模经济往往依赖于地区、本地，甚至是每个买方的规模，主要取决于使用了什么交通方式。本地规模或者地区规模代表了该地域范围内买方分布的密度，因此其规模经济主要取决于不同买方地理位置之间的距离。运输服务供应商往往能对特定范围的集装箱、汽车或者火车运输的服务提供折扣，而该地区的服务恰恰能够提升本地或者地区规模的灵敏度。最后，向特定买方交付的成本大体上比较一致，不管买方的订单数量如何，这都会使得大型买方的交付成本更低。要理解规模经济影响成本的方式，我们必须要明确规模经济的机制以及正确反映这些机制的规模指标。

正确衡量规模的指标可以体现出企业的管理活动。例如，按照国别来改良产品设计，不在全球范围出售统一标准的产品，这样的政策选择就能改变衡量规模的指标。同理，从事信用卡业务的企业使用电子处理方式而不是手动方式来授权信用卡，其成本相对整个交易额来说更加敏感。因此，企业不仅能影响规模经济的程度，还能影响决定活动成本的关键规模类别。这表明企业管理活动时，应该在针对比竞争对手有更多优势的规模类型中，将其灵敏度最大化。地区性企业应该强调地区规模的价值，而在全国范围内竞争但尚未统领市场的企业应该按照最大化其全国规模的价值的方式来管理其活动。

学习及其溢出效应

因为学习提升了效率，所以价值活动的成本可能会随着时间的流逝逐渐下降。长期学习能够从多方面完善成本机制，降低产品成本，包括布局更改、调度改善、劳动效率提升、利于生产的产品设计改良、产量提升、提高资产利用率的流程以及符合工艺要求的原材料定制等。学习还可以降低建设厂房、零售商店或者其他设施的成本。因此，价值活动内的学习概率比通过个人学习来提高职能执行效率的概率更高。每一种价值活动都为学习的提升提供了不同的可能，因此学习的速度因活动而异。学习是许多细小的改善过程的总和，而不是飞跃式的发展。在生产淡季，由于企业的工作重点是降低成本，而不是满足需求，因此学习的速度会提升。此外，管理层的重视程度也影响了学习的开展和成效。

因为企业作为别家企业供应商的立场，企业中某人担任了别家企业的顾问或者跳槽到别家企业等，导致了学习在行业内的溢出效应（spillover）。假如某个价值活动的学习的溢出效应明显，则学习的速度主要是受整个行业而不是企业的推动。专有知识的学习是可持续性成本优势形成的唯一原因，学习溢出的比率也决定了学习是为企业创造成本优势，还是降低行业成本。分析溢出效应的比率在诊断不同竞争对手之间因为不同的学习速度而产生的相对成本差异方面起着关键作用。

就规模经济而言，学习速度正确的衡量标准因价值活动的不同而有所差异。学习速度的正确衡量标准反映了价值活动随着时间推移成本下降的特定学习机制。由于学习机制各不相同，且具有不同的溢出效应，因此学习和成本之间的作用机制也是不同的。例如，在某价值活动中，学习通过提升工作效率影响了成本行为，学习的速度就与该活动的累积有关。在这种情况下，学习的速度与规模经济相关，因为大规模使得学习成效积累得更快。在引进了更多高效的设备后发生了学习活动，则其学习的速度反映了机械设备行业技术改变的速度，与企业总体的产量没有太大的关联。学习的速度也反映了行业功能体现的时间以及在改良活动过程中需要的投资。如果企业想要提升自己的成本地位，理解每一种价值活动的具体学习机制，明确衡量学习速度的最佳标准很有必要。学习的速度往往取决于回报率下降，因此也有可能随着行业的成熟及时间的流逝，学习的速度也在放缓。

有些方法可以替代活动和典型价值活动的学习速度，具体的应用原则请参见表 3–1。

表 3–1　学习的典型衡量标准

活动累计成交量 （常见于决定机械设备效率或者制造运营过程中的废品率）
运营的时间 （常见于安装过程中的工作流程布局）
累计投资额 （常见于厂房工作效率）
累计行业销售额 （常见于降低成本的产品设计改良过程，其学习的溢出效应明显）
外生技术费用 （常见于基本的工艺改良）

产能利用模式

如果价值活动需要花费较多的固定成本，则活动的成本就会受到产能利用的影响。固定成本相当于活动没能充分利用产能的代价，而固定成本和可变成本的比例表明了价值活动对产能利用的灵敏度。价值活动的不同配置方式会影响其产能利用的灵敏度。例如，食品经销商把食品销售给超市，相比使用企业内部的销售团队，这往往会降低产能利用率的灵敏度。经纪人从销售中获得提成，而支付给公司内部销售人员的薪资和其他费用则远远超过了佣金。

在给定时间内的产能利用体现了与竞争地位无关的季节性、周期性以及其他供需波动情况。整个生产周期内的产能利用模式是正确的成本驱动要素，特定时点的产能利用模式则不是成本驱动要素。产能利用率水平的改变涉及成本扩张或者收缩，因此产能利用率变化的企业成本要高于那些一直保持稳定产能利用率的企业的成本，虽然两者的平均产能利用率相同。产能利用模式反映了这些变化，是正确的成本驱动要素；而产能利用的平均水平不足以说明成本的驱动要素。某个活动的产能利用模式部分是由环境因素和竞争对手行为决定的（尤其是竞争对手的投资行为），它还因为企业通过诸如营销和产品选择等领域的政策选择受到企业的控制。竞争对手往往无法意识到这些因素的存在，或者没能充分利用这一点。

关联

价值活动的成本经常要受到企业执行的其他活动的影响。正如第 2 章中描述的，共有两大类关联：价值链内部的关联以及与供应商和渠道价值链之间的纵向关联。这些关联表明可以通过分析活动本身来理解价值活动的成本行为。关联为企业降低关联活动的总成本提供了机会。由于关联比较微妙，要求跨部门活动的共同优化和协调，因此关联是一种比较有前景的竞争优势的来源。

价值链内部的关联

不同价值活动之间存在的关联在价值链上到处可见。最常见的价值链内部关联存在于直接活动和间接活动之间（例如加工制造和维护）、质量保证和其他活动之间（例如检查和售后服务）、必须协调的活动（例如入厂物流和运营）和为实现相同目标采取不同形式的活动之间（例如广告和直接销售，或者飞行时直接签发机票而不用在售票处或者登机口前购买机票）。确定价值链内部的关联要求我们思考这一问题：“企业其他地方可能影响开展该活动的成本活动有哪些？”

价值链内部的活动互相关联，改变两者中的某一个就能降低总成本。有意提升某一个活动的成本可能不仅能降低其他活动的成本，还能降低总成本。如第 2 章所述，价值链内活动的关联能够通过两种机制提供降低成本的机会：协调和优化。更好地协调互相关联的活动，如购买和装配，能够降低存货的需要。存货显著反映了活动之间的关联，更好地管理这种关联有可能降低存货。共同优化互相关联的活动涉及双方之间的权衡。在复印机制造行业，购买的零配件质量与装配后复印机的调试工作有关。佳能发现，购买高精度的零件，有可能大幅减少复印机调整的需求。

纵向关联

纵向关联反映了企业的活动与供应商和渠道价值链之间的彼此依赖程度。企业可以在审视供应商或者渠道商的行为影响彼此的活动成本时，借此来确定纵向关联，反之亦然。人们往往忽略了纵向关联的重要意义，因为确定这种关联要求我们深入了解供应商和渠道的价值链。

企业与供应商的关联往往围绕供应商的产品设计特征、服务、质量保证程序、包装、交付程序和其他过程。供应商关联往往以供应商执行本来由企业承担活动的形式出现。在相关的领域，供应商在价值链内执行活动的方式能提升或者降低企业的成本。对成本有重要影响的供应商关联实例包括供应商交付的频率和时效与企业原材料存货之间的关联，供应商应用程序的设定和企业技术发展成本之间的关联，以及供应商包装和企业物料处理成本之间的关联。第 2 章中已经讲到，不用 10 磅的固态成形巧克力运输包装，而是以液态散装巧克力形式运输，能够大大降低糖果商的加工成本。与供应商的关联往往要求双方降价，例如提供液体的巧克力能够降低供应商的成本，因为它可以降低巧克力成形和包装的成本。

管理供应商关联可以通过协调或者共同优化降低总成本，这和所有类型的关联一样。最方便被利用的关联是那些能降低企业和供应商成本的环节。有时候，因某种关联的需要，供应商的成本上涨，而企业的成本降幅则更大。企业必须充分做好准备向供应商让价，以充分利用供应商关联。相反的情况也存在，当供应商的成本大降，企业要承担额外增加的成本时，为了平衡，企业就要做好准备，提高自己的内部成本。

类似的分析适用于渠道关联。典型的渠道关联和供应商关联很接近。比如，渠道仓库的位置和渠道材料处理技术可能会影响企业出厂物流和包装成本。同理，渠道的销售或者促销行为可能会降低企业的销售成本。与供应商关联一样，渠道关联可能导致企业和销售渠道同时降低自己的成本。然而，利用渠道关联可以要求销售渠道提升成本，使得企业成本降低的幅度大大超过渠道成本的增幅。适当提高渠道的利润，改善运营方式，从而降低企业成本，这也是可行的方法。在美国，日本精工株式会社（Seiko）付给其珠宝商一大笔费用，使其接受手表维修办理和运送的服务。这最大化降低了精工专设服务部门的需要，降低了维修及通知消费者等有关维修流程的成本。

由于纵向关联涉及不同的企业，如何妥善利用纵向关联，如何对从中获得的收益进行合理分割并不是一件容易的事。供应商或者销售渠道不得不增加自身成本，从而使企业受益，这件事操作起来很难，除非企业的议价能力很强。利用关联，可能还会导致转换成本的产生，加深彼此之间的联系。这将进一步使得各方就关联利用达成协议的任务复杂化，因为达成一致需要高度的敬业和互信。但妥善地利用关联也能产生巨大的成效，因为竞争对手很难模仿关联的管理。

相互关系

企业内部不同业务单元之间的相互关系影响着成本，具体细节将在第 9 章中描述。最重要的相互关系是与兄弟业务单元共享某个价值活动。美国医疗设备供应公司发现在多个生产医疗设备的业务单元之间共享一个订单加工和分销组织，可以大大改善成本。比如，共享营销和分销活动能够使得花旗集团和希尔斯等金融服务公司大大受益。还有一种相互关系，可以称为无形的相互关系，它涉及在独立但类似的价值活动之间共享专有知识。如美国艾默生电气公司就使用某个部门得出的成本精减专业知识来帮助其他部门节约成本。

共享价值活动能够提升活动的生产力。若活动的成本对规模经济或者学习敏感，或者共享活动因为不同业务单元在不同时间对该活动有要求而改善了能力利用的模式，那么共享价值活动就能降低单元成本。共享是获得规模、加快学习周期、超越某个行业界限拓展能力的方法。共享也是某个行业特定企业的潜在替代方式。共享某个价值活动总会与成本有关，但是却一定要权衡共享带来的不同利益。其他形式的相互关系包括不同活动之间专有知识的共享，若活动类似或者专有知识对于提升活动的效率非常重要就可以降低成本。实际上，专有知识的共享可以将某一种活动的学习成果转向另一种活动。

一体化

价值活动的垂直一体化水平可能会影响其成本。如果企业拥有自己的计算机和软件系统，而不是和计算机服务机构订立服务契约，订单处理系统的成本就可以降低。再比如，出厂物流活动的成本会依据企业是否拥有自有卡车车队而定。采用或者能够采用购买投入要素的每一种价值活动，都涉及或明或暗的一体化选择。

一体化还可以在多方面降低成本。它避免了那些利用外部市场所需的成本，比如采购和运输成本，可以使得企业不用去跟那些特别有议价能力的供应商或者买方合作。一体化还可以导致共同经营的规模经济效应。比如，如果把钢材直接从炼钢厂转移到锻造工序中，就可以省去钢的冷却和再预热工序。然而，一体化的实施会降低企业整体运行的灵活变动能力，这将替代原先由供应商实施的活动，而企业与供应单位部门的关系将变得更加吸引人，或者为供应商的退出设置了更高的门槛，这样就大大降低了企业追求效率的动力。一体化是提高、降低还是对成本没有影响，取决于特定的价值活动和涉及外购的投入要素，有时候也有可能表现为分拆。

企业必须对价值活动的每一种外购投入的潜在利益进行评估。企业还需要对内部开展的功能进行检查，确定分拆行为能否在不损害企业战略执行的前提下降低活动的成本。企业往往会忽视成本分析中分拆的可行性。对一体化和分拆的分析不能局限于主要的投入，还要分析附带的服务和其他辅助功能。可以在不需要服务的前提下购买产品，虽然产品和服务往往捆绑销售。企业常在购买基本产品的同时，通过整个附加服务的一体化来降低成本。

时机

价值活动的成本常反映了时机要素。有时候一个工厂可以作为首个采取特定行动的人获得先发优势。市场上率先创立某品牌的主要商家可能在确立和保持品牌声誉方面的成本较低。美国嘉宝在婴儿食品方面占尽了这方面的优势。学习活动也不可避免地与时机关联，因为活动的时机决定了学习开始的时间。先行者有可能首当其冲，后来者可以享受诸多好处，比如购买最新设备（在计算机和钢材方面的优势）或者避免先行者承担的高昂的产品或者市场开发成本。后来者还有一个优势是无需太多熟练的工人，因而成本较低。此外，在经济困难的时候组建的团队也对联合的兴趣较低。先行者和后来者的优势将在本书第 5 章中详细展开。

成本地位中时机的地位可能更多依赖于商业周期或者市场条件，而不是时机绝对要素本身。例如，在行业周期中购买离岸钻井设备可能不仅会在很大程度上影响利息成本，还会影响钻机的购买价格。海上钻井勘探公司在经济不景气的时候以低价买入钻机，这已经成了其成本领先战略中不可或缺的一部分。根据具体的价值活动，时机可以提升或者降低与竞争对手相比的成本。时机可以产生可持续性成本优势或者短期成本优势。你可能因为好运偶尔捡了便宜，但最终企业可能不能替换这些低价购入的资产，而届时其相对成本则会大大提高。

独立于其他要素的权衡性政策

价值活动的成本总会受到企业政策选择的影响，而政策因素往往独立于其他成本驱动要素。权衡性政策要素的选择反映了企业的战略，但其往往涉及成本和差异化之间深思熟虑的权衡。例如，航空公司的成本地位是由机场提供餐饮的服务质量、使用的航站楼设施水平、限带行李，以及机场、飞机或者各地代售点出售机票等各种政策取舍决定的。平价航班不提供餐饮服务，因此也不对此收费，使用带有经济型航站楼的次级机场高尔夫，将没有免费行李托运服务或者机上售票服务。

有些政策取舍常会对成本产生重大影响：

- 产品配置、表现和功能；
- 提供产品的组合和种类；
- 提供服务的水平；
- 营销和技术发展行为的费用比率；
- 交付时间；
- 服务的买方（比如规模大小）；
- 使用的销售渠道（比如使用小型的还是更有效的大型销售渠道）；
- 选择的工艺技术（属于独立要素）、规模、时机或其他成本要素；
- 原材料或者使用的其他购买投入要素的规格（比如原材料的质量会影响半导体的加工成果）；
- 支付的薪水以及给员工提供的设施相比一般的标准如何；
- 人力资源政策，包括雇用、培训和员工激励；
- 排产程序、设备维护、销售队伍管理和其他活动的程序。

虽然政策选择在决定价值活动的成本上起着独立的作用，但它也常常会影响并受其他成本驱动要素的影响。比如，工艺技术一部分是由规模决定，另一部分是由期望的产品特征决定的。此外，其他成本驱动要素也会不可避免地影响着政策的成本。例如，自动化出票和座位选择系统可能受制于规模经济，而这将使得小型航空公司启用这种系统的成本非常高昂。

企业政策在差异化战略中扮演着格外重要的作用。差异化往往依赖于企业在执行一项或者多项价值活动中，采取独特做法的政策选择的能力，这将大大提升过程的成本（详见第4章）。采取差异化战略的企业必须理解与差异化战略执行相关的成本，并与由此导致的溢价幅度相比较。只有单独分析政策对成本的影响才能做到这一点。企业常使用看似有效的良性政策来区分自己，但当这些政策在成本行为中的作用明朗后，才发现这些行为成本很高。而在其他情况下，企业还会放弃那些对成本影响不大或者与竞争对手相比成本不太高，但却能大大提升自己区分度的政策。像欧文斯科宁玻纤公司这样的市场领导者就可以通过密集推出广告，比其他玻纤生产商以更低的成本实现差异化。而由此产生的消费者品牌意识，换成是其他竞争对手去实现，就要付出更多的成本，主要是因为欧文斯科宁玻纤公司在全美的市场占有率较高，广告的规模经济效应大大降低了成本。

政策在决定成本的过程中起决定作用。成本分析必须要留意政策的效果，但是很多企业还没有意识到或明或暗的政策取舍对成本的影响程度。企业必须仔细检查每一项价值活动，明确其中体现的或明或暗的政策。有时候政策取舍几乎不可见，因为它们植根于或者代表了无可置疑的传统智慧。审核竞争对手对每项活动采取的政策，常能让人明白企业的政策取舍如何修正或者改变政策决定，从而降低成本。政策选择的变化很快，降低成本则立竿见影。

地理位置

价值活动的地理位置会影响其成本，同时也会对其他活动的地理位置产生影响。虽然位置常代表了政策的选择，但它也受历史的因素、投入要素的位置以及其他因素的干扰。因此，地理位置可以作为单独的一个成本驱动要素来对待。

一项价值活动的位置会从多方面影响成本。地理位置的不同，通行的劳动成本、管理、科研人员、原材料、能源成本及其他因素都会不同。通行的工资水平和税率会有较大的国别和地域差异，地方不同，税率就有可能不同。伊顿公司在自动化零件生产方面就充分利用了这一点：它在西班牙和意大利开设工厂，实现欧洲的低成本地位。由于现有地区性基础设施的差异，地理位置会影响企业基础设施的成本。气候、文化标准和消费者品位也会因地域的不同而有所差异。这不仅影响了产品需求，还影响了企业开展价值活动的方法。工厂内要求的设施是地域标准设定的一部分。最后，物流成本往往取决于地理位置。供应商的位置是内购物流成本的重要决定因素，而买方的相对位置则影响了出厂物流成本。厂方的位置可以影响转运、存货、运输和协调的功能。地理位置还会影响企业现有的运输模式和沟通系统，进而影响成本。

位置几乎对所有价值活动的成本都有影响。企业总是很难理解地理位置以外的影响，比如工资水平和税率。通过转移价值活动的地点，或者建立新型的设施位置关系，可以挖掘多个降低成本的机会。改变地点常要求企业做出权衡，这意味着降低某些成本，提升其他成本。位置的选择能最大限度降低运输或者其他成本，但往往要和规模经济做出比较。改变规模经济的技术变化有可能表明要重新权衡各种因素，因为涉及工资和其他成本的变化。因此，企业能通过判断改变位置产生的机会来创造成本优势。

制度因素

制度因素包括政府规定、免税期和其他金融激励因素、行业协会化、关税和征收以及本土规定等。制度因素是最终成本因素。20 世纪 80 年代美国的卡车运输业中，制度因素是最重要的成本因素。使用双挂车的监管许可对成本影响可达到10%。同时，工会认证的卡车司机的薪水要比非工会认证的卡车司机薪水高很多。这两个因素在确定卡车运输企业相对成本地位时，比其他主要因素都重要。制度因素作为主要的成本因素还反映在电力成本上，这是炼铝业成本地位主导的决定因素。电力成本取决于电力公司收取的费用，在电力企业归为国有的地区，电力成本是一个具有高度政治意义的问题。某些国家电费的快速升级已使得炼铝业的竞争力大大下降。有利的制度因素能够降低成本，而不利的制度因素会提高成本。虽然制度因素往往不在企业的控制范围之内，企业也可以采取一些手段来影响或者降低制度因素的影响。

诊断成本驱动要素

同样的成本驱动要素决定了资产利用和某个活动的运营成本。成品存货周转率常由订单处理活动的规模和有关交付时间的政策决定。资产利用和运营成本之间要进行权衡。虽然大规模工厂的运营成本较低，但资产周转率也较低。必须要明确这些要素权衡的结果，从而优化资产和运营成本，降低总成本。影响资产利用的一些要素说明如表 3–2 所示。

表 3–2　价值活动资产利用的要素示例

成本驱动要素	运营			传统物流		订单处理	
	原材料存货	半成品存货	生产设施	物流设施	成品存货	计算机系统	应收账款
规模	购买规模（决定供应商交付的效果）	工厂规模	设施规模	设施规模	地区规模	国家规模	订单规模
学习		建厂经验	建造设施经验				
关联	供应商交付日期和包装			渠道仓库的地理位置	渠道存货水平		渠道支付政策
产能利用模式		季节性/生产周期性	季节性/生产周期性	季节性/装运周期性	需求波动		
一体化		垂直一体化	垂直一体化	垂直一体化		垂直一体化	
时机			建设日期	技术选择时机		技术选择时机	
政策	安全存货 供应商付款日期安排	安全存货 老化或者养护要求 生产率的稳定性	生产技术 建造设施的速度	物流技术老化或者养护要求 给顾客的交付时间		系统技术	支付手段 信用卡政策 应收账款监控技术

价值活动的成本行为是多个成本驱动要素综合运作的结果。有一个要素对价值活动的成本影响最大，其他要素彼此作用，确定成本。比如，登机口运营成本反映了航空公司提供的服务和本土运营规模（影响着航空公司雇用人员以及使用设施的效率）以及产能利用模式（反映在飞机班次安排上）。图 3–2 显示耐用消费品公司最重要的成本驱动要素。

企业必须努力量化成本驱动要素和价值活动成本之间的关系。这要求对每个活动的规模曲线或者学习曲线、每一项重要政策对成本的影响、时机的成本优势或者惩罚等因素进行预估。虽然精度要求不高，但量化结果对确定每一个成本驱动要素的相对意义都很重要。量化也能极大程度推动企业和竞争对手的相对成本地位的变化。

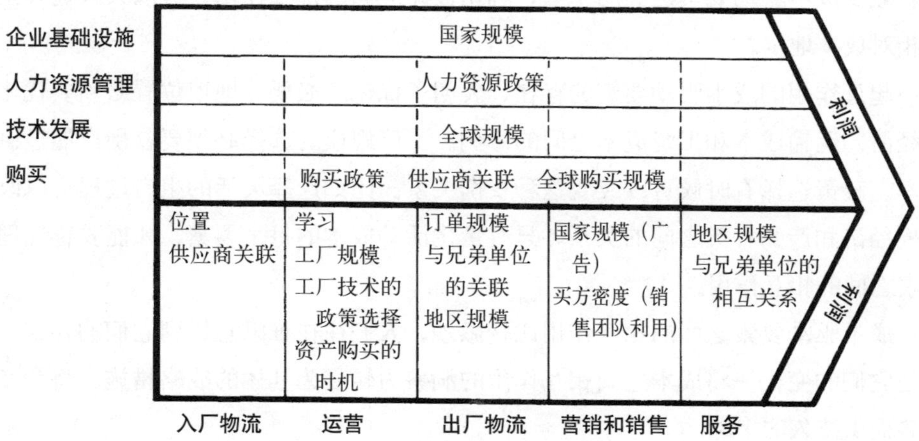

图 3–2 耐用消费品制造企业的成本驱动要素

价值活动中采用的技术本身并不是成本驱动要素，而是成本驱动要素彼此相互作用的结果。规模、时机、其他因素会影响企业采用的技术和政策决定。技术和成本驱动要素之间的关系在决定技术转变是否可行的问题上很重要，这一点在第 5 章将详细阐述。

成本驱动要素的相互作用。成本驱动要素彼此作用，影响活动的成本。彼此相互作用有两种形式：作用与反作用。成本驱动要素彼此加强或者关联，共同影响成本。一项活动的规模经济程度部分由影响活动开展方式和产品组合的政策选择来决定。位置对成本的影响常与制度条件相关，包括行会联合或者法规。而好的位置要求较早地把握行业时机，比如零售业。政策决策还可以提升或者阻碍关联的实现。政策的成本往往受其他因素的影响，具体见上文。较早确定时机的优势可以通过规模经济或者学习效果来强化，具体见第 5 章。一体化也能提升规模经济。

成本驱动要素还能彼此抵消或者互相弥补。这表明企业可通过某个成本驱动要素提升地位，也有可能通过其他因素降低其地位。更大的规模和更高水准的垂直一体化往往能加重产能过剩的惩罚。同理，规模提升可以增加联合化的可能性，而规模经济能够弥补这一点，因为单独某个位置会提升运输成本。

要决定价值活动的成本行为，有必要确定成本驱动要素的相互作用。成本驱动要素互相加强时，企业必须协调战略以获得最低成本。例如，政策选择应该提高企业收获规模经济或者实现关联的能力。通过积极追求和学习，可以把握住较早的时机。减少成本驱动要素之间的矛盾，利用彼此之间的加强作用，可以大大提升企业的相对成本地位。

起反作用的成本驱动要素的存在，表明了优化的必要。地理位置必须要优化规模经济、运输成本和工资成本之间的协调。工厂规模的选择必须要权衡产能过剩的成本。政策选择有时候可以改变这种权衡关系。比如选择灵活的生产过程可以改变规模经济和产品种类之间的关系。只有量化活动成本的每个要素，才能妥善处理各因素之间的相互作用。

成本驱动要素之间的相互作用比较微妙，人们往往难以意识到它们的存在，尤其是它们的变化。将成本之间相互作用的洞察力转变为具体的战略措施，将为竞争优势提供持久的来源。

确定成本驱动要素。确定成本驱动要素，量化它们对成本的影响，这并不容易做到，需要用到多种方法。有时候，在检验价值活动的基本经济学原理时，人们能从本能上感受到某种价值活动的成本驱动要素。例如，销售团队成本常由本地份额引起，因为本地份额较高，可以降低产品的运输成本。通过估计份额的提升所降低的平均运输时间的程度，可以精确地预估销售团队成本和份额之间的关系。除了总成本外，理解并量化使用变通措施来提升活动的效率将很有意义。例如，成果、废品率、劳动时间等因素可以用来探知价值活动成本变化的来源以及相应的原理。

还有一种确定成本的方式是企业检查自身内部的经验，尤其是企业的情况随着时间的流逝所发生的变化，或者开展的多部门运营。过去的成本数据使企业能明确特定价值行为历史学习曲线，如由于通货膨胀因素调整成本，改变政策、产品设计和产品组合等。不同产出规模对应的成本水平能够让人了解规模经济的情况。如果企业在多个地域销售产品或者在多个工厂出售产品，其中的区别可以表明成本驱动要素的影响。

与专家面谈也可以决定成本驱动要素。对价值活动比较了解的个人可以回答成本多种变动要素的影响之类的问题。比如，生产经理在面谈中可以回答生产线效率提高对管理水平、能耗和产能等因素的影响这类问题。

确定成本驱动要素的最终方法是比较价值活动的企业成本和竞争对手的成本。由于不同企业的成本驱动要素及其对应的情况各不相同，多个企业之间价值活动成本的比较可以说明哪些成本驱动要素更重要。对竞争对手的成本行为的分析具体如下。

购买投入要素的成本

购买对每个行业都有重要的战略意义，但是在企业内却没有得到充分的重视。每个价值活动都使用了某种购买投入要素，包括零件制造的原材料、专业服务、办公场所和资本商品等。购买投入要素分为购买运营投入和购买资产。购买投入要素的总成本是企业价值的一部分，这个比例显示了采购活动的战略意义，是一个重要的衡量指标。在众多行业中，购买投入要素的总成本占据价值的一大部分，但比起降低成本来，它却远没有受到人们的重视。

购买投入要素的成本是价值活动成本不可或缺的一部分。上述的成本驱动要素决定了投入成本的行为。然而，将购买投入要素分开来做单独分析往往会让人更清楚地了解成本行为。一个活动购买投入要素的成本是三个因素相互作用的结果——单位成本、活动的利用率以及通过关联对其他活动的间接影响。虽然某个活动投入的利用率和与其他活动的关联在作为一个活动的总体成本行为的一部分时能够得到最好的分析，但购买投入要素的单位成本在不同活动之间有着类似的成因。因此，企业能够在分析整体购买投入要素的单位成本后明白如何能降低单位成本。

单独分析购买投入要素的单位成本，企业必须意识到上述三个因素。更高质量的钢材可以提升锻造操作的产出能力，简化加工过程。在某些情况下，企业还可以在加大购买投入要素的同时降低总成本。最小化投入要素的单位购买成本未必是完全正确的。然而，在选择适当种类和质量的投入后，为购买投入要素选择最适当的单位成本定价的做法非常可取。

企业针对购买的分析往往集中于最明显的项目，尤其是原材料和零件。但是，除去原材料和零件以外的购买投入综合起来，往往占了成本的大部分。标准的成本系统往往将此类投入的成本分摊到多种类别的成本要素中，但这往往无法显示其重要意义。企业基本不会以外购的标准去检验来自兄弟部门的产品，而维修或专业服务这类服务购买往往易在购买分析中被忽视。最后，购买的资产往往排除在正常采购系统之外，且采购时也缺乏相关的专业知识。对购买投入要素的单位成本进行综合分析，是取得成本优势的重要手段。

购买信息

分析购买投入要素单位成本的起点是开发购买信息。企业应该明确所有重要的购买投入要素，明确每年或者每个季度的具体花费。在确定购买信息时，应该明确从兄弟单位中获得的投入。对于购买运营投入，应该用每一期的使用量来计算成本。这种分析必须覆盖预付费用、折扣和存货变化。针对购买资产，总采购价可以作为衡量成本的指标，针对供应商的优惠条件，如免费服务、免费备件或者低成本融资等进行调整。

所有重要的购买投入要素都应该确认，且按照对总成本影响的大小进行排序。具体应分为购买运营投入和购买资产两类。这两大类别还可以细分为常规购买项目，如原材料和办公空间，以及非常规购买项目，如设备和咨询。以这种方式来对购买项目进行分类，能让人留意降低成本机会经常出现的领域。小型的购买投入要素常有充分的降价空间。经理人往往留意那些占成本比例较大的购买项目。结果，供应商能在那些买方看来是小成本的购买项目上获得高昂的利润。人们也不太留意非常规购买项目。很多企业都有相应的监控手段和程序来管理常规项目的采购。企业还要计算每一种购买项目扣除物价上涨因素的成本变化。这番计算可以让企业发现哪些购买项目需要更加详细的检查。购买项目价格的增加表明要么企业没有充分重视控制成本，要么供应商的议价能力提高了。

在分辨购买投入要素的规模、购买活动是否规律以及扣除物价因素后的成本变化后，企业应该确定负责购买决定的部门。很多企业的购买都是由采购部决定的，但是采购部具体的职责是负责好购买过程的执行，利用购买知识追踪采购成本以及成本管理。虽然企业在实际操作中会把采购权下放，但是这样做往往会混淆众多购买投入要素的成本，导致购买效率下降，除非其他获得采购权的部门也能像采购部门那样用心地对待采购事宜。

明确购买信息的最后一步是记录每个购买项目的供应商及其在每个订单交付周期内为企业供应购买物品的数量比例。供应商的数量和组合在确定购买投入要素成本中起着重要作用。企业必须系统地追踪潜在的供应商状况，哪怕当前这些供应商并不向企业供应商品。这将保证企业能定期考虑替代供应商，且能了解已有供应商的绩效。每一种购买物品对应的供应商名录都能够让企业有意想不到的发现。比如你会发现，单一供应渠道的购买物品竟然占了很大比例。除非碰到特殊情况，否则单一渠道购买表明了供应商创造的转换成本，而购买物品的单价也可能偏高。

购买投入要素成本的成因

上述描述的成本驱动要素连同企业和供应商之间受制于行业结构的关系决定了购买投入要素的成本行为。企业和供应商之间的结构化议价关系反映了决定供应商利润率的广阔的行业因素，而成本驱动要素表明了企业所处的情景如何能够影响这种关系。当企业认定因为结构原因必须让某些购买投入要素的供应商得到更高的利润时，就应该通过控制成本驱动要素来降低总投入成本。有些因素对很多购买投入要素的成本有着类似的影响。表 3–3 总结了决定购买投入要素成本的重要因素。对每一项购入的投入项目来说，成本地位和成本驱动要素之间的关系将决定特定质量水平的购买投入要素的单价。

正如本书第 2 章描述的，企业应该努力协调并与供应商共同优化供应商关联，从而在提升自己与供应商的议价能力的基础上降低总成本。与供应商开展有效的沟通是实现关联的必要因素。理想状况下，企业可以利用现有的供应商关联，实施议价能力，获得应有的利益。购买政策对利用供应商关联、提升企业的议价能力方面具有重要的作用。

供应商的成本行为和投入的成本

供应商的成本行为对企业投入的成本以及利用供应商关联的能力有重大影响。特定购买投入要素的供应商往往在相对成本地位上有所不同，如果企业施展其议价能力的话，长期来看，确定最低的成本源会让企业获得最低的采购成本。供应商成本行为将决定是否下大订单能够降低供应商的成本。供应商的成本行为也会影响自己按照企业的要求采取其他行为的成本。针对供应商成本行为的分析方式与企业的成本行为一致。理解主要供应商的成本行为能使企业确立更好的采购政策，且能意识到并利用好供应商关联。

表 3-3　购买投入要素的单位成本因素

成本驱动要素	购买过程的成本驱动要素	描述
规模经济	采购规模	向特定供应商购买的数量影响着企业的议价能力
关联	供应商关联	与供应商协调购买要素的规格、交付和其他能够降低总成本的活动
相互关系	与其他业务单元共享购买活动	与兄弟业务单元联合采购能提升企业对供应商的议价能力
一体化	自制还是外购	一体化可以提升或者降低某种购买投入要素的成本
时机	过往供应商关系	历来对供应商的忠诚或者与供应商存在的问题会影响投入要素的成本、生产周期较紧时生产要素的使用以及供应商所提供的服务
政策	购买操作*	购买操作很大程度上会提升企业与供应商的议价能力以及供应商提供额外服务的意愿： ● 供应商数量和组合的选择 ● 对冲程序 ● 为获得供应商成本和可用性的信息所做的投资 ● 年度合约和分批购买 ● 副产品的利用
地理位置	供应商位置	供应商位置会因交通成本和沟通的便捷性影响投入要素的成本
制度因素	政府和工会限制	政府政策可能因关税、税率或其他因素而限制企业对要素成本的使用或者影响其成本。工会可能会影响企业购买能力，也会影响企业能否利用非工会认证的供应商

* 能够降低投入要素成本的购买操作将在下文中有更详细的描述。

细分成本行为

目前我已经分析了业务单元的整体成本行为。在实际操作中，业务单元通常生产多种不同产品，并出售给不同的买方。业务单元甚至会使用多种销售渠道。例如，造船商既制造液化天然气运输船，也制造集装箱船；银行除了向高净值的个人贷款外，也会向中等收入的消费者贷款。这种区别可能会引发价值链各细分市场成本行为的分化。除非企业意识到不同细分市场的成本行为存在差异，否则不正确或者平均化的定价行为会给竞争对手以可乘之机，这样非常危险，因此在特定细分水平上的成本分析必须能够弥补业务单元水平上的成本分析。

第7章更加详细地讨论了细分成本的确定和分析。产品、买方、销售渠道或者不同地域成本行为的差异是成本细分水平存在的关键，因此成本分析是细分的关键条件。成本细分水平的价值链通常和整个业务单元保持平行。然而，细分价值链可能在某些影响成本的方面不同。例如，大规模生产线需要的机器比小规模生产线需要的机器多，且规定的处理、检查和装运程序不同。同理，大规模生产线可能要求具有不同的购买投入要素。确定不同细分水平价值行为的重要差异是细分成本分析的起点。

企业应该分析符合下列条件的产品线的成本、买方的类型或者其他活动因素：

- 价值链各不相同
- 价格因素似乎也不同
- 使用的成本分配方法有争议

在实际操作中，企业可能想要选择具有代表性的产品类别或者买方来显示不同细分水平之间的区别，而不是直接、完整地详细分析每一种产品类别或者买方。

细分成本行为的程序与业务单元内使用的成本分析程序相同。细分价值链一旦确定后，成本和资产就会直接转给该价值链，而每种成本因素都要尽可能确定和量化。当程序保持一致时，现实中往往出现比较复杂的情况。不同细分水平上普遍存在共享的价值活动（见第7章），这就要求在不同细分水平之间分配成本。标准的成本系统往往使用随意的措施作为在不同细分水平上分配成本的基础，比如销售额或者其他可量化的变量。虽然这些措施有简化问题的效果，但它们往往与细分成本在整体成本中所占的份额无关。例如，若根据销售额分摊国内外买方的价值活动的成本，则常常会严重低估国际销售活动的真正成本，因为国际销售对于企业投入时间和吸引顾客眼球的活动要求相当高。辅助活动的成本和间接主要活动的成本往往是最容易被错误分摊的，这种错误分摊将导致产品或者买方细分成本的计算和定价出现错误。

不同成本细分水平上的价值活动的成本应该根据每个水平对价值活动的措施或能力的实际影响来分摊。这类举措将抓住在某个成本细分水平上使用共享活动的机会成本。比如在技术发展过程中，成本分摊应该基于工程师和科学家在特定生产线上花费的预估时间来进行，而不是根据每种产品的销售额进行。

将共享活动的成本对应不同的细分水平逐一进行分摊，有时候并不合理，也没有必要。因实现战略目标必须进行的分析不一定要求高度准确，定期研究就可以。例如，为了对研发成本进行分摊，可以向工程师提问，确定在特定时期内在不同产品和买方上花费时间的比例，这样就能克服数据不准确的危险。有些企业对工程变化指令、销售人员向工程人员传达产品修正信息等事项进行抽检，确保公司有能力随时计算时间的具体分配。同理，这种预算的方法能对几乎所有共享活动的成本细分以及人力和财力的分配提供佐证。

成本动态

除了分析特定时点的成本行为外，企业还必须考虑价值活动的绝对成本和相对成本如何会随着时间的变化而变化，此种变化与企业实施的战略无关，这种情况可以称为成本动态。成本动态分析能使企业预测价值活动的成本驱动要素的变化，明确各类价值活动对绝对成本或者相对成本的影响力是增强还是减弱；能够洞悉成本动态本质的企业有能力通过预测这些变化，迅速做出反应，从而赢得竞争优势。

随着时间的流逝，企业也在不断发展，行业环境也发生了变化，不同成本驱动要素之间的相互作用产生了成本动态。成本动态最常见的起因包括下列几个方面。

行业的实际增长。企业整体的增长会对成本产生众多影响。行业增长作用于购买投入要素，影响供应商所处行业的规模，进而影响投入成本。在某些行业内，行业增长因打破供需平衡而抬高了投入要素的购买成本；而在其他行业，行业增长会通过提升供应商的效率来降低企业要素投入的成本。行业增长还有可能为提升规模经济创造条件，其途径是引进价值活动中可行的新技术。

不同的规模灵敏度。如果价值活动的规模灵敏度各不相同，扣除物价因素的企业销售额的增长（降低）会大幅度改变价值活动的绝对和相对成本。例如，众多相关电子行业中，包括计算机、视频游戏和电信设备行业，软件成本相对于硬件成本不断上升，因为硬件成本比软件成本对规模和学习的灵敏度更高。企业的价值活动所具有的规模灵敏度不同，也会影响企业的相对成本地位。例如，很多人认定美国礼来制药公司基于DNA（脱氧核糖核酸）的胰岛素生产技术比芬兰诺瓦公司行业工艺的规模灵敏度更高。如果这种现象得到了证明，则随着销售规模的增大，美国礼来制药公司的相对成本地位也会提升。

不同的学习进度。如果企业内部学习活动开展的进度不同，不同价值活动的相对成本就会发生变化。学习活动的迅速开展能够降低企业一些价值活动的相对成本。例如，快速学习能够大大降低安装成本，而安装成本在很多电子企业中占销售额的比重相当高。结果，不同地区和国家的安装工人生产效率的区别在决定相对成本地位方面的作用大大降低。

技术革新的细微差别。技术变化发生速度的不同会直接影响不同价值活动及其成本驱动要素的相对成本。例如，低成本的计算机和货物空运行业的发展从根本上改变了众多分销企业和行业的经济形势。这些变化导致了加工成本绝对值及其在总成本中比例的降低，为分销商重组、减少仓库数量，集中建立大规模仓库的发展方向创造了条件。

成本的相对上涨。价值活动关键要素成本上涨的速度各不相同，这将对企业的相对成本产生巨大的影响。不同的成本上涨速率可能会使某个本不重要的价值活动具有非凡的战略重要性，也可以将活动内某项中等成本驱动要素变成主导成本驱动要素。例如，由于油价相对工人薪资和机器设备成本的疯狂上涨，在航空企业的运营成本中，汽油成本比例已经达到 50%。因此，航空公司的石油运输效率、航线运行的内在效率以及飞机的运营程序都成了具有重大战略意义的要素。

老化。老化的资本基地或者劳动力将改变价值活动的相对成本。使用年限较久的离岸钻井机需要更多的维修和保险服务，而年长的员工的薪水和福利成本也更高。

市场调节。市场力量的运作往往会对购买投入要素成本产生抵消作用，可以根据每个企业采购的优惠条件去除或者降低成本差异。美国人民捷运航空公司和其他航空公司发生过供应过剩的情况，因为购买二手飞机大大降低了飞机成本。模仿它们战略的企业将最终减少二手飞机的库存量，而美国人民捷运航空公司将和其他航空公司在更加公平的基础上竞争。

成本动态能推动行业结构和相对成本地位发生巨大的变化。在钢铁制造行业中，技术变革和不断变化的原料成本使钢铁制造企业实现高效规模的决定性阶段发生改变。以前是初轧车间起决定作用，现在则是高炉加工阶段。为生产半成品钢锭，持续浇铸比初轧工艺更节约成本，其规模灵敏度也比初轧低。这些转变对企业和竞争对手的相对成本地位也有重大的影响，主要取决于具体的生产工艺。这些变化导致纽柯钢铁公司和孤星制钢公司这类新兴企业取得成功，相比业内的老牌公司，它们使用持续浇铸技术和低成本的劳动力资源。越早区分成本动态，就越能引导企业开展赢得竞争优势的价值行为，这为企业未来的相对成本地位赢得了巨大的筹码。但是，成本动态还没有引起人们的充分重视。

成本优势

如果企业开展所有价值活动的累积成本低于竞争对手的成本，企业就拥有了成本优势。成本优势的战略价值取决于其持久性。如果企业的成本优势很难被竞争对手模仿，那么企业就有了持久性的竞争优势。如果企业为买方提供了可接受的价值，虽然消费者期望企业的价格低于其竞争对手，但企业具备的成本优势不至于被此抵消，那么企业的成本优势也能带来出色的业绩。

企业的相对成本地位由下列因素决定：

- 相对于竞争对手的企业价值活动构成；
- 每一种活动的成本驱动要素的相对地位。

竞争对手的价值活动有可能与企业的价值活动类似，也有可能不同。环球航空公司和联合航空公司两家公司使用了类似的价值链活动，它们的价值链活动与美国人民捷运航空公司完全不同。如果竞争对手的价值链与企业的价值链不同，那么两个企业价值链的内在效率决定了彼此的相对成本地位。价值链的区别通常只涉及一部分价值活动，企业可以通过比较这些不同行为的成本，将不同价值链的相对成本地位区分开来。

企业与竞争对手的价值活动相同，但其相对成本地位取决于企业开展这些活动的成本驱动要素和竞争对手对比的结果。若地区规模决定了销售人员的成本，则相对销售人员成本就反映了竞争对手在该地区的市场份额以及规模曲线的倾斜度。企业应该一一分析普通价值活动的相对成本地位，然后将不同价值活动的相对成本进行叠加，从而决定总体的成本地位。

确定竞争对手的相对成本

价值链是决定竞争对手成本的基本工具。决定竞争对手成本的第一步是确定竞争对手的价值链以及竞争对手开展价值活动的方式，这一过程与企业开展分析自身价值活动的方式一样。在实际操作中，要评估竞争对手的成本往往很难，因为企业无法获得直接的信息。通常企业凭借一些公共的数据平台以及和买方、供应商和其他方的碰面，有可能直接估计竞争对手部分价值活动的成本。例如，企业能够了解竞争对手的销售人员数量以及大概的薪水报酬和费用支出限额的情况，由此，企业可以了解竞争对手部分价值活动的成本，知道部分竞争成本驱动要素是否准确。

对于竞争对手成本无法直接估计的价值活动，企业应该与竞争对手比较相关情况，这要求确定竞争对手对应价值活动成本驱动要素的相对地位。企业可以使用自身对成本行为的了解来估计其与竞争对手成本的差异。例如，假如本地份额会影响物流成本，且竞争对手拥有较高的本地市场份额，那么竞争对手就可以在这个价值活动中拥有成本优势。如果企业能够预测物流成本的规模曲线，则企业和竞争对手份额的差异就能让企业估计自身的成本劣势。

确定竞争对手的成本需要做很多估计和推断，因此估计总体的方向可能更加可行，而不要拘泥于竞争对手在某个价值活动中与企业自身相对成本差异的绝对值。不过，确定相对成本非常有用。企业可以将自身与竞争对手总体方向的差异与已经掌握的每个价值活动的成本驱动要素知识结合起来，进而明确竞争对手相对成本地位的概况。

企业同时对多家竞争对手的成本进行估计，能够大大提升相对成本分析的精确度。某一个竞争对手披露的信息应该与自己掌握的其他竞争对手的信息进行对照，检验特定价值行动的规模曲线或者其他成本模型是否正确。实际上，分析企业的成本行为、确定竞争对手的相对成本往往是一个反复迭代的过程。

取得成本优势

企业赢得竞争优势有两种途径。

- 控制成本驱动要素：企业能够在价值活动的重要成本驱动要素方面赢得竞争

优势。

- 重新定义价值链：企业有能力采取更有效的多种方法来设计、生产、分销并销售产品。

这两个竞争优势的起因并不是彼此排斥的。虽然企业与竞争对手的价值链不同，但是它们会开展一些相同的活动，而这些活动的相对成本优势能够提升或者减少企业的总体成本地位。

成功的成本领先者往往能从价值链内部找到成本优势的不同源泉。持续的成本优势不是来自于某一项价值活动，而是来自于多项价值活动。重新对价值链进行定义在提升企业的成本优势方面起着重大的作用。成本领先战略要求企业对自身开展的每一项活动进行检查，明确是否有降低成本的空间。在企业发展的过程中，这一项活动都要持续进行。通常来讲，成本领先者的公司文化都源于一种高级管理模式，这也强化了这一活动的进行，通常包括采用简单的设备、限制员工额外津贴等做法。

降低成本可能会影响差异化战略，当然也有可能不会对其产生影响。每个企业都应该在不影响差异化战略实现和实施的前提下，积极寻求活动过程中成本降低的因素（见第4章）。对于那些有益于差异化的行为，明智的做法是牺牲部分或者全部差异化来提升企业的相对成本地位。

控制成本驱动

一旦企业确定了自身的价值链，并分析了重要价值活动的成本驱动要素，企业就能比竞争对手更好地控制成本驱动要素，从而产生成本优势。针对每个价值链的所有活动，企业都有获得绝佳优势的可能。在总成本中所占比例较大或者比例不断上升的活动，能为企业提升自身的相对成本地位提供最大的帮助。每一项活动所对应的成本驱动要素各不相同。在此总结了针对一项活动控制十大成本驱动要素的具体方法，以期提升该活动的成本优势。

控制规模

规模要适当。通过兼并、生产线扩展、市场扩展或者营销活动而增加规模，能够降低成本。然而，影响成本的规模类型因活动而异。在已有的地区提升本地或者地区规模往往会降低销售人员或者实体渠道分销的成本。而开拓国内市场的规模，打进其他市场的做法可能会增加成本。在整个价值链中找到推动成本的规模后，我们就能评估不同类型规模的价值及对应的市场价值。追求规模应该有所选择，要以适应特定行业重要活动的成本驱动要素为准。不同活动的规模增长必须要达到平衡，使得在某种活动中追求规模不会造成另一种活动的规模不经济。

制定政策强化规模灵敏活动中的规模经济。规模经济是活动管理方式的一种结果。伊顿公司简化了生产线，实现了发动机气门制造的规模经济最大化。

探索企业最青睐的规模经济方式。企业管理活动的方式能为企业带来自己最期望的规模经济。全球份额高的企业通过产品开发的管理来强调全球规模，途径是强调生产全球通用的产品，而不是按照不同国家的特点来定制。

重视企业具有优势的规模形式驱动的价值活动。不同的规模驱动着不同价值活动的成本，企业制定战略应尽可能保证那些适合企业实现的规模形式达到最优化。对于一个与全国规模的企业竞争的地区生产商来说，这意味着企业应该强调销售人员的支持和服务，而不是大力引进新产品，因为新产品的成本主要是依靠全国规模甚至全球规模驱动的。

控制学习

管理学习曲线。学习不会在企业内自动发生，而是源自于管理者和员工的努力和关注。关注学习不只影响劳动力成本，还会影响设备构造、废料和其他重要价值活动的成本。要对每一种想法和做法进行检验，确定是否需要修正。管理者必须提出学习的阶段要求，并为员工设定目标，而不是一味空想组织内学习的发生会水到渠成。在设定目标的时候，学习的速度应该在不同工厂和地区之间对照行业标准进行。企业还必须建立推动各个工厂和业务单元之间共享活动的机制，因为学习的共享往往受到地理位置和行业内部竞争的限制。

坚持学习专有知识。如果企业将对竞争对手造成的学习溢出效应降到最低，就可以降低企业的相对成本地位。坚持学习专有知识是在学习灵敏的价值活动中实现成本优势的重要途径。实现这个目标的方式包括以下几点：

- 通过后向一体化来保护专业知识，例如在企业内部制造或改造生产设备；
- 控制员工发布信息的行为或者预防其他泄露信息的途径；
- 留任骨干员工；

- 在员工聘用合同上明确不泄露工作信息的规定。

向竞争对手学习。要保持谦虚的态度，积极向竞争对手学习。竞争对手价值链分析将使企业发现能用于企业内部的好理念。向竞争对手学习有多种方法，包括逆向推导竞争对手的产品、研究竞争对手公开发布的信息，如专利文件和有关竞争对手的报道，还可以与竞争对手的供应商保持关系，从而了解竞争对手最新购买投入要素的情况。

控制产能利用率

均衡产量。企业通过寻找价值链中均衡产量波动的方法，可以提高平均生产能力的利用率。例如，太阳钻石农业合作社生产太阳姑娘牌葡萄干、钻石牌核桃和其他产品，通过推广产品全年烘焙利用的方法，可以降低产能利用不充分带来的成本。这些措施大大降低了圣诞节旺季和淡季的区别。同理，信用卡处理器还为一系列全年使用太阳姑娘牌产品的买方服务，均衡了全年的营业额，这些买方包括沙滩俱乐部和滑雪地区等。

- 旺季定价或者贡献定价；
- 营销活动，包括加强淡季的促销活动，并开发产品的淡季应用方法；
- 将产品线拓展到周期性较弱的产品，或者延伸到能定期利用企业多余产能的产品（例如私人商品）；
- 选择需求更稳定或者需求反季节或者反周期的买方；
- 在需求旺季出让市场份额，在需求淡季再次赢回市场份额；
- 让竞争对手服务于波动较大的市场分区；
- 与需求类型不同的兄弟单位共享活动（见第9章）。

降低产量波动造成的负面影响。除了尽可能做到产量平稳以外，企业有时候也可以减少与活动产出波动相关的成本。例如，锥形一体化（tapered integration）是利用供应商的产能来满足旺季的需求，而不是靠企业内部的力量实现。加拿大钢材制造商按照市场趋势的增长来增加产能，而不是按照全年的需求量安排生产，由此避免了产能过剩的情况。它们还出售由分销商和外国企业生产的钢材，借此弥补自己的不足。

控制关联

利用价值链内部的成本关联。如果企业意识到价值活动之间的关联，并妥善加以利用，就能提升自己的成本地位。提升零件制造的精度所花费的额外成本，将由成品检查成本的降低来抵消。近来的技术发展使得价值活动的联系更加紧密，也更容易实现，而计算机辅助设计和制造只是微电子与其他活动紧密关联的一种体现。

与供应商和渠道商合作，利用纵向关联。纵向关联表明企业与供应商和渠道商的联系能为这三者通过协作共同优化各自的价值链创造条件。施乐（Xerox）通过计算机终端向其供应商出具排产表，使得供应商能精确地按照企业的需要为其交付零件。寻找并利用这样的机遇，要求企业对供应商和渠道价值链进行仔细研究，下定决心克服怀疑、贪婪和其他影响各方共同行动的情绪。企业必须做好准备与供应商和渠道商关联，从而确保获得关联为各方创造的利益。

控制相互关系

共享合适的活动。企业通过与兄弟业务单元共享价值活动或者进入有可能发生共享活动的新产业，能大大降低企业的相对成本。第 9 章将详细描述如何确定能够降低成本的共享机会。

在管理同类活动的时候转移专有知识。多元化企业可能有能力在管理某个价值活动的过程中将专有知识转移给其他拥有大体相似活动的业务单元。有关这些问题的详细阐述见第 9 章。

控制一体化

系统检查一体化和分拆的可能性。一体化和分拆为降低成本提供了机会。管理态度和信息系统技术的变化有利于供应商关联的实现，分拆在很多行业中已经成为越来越吸引人的做法。

控制时机

利用先发优势或者后发优势。行业的先行者往往能因为获得最好的地点、人才、供应商或者最早获得专利而坐享持久的成本优势。实际上，在某些行业里，只有先行者才能赢得重大的竞争优势。在其他行业里，后来者可能因为技术的过快更新换代或者具备能力观察并模仿先行者的行为而获得竞争优势。先发优势和后发优势的细节将在本书第 5 章描述。

经济周期中的时机购买。在需求疲软时采购资产往往能大量节约成本。这对于众多资本性商品而言都是一样的，包括机械、船舶，甚至整套工厂设备。

控制权宜政策

改善那些对差异化战略没有多大贡献的高成本启动政策。很多管理企业活动的政策增加了企业的成本。有时候企业有意识这样做，希望能够创造差异化，但企业往往无法认识到这类政策的成本。成本分析往往说明有必要对这类政策进行修正，而仔细检查可以让人明白哪些政策并没有在差异化战略方面起太大作用。这两类情况都有降低成本的机会。第 4 章将详细描述如何在差异化战略中评估价值活动的作用。

技术投资，按照有利于企业的方式来分析成本驱动要素。新技术的出现往往让人忽略了成本优势。技术使竞争对手的竞争优势相对于成本驱动要素显得过时。技术投入的水平是一种政策决定，大多数领导者都大力支持技术投资。如艾奥瓦牛肉公司每年花费 2 000 多万美元来更新厂房设备。技术投资降低成本的重要方面包括：

- 开发低成本工艺。例如美国联合碳化物公司制造低密度聚乙烯的乌尼泊尔工艺。
- 促进自动化。例如艾奥瓦牛肉公司批量生产牛肉的车间和美国国民大卖场的自动化分销中心。
- 低成本产品设计。例如佳能 NP200 复印机的零件更少。

在某些情况下，企业应用新的低成本技术的能力取决于规模的大小。在软性隐形眼镜领域内，博士伦有限公司生产隐形眼镜大面积采用的降低成本的旋转铸造技术比车削技术对规模的敏感度更高。然而，技术的选择也可以和其他成本驱动要素关联起来，包括时机、地点或者一体化。企业应该投资那些对自身发展最有利的成本要素领域，进行技术发展。

避免花架子。大多数成本领先者在整个价值链中都能非常妥善地控制成本。国家半导体管理者在设施简朴的办公场所工作，总共只有为数不多的几间办公室。很多成本领先者都体现了这一点，包括林肯电气公司、美国人民捷运航空公司、皇冠集团。此类政策抉择不仅降低了本身的成本，还具有重要的风向标意义。

控制地点

优化地理位置。各种活动的地理位置以及企业本身相对于买方和供应商的位置往往会对劳动成本、物流效率和供应商的获取等方面产生重大影响。企业的设施所处地理位置正确，往往能为之赢得重大的成本优势，活动的最优地理位置也会随着时间的变化而变化。比如随着小型工厂的出现，钢铁行业企业最佳地理位置的分布已经改变。

控制制度因素

不要认为制度因素是既定的、一成不变的。虽然人们把制度因素看成是企业不可控的因素，但企业仍能够影响政府政策和工业联合化等制度因素。例如，很多参与行业联合的卡车运输公司建立起无工会组织的子公司。企业还可以经常通过游说活动影响政府规定。比如，日本公司在某些对外国企业的利润征税的活动中企图改变这些做法。有些地方已经致力于取消这种法律，以免把外国投资者吓跑。

购买和成本优势

购买的做法对企业完成各项活动的成本地位有着重大影响。多方面改变购买活动可以达到降低成本的目的。

调整购买投入要素的行为以便更精确地满足企业的需要。企业要确保购买投入要素质量过关，满足企业的需要，这样就能提升自己的成本地位。例如，克拉克装备公司不再使用昂贵的、没有必要的高品质卡车一级零件，而是在某些起重机型卡车上使用汽车的品质零件。

通过采购政策提高议价的筹码。企业很少从战略或者议价问题的角度出发来回顾采购行为，虽然采购做法对成本的影响非常大。可见，企业能够采取一系列具体措施来提升自己与供应商的议价能力。

- 要与多家供应商保持联系，就应保证供应商之间存在竞争关系；企业也要保证自身在每一家供应商的采购量，从而确立自身重要的买方地位，这样就能提升企业在采购中的议价能力。
- 选择那些具有强大竞争力的多家供应商，在它们中间分散企业的采购量。
- 定期改变采购量，使其不要认为企业与它们之间的合作是理所当然。
- 定期征询新供应商的提议，一方面了解市价，另一方面搜集技术情报。

- 通过签订年采购量、分期交付的采购合约来提升自己在采购规模上的优势，不要分批进行小额采购。
- 寻求与兄弟业务单位共同采购的合作机会。
- 任命高素质的采购管理者开展程序更加复杂的采购行为。
- 积极投资信息搜集活动，更准确地理解供应商的成本和市场条件。
- 积极开发技术，杜绝或者减少昂贵投入要素的投入，避免生产单位成本居高不下的情况。

选择合适的供应商，妥善进行成本管理。按照特定的价值链，企业应该选择效率最高或者成本最低的供应商。采购行为包含推动供应商降低成本，必要的情况下帮助供应商开发技术，鼓励供应商通过关联来降低企业成本的行为。比如玛莎百货通过积极帮助供应商实施现代技术，在英国零售业赢得了低成本地位。管理供应商基础工作的成效，以及使用开展企业内部价值链分析的方法来分析供应商价值链，都和提升企业针对供应商的议价能力一样，对企业成本地位有着同等重要的作用。

重新定义价值链

相对成本地位的巨大变化往往产生于企业采取与竞争对手完全不同的价值链的行为。重新定义价值链的原因有很多，包括：

- 生产工艺不同；
- 自动化存在差异；
- 采用直接销售，而不是间接销售；
- 新的销售渠道；
- 新的原材料；
- 前向一体化或者后向垂直一体化具有重大差异；
- 新的广告媒介。

像美国人民捷运航空公司和西南航空公司这样的平价航空公司在重新定义价值链的基础上，为我们提供了诸多战略实施的范例。它们采取了和干线航空公司完全不同的价值链形式，具体见表 3–4。

表 3-4　航空公司的价值链

	票务操作	登机口操作	飞行操作	机上服务体验	行李处理	售票中心
干线航空公司	全套服务	全套服务	购买新的飞机 联盟飞行员	全套服务	免费行李托运	票务中心地处市中心
平价航空公司	次级机场和航站楼 无出票柜台（或者仅限于登机签到） 飞行途中或者机器终端买票 无转机票务服务 费用选项很少	次级机场和航站楼 先来先得座位 登机口无票务服务	二手飞机 飞机座位拥挤 非行业协会认证的机长操作 乘务员人数更少，每天飞行工作的时间更长	非行业认证乘务员 只有点心，无正餐服务 提供的食物和酒水收取费用	有随身携带行李的放置空间 行李托运收取费用 无转机行李服务	无

可以通过重新定义价值链赢得竞争优势，这里还提供了另外两个行业的实例。在牛肉包装行业中，传统的价值链活动包括在独立的农场里饲养牛，将生牛运输到各大劳动密集型铁路交通枢纽（比如芝加哥）的屠宰场。动物宰杀分割后，整块牛体会运输到各大市场，由零售商进行进一步切块后再出售。艾奥瓦牛肉公司实施了创新战略，在供应生牛的农场附近建立大型的自动化生产车间，并在那里直接对牛肉进行加工分装。这大大节省了运输费用，并节约了操作过程中运输生牛使其体重减轻造成的损失。该牛肉公司还起用非行会劳动者，即在农场附近为企业新开的工厂招工，减少了价值链的运营活动成本。

联邦快递公司也同样开展了小包裹空运服务价值链重新定义的活动。传统的竞争对手包括埃默里快运和空中快递公司，都是按照大小来收取空运费的，通过各大客运飞机运输，最后递送到指定目的地。联邦快递则只处理小件，并通过公司自有的飞机运输至孟菲斯中心站进行包裹分类整理，之后通过公司自有飞机运到目的地，再由公司专有卡车递送。价值链重新定义的其他举措还包括早买早享受折扣的零售商、折扣经纪公司和新型的长途电话公司（如MCI公司和斯普林特电信公司等）。

重新定义价值链能带来成本优势，原因有两点。第一，重新定义价值链经常能为企业带来从根本上改变企业成本结构的机会，比起公司日积月累的进步更有意义。经过验证，新的价值链要比老的价值链固有的工作成效更高。平价航空公司服务的成功清楚地证明了企业采取不同的价值链能大大降低成本，还能为整个行业构建新的成本标准。在某些航线上，平价航空公司的服务费用要比干线航空公司的低50%。不仅新价值链中活动开展的成本更低，而且还为开拓新的关联创造了条件。比如美国人民捷运航空公司通过在机上提供机票售卖业务大大降低了其他价值活动的成本，包括登机口操作和柜台出票操作的成本。

价值链产生成本优势的另一种方式是利用企业优势的方法改变竞争的根基。重新定义价值链有可能按照有利于企业的方式来改变重要的成本驱动要素。以新的方式开展活动能改变其对规模经济的灵敏度、各种成本驱动要素的关联、本地化成效以及其他成本要素。在制铝行业中，日本公司投资新的碳热还原工艺技术，将铝土矿和相关的矿石直接转化为金属，省去了中间的阶段，这将大大抵消日本公司在电费成本上的劣势。在牛肉加工的例子中，艾奥瓦牛肉公司重新审视地理位置的作用，将它作为成本驱动要素，提升了其规模灵敏度。像艾奥瓦牛肉公司这样占较高市场份额的企业只有转型到规模灵敏度更高的价值链活动中，才能受益。在经济型航空服务业的案例中，新的价值链规模灵敏度比老的价值链更低，主要是因为减少了间接的服务，这对于新成立的平价航空公司的成功意义非凡。

企业之间的联盟和协议有时候能为企业提供重新界定价值链的方式，虽然在这类协议下，各家企业的活动不完全独立。比如，一些经营有线电视特许专营权的多系统公司，常通过交换特许专营权以提高市场营销的成效和经营的效率。同理，联合化学公司和杜威公司已经合作，交换不同地点生产的相同原材料以减少运输成本。

为了确定新的价值链，企业必须审视自身开展的一切活动以及竞争对手的价值链，思考做事的不同方式，明确是否有新的更有创意的做法。针对每一项活动，企业都必须提出下列问题：

- 如何以不同的形式开展活动？如何取消这项活动？
- 如何对一组相互关联的价值活动重新排序和组合？
- 企业与其他公司的联合如何能降低甚至免除成本？

重新界定下游活动

渠道成本或者其他下游成本在企业对买方的成本中所占比例较高，这就要求对下游的活动要进行大规模的重新定义。法国嘉露酒大量使用超市渠道来分销，就是一个例子。超市的分销成本比商店渠道的成本更低，后者涉及专业的分销商。把重心放在超市后，嘉露还降低了向买方交付的酒的成本。嘉露营业额高、周转快，降低了超市的相对成本，这使得超市愿意接受嘉露相比其他竞争对手提供的更低的利润率。

下游渠道的效率反映了企业的战略和渠道的分散程度。连锁店比单体店效率更高，而大型的办公设备或者汽车经销商要比小型的商店效率更高。企业不仅能选择通往终端用户更有效的下游通道，也能采取行动促进联合或者提升下游经济实体的效率。极端情况下，企业不得不实施前向一体化，来实现下游的高效运作。

企业针对下游渠道的相对议价能力决定了企业能否通过下游价值链的重构来降低其相对成本地位。在嘉露酒这个案例中，超市中的酒的出售价格和专业的酒商店中的价格一样，那么超市就会得益于自身更高的效率。然而超市销售的拉动效果，以及超市之间形成的激烈竞争导致了酒价的降低，嘉露也从中受益最大。

由集中战略形成的成本优势

集中战略为实现控制成本驱动要素、重新定义价值链或者两者基础之上的成本优势的实现创造了条件。由于价值活动的成本和最有效的价值链因不同的细分市场而不同，致力于精心选定的细分市场的企业往往能大幅度降低自身的成本。联邦快递公司将其空运包裹快递服务的价值链进行重构，着眼于小件快递。美国人民捷运航空公司集中于对价格敏感的买方，从而大幅度降低了成本。在酒店或经济型酒店行业里，拉昆塔酒店只提供客房服务，大大降低了每个房间的投资和运营成本，免去了饭店餐饮、会议设施和目标买方不需要的服务，而目标买方主要是前往同一地区出差的中层管理者。

通过集中战略实现的相对成本地位的最显著提升起源于针对特定细分顾客的与众不同的定制价值链。联邦快递公司、美国人民捷运航空公司和拉昆塔酒店集团都凸显了这一点。如果目标细分市场与特定的关键成本驱动要素关联，那么集中战略就会降低成本。区域的集中战略能让企业凭借在某个特定地区相对较小的市场份额，形成比大型的全国竞争对手更强大的相对成本优势。

成本的集中战略常源于对行业具有创新的细分。第 7 章将详述如何对行业进行细分并选择相应的集中战略。行业细分领域不断增加，部分是受产品种类、买方类别、需要不同价值链或者成本驱动要素不同的地域特征的驱动。

成本优势的可持续性

只有长期保持成本优势，才能给企业带来超凡业绩。以不可持续的方式来提升企业的相对成本地位可能会让企业保持成本等价或者成本近似，但是努力实现成本领先战略的企业必须开发可持续成本优势的资源。

如果市场具有进入壁垒或者移动壁垒来阻止竞争对手模仿企业的成本优势来源，那么就有可能实现成本优势的可持续性。针对不同的成本驱动要素和行业，成本优势的可持续性各不相同。但是有些成本驱动要素相比其他要素，其可持续性更强。

- 规模。规模是个关键的进入壁垒或移动壁垒，替代规模的成本很高，因为竞争对手必须花大力气购买市场份额。
- 相互关系。与兄弟业务单位建立的相互关系会推动竞争对手开展多元化经营，从而保持竞争优势。如果在关联行业中存在进入壁垒，那么成本优势的可持续性就更强。
- 关联。企业很难发掘关联，需要开展跨组织合作或者与独立的供应商和渠道合作才能发现这些关联。
- 学习活动专有化。实际操作中，企业的学习比较难做到。如果学习活动专有化，则竞争对手也很难赶超。
- 生产专有产品或者开发工艺技术的决策选择。如果创新受到专利保护或者属于行业机密，复制产品创新或者生产工艺创新往往会给竞争对手带来巨大的困难。工艺创新要比产品创新具有更强的可持续性，因为这类机密更容易保守。

时机和一体化也是可持续性成本优势的源泉，但是它们很难复制。然而，当这些要素转变成规模优势或者学习优势时，其对相对成本的持续性作用就会大大增强。地理位置、产能利用模式和政策选择也是某些行业的可持续性成本优势的源泉，虽然相比其他成本驱动要素，它们引发的成本优势的持续性更弱。成本优势的持续性较弱的成因如果彼此相互作用，或者与较有持续性的成本驱动要素相互作用，就能产生强硬的壁垒，比如提升了规模经济的政策决策就很难被模仿。

可持续性不仅源自于成本优势的成因，还与成本优势的数量相关。起因于一两种价值活动的成本优势往往会诱使竞争对手进行模仿。成本领先者往往能积累从价值链上多渠道取得的彼此关联、作用、强化的成本优势，这使得竞争对手很难模仿自身的成本地位，因为它们要为此付出沉重的代价。

嘉露酒为我们提供了基于这些原则的可持续性成本领先战略的成功案例。嘉露的价值链在图 3–3 中简单罗列，包括了诸多价值活动的多种成本优势来源。嘉露的成本优势在很大程度上取决于规模和专有技术，这是最重要的两大可持续性成本驱动要素。嘉露酒赢得了比其竞争对手高出 15%的成本优势。这样的优势迫使可口可乐退出红酒市场，因为嘉露酒的成本优势大大影响了可口可乐的赢利能力。

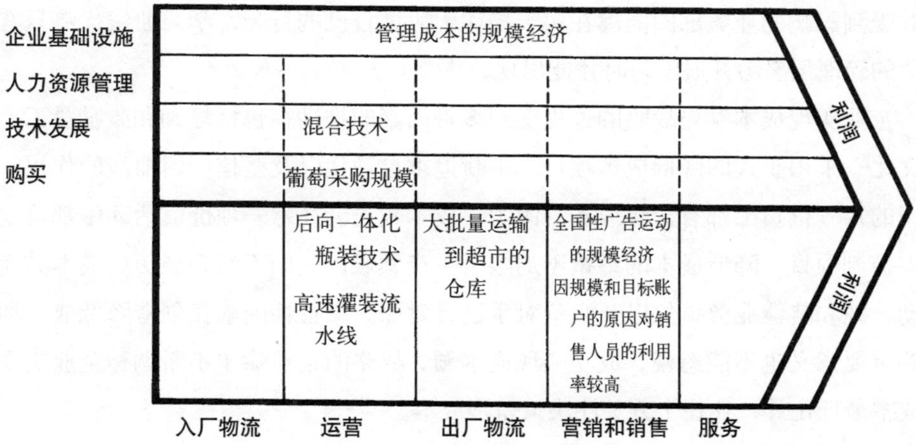

图 3–3　嘉露酒的成本优势源泉

构建新的价值链或者重新定义价值链是成本优势的最后一个可持续性来源。竞争对手往往不可避免地要承担价值链重构所附带的高成本，这对于那些已有很响的行业知名度的大型竞争对手更是如此，它们面临着从某个行业的传统价值链转型的巨大的移动壁垒。艾奥瓦牛肉公司和联邦快递公司都享有持久的竞争优势，而竞争对手却很难对此做出回应。日本炼铝企业也会在这个行业赢得类似的双重成本优势，只要它们尝试的碳热还原法奏效即可。

战略实施和成本优势

本章集中描述了如何通过变化战略和开展活动的方式实现成本优势的过程。然而，成本领先战略的成功取决于企业在实践中实施这些措施的能力。成本不会自动下降或者意外下降，这是一个努力争取和不断集中改进的过程。企业即使拥有相同的规模或者总营业额类似，或者它们受到类似的政策引导，但在降低成本方面，其能力各不相同。提升相对成本地位可能不要求战略的巨大变化，但管理层要充分重视。企业千万不能想当然，认定自身的成本已经够低。

没有哪一项成本驱动要素是自动生效的。企业在某一项活动中的规模经济通常很难实现，除非企业其他活动得到协调，保证为该活动的大规模执行提供必要的投入要素。政策选择不能通过产品增值抵消规模的优势。相互关联不可能降低成本，除非受到影响的业务部门能够在实际操作中协调自己的行为。学习曲线优势只有在企业的管理层努力开展学习时才能出现。

企业实现成本领先战略的过程受到多种因素的推动，包括培训和激励员工、企业文化、采用正式的降低成本项目、不断追求自动化以及坚信学习曲线的作用。企业中的每一位员工都有影响成本的潜力。成本领先者在每一项价值活动中都设定了成本控制项目，降低成本的举措不局限于生产领域。它们不断开展历史成本的比较活动，并和其他业务单位以及竞争对手进行对照。象征性因素在创造降低成本环境中的重要意义也不能忽视。成功实现成本领先战略的企业除了不断调整企业实现运营成本最低化外，往往十分关注决策差别成本。

成本领先战略的陷阱

很多企业并不能从战略角度领会自身的成本行为，因此无法利用机会来提升自己的相对成本地位。企业在评估成本地位以及后续的行动中常犯的错误包括以下几点。

过分关注制造行为的成本。当我们提到成本时，很多经理会本能地想到制造。然而，事实是总成本中有一大部分花费在营销、销售、服务、技术发展和基础设施建设活动上。企业对这些活动的成本分析往往不够重视。检查整个价值链能让我们理顺大幅度降低成本地位的简单做法。比如，计算机技术和计算机辅助设计方面的进步对开展研究的成本产生了巨大影响。

忽略购买活动。很多企业孜孜不倦地降低劳动力的成本，但却对于投入要素的购买活动不重视。它们往往将购买视为一个不太重要的职员职责，在这方面投入的管理资源很少。在采购部门内开展的分析往往集中于关键原材料的采购价格，企业往往派一些既不懂行也无压价动力的人去采购。购买投入要素和其他价值活动成本之间的关联没有引起足够的重视。采购行为稍微发生一点儿变化，就会给很多企业带来重要的成本利益。

忽略间接或者小型活动。降低成本项目通常集中于大型的成本活动或直接活动中，包括零件制造和装配。在总成本中所占比例较小的活动很少受到企业全面的审视，诸如维修和监管成本一类的间接活动也会被人忽视。

对成本驱动要素的错误看法。企业经常会误解自身的成本驱动要素。例如，在全国各地占有最大份额、成本最低的企业可能会误认为全国市场份额是推动成本的主要因素。然而，成本领先战略也有可能源自于企业在经营地区内享受最大的地区份额。若无法理解成本优势的起因，可能会导致企业试图通过提升全国的市场份额来降低成本，结果却只会分散自身区域的关注度，从而损害成本地位。企业还可以实施防御战略抵制全国竞争对手，忽略强劲的区域竞争对手带来的威胁。

无法利用关联。企业很少意识到影响成本的企业与相关方的联系，尤其是与供应商的关联以及各类活动之间的关联，包括质量保证、检查和服务等。利用各种关联的能力成就了很多日本企业。日本松下电器和佳能以及其他品牌意识到关联对成本的影响，于是充分利用关联的作用，不管企业采取的措施是否违反了传统的制造和采购做法。无法意识到企业与其他有关方以及各种活动之间的关联，就会导致企业犯错，企业会要求每个部门都等量节约成本，但事实上某些部门成本的提高有可能会降低总成本。

互相矛盾的削减成本的做法。企业经常采用互相矛盾的形式来降低成本。企业会努力赢得市场份额，收获规模经济的利益，同时通过模型扩散（model proliferation）抵消规模经济的作用。它们尽可能靠近买方以求节约运费，但却在新产品开发中强调减轻重量。成本驱动要素有时候的作用方向相反，常有南辕北辙之势，企业必须认识到这一点。

弄巧成拙的交叉补贴。企业若没能意识到成本行为各不相同的细分领域的存在，就有可能在不知情的情况下涉足交叉补贴。传统的会计系统很少能衡量所有产品、供应商、渠道商或者上述的地域范围内发生的成本差别。因此，企业可能会针对产品线上的某些产品或向某些客户定出高价，进而对其他产品构成价格补助。例如，白葡萄酒对陈年佳酿的要求较低，因此所需要的桶比制造红葡萄酒的桶更便宜。如果酿酒厂对红白葡萄酒的产品按照平均成本计算，那么低成本白葡萄酒产品就对红葡萄酒产品构成了价格补贴。不经意的交叉补贴有助于竞争对手理解企业的成本，并据此压价，进而提升自己的市场地位。交叉补贴还让企业受制于那些集中于高价细分市场的竞争对手。

从累积的角度思考。降低成本的措施往往目的是在现有的价值链上寻找多项降低成本的要素和机会，而不是从重新定义价值链的方向入手。这种思维方式可能会让企业达到收入递减的临界点，而重新定义价值链能推动企业达到全新的成本地位。

影响差异化战略的实施。如果削减成本会降低企业对买方的独特吸引力，那么削减成本的努力就可能会影响差异化。降低成本是出于战略的考虑，但在实现这个目标的过程中有多种做法可供选择。降价措施应该主要集中在那些和企业实施差异化战略没有多大关系的活动中，而成本领先者如果能在不需要太花钱的活动中实施差异化战略，就能提升自己的业绩。

战略成本分析的步骤

本章描述的方法可以总结成几个开展战略成本分析的具体步骤。

1. 确定合适的价值链进行成本分摊和资产分摊。

2. 分析每一种价值活动的成本驱动要素及其彼此的作用原理。

3. 确定竞争对手的价值链，确定竞争对手的相对成本和成本差异的来源。

4. 通过控制成本驱动要素或者重新定义价值链或下游价值链来制定降低企业相对成本地位的战略。

5. 确保降低成本的努力不会影响企业实施差异化战略，要谨慎进行决策，避免这种情况的发生。

6. 测试降价战略的可持续性。

04 差异化

企业若能为买方创造独一无二的产品或服务，就能和竞争对手区分开来。差异化是企业拥有的两大竞争优势之一。企业在行业内区别于竞争对手的程度是行业结构的重要因素。虽然差异化经营非常重要，但人们却未必真正了解其源头。许多企业对差异化起因的看法过于狭隘，它们从实体产品或者营销措施的角度来看待差异化，而不是从价值链的角度来分析差异化的潜力。企业彼此各不相同，但未必彼此分化，因为它们往往追求买方并不看重的独特性。实施差异化的企业对于差异化战略所需的成本以及实现差异化后能否保持可持续性的问题不够重视。

本章为我们分析差异化和选择差异化战略列出了框架。首先，我将阐述差异化的来源，企业价值链的任何地方都有可能出现实施差异化战略的动因。成功的差异化战略源于企业上下行动的协调，而不仅仅是营销部门的工作。差异化战略普遍成本较高。我将展示差异化战略成本确定的方法及各个企业差异化成本的区别。其次，我将利用买方价值链分析创造买方价值的差异化战略类型。再次，我会进一步解释将买方价值分析转化为具体的买方采购标准的方法。最后，通过本书提出的概念，我将提出选择差异化战略的方式，列举实施差异化战略过程中人们常犯的错误。

差异化来源

企业不是简单地为买方提供低价产品，而是提供有价值的独特产品和服务满足买方需求，将自己和竞争对手区分开来。差异化使企业产品能收取高价，在普通价格水平上取得更高的销售额；在周期性或者季节性经济低迷期，企业的买方忠诚度更高，可以由此获得与平日或者旺季相同的收益。假如企业产品的溢价超过了为实现独一无二的产品制造或者服务而增加的成本，那么差异化战略就能让企业实现超凡的业绩。企业的差异化战略可能会吸引行业内很多买方，也有可能只适用于一小撮有特殊需求的买方。美国服装公司布鲁克斯兄弟主要针对那些需要传统服饰的消费者，但有很多顾客认为布鲁克斯兄弟的服饰过于保守。本书阐述的差异化战略只是从广义上来分析。第 7 章阐明了如何从行业内买方的需求差异中挖掘通过实施集中战略实现差异化的方法。

差异化和价值链

若总体上看待企业，则无法了解差异化；要从企业开展的具体活动出发，分析企业活动对买方的影响才行。差异化源于企业的价值链。事实上，任何价值活动本身就是企业独创的来源。原材料的采购和其他投入要素会影响企业成品的性能，并进而影响差异化的成效。例如，喜力啤酒尤其注重啤酒原料的质量和纯度，并使用固定的酵母菌株发酵。同理，施坦威使用技术熟练的人员来选择钢琴的最佳制造材料，米其林对于制造轮胎所需要的橡胶的挑剔远甚于其竞争对手。

其他成功实现差异化战略的企业通过其他主要活动和辅助活动创造独特的价值。技术发展活动能使企业设计开发具有独特性能的产品。克雷研究公司就在超级计算机领域里做出了卓越的贡献。运营活动会影响企业创造独特的产品外观、产品性能参数标准化和可靠性的能力。普渡公司生鸡产品具有独特的差异化特质，主要源自于企业对饲养环境的严格控制。为了改善鸡的外观和色泽，公司给鸡喂食金盏花。企业的出厂物流系统会影响企业交付的速度和质量。例如，联邦快递公司建立起一体化物流系统，启用它在孟菲斯的中转站，在进入小件包裹快递服务领域后，将企业快递服务的质量和可靠性提升到了前所未有的高度。营销和销售活动也会对企业的差异化战略产生影响。美国铁姆肯公司的销售团队帮助客户在制造过程中更有效地使用滚珠轴承。

图 4–1 说明价值链中的任意一项活动都有可能对差异化战略起到推动作用。有形产品是商品，其他活动也能导致重大的差异化。同理，诸如维修或者排产这样的间接活动与包括装配或者订单处理在内的直接活动一样，能对企业的差异化做出贡献。例如，无烟无尘的生产车间大楼能大大减少半导体制造的废品率。

占成本比例不大的价值活动也会对差异化产生重大影响。例如，品检费只占总成本的 1%，但是不合格的药品，哪怕只有一包发给顾客，也会对开展差异化战略的整个企业的形象产生不堪设想的负面影响。以战略成本分析为目的构建的价值链不会分离所有对差异化战略有重大意义的活动。差异化分析要求对某些价值活动进行高精度细化，而其他价值活动如果对差异化战略的实施影响甚微，总体分析即可达到目的。

企业通过活动的广度或者竞争范围也可以实现差异化。皇冠集团供应瓶盖和罐装设备外加罐身，为其顾客提供全套的包装服务。该公司的包装设备先进，提升了自身的服务可靠度，促进了罐头的销售。花旗集团在金融服务领域的活动覆盖范围之广，直接提升了自身的威望，通过其销售渠道提供多样产品。竞争范围宽泛还可以产生其他差异化因素：

- 满足各地买方需求的能力。
- 多种产品的备件和设计理念通用，就可以简化为买方提供的维修服务。
- 方便顾客购买的销售地点。
- 方便为顾客提供服务的地点。
- 产品之间的高度兼容。

如果企业要实现上述各个目标，需要开展一致的活动并进行协调。

差异化还有可能源于下游价值链。企业的渠道可以是其独特性的重要来源，能提升自己的名声、服务水准、顾客培训成效和其他因素。在软饮料行业，独立罐装商对于差异化至关重要。可口可乐和百事可乐花费大量精力和财力来改进罐装商的

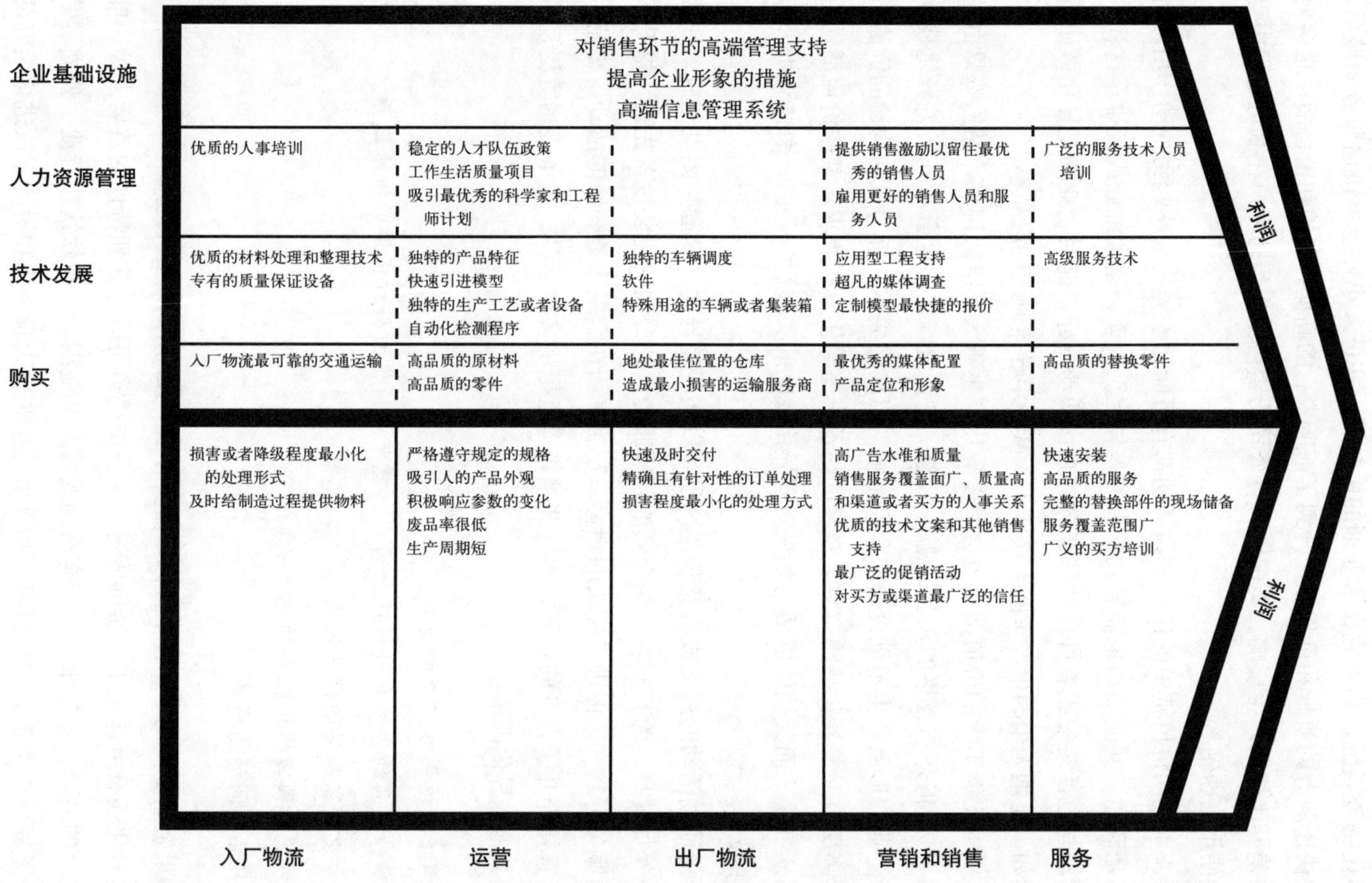

图 4–1　价值链差异化的代表性源泉

经营，提升罐装工作效率。可口可乐准备把经营不善的制瓶厂卖给更能干的新罐装商。同理，观察家发现，卡特彼勒履带式牵引机公司的经销商为其提供了重要的差异化来源。卡特彼勒履带式牵引机公司有大约250家大型经销商，其规模高于业界平均水平，因此它们能提供广泛的服务，有实力为顾客提供融资支持。在精心挑选的卖场中有选择性地进行分销，这也是经过了验证的重要差异化来源。雅诗兰黛和海瑟薇就是采取这种方式取得成功的品牌。

企业可以通过下列活动来提升渠道在差异化战略中的作用：

- 以实现设备、产能或者企业形象的一致为目的，进行渠道选择；
- 为渠道运作建立标准、制定政策；
- 为渠道商提供广告和培训材料；
- 为渠道商提供融资服务，允许顾客赊账。

企业经常会混淆质量和差异化的概念。差异化包含了质量，是一个更加广义的概念。质量通常与实体产品关联。差异化战略旨在为买方在整个价值链中创造价值。

独特性的动因

企业在价值活动中的独特性由一系列基本要素决定，与第3章介绍的成本驱动要素对应。独特性要素是活动独特的基本原因。企业没有确定独特性动因，就不能完全找到差异化战略的新方式，也不能分析当前差异化战略的可持续性。

企业的主要独特性动因按照其明显程度大体分为下列几项。

政策选择。企业就开展活动的内容和方式做出政策选择。这一类的政策选择是最明显的独特性动因。佳斯迈威集团针对其屋顶装修产品的安装制定了为买方提供广泛培训的政策，而老波庞芥末酱决定用前所未有的巨额费用来做芥末广告。因此，企业的独特性是经过慎重考虑而产生的。

产生企业独特性的典型政策选择包括：

- 企业提供的产品特征和功能；
- 企业提供的服务（例如赊账、交付或者维修服务）；

- 采取的活动强度（例如广告费占成本的比例）；
- 活动内容（例如为了加工而提供的信息）；
- 执行活动使用的技术（例如机床的精度、订单处理计算机化等）；
- 为开展某活动投入的要素质量；
- 某活动中控制人事行为的流程（例如服务流程、销售拜访的性质、检查或者抽样调查的频率）；
- 活动中起用人员的技术水平和资历以及提供的培训；
- 控制活动所使用的信息（例如温度、压力和用来控制化学反应的变量等数值）。

关联。企业的独特性往往源自于价值链内部各活动或者企业与供应商和渠道商之间的关联。如果某一活动执行的方式影响了其他活动，它们之间的关联就有可能产生企业的独特性。

价值链内部的关联。满足买方的需求往往要求协调多种关联的活动。例如，交付时间不仅由出厂物流决定，订单处理速度以及以接单为目的的销售拜访的频率也会决定交付时间。同理，销售团队和服务组织的合作也能提升企业客户服务的针对性。满足买方独特的需求有可能要求关联活动的优化。在很多行业中，包括复印机和半导体行业，日本企业不仅重视检查这一道工序，通过修正每一个有可能影响废品率的活动，它们也大大降低了产品的不合格率。同理，加大间接活动的投资，如维修服务，可以提升企业直接活动的成效，如精准加工和印刷活动等。

供应商关联。企业满足买方需求的独特性也有可能源于企业与供应商的合作。企业与供应商之间开展紧密合作能够缩短新产品的开发时间。比如，供应商在为新零件开模的时候，企业能够尽快完成新产品的设备设计。同理，供应商向企业的买方提供宣传性销售服务时，有时候可以推动企业成本的差异化。

渠道关联。企业与渠道商的关联也可以在多方面推动企业独特性的产生。通过与渠道商的合作或者与渠道一起优化彼此之间的活动，往往能让企业独一无二。企业与渠道商的哪些关联可以引发企业独特性？请看下列各例。

- 培养渠道商开展销售和其他商业活动；
- 与渠道商共同推进销售；

- 补贴渠道商在人事、设备和附加活动成效等方面的投资。

时机。企业开始执行某项活动时有可能会产生独特性。作为首个采用某种产品形象的企业，其可以获得先发优势，凸显出与众不同之处。这就是美国嘉宝公司在婴儿食品领域实现差异化的源泉。博士伦公司率先获得生产隐形眼镜的许可，这为企业实施差异化创造了条件。在其他领域里，后入行的企业能获得最先进的现代技术，因而拥有差异化的条件。本书第 5 章将详述先发制人和后来居上的差异化战略。

地理位置。企业的独特性还有可能来源于地理位置。比如，零售银行拥有最便捷的支行位置和自动柜员机的分布。

相互关系。价值活动的独特性可能来自于企业与兄弟业务单元的共享。很多顶级的公司正在实施销售人员共享策略，出售保险或者其他理财产品，这使得企业能为买方提供更好的服务。相互关系的具体分析见第 9 章的陈述。

学习和溢出。活动的独特性起因于学习更好执行活动的方法。制造过程中实现质量稳定一致，这可能是由学习活动驱动的。对于成本而言，企业学习活动传递给竞争对手的溢出效应侵蚀了学习对差异化的作用。企业只有通过学习活动的专有化，才能产生可持续性差异化。

一体化。企业一体化的水平可以促进活动独特性的产生。实现新价值活动一体化可以使企业卓尔不凡，有更强的能力控制活动业绩，协调活动，推动差异化。公司亲自提供服务，不利用第三方的供应商，就可以使企业成为唯一一家提供这类特殊服务的供应商。一体化不仅包括了供应商或者渠道商的活动，还涉及当前由买方正在执行的活动。通过联系医院、计算机以及现场订单处理，美国医疗设备供应公司使某些买方活动显得多余，提升了自身的独特性。一体化能使企业与供应商和渠道商之间建立的关联变得更加容易。在某些行业中，减少与竞争对手相关的一体化也是差异化的来源。分拆可以使企业更好地利用供应商或者独立渠道商的产能。

规模。规模大可以使活动以小规模不可能实现的独特的方式进行。例如，赫兹在汽车租赁行业的规模决定了其差异化的基础。赫兹在美国各个区域的众多营业点为消费者提车、泊车以及快速的现场服务提供了便利条件。产生差异化的规模性质不同，赫兹的规模在于租赁车辆的数量和服务站点的位置，其他行业的情况则可能是大厂房高速运转的设备具有高精度。在有些情况下，规模可能会对活动的独特性起反作用。例如，规模可能会降低与时尚相关的企业对买方需求回应的灵敏度。

制度因素。有时候，制度因素在企业发展独特性的过程中扮演着重要角色。同理，与工业行会建立良好的关系可使企业确定独特岗位的说明。

每种活动以及不同行业的同一种活动都有可能具备不同的独特性基因，这些动因相互作用决定了活动的独特性。企业必须检查自身的独特领域，分析这种独特性背后的原因。因为某些动因具有更强的持久性，这样做是实现差异化可持续性战略的关键。政策选择很容易被竞争对手模仿，不过独特性来源于妥善利用相互关系或者关联。理解如何做才能让企业具有独特性，保证企业不会因此影响自身的事业。最后，独特性的动因可能会让人发现差异化的新源泉。

差异化的成本

通常来讲，差异化的成本都较高。企业为争取独特性，必须要有所花费，因为独特性要求企业执行的价值活动能优于竞争对手。提供超凡的应用型工程支持往往需要额外的工程师，而熟练的销售人员往往比新手的薪资水平更高。生产比竞争对手更耐用的产品，当然需要更多的物质材料或者更加昂贵的物料。例如，罗克韦尔（Rockwell）的水表比对手的更耐用，主要是因为它的产品使用了更多的铜。

有些形式的差异化显然成本更高。因互相关联的价值活动超凡的协调得到的差异化可能不会增加成本。由自动化技工中心生产的产品精度高，产品性能好，这也不一定会增加成本。在柴油机车领域，自动化带来的高精度以更低的附加成本提高了汽油的使用效率。同理，通过产品功能增加实现的差异化要比通过提升产品功能的吸引力而实现的差异化成本更高。

差异化的成本反映了作为独特性基础的价值活动的成本驱动要素。独特性和成本驱动要素之间的关系有两种，它们分别是：

- 使活动具有独特性的要素（独特性动因）会影响成本的驱动要素；
- 成本驱动要素会影响实现独特性的成本。

企业实施差异化战略的过程中，往往会对活动的成本驱动要素产生负面影响，进而增加成本。例如，将活动地点靠近买方，可能会由于地理位置的成本驱动要素而增加成本。同理，史密斯国际公司通过在现场保留大量的现货，虽然增加了成本，却形成针对钻头这种产品的差异化战略。

企业实现独特性，常会因为影响了成本驱动要素而提高成本；同时，成本驱动要素也会决定差异化的成本大小。企业成本驱动要素的相对地位决定了企业实现特定的差异化战略相对于竞争对手所付出的代价的高低。企业若提供覆盖范围最广泛的销售服务，则销售团队运营是否具有规模经济就会影响其成本。如果销售团队管理存在规模经济，那么增大企业销售服务范围就会使成本降低，而占有本地市场份额较高、销售服务覆盖范围相同的企业的成本就会更少。

规模、相互关系、学习和时机是影响差异化成本最重要的要素。虽然规模本身能导致差异化，但它常会影响差异化的成本。例如，规模会决定企业花大力气打广告的政策的成本，也会决定快速引进新模型花费的成本。共享能够降低差异化的成本。IBM（国际商用机器公司）训练有素的资深销售人员，在销售主流计算机产品的同时，也销售一系列相关的办公室产品，由此降低了成本。企业在差异化活动中更快地完成学习，就能赢得差异化的成本优势，而尽早行动会降低差异化的成本，包括广告费，因为企业在差异化的领域会很快积累信誉或者其他无形资产。

成本驱动要素在确定差异化战略的成功方面扮演着重要角色，对企业的竞争地位有重大影响。如果各企业在重要的成本驱动要素上有不同的相对地位，则在相关活动上实现独特性的成本也会各不相同。同理，企业开展不同形式的差异化，成本也不同，主要取决于相关活动成本要素的情况。以相互关系共享计算机化的加工中心大大降低了企业通过自动化制造高精度零件的成本。同理，百得公司在引进电力工具新产品方面比竞争对手更快，但是企业在这方面的花费却相对较小，主要是百得公司的全球市场份额最高。在极端情况下，企业在特定的价值活动差异化过程中拥有巨大的成本优势，以至于其成本比那些没有试图取得独特性的企业开展同类活动的成本还要低。正因为如此，才使得企业同时获得了低成本和差异化优势，见第 1 章的论述。

有时候，实现活动的独特性本身也能降低成本。例如，假如一体化本身是一个成本驱动要素，那么一体化可能会使企业同时获得独特性和成本优势。鉴于企业可以同时实现差异化战略并降低成本，这就表明了这样几点：第一，此前并没有充分挖掘企业各方面的潜力来降低成本；第二，某个活动实现独特性并没有得到充分的重视；第三，发生了竞争对手没有执行的重大创新活动，例如可以同时降低成本并提高产品质量的自动化新工艺。

企业往往没能利用关联活动的协调，充分把握降低成本并提升差异化程度的机会。产品报价、购买和生产安排等活动的更好协调不仅能降低存货成本，还能缩短交付周期。供应商开展的广泛检查能降低企业的检查费用，同时提升终端产品的可靠性。没有充分把握通过活动关联降低价格、提升质量的机会，恰恰验证了我们常说的一句话："质量往往是免费的。"通过充分利用活动的关联加强差异化并同时降低成本的可能性是存在的，这主要是因为企业并没有充分利用降低成本的机会，而不是因为差异化耗费的成本不高。

假如企业已经在拼命降价，那么试图实现其独特性的活动往往会增加成本。同理，一旦竞争对手模仿了企业开展的某项重大创新活动，企业只能通过增加投入来保持差异化的竞争地位。在评估差异化成本的过程中，企业必须比较保持活动独特性的成本和与竞争对手活动等量的成本。

买方价值和差异化

企业的独特性除非对买方具有价值，否则不可能会引发差异化。成功的差异化战略实施者能够找到为买方创造其愿意额外加价的独特利益。要理解买方珍视的价值，起点是理解买方的价值链。买方拥有的价值链由其开展的活动构成，这一点和企业一样，具体见第 2 章的描述。企业提供的产品或者服务是买方价值链的购买投入要素。钢材是原材料，需要经过切割、弯曲、加工以及其他工序进入买方的生产过程，从而成为买方生产产品的零件或者成品的一部分。买方的价值链决定了企业的产品使用方法以及企业对买方活动施加影响的方式。这些都决定了买方的需求，是买方价值和差异化战略的基础。

虽然买方价值链对于工业、商业或者非营利性机构来说最容易具体化，但个人消费者也有价值链。顾客的价值链代表了企业产品和服务适用的一个家庭及其成员开展活动的顺序。为了理解产品如何适用于家庭的价值链，通常有必要确定与产品直接或者间接相关的活动，尤其是并非所有家庭都执行的活动。电视机在某个时段对于家庭的某些成员来说是娱乐的工具，而在其他时段很有可能就是制造背景噪音的机器：每天电视开关好几次，频道也在不断调换。人们常在银行购买旅行支票，供旅行或者出差的时候使用。在旅程结束时兑现多余的支票，一定要去银行办理才行。很多人会选择留存这些支票下次使用。商业、机构或者行业买方的价值链反映了企业的战略及执行方法，而家庭的价值链反映了家庭成员的习惯和需要。这两类买方对价值的看法主要源自于产品及企业影响买方价值链的方式。

买方价值

企业通过两种方式为买方创造其愿意额外加价的独特价值（或者按照相同价格创造其偏好的价值）：

- 降低买方成本
- 提升买方的业绩表现

对于个人消费者、商业和非营利性机构来说，差异化要求企业有为其创造竞争优势的独特能力，包括以更低的价格向其出售产品。如果企业有能力降低买方的成本或者提升买方的业绩表现，买方就会愿意加价。如果一家知名的自行车零件供应商提供的零件使得自行车装配商加强了差异化，并得以将产品以更高的价格出售，装配商将愿意以更高的价格购买这些零件。同理，柯达的艾克特皮瑞特（Ektaprint）复印机在最后整理文件环节增加了再循环文件的进纸器和在线自动夹，降低了买方的人事成本，因为买方愿意加价买入。这两个例子都告诉我们，企业可以在无须低价出售产品的情况下，为买方创造竞争优势。

同样的原则适用于家庭和个人顾客，虽然衡量买方成本，尤其是买方绩效的标准可能比较微妙。对于家庭买方来说，产品的成本不仅是财力，还包括使用产品的时间成本或者便捷性。时间的成本反映了顾客在其他地方使用产品的机会成本以及诸如泄气、郁闷、努力等情绪引发的成本。买方价值源于降低买方的任何成本。节电的冰箱有溢价出售的优势。节省吸尘时间的吸尘器，能省人工，还对家庭购买者意义重大。节省买方购物时间的直接营销策略对那些喜欢购物的买方来说未必就是额外的价值。

提升买方业绩表现涉及提高买方的满意度或满足其需要。如果电视机画面质量更好、开机时间更快，则人们在观看电视时将具有更高的满意度。买方会愿意为此加价购买。地位或者声誉等和产品的功能质量一样，也是买方的重要需求。虽然顾客很难评估买方业绩，但是他们的价值链能充分表明其满意度。

工业、商业和非营利性机构有时候与个人消费者类似，它们的目标不是为了赢利或者收入增长。买方会珍惜那些能为管理者或者员工提供满意度或者声誉的供应商，哪怕这个供应商对公司盈利性并没有太大的帮助。这表明员工和公司的目标存在着差异。同理，就算不能带来高昂的利润，医院依然重视能保证更高效治疗的诊断仪器。这表明为病患提供高品质的医疗服务是医院的目标，而大量医院都属于非营利性机构也是事实。很多组织除了赢利外，还有其他目标，哪怕当它们赢利时，利润会进入买方的价值链中。

价值链和买方价值

企业通过其价值链对买方的价值链产生影响，进而降低买方成本或者提升买方的绩效。企业为其买方活动提供的每一种要素都有可能对买方的价值链产生影响。企业制造的产品往往会对买方的价值链产生直接和间接的影响，不仅局限于买方使用企业产品的活动。例如，打印机的重量轻，便于搬运，是买方很看重的因素，虽然从买方购买打印机的用途来看，主要是打印操作本身。此外，企业不仅通过自身制造的产品影响买方价值链，在物流系统、订单输入系统、销售团队和应用工程师团队等方面也会对买方产生影响。在总成本中只占一小部分的企业活动对差异化也会产生重大影响。有时候买方和企业价值活动涉及的人员面对面接触（如销售团队），有时候买方只是企业一系列活动结果的旁观者（如交付准时或者延迟的活动）。因此，企业为买方创造的价值是由买方价值链和企业价值链整体多方面的联系共同决定的，具体关系如图 4–2 所示。

重型卡车就是一个企业价值链和买方价值链有多重关联的好例子。重型卡车直接影响了买方的物流成本，卡车的承载能力、装卸货难易程度、汽油和维修费用等都是影响因素。卡车还对买方的其他成本产生间接影响。其运输能力影响买方交付的频率。在运输途中，卡车车身的震动程度、车身的温度和湿度条件直接影响被运货物的质量。卡车运输是否对产品实施了有效的保护措施，从而避免磨损，也会影响买方的包装成本。此外，卡车车身是否具有醒目的产品标志，也直接影响着消费者对买方产品的品牌识别和忠诚度。

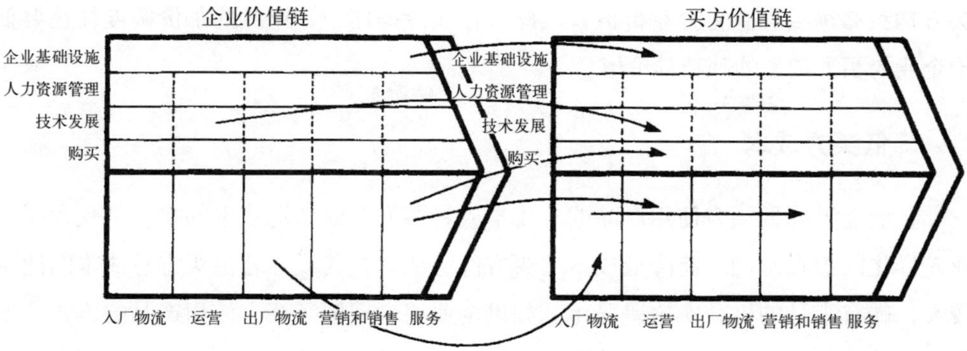

图 4–2　企业价值链和买方价值链之间的典型关联

不仅仅是卡车本身会影响买方的价值链，卡车制造商的其他价值活动也有可能影响买方本身。是否带有备件，会影响买方设备故障停机时间的长短。赊账政策能影响买方购买卡车的融资能力。卡车制造商销售团队的实力决定了能否为买方提供可靠的新型维修程序和卡车操作方法规程建议。卡车制造商和购买商价值活动之间的关联会对买方活动的绩效产生推动或者阻碍作用，进而降低或者提升其活动成本，这一规律同样适用于家庭买方。

企业价值链和买方价值链之间的关联同买方创造价值的关系，主要取决于买方实际使用产品的方式，而不在于产品的用途。如果买方对产品的安装、操作、维护程序不了解，或者产品使用不当，即使是最精心设计的产品也不可能带来满意的效果。例如，家庭主妇在烹制速冻产品时，如果温度调节不当，那么最终菜品食物可能无法食用。同理，如果设备润滑的位置不对，使用以后很快就会出现故障。

企业对买方价值链的每一种影响力，包括企业和买方价值活动之间的关联，都代表了差异化的机会。产品对买方价值链的直接和间接影响越多，产生的差异化机会越多，总体可实现的差异化水平就越高。深刻理解自身对买方价值链影响的卡车制造商不仅能设计生产能为买方带来更多利益的卡车，还能以为买方创造更多价值的方式来执行其他价值活动，包括服务、备件供应和提供融资等。

由此可见，差异化源自于企业和买方关联的独特性。由于价值活动的独特性，其价值体现在企业活动对买方成本或者绩效的直接或者间接影响上。企业总体差异化的水平表现为通过价值链为买方提供独特性价值的总和。计算这种独特性价值的总和，可以为企业相对于其竞争对手制定的产品相对价格设定上限。企业为了激励买方购买必须要和买方分享价值，因此，在实际操作中，产品的加价幅度往往要低于企业为买方创造的独特性价值。

降低买方成本

企业能够降低买方使用产品的总成本或者买方其他活动成本的措施都代表了企业差异化的潜在基础。能降低成本的买方价值活动，其成本若占买方总成本的比例较大，就有大量的机会实施差异化。如果企业深刻理解了买方使用产品的方式，明白自己的营销、交付和其他活动影响买方成本的原理，就能找到更多降低买方成本的办法。

企业降低买方成本的方式有很多种：

- 降低交付、安装或者融资成本；
- 降低规定的产品使用率；
- 降低使用产品的直接成本，如人工费、汽油费、维修费和占地面积费用；
- 降低使用产品的间接成本或者产品对其他价值活动的影响力，例如零件较轻能减少成品的运输成本；
- 降低与实体产品无关的其他价值活动的成本；
- 降低产品故障以及买方对产品发生故障预计的风险。

表 4–1 列出了企业产品本身能够降低买方使用产品直接成本的方式。除了表 4–1 所列的通过产品特征来降低买方成本外，企业还可以借助其他价值活动来降低买方使用产品的成本。可靠地交付产品的行为能够减少买方的存货，缩短备件的交付周期能够减少买方等待更换零件的停工期。订单和账单处理程序能够减少买方的会计和采购成本。美国医疗设备供应公司的医院在线订单系统，使技能一般、薪水较低的操作人员也能处理采购订单，而无需专业的采购代理人操作。企业还能为买方提供降低成本的建议或者技术支持。比如，英特尔可以帮助买方经济快速地设计微处理器及其应用开发系统，这其实是企业与买方价值链的前向一体化。在批发行业中，耐普克不仅为买方提供货架、定价服务，还存放那些周转较慢的产品。

表 4–1　降低买方使用产品直接成本的产品特征

差异化因素	实例
降低产品使用来实现相同的效益（包括废料百分比）	切割成型的钢板
方便加工	快速附着紧固器
降低使用产品的人工费（降低人工投入、培训费或者对工人素质水平的要求）	自动话务员
降低投入或者规定的附加设备的数量（例如汽油、电力、必要的防干扰屏障）	节能冰箱
降低规定的维修服务或零件数量，或者降低维修的难度	可靠的复印机
降低停机时间或者等待时间	快速装货的轮船
降低规定的调节或者监控服务	同等质量水平的颜料
降低故障成本或者风险	防止油井外喷的装置
降低安装成本	单层屋面材料
要求的检查服务减少	半导体
更快捷地设置时间	可编程的机床
加快加工时间	定制铝合金
降低破坏其他产品的风险	过滤装置
提高买入的价值	耐用汽车
与更多附件的兼容性	个人电脑

企业降低买方成本、实现差异化还有更多扩展的例子。上文提过柯达复印机降低买方编排打印文件和装订文件的时间。而行业领袖施乐复印机更加注重复印速度本身，但却无法意识到买方使用复印机的总成本。在运输业中，贝金斯向预订服务的卖方保证取货和发货日期，费用固定；如有延迟需向买方支付 100 美元罚金，并对损坏的物品按照重置成本（replacement price）进行赔偿。所有这些措施都降低了买方搬运行动的直接和间接成本，同时还做到了让顾客放心。在紧固件领域，维克罗使用了包含很多塑料小扣且与纤维制品相连的系统，维克罗紧固件比其他形式的紧固装置更容易使用，也降低了在买方装配线上对熟练工人的需求量。

在寻找降低买方成本的机会中，企业必须详细描述产品的动向及其影响买方价值链的方式，包括买方的存货、搬运、技术发展和行政活动等。企业必须熟悉所有产品以及生产产品所需的投入要素，理解产品与投入要素之间的关系。企业还必须明确自身价值链中影响买方价值链的所有价值活动。

提升买方绩效

提升买方绩效主要取决于从买方的角度来看什么是上乘的绩效。提升工业、商业和非营利性机构的绩效取决于企业能为买方创造怎样的差异化。而企业也必须明确买方顾客的需要，这要求企业用分析买方价值链的方式来分析买方的顾客价值链。某消费品公司买入卡车，用于运输产品到附近的零售店去。如果零售店希望供货速度提高一些，消费品公司就很有可能对那些经济实惠、运载能力强的卡车感兴趣。同理，制造商维克罗对待汽车制造商客户时就实现了差异化，因为其紧固件更灵活，而且具备消费者喜欢的内部设计。

为提升工业、商业或者非营利性机构的绩效，企业也可以通过帮助买方实现非经济目标（如社会地位、形象或者威望）。比如重型卡车PACCAR经过精细的手工作业，可以满足个别顾客的需要，肯沃斯牌巨型卡车（K-Whopper）已经实现了高度差异化，这与卡车的经济绩效没有太大关系。然而，很多肯沃斯的买方购买卡车是为了自己持有并操作，所以在车辆的外观和品牌形象方面努力也可取得价值。

对于出售给买方的产品来说，提升买方绩效能够更好地满足买方的需求。美国运通旅行支票用于旅客特殊的现金需要，当他们的旅行计划变更时，不一定方便去银行办理。旅行支票还有助于防止偷盗失窃。美国运通公司的差异性在于它可以满足买方的需求，它看重随时随地兑换，即使支票丢失也能得到及时挂失补发。美国运通公司还通过在世界各地设立的加长营业时间的办事处，方便顾客兑换支票。

买方对价值的理解

无论企业为买方提供了什么价值，买方通常很难提前预估企业为自己创造的价值。即使在购买卡车前，买方进行试驾，仔细检查，也未必就能完全认清其舒适度、耐用性、耗油量和维修频率。仔细了解实物产品影响买方成本或者效益的方式往往需要具备丰富的产品使用经验。买方要了解企业其他所有可能影响买方价值链的活动，那就更难了。此外，就算顾客购买并使用了产品，买方也不可能完全或者精确地衡量企业的绩效及其产品。

买方不可能了解供应商现在正在采取或者能够采取的哪些措施可以降低自己的成本或提高绩效，也就是说，买方无法知道自己到底希望从供应商那里得到什么信息来降低自己的成本。买方很有可能明白企业对其价值链的直接影响，但无法意识到供应商除了凭借产品的质量来影响自己外，其开展的其他活动也会影响自己。买方往往会糊涂，对于企业活动对自己的影响认识不足，或者高估企业某些活动对自己价值链产生的影响。例如，在衡量产品的价值时，买方往往只看重产品的价格，而忽略其他隐藏的诸如运费或者安装费的成本。买方对产品的理解与企业为买方创造的产品和价值，在决定买方差异化程度实现的过程中起着同等重要的作用。此外，买方若对究竟什么对自己最重要这个问题一知半解，就可能为差异化战略的实施提供了条件，因为企业可以采取事先设定的新的差异化战略形式，引导消费者去购买。

买方信息不对称表明，企业的差异化部分建立在买方针对以下情况进行推断或判断的基础之上：相比竞争对手，企业能否更好地降低成本或者提升绩效。买方使用广告、名声、包装、专业化、外观、供应商员工的个性、设备吸引力和销售人员在销售陈述过程中提供的信息来推断企业当前和未来创造的价值。买方用来推断企业创造价值的因素可以称为价值信号（signals of value）。

有些价值信号要求企业不断付出（例如包装和广告），而有些价值信号反映了企业长期的商誉或者名声的积累。同理，有些价值信号并不是由企业控制的（如口碑）。价值信号的发出在某些行业内，是反映企业具有竞争优势产品的隐含成本以及人们尚未意识到的利益的必要条件。在某些行业里，在决定差异化实现程度上，价值信号与企业实际创造的价值同样重要。当买方是初次采购、不够成熟，或者回头再次采购的概率较低时，当企业对买方的成本或者绩效影响是主观的、间接的，或者难以量化时，更是如此。法律服务、化妆品和咨询服务业就是很好的例子。当然，几乎所有行业都需要价值信号。

买方绝不会为自己不认同的价值埋单，不管这些价值有多么真切。因此，企业收取的溢价反映了企业为买方实际创造的价值以及买方认同价值的程度。具体如图4–3所示。只创造了一般的价值却显示出明显的价值信号的企业，往往比那些创造了很高价值却没有表现出太多价值信号的企业获得了更高的产品溢价。

长期来看，企业产品溢价的上限反映了企业对买方价值的实际影响，即相对于竞争对手，买方的成本和绩效将受到怎样的影响。通过显示有效的价值信号，企业有能力在一定的时期内对产品索取溢价（即价格比产品的实际价值更高）。但买方最终也能知道企业传递给自己的价值和产品价格并不相称，因为同行会努力揭穿这一点。不过情况颠倒过来却未必如此。若无法有效地显示价值信号，企业可能无法意识到产品的真正价值。

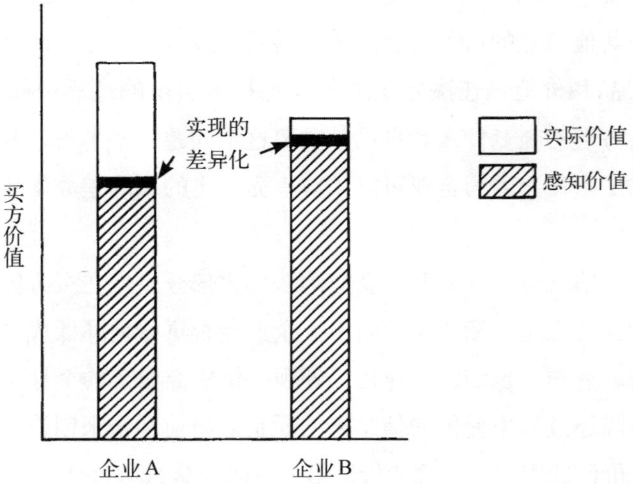

图 4–3　买方实际价值和买方感知价值

买方价值和真正的买方

企业或者家庭并不决定购买何种产品，真正做主的是个人决策者。决策者评定或者解释实际价值和价值信号。负责决策的特定个人或者人群即使没有负责或者参与决策，也会影响产品附带的价值。决策者不一定是花钱买产品的人（比如医生选择药品，病患埋单），也未必就是用户（如采购代理选择用于车间的产品）。渠道商也可以决定是否储存企业的产品，决定某家企业是否就是满意的供应商。

不同的决策者注重供应商的不同素质，使用不同的价值信号来评估。采购代理不会像生产经理那样重视价值的可靠性，因为相对而言，采购代理的工作与产品故障引发的结果关系不紧密。采购代理可能更注重把采购价降到最低。某个产品的购买可能有多个决策者。丈夫和妻子都对房产购买有决定权，而旅行社和旅游经纪公司在选择航班或者假日酒店方面都起作用。同理，采购部和车间工程师可能会共同选择采购的生产设备的种类。很多人会对决策者的购买行为产生影响，虽然他们并不直接参与决策过程。这些人虽然无权选择供应商，但是却有权直接否决供应商。

如何确定企业为卖方创造的价值以及买方使用的价值信号，取决于买方身份的决定过程。如果买方是企业或者家庭，则确定买方身份的过程往往会显示出难以一眼发现的新的绩效维度。这些维度涉及的因素有声望、与供应商工作人员建立的宝贵的个人联系、选择知名的供应商决策以及避免个人风险等。IBM一直充分利用自己“安全的供应商”的地位取得了持久的发展，柯达就是业余摄影的代名词。真正的买方可以获取的专业知识和信息来源也会决定哪些价值信号能起作用。工程师可能会使用技术出版物和技术杂志的广告作为价值信号，而会计人员可能更愿意相信巧舌如簧、西装革履的资深销售人员和天花乱坠的公司宣传手册里所陈述的内容。

买方的采购标准

将与买方价值有关的知识应用于特定的行业，将使人能辨别买方的采购标准。采购标准是指企业为买方创造实际价值或者感知价值的特征。买方的购买标准分为两大类：

- 应用标准。供应商能降低买方成本或者提升买方绩效，进而影响买方的实际价值。购买标准就源于这种方式。应用标准可能包括产品质量、产品功能、交付时间和应用工程支持等因素。
- 价值信号标准。这是一种源于价值信号或者买方用来推断或判断供应商的实际价值的采购标准。信号标准包括广告、设备吸引力和名声等因素。

应用标准是衡量创造买方价值源泉的具体标准。价值信号标准衡量买方感知价值存在的方式。应用标准更倾向于衡量供应商的产品、出厂物流和服务行为，而价值信号标准常产生于营销活动。企业的每个职能部门（以及几乎每一种价值行为）

都会影响应用标准和价值信号标准。

企业获得的溢价体现了企业满足应用标准和价值信号标准的独特性。只注重满足应用标准，不顾及价值信号标准的要求，这是常见的错误。而这种错误的做法会损害买方对企业价值的感知。满足价值信号标准，而不注重应用标准，这种做法行不通，因为买方最终会意识到重要的需求并没有得到满足。

应用标准和价值信号标准之间的区分很复杂。企业的很多活动既有利于应用标准的满足，也有助于价值信号标准的显现。例如，经过包装的销售团队不仅显示了强大的买方价值，还成了应用知识并降低买方成本的强大来源。同理，品牌知名度对于买方来说非常重要。假如供应商提供的产品不符合要求，也不能拿供应商的品牌知名度不强说事。（我都选了IBM这样的大品牌了，还能怪我吗？）虽然出现了这些情况，但将应用标准和价值信号标准与有助于满足这两个标准的企业活动区分开来非常重要。只有应用标准才能代表买方价值的真正源泉，买方不会为价值信号本身埋单。企业必须理解自身满足应用标准的情况，明确为买方创造的价值，从而决定正确的产品溢价幅度。满足价值信号标准的价值衡量方式有多种。价值信号标准是否有用，在于它在多大程度上促进了买方去认可企业为满足应用标准创造的价值。

应用标准

应用标准产生于企业价值链和买方价值链之间的关联。由于存在多种关联，应用标准也变得多种多样，远远超过了实物产品的特征。即使企业的实物产品并没有实现差异化，应用标准也可以包括实际产品（例如胡椒博士与可口可乐和百事可乐的口感差别）、企业交付产品系统或者支持产品的系统等多个方面。虽然企业的产品和其他价值活动之间的区别只是一个度的问题，但由于其他价值活动往往比实物产品具有更多可能实施差异化的维度，所以这个区别显得格外重要。除了与产品相关的活动外，其他价值活动可能代表了企业实施差异化战略的重要来源，因为很多企业往往重视产品生产本身。应用标准也可以包括企业产品实现的规格（或其他价值活动）以及企业为满足这些规格所实施的活动（合规活动）。合规操作作为一个差异化因素往往被忽视，然而，合规操作与产品规格都很重要，有时候前者甚至比后者更加重要。

应用标准还包括一些无形因素，如风格、声望、认可的地位和品牌内涵（如名牌牛仔裤），尤其在消费品领域，这种标准的应用更加广泛。无形的应用标准往往源自于狭义上看不具备经济采购动因的情况。皇冠伏特加酒获得产品溢价的能力主要来源于其产品在饮酒者心目中的商品性质。消费者希望人们看到自己买醉，提供这种酒的人希望顾客上门来对饮伏特加酒。虽然无形的应用标准通常与消费者相关，但这类消费者与其他买方同等重要。拥有高尔夫斯利姆三代商用飞机（Gulfstream III）的公司高管能够确立自己独特的名望。无形应用标准对行业、商业或者机构产品非常重要，真正的买方是针对购买决策非常谨慎的个人。

最后，应用标准还可以包含销售渠道或者下游价值链的特点。既然渠道有助于差异化，应用标准就必须在渠道提供服务和信用的领域里反映差异化的特征。渠道拥有衡量自己与企业打交道价值来源的应用标准。例如，渠道商往往希望赊账，对顾客的询价及时回应或者由终端用户提供技术支持，这些情况往往被人忽视。

企业满足应用标准的绩效可能会受到买方使用产品方式的影响。买方能否按照既定的用途使用产品，这成了企业面临的一大挑战。产品的应用将受到产品设计、包装和买方人员培训等因素的影响。流量控制阀的设计要保证扭矩不可过大。提升产品按照既定的用途使用概率的因素往往本身成了应用标准。企业往往认定生产的产品能按照既定的用途使用，因此这些因素也成了差异化的基础。

价值信号标准

价值信号标准反映了买方对企业能否满足应用标准能力认知的影响因素。企业开展的活动和其他特征可以成为价值信号标准。价值信号标准可以帮助企业考虑特定的供应商，或者在企业最终的购买决策中扮演重要角色。典型的价值信号标准包括：

- 名声或者形象
- 连续广告效应
- 产品重量或者外观
- 包装和标签
- 外观和设备规模
- 营业时间
- 安装基础

- 顾客清单
- 市场份额
- 价格（价格内涵质量）
- 母公司身份（规模、财力等）
- 为买方企业高层管理人员可见的程度

其他信号标准则非常隐晦。比如，医疗器械表面的喷漆字样的质量在很大程度上影响了买方对产品质量的看法，尽管喷漆对于设备的性能几乎没有任何影响。同理，艾禾美的品牌延伸到洗涤剂领域，主要是因为同等数量的艾禾美洗涤剂的重量比竞争对手的更轻。

如果买方很难衡量企业绩效、不经常购买企业产品或者企业专门按照买方的规格定制产品，则企业无法用过去的交易记录来预期未来的交易情况，价值信号标准也就变得格外重要。在专业服务领域中，价值信号标准非常重要。因为服务一般是定制的，只有在买方完成采购后，才开始执行专业服务。结果，成功的专业服务公司非常注重办公室装修和员工形象这类问题。价值信号标准的作用非常重要的另一个行业是钢琴制造业。很多买方专业知识不够，不太能精准地判断质量。施坦威是一家实施差异化战略的钢琴制造商，它意识到钢琴家在演奏会上选用钢琴的频率将是一种有力的价值信号标准。施坦威在全美各地设有钢琴库，授权钢琴家仅支付名义成本（normal cost）就可以使用。结果，施坦威与全球各地的音乐家建立了亲密的合作关系，很多音乐会都使用施坦威作为演奏专用琴。

价值信号标准往往源于强化买方对企业认同的需要，尤其是买方购买产品之后。买方经常需要持久的保证，证明自己在选择企业和产品的时候已做出明智的决定。买方可能还需要用培训来提升自身判断产品是否满足应用标准的能力，主要是因为买方购买了产品后，很少有辨别产品是否满足特定应用标准的能力。再者，买方手头也没有足够的数据，或者压根儿不重视产品的效益。开展定期的沟通，讨论企业对买方的贡献，这对差异化战略有着重大的影响。

有些价值信号标准与特定的应用标准相联系，而有些价值信号标准是指供应商为买方提供的广义价值。广告会强调产品特征，而企业的名声也可以向部分买方证明它们的确实现了很多标准。建立价值信号标准和特定应用标准之间的关系非常重要，这不仅有助于我们确定价值的附加信号，还可以帮助企业理解信号传递的产品特征。如果企业意识到顾客清单其实表明了自身服务的可靠性，则企业可以强化对这份清单的利用。

确定采购标准

确定采购标准始于确定购买企业产品的决策者以及其他可能影响决策的人员。销售渠道作为中间购买商，也需要纳入分析的范围。先要确定应用标准，因为应用标准能衡量买方价值的来源，决定价值信号标准。有很多平行的方法可以用来确定应用标准。企业深入理解买方的需求，这是获取应用标准的最初来源。然而，传统智慧可能会蒙蔽我们对应用标准的内在认知。内在分析本身是不够的。在企业与买方有面对面的接触前不应该贸然分析买方的采购标准。然而，即使经过了与买方的必要谈话，买方也常常无法了解企业影响自身成本或者绩效的所有因素，而企业一般在谈话中也未必会和买方讲实话。要理解买方的采购标准，企业必须确定买方的价值链，对企业价值链和买方价值链之间所有存在的和未来可能发生的关联进行系统分析。这种分析不仅能揭示尚待发现的应用标准，还可以明确评价众人皆知的应用标准相对权重的方法。

应用标准必须进行精准定义，为开发差异化战略提供借鉴。很多企业说起买方的应用标准都含糊其词，只用“高品质”或者“交付”一类的词来描述。从这个层面来推定，企业无法精确地计算满足买方特定应用标准的价值，也不知道如何改变自身的行为，才能提升买方价值。高品质意味着更高的规格或者更精准的合规操作。对于麦当劳来说，汉堡和炸薯条实现跨时间、跨地域的品质一致与其口感和分量同样重要。提高质量，即提升规格或者合规操作的成效，涉及企业的多种活动。服务也涉及多种活动，包括处理索赔事宜、维修能力、服务响应时间和交付时间等。

满足每一种产品高品质的应用标准都应该尽可能量化。比如，食品调料的质量可以凭借添加材料的数量或者脂肪含量的百分比来计算。量化品质标准不仅督促企业仔细思考、精确测定买方价值，还可以使企业按照应用标准来衡量、追踪自身的绩效，这往往能提高企业本身的效益。量化品质标准还可以使企业评价与竞争对手相比更重要的标准的实施情况，企业可以研究决定竞争对手工作绩效的根本措施。

企业通过估计自身活动对买方成本或者绩效的影响，可以计算出达到每一个标准的价值。这种计算无疑需要实施各种判断，还要选择可持续性的差异化战略。决定买方实现每一项应用标准的价值能使企业正确认识这些标准的重要性及其排序。对于一些应用标准，企业能达到临界值就能满足买方需求了，而对于另一些应用标准，绩效越好，对企业越有利。如果电视机能在两秒钟内启动，那么将其启动时间减少为一秒带来的额外利益将是有限的。几乎所有标准都会有收益递减的临界值。过了这个临界值后，企业绩效的进一步提高不再会对买方创造更多的价值，反而会减少买方价值。实现某些应用标准意味着权衡甚至放弃其他应用标准。按照每一种应用标准满足的程度计算买方价值，能显示这些标准的相对临界状态、各种标准的取舍以及提升每种应用标准所带来的附加价值。企业需要对差异化价值和成本之间的平衡状态进行评估。应用标准在实现买方价值中的作用排序常常与我们认定的观念有很大冲突。

买方通过使用产品，可以判断企业实现应用标准潜能的过程以及企业为满足这些标准采取的措施，明白这些能使我们确定价值信号标准。明确每一种应用标准从而确定可能的信号是一个很好的起点。例如，如果一个关键的应用标准取决于产品交付的可靠性，那么价值信号标准就应该是过去交付产品的记录和客户评价。另外两个分析步骤也能帮助我们理解价值的信号。若仔细分析买方采购产品的过程，包括咨询的信息源、开展的产品检测程序以及购买决策的过程，价值信号就一目了然了。这种分析能让人明白买方需要咨询或者关注的信息，包括渠道商信息。确定价值信号标准是企业和买方在交易发生前后的重要接触点，包括销售渠道、展会、财务部门工作等。每一个触点都有可能影响买方对企业的印象。因此，这就是一个可能的价值信号标准。

与应用标准类似，应该精确地定义、操作价值信号标准，以便正确地引导差异化战略。在银行中，设备的外观可以通过其秩序性、存续性和安全性来展示价值。对于一个服装设计师的商店，店面外观可能就要从其他方面下功夫了。价值信号标准的重要性不一，企业必须按照它们影响买方对企业能力的理解程度进行排序，从而决定在各种标准的实现上分别投入多少。很难计算在某件产品的价格上，各种信号标准的实现分别占了多少比重，但是焦点小组和面谈会起到一定的作用。与应用标准一样，满足信号标准也会面临收益递减的临界值。奢华的办公室可以让买方认定企业非常浪费，缺乏专业精神。

确定买方的采购标准过程会得出各种采购标准的分类和排序，如图 4–4 所示。图中显示了巧克力甜品的采购标准。在按照买方的应用标准和价值信号标准排序清单时，应该列出具体价格。为了明确涉及的不同实体以及满足这些标准需要的活动，从终端用户和渠道商那里得来的应用标准和价值信号标准应该分开。终端用户和渠道商的应用标准可以按照降低买方成本和提升买方业绩分成两大类。有时候，满足某种应用标准，既可以降低买方成本，又可以提升买方绩效。不过一般总有一种模式占主导，比如对于巧克力糖果，口味是买方绩效的标准，但是能否买到是衡量买方采购成本的主要标准。这样一来，应用标准可以进一步分为容易量化和不太容易理解或量化的标准（见图 4–5）。

	应用标准	价值信号标准
终端用户	口味 营养价值 质地 外观 价格 拥有现货 包装大小	广告 货架定位 店内陈设 拥有现货
渠道商	订单处理速度 渠道利润 服务可靠性 促销支持	销售拜访频率

图 4–4　巧克力甜品的采购标准分类

认识到图 4–5 显示的应用标准差异，将有重大意义。降低买方成本的差异化措施比提升买方绩效的差异化措施更有理由让买方支付产品的可持续性溢价。买方经历的经济压力（如在经济低迷时期）意味着买方愿意向那些有能力降低成本的企业支付溢价。差异化战略的实施与买方价值有着可量化的关联，相比那些很难理解或者量化的差异化战略，更容易转化为实在的产品溢价。很难衡量的差异化战略只有在买方面临紧要关头时，比如在顶级的咨询会上，或者买方迫切需要满足自身的地位时，才能转为溢价。清楚地解释图 4–5 中右侧的差异化很困难，它要求在价值信号标准上进行大量的投资。买方日益理解企业的做法，对于过去已经按照表面价值接受但很难量化的差异化战略，就提出了一大挑战。

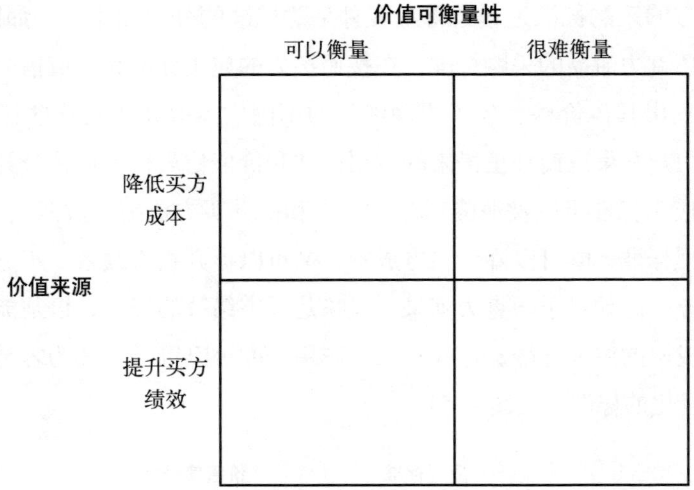

图 4–5　应用标准和买方价值之间的关系

单个买方对于产品有不同的应用标准和价值信号标准，其对应的重要性也各不相同。按照采购标准的异同将不同的买方归类，构成了买方细分的基础。关于买方细分的问题，我将在第 7 章中详述。

差异化战略

差异化战略源于企业为买方创造的独特价值。可以凭借应用标准或者价值信号标准的达成实现差异化，或者以持续的方式利用这两类标准的满足来实现差异化。可持续性差异化要求企业以独特的方式开展一系列对采购标准产生影响的措施。满足某些采购标准要求企业圆满完成某一项采购标准，例如新颖的广告。其他采购标准会受到多种企业行为的影响，比如交付时间会受到企业运营、出厂物流和其他处理程序的影响。

很多价值活动在企业满足某些应用标准或者价值信号标准方面起到一定的作用。图 4–6 显示了采购标准按照价值活动进行分类，帮助企业确定对差异化具有重要意义价值活动的过程。企业价值链和买方价值链之间的关联在上文已经有所描述，如图 4–6 所示。

影响买方采购标准的活动

		入厂物流	运营	出厂物流	营销和销售	服务	购买	技术发展	人力资源管理	企业基础设施
应用标准	合乎规格		x	x		x	x	x	x	
	交付时间	x	x	x	x		x			
	产品特征		x					x		
	销售团队素质				x				x	
价值信号标准	销售帮助				x			x		
	设备吸引力		x							x

图 4–6　价值活动与买方采购标准之间的关系

企业总体水平的差异化是它通过满足所有采购标准而为买方创造的价值。企业价值链上差异化的来源是多样的，史都华（Stouffer）在冷冻食品方面成功实现了差异化战略（如图 4–7 所示）。史都华在应用标准和价值信号标准方面都实现了差异化。在菜色种类开发上投入巨大，使得史都华拥有独一无二的菜式，独特的调味技术可谓锦上添花。调料精挑细选，配料选择方面精益求精，产生了色香味俱全、具有高度一致质量的产品，菜单布局和产品配料也更加复杂。此外，史都华的独特包装也是一种价值信号，强调了其高品质的形象。史都华对自己在菜色上的创新大做广告，同时还出了好点子，说自己生产的冷冻菜是专门为大忙人准备的，不是传统家庭食用的方便快餐。最后，史都华花了大量的时间来培训销售团队和食品分销商，目的是赢得更有利的零售货架展示机会，更快速地补货，并移除受损的商品或者设备。价值链中多种独特性的源泉保证了史都华的产品溢价，差异化也为其赢得了巨大的市场份额。

如果买方理解的价值超越了差异化的成本，那么企业实施的差异化就能带来绝佳的绩效。史都华的溢价超过了它在广告、包装、调料、分销商和市场研发等方面的额外支出。据相关资料显示，史都华比其竞争对手取得了更高的利润。差异化战略旨在拉大创造的买方价值（以及由此造成的溢价）和企业价值链独创性成本之间的巨大差距。差异化的成本因具体涉及的价值活动的不同而不同，企业应该选择那

图 4–7　史都华在冷冻主菜方面的差异化

些对创造买方价值贡献最大、相对成本较低的活动。这表明企业应该集中精力把握那些创造活动独特性的低成本要素以及创造更高买方价值的高成本要素。不同形式差异化的成本取决于企业各个成本驱动要素的相对地位，这将影响企业开展差异化的方式及其结果。史都华占领了较大的市场份额，降低了广告成本以及为提升产品绩效付出的产品开发和采购成本。

差异化战略的最后一个构成要素是可持续性。只有差异化能一直保持对买方创造价值的特质而不被企业的竞争对手模仿，才能不至于产生产品溢价。因此，企业必须寻找产生独创性的持久源泉，同时保护其不被模仿。

差异化路径

企业提升差异化战略有两种方式：提升现有价值活动的独特性，或者按照有助于提升独特性的方式来重新安排价值链。加强价值活动的独特性要求企业充分利用前面介绍的独特性驱动要素。不管按照什么方式进行，实施差异化战略的企业必须控制差异化的成本，由此才能将差异化战略的成效转变为企业的超凡绩效。成功实施差异化战略，具有下列几个特征。

开拓独特性的渠道

增加价值活动差异化的来源。企业通过探索附加价值活动独特性的来源来提升自身总体差异化的水平。史都华的案例说明了积累多项价值活动企业的独特性，成功实现差异化的过程。卡特彼勒履带式牵引机公司的经历也证明了这一点。它将企业的独特性与产品的耐用性、附带备件和经销网络的独特性结合起来。喜力啤酒将高品质的原材料、口感始终如一、加快交付周期保证产品新鲜、大量广告投入和在各地分销等手段结合起来，赢得了进口啤酒的差异化。企业应该仔细检查每一种活动提升买方价值的方式。有些半导体制造商为其买方提供计算机辅助设计设备，这样买方就可以自行完成最终的设计步骤。

保证产品的功能与其实际用途相符。由于买方使用产品的方式决定了产品的使用效益，所以如果企业没有采取措施保证产品按照既定的用途进行使用，那么差异化战略往往难以成功，这些措施包括以下几点：

- 为理解买方使用产品的方式所做的投资；
- 更新产品，方便产品的应用；
- 设计有效的手册和其他指导材料，不要在事后才去弥补；
- 为买方提供培训和教育，无论是直接还是间接提升总体的应用水平。

使用价值信号强化应用标准的多样化。企业如果没能充分留意价值信号标准，就很难享受差异化战略的成果。用来影响价值信号标准的活动必须与企业为实现应用标准采取的差异化战略中的活动一致。保罗公司展示了它在液态过滤行业中广泛使用的设施，它通过增加广告投入和顾客拜访次数来提升产品的差异化价值。由于买方可能无法看到产品的间接成本或者隐藏成本，价值信号标准的设定很有必要，不仅可以显示企业传递的价值，还能帮助买方了解竞争对手没能显示的价值。此外，实施差异化战略的企业必须保证，买方售后所做选择的准确性。价值信号只有在有助于买方理解企业价值的基础上才有作用。

利用与成本捆绑的信息来推进应用和价值信号。信息和信息系统已经成为差异化过程中日益重要的工具，捆绑产品与信息往往能提升差异化效果。有效描述产品运作的原理、使用方式、服务方法能帮助买方按照产品用途在实践中正确使用。产品在使用过程中提供信息的能力（如汽车表盘上的里程数）能提升产品的成效以及本身的价值。将产品与信息系统综合起来也能在其他方面提升买方价值。比如美国礼品公司为零售商提供了自动存货管理系统，帮助它们管理存货，借此在保持最低存货的基础上，提高礼品卡的销售额。最终，有关产品制造、独特性和与替代产品对照的功能等相关捆绑信息，往往是显示企业为买方创造价值的重要方式。每个帕塔加斯精制雪茄包装盒里都嵌有一枚小幅广告纸，介绍这个品牌家族的历史及其从古巴到美国的发展历程。

将差异化成本转变为优势

充分利用所有低成本的差异化来源。很多活动可以在增加成本的基础上做得更加与众不同。利用关联来提升差异化就是一个很好的方法。企业只要加强内部协作或者与供应商、渠道商的协作能力就能实现差异化。同理，改变产品功能组合要比单纯增加产品功能更省钱。提升差异化战略的重要对象还包括过程中可以降低成本的活动，如减少产品的瑕疵也可以减少服务的成本。

控制成本驱动要素，尤其是显示价值信号的成本，使差异化成本最小化。企业可以通过明确各种成本驱动要素的影响来降低差异化战略的成本。企业应该通过注重控制活动的成本驱动要素尽可能提升差异化的成效，而这些活动正好是企业使用第 3 章描述的原则实施差异化战略的基础。通用汽车正在努力通过在多个汽车车间中配置弹性安装系统来降低产品多元化的成本。由于价值信号本身并不创造价值，因此一定要找到高效的价值信号显示方式。利用以往投资或者名声的价值信号（例如成品数量、连续广告效应）要比单纯利用新开发的价值信号更省钱。

注重企业在差异化中享有成本优势的战略实施方式。实施多种形式差异化战略的成本因企业的不同而不同，企业应该在自己拥有成本优势的领域开展差异化。大型企业在规模灵敏度高的活动中进行差异化，就会拥有成本优势，如广告和研发。而多元化经营的企业有机会在利用兄弟业务单元之间的关联降低成本的领域中进行差异化，进而赢得成本优势。

降低那些对买方价值没有影响的活动成本。除了在差异化战略中寻求成本优势外，企业还必须注重降低与选定的差异化战略无关的活动成本。

改变创造独特性的规则

改变决策者，从而提升企业独特性的价值。决策者的身份在一定程度上决定了企业为买方创造了什么价值以及这类价值的正确信号。假如企业能改变采购过程，提升那些更加注重企业特定形式价值的决策者在采购过程中的地位，就有可能增加企业为买方创造的价值。工程师认为功能复杂的产品更独特，更看重其价值，而采购代理则未必如此。改变决策者需要按照下列方式重新修正价值链：

- 起用新的销售人员；
- 在销售活动中引入技术人员；
- 改变广告的媒体和内容；
- 改变销售的材料；
- 告知买方新决策基础需要不同的决策者。

发现未知的采购标准。找到买方（和竞争对手）并未发现的重要采购标准为实现差异化提供了巨大的契机，它使企业率先获得差异化的基础，从而赢得形象和名声等长期利益。尚待发现的采购标准往往是应用标准，那些能衡量企业或者产品对买方价值链产生间接影响的标准一般就是应用标准。很多重要的差异化战略不是对买方需求的消极回应，而是实现差异化的新方法。史都华就发现了冷冻主菜的全新差异化方式。宝洁是世界上首个向消费者开展全年护肤乳液广告攻势的品牌，此前，各企业按季进行广告营销，这主要是因为宝洁发现了买方对产品的使用不同于此前广告战略中宣传的方法。

率先对变化的买方或者渠道情况做出回应。买方或者渠道商的采购标准不断改变，这为差异化战略提供了机会。变化引发新的差异化基础，能使买方以全新的角度看待从知名的供应商那里定期采购的产品。买方日渐关注健康问题使得无咖啡因的软饮料迅速走红。买方所在行业的激烈竞争会提升买方对应用工程支持的需求，或提高买方成本降低带来的价值。在油田设备领域，加大买方的财务压力有利于那些买方成本较低的供应商。同理，买方对小型计算机的了解也能降低企业在交付时间、应用成本或者其他小细节基础上实施差异化的可能。降低买方成本的差异性在买方行业困难或者买方精通行业发展的情况下表现最好。对买方而言，基于定量绩效提升的差异化战略比定性绩效的差异化战略能保持更长久的溢价。

以全新方式重构保持企业独特性的价值链

发现全新的价值链能为差异化的实施提供无限可能。例如联邦快递公司通过重新安排小件包裹的传统价值链实现了差异化。它使用自有的卡车和飞机，率先开创了中转枢纽的概念，利用航班空运或长途卡车运输外加各地的分销网点和分拣中心，大大提升自己相对于竞争对手的服务时效和可靠性。恒适雷格斯的连裤袜采用了全新的包装、醒目的店内陈设和超市直销渠道，表明价值链是成功差异化战略的关键，而实现高度差异化战略的机会源于重置价值链。

认识新的价值链是一个富有创意的过程。从买方价值链的角度出发，企业应该思考自己与买方价值链的全新关联方式，也可以思考如何重新构建自己的价值活动，从而更好地满足采购标准。常见的重置活动涉及下列几个领域：

- 全新的销售渠道或者销售方法；
- 通过前向一体化来整合买方的作用或者减少渠道；
- 通过后向一体化控制更多产品的决定因素；
- 采取全新的工艺技术。

差异化的可持续性

差异化战略的可持续性取决于两个因素：买方感知价值的持久性，以及无竞争对手模仿。买方的需求或者认知在不断变化，这是一个持久的风险因素，可能降低特定差异化战略的价值。竞争对手也有可能模仿企业的战略或者直接忽略企业已经采取的差异化战略的基础。

企业相对于竞争对手差异化战略的可持续性取决于差异化的起因。要实现可持续性，差异化必须建立在移动壁垒的基础上，即竞争对手很难轻易复制。正如本书上文所述，独特性的来源因其可持续性而有所不同，而差异化的成本在不同企业之间也不同，直接影响差异化战略的可持续性。差异化在下列情况下能变得更加长久。

企业独特性的来源与壁垒有关。专有知识、关联、相互关系和先发优势是更有持久性的独特性来源，比单纯某个活动的政策选择更持久。诸如广告的价值信号活动也更持久，因为它经常涉及壁垒。然而，过分依赖价值信号的差异化更容易受到买方深刻了解产品的影响。

企业具有差异化的成本优势。具有可持续性成本优势的企业开展产生差异化的活动，能获得更持久的差异化效果。

差异化有多种来源。复制差异化战略的总体难度部分取决于企业有多少独有的特征。如果差异化有多种来源，该差异化战略就具有更强的持久性。若差异化只取决于某一种因素，如产品设计，那么其持久性就会弱很多。专注于某一项来源的差异化会给竞争对手明显的集中点。多种价值活动的协调作用产生的差异化往往更持久，因为竞争对手想要模仿，就需要实施一系列的变化。

企业在开展差异化的同时创造了转换成本。转换成本是指买方改变自己的供应商时需要支付的固定成本。转换成本使企业即使面临着产品和竞争对手一样的情况下，依然有资格获取溢价。如果企业在实施差异化战略的同时创造了转换成本，差异化的可持续性就会增强。转换成本和差异化相似，源于买方应用产品的方式。企业与众不同的活动经常能提高转换成本，因为买方往往要充分利用企业产品的独特性来调节自己的活动。

史都华的例子展示了对持续差异化来源的可持续性进行评估的方法（见图4–7）。就史都华开展差异化的来源而言，最持久的当属其菜单和制酱技术、产品定位和品牌形象、与主要食品分销商的关系以及基于市场份额龙头地位而获得的广告成本优势。竞争对手想要复制这些差异化要素，必须有大量的资金投入。因此，史都华的差异化战略持续了很长一段时间。相反，恒适对连裤袜的新包装技术和直销商店模式则是政策选择，并没有专有知识、执行战略的大规模优势以及模仿壁垒的保护。正因为如此，恒适的差异化战略很快就被业界各家企业模仿，无法取得令人艳羡的产品溢价。

差异化的陷阱

开展差异化战略的企业会碰到几个常见的陷阱，对差异化战略的基本功能或对成本缺乏全面了解，就容易陷入这样的陷阱。

企业的独特性未必具有价值

企业在某方面具有独特性，并不代表就能开展差异化。企业具有的独特性除非能降低买方成本或者提升买方可见的价值，否则就不会产生差异化。最有说服力的差异化战略起源于买方可以感知并能量化的价值源泉，也起因于那些虽不能量化但却有明显价值的信号。测试独特性是否有价值，就要看企业能否据此从消息灵通的买方手中得到产品的溢价。

差异化泛滥

如果企业并不了解自己影响买方价值链或者对价值看法的机制，就很容易产生差异化的冲动。比如企业的产品质量或者服务水平高于买方的需求，企业就有可能会受到竞争对手的攻击，被质量适中、以低成本提供同类产品或服务的竞争对手赶超。若无法正确分析绩效的临界值或者没能理解买方采购标准的收益递减规律，就有可能开展没有必要的差异化。究其原因，主要是没能正确理解企业活动与买方价值链的关系。

溢价幅度过大

差异化产生的溢价是企业差异化和可持续性的体现。实施差异化的企业可能会因为溢价过高而被买方抛弃。除非企业愿意与买方共享创造的价值，按照更合理的价格供应商品，否则很有可能使买方实施后向一体化。正确的产品溢价不仅体现了企业的差异化程度，还反映了企业的相对成本的总体地位。如果企业不能保持和竞争对手的成本近似，即使保持了差异化战略的实施，企业的产品溢价也有可能超越一直以来的水平。

忽略价值信号显示的需要

企业有时候会忽视显示价值的信号，将自身的差异化战略建立在看似真实的差异化基础上。然而，由于买方不愿意或者没有能力完全理解供应商之间的差别，就出现了价值信号。忽视价值信号标准往往使企业受到价值较低但却清楚地理解买方采购过程的竞争对手的攻击。

不知道差异化的成本

差异化的感知价值应超越买方成本，否则差异化不可能带来出色的企业业绩。企业不会为了差异化而将自己执行活动的成本分离出来，往往会想当然认定差异化能产生经济效益。因此，它们要么在差异化上投入更多，由产品的溢价覆盖这笔成本，要么就无法理解利用成本驱动要素降低差异化成本的各种措施。

专注于成本，却忽略了整个价值链

有些企业只是从实物产品的角度看待差异化，没有从价值链的其他方面挖掘潜力和机会。虽然企业只是生产商品，但整个价值链常能成为差异化多元可持续性的基础。

无法认识买方细分市场

买方采购标准及其重要性各不相同，由此创造了买方细分市场。如果企业不能充分意识到买方细分市场的存在，其战略就不能很好地满足买方需求，往往使企业受制于竞争对手集中战略的攻击。买方细分市场的存在并不意味着企业必须选择集中战略，但企业必须将自身的差异化建立在买方认同的采购标准上。行业细分提出的战略问题将在本书第 7 章中详述。

差异化步骤

通过总结我们可以确定差异化战略基础和选择差异化战略的必要分析步骤，下面回顾一下本章提出的观点。

1. **确定真正的买方。**差异化分析的第一步是确定真正的买方是谁。企业、机构或者家庭并不是真正的买方，真正的买方是在买方实体内解释购买对象应用标准并确定价值信号标准的具体个人。渠道商也是除了终端用户以外的买方。

2. **确定买方价值链及企业对买方价值链的影响。**企业对买方价值链产生的直接或者间接影响会决定企业通过降低成本或者提升买方绩效的方式创造的价值。企业必须明确理解自身能够影响买方价值链的做法和能力，同时明白买方价值链的变化如何影响自己。渠道商在影响买方价值链以及企业价值链上也会起作用，主要是通过各方之间的关联进行。

3. **明确买方的采购标准及优先顺序。**分析买方的价值链能够为决定买方的采购标准打下基础。采购标准有两种形式：应用标准和价值信号标准。满足应用标准的独特做法能够创造买方价值，而满足价值信号标准的独特做法则能推动买方对已经实现价值的理解。有时候分析买方价值表明了买方当前不可能认识到的采购标准。采购标准必须按照便于运营以及和企业价值链关联的方式进行界定、计算并排序。分析师必须要努力寻找为提升绩效或者节约成本所采取的增加价值的具体方法，对于个人买方也不例外。明确采购标准主要源于买方价值链分析、买方面谈和公司内部的专业知识。这一过程本身是反复迭代的。随着分析的深入，将出现一系列买方采购标准。

4. **分析企业价值链中现有的和潜在的独特性来源。**差异化可能源于企业整个价值链的独特性。企业必须确定价值活动对各采购标准产生了怎样的影响（如图 4–6 所示），还必须明确企业自身相对于竞争对手拥有哪些独特性的资源以及潜在的引发独特性的新要素。企业还要明确独特性的驱动要素，这些要素是我们理解可持续性问题的关键。

由于差异化具有内在的相对性，企业的价值链必须和竞争对手的价值链相比较。仔细分析竞争对手的价值链有助于我们理解企业价值活动对买方的影响，明白创造全新价值链的可能性。还有一种实施价值活动的新方法是对照学习，明白类似产品或者向同一买方出售产品的新方式，事实上，这些供应商的做法各不相同。

5. **确定差异化现有的和潜在的来源**。差异化的成本体现了引导差异化活动的成本。企业有意在某些活动上投入较多，以加强其独特性。某些形式的差异化耗费并不大，实施这些战略甚至能降低企业成本。通常情况下，企业必须提高费用支持，才能实现独特性。就企业相对于成本要素的地位而言，某些差异化战略的代价更高。

6. **为买方创造相对于差异化战略最有价值的差异化活动，选择与此对应的企业价值活动的设置**。对企业和买方价值链关系的明确理解能使企业选择创造买方价值和差异化成本之间最大差距的价值活动安排方式。大部分成功的差异化战略都积累了整个价值链中多种形式的差异，并同时满足应用标准和价值信号标准。

7. **测试所选定的差异化战略的可持续性**。差异化战略若不具有防治侵蚀或者模仿的特征，就不会给企业带来超凡的业绩。可持续性往往源于稳定的买方价值，差异化包括竞争对手模仿壁垒、可持续性成本优势战略对应的差异化。

8. **降低不影响差异化选定形式的活动成本**。成功实施差异化战略的企业会大力降低对买方价值作用不大的成本。这不仅能提高企业的盈利性，还能降低实施差异化战略的企业受到以成本为导向的竞争对手攻击的可能性，因为企业将因此获得巨大的溢价。

05 技术和竞争优势

技术变革是竞争最重要的一大驱动力，它在行业结构性变革以及创造新型产业方面发挥着巨大的作用。技术变革也是一个重要的均衡器，侵蚀着那些发展成熟的企业的竞争优势，同时把其他企业推向竞争的前沿阵地。很多当今伟大的企业都是凭借充分利用技术变革的力量才能迅速发展起来的。在所有能改变竞争规则的因素中，技术变革的力量是最显著的。

虽然技术变革非常重要，但技术变革和竞争的关系却常被人误解。技术变革本身是非常重要的因素，企业能开创的任何类型的技术变革都是值得提倡的。在高新技术行业里竞争也被认为是打开赢利之门的金钥匙，而技术含量低的行业，人们常对之不屑一顾。近来海外市场的竞争，绝大多数以技术变革为基础，激励着企业不断增加技术投入。不过很多企业增加技术投入比较盲目，缺乏针对性。

技术变革本身并不重要，但是如果技术变革影响了企业的竞争优势和行业结构，就意义重大了。并非所有的技术变革都有战略意义，它有可能恶化企业的竞争地位和行业的吸引力。高新技术并不能保证企业的盈利性。诚然，很多高新技术产业不比低技术含量的产业更赚钱，主要是因为行业结构不利。

技术遍布企业的整个价值链，超越了与产品直接相关的技术活动。从广义的范围来看，根本不存在所谓低技术含量的行业。你如果认定某个行业的技术已经成熟，将导致灾难性的后果。此外，任何为了竞争优势所做的重大创新实质上都很平庸，根本不涉及任何科学突破。创新对低技术和高技术公司具有同样重要的战略意义。

本章将介绍技术变革与竞争优势和行业结构的重要联系。本章不会着重描述某些技术或者如何管理研究开发活动，而是阐述认识并利用技术变革对竞争的影响。我在本章引入了对技术的广义定义，体现在企业价值链上的所有技术都对竞争有着潜在的影响。

本章开篇讲述技术和竞争的关系。书中分析了技术和竞争优势之间的关系、技术在价值链中所起的作用以及由此产生的企业借助价值活动实现低成本或差异化的能力，然后又分析了技术影响行业结构的原理。建立了这个框架后，本章还分析了选择技术战略的方法。技术战略必须包含下列内容：投资哪类技术、是否寻求技术领先战略、何时进行技术许可及其具体方式。之后，本书还描述了随着行业的演变企业预测技术变化的能力，这种能力对技术战略的选择起着关键的作用。最后，本章还总结了制定技术战略的方法。

技术和竞争

任何企业都涉及大量技术。企业中的所有事务都与某种技术相关，哪怕只是其中一种或者若干种技术，似乎就能决定企业的产品或者生产过程。技术对竞争力的重要意义不在于技术的科学价值或者它是实物产品中的亮点。企业涉及的所有技术都对竞争力有着重要影响。技术如果影响了企业的竞争优势或者行业结构，就会对企业的竞争产生重大影响。

技术和价值链

理解技术在企业竞争优势中所起的作用的基本工具是价值链。企业是一系列活动的主体，涉及很多技术。技术体现在企业所有的价值活动中，技术变化通过对所有活动的作用影响企业的竞争力。图 5–1 显示了企业价值链中所体现的典型技术。

每一种价值活动都是用某种技术来综合投入要素和人力资源，从而获得企业的产出的。这种技术作为人事流程中比较简单的一部分，一般涉及多个科学领域或者若干个技术子类（subtechnologies）。比如，物流过程中使用的材料处理技术可能涉及工业工程、电子和材料技术。价值活动的技术体现了多个分类技术的综合。用于每一个价值活动的投入要素体现了技术，耗材和资本项目也体现了特定的技术。购买投入要素的内在技术与其他分类技术相互作用，就形成了活动的绩效水平。

技术不仅体现在主要活动中，还体现在辅助活动中。计算机辅助设计就是在产品开发过程中使用技术来替代传统开发新产品方式的典型例子。不同种类的技术决定了辅助活动的绩效水平，包括那些与技术关系不大的活动。购买体现了下订单的程序和技术，它涉及与供应商的互动。近来信息系统技术的发展为改变订单程序、提升供应商关联，进而变革购买过程提供了可能。人力资源管理启用激励研究和培训的技术。企业基础设施也涉及一系列技术，包括办公用品、法律研究和战略规划等。

信息系统技术在价值链中是普遍存在的，每一种价值活动都会创造并应用信息。这一点在图 5–1 中非常明显。该图显示了价值链中每一大类价值活动所使用的信息系统技术。信息系统广泛应用于排产、控制、优化、衡量以及其他活动中。入厂物流使用某种信息技术来控制物料处理过程，定期交付并管理原材料存货。同理，信息系统也在订单处理、供应商管理和安排服务人员的实践中派上了用场。信息系统技术对各种类型活动之间的关系有重要影响，主要是因为关联的协调和优化（见第 2 章）要求活动之间产生信息流。由于信息在价值链中无处不在，近来在信息系统中快速发生的技术变革对竞争和竞争优势有着重要的影响。

还有一个在企业价值链中普遍存在的技术是办公或管理技术，因为文员和其他办公部门必须参与诸多价值活动。虽然办公室技术可以包含在信息系统技术中，但在这里仍将它分开说明，因为人们往往会忽视它的作用。办公部门运作方式的变化可谓当今众多企业发生的重要技术趋势，但很少有企业投入大量的资源来支持这种技术趋势。

不同价值活动的技术是互相关联的，这代表了价值链中关联的重要来源。产

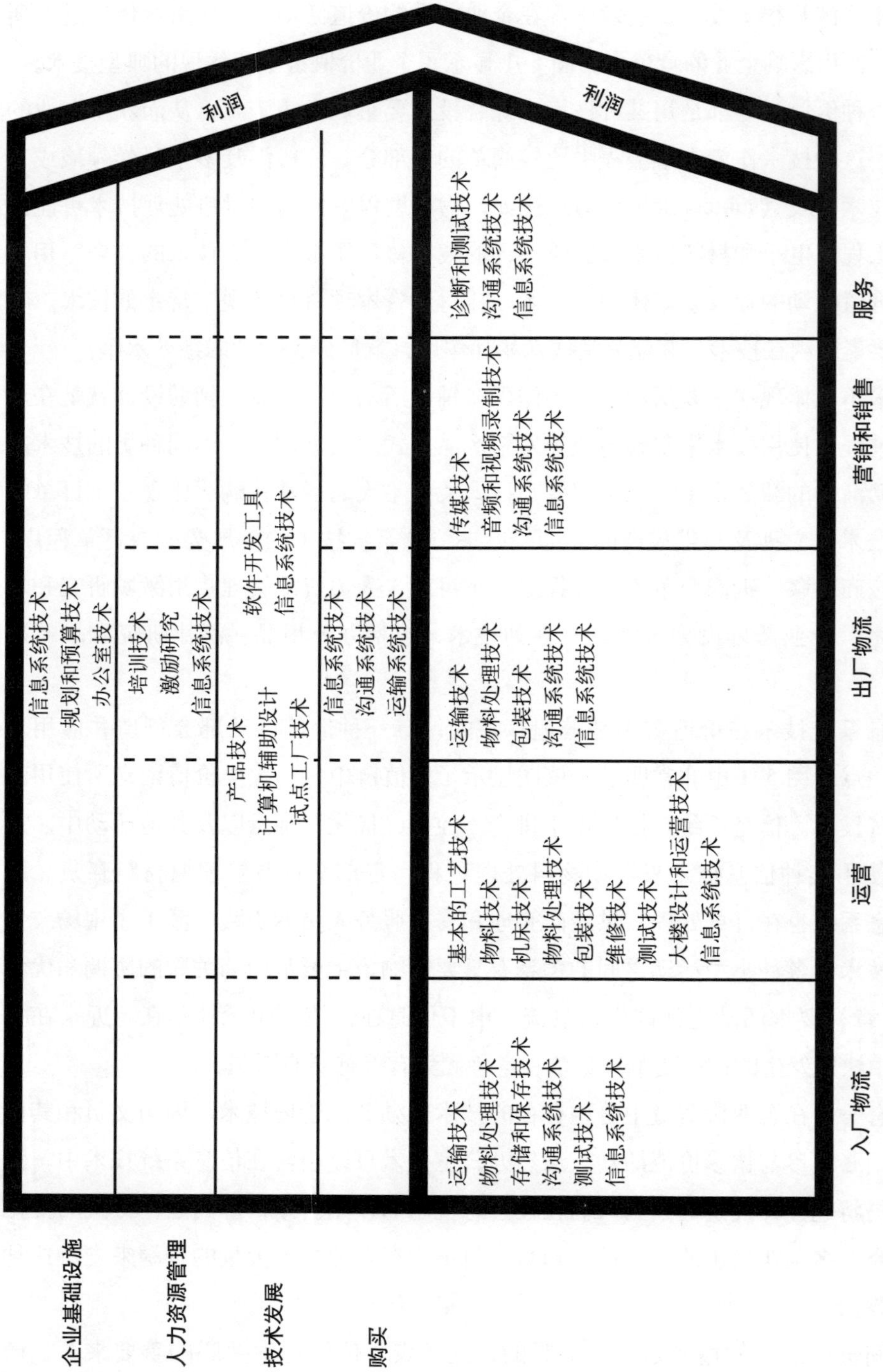

图 5–1　企业价值链中的代表性技术

品技术与技术关联，就可以更好地服务产品，而零件技术与总体产品技术也是相互关联的。因此，价值链某个部分的技术选择对价值链其他部分的技术选择有重大影响。例如，陶瓷发动机零件减少了机械加工和其他制造步骤的需求，此外还对价值链产生了多种影响。企业与供应商和渠道的关联也经常涉及执行活动所需要的彼此依赖的技术。

价值活动中的技术是彼此关联的，美国航空公司的Sabre（半自动业务研究环境）订票系统就是一个很好的例子。美国航空公司向旅行社出租终端设备，实现自动订票和购票操作，系统成了美国航空公司差异化的来源。同时，美国航空公司内部使用相同的系统进行票务和签发登机牌以及路线安排工作，美国航空公司还在系统上向其他航空公司出售航班信息。

企业的技术显然与买方的技术彼此依赖。企业价值链和买方价值链的触点（详见前文）定义了技术潜在的关联领域。企业的产品技术影响了买方的产品和过程技术，而反之亦然，企业的订单处理技术也会影响并受买方购买方法的影响。

技术在企业中普遍存在，部分依赖于买方的渠道和供应商的技术。结果，开发技术包含了传统定义的研发活动以外的领域，从根本上与供应商和买方密不可分。从一定程度上来讲，有些体现在价值链中的技术是行业特有的，但是很多却不是。办公自动化和运输系统就表明了重大的技术并不是行业的特定产物。因此，与企业相关的技术发展往往发生在企业所处行业以外的地方。技术的特征对于技术在竞争优势中的作用有重大影响。

技术和竞争优势

如果技术在决定企业的相对成本地位或者差异化战略中起重要作用，那么技术就会影响竞争优势。由于技术体现在每一种价值活动中，涉及不同活动之间关联的实现，因而技术对成本和差异化都有重大影响。技术如果影响了成本驱动要素或者价值活动独特性的驱动要素（详见第3、4章的描述），就会直接影响成本或者差异化。可以用于某个价值活动的技术往往是诸如规模、实践或者相互关系等因素的结果。例如，规模效应使企业具备高速自动化装配设备，而起步早使得某些电力公司就地直接使用水力资源。这些情况下，技术不是竞争优势的来源，而是竞争优势的结果。然而，在价值活动中使用技术本身就是一种要素，反映了独立于其他价值活动的政策选择。企业若能发现比竞争对手更出色地执行某项活动的技术，就可以赢得竞争优势。

技术本身除了影响成本或者差异化外，还可以通过改变、影响成本或者独特性的其他要素来影响竞争优势。技术发展可以提升或者降低规模经济，推动各方建立联系，为恰到好处的竞争创造条件，并对其他成本要素或者独特性有所影响。因此，企业可以使用技术发展来改变驱动要素，使结果有利于自己，成为首个甚至唯一一个利用特定驱动要素的企业。

关于炼铝业正在经历的变化，有两大实例突出地展示了技术在影响竞争优势、改变成本地位过程中所起的作用。在炼铝产业内部，能源成本的飙升使电力成本在单项能耗成本中占据首位，很多企业由于电力成本过高，不得不跻身高成本生产商行列，如绝大多数日本炼铝工厂就属于这种情况。为了应对这一问题，日本企业积极探索碳热还原工艺技术，并取得了突破性进展。无须经过氧化铝阶段，就可以直接把铝土矿和其他矿石转变成铝锭，这就大大降低了电能消耗。这种情况下，新的技术本身就是政策成本的驱动要素。降低能耗的碳热还原技术还能降低企业受制于地理位置和制度因素的程度，因为地理位置和政府针对电力的定价策略都会影响电力使用的成本。

铝类半成品制造行业中，新兴的连续浇注工艺有可能替代热轧机，这也是技术影响成本的另一个例证。信息技术没有因为提高效率降低成本，但是却使得成本对规模的敏感度降低。假如这一工艺被证明有效，会让大型铝类半成品企业失去规模优势，还能缩短工厂和买方之间的地理距离。实现地区内的产品运输，相比以前从遥远的地区通过海运交付产品，大大降低了运输成本。由此可见，新技术不仅是一个成本驱动要素，还可以通过作用于其他成本驱动要素（如规模和地理位置）来影响成本。对照技术和其他成本驱动要素，可以发现其对企业成本地位有着不对称的影响作用。

联邦快递重新界定了小件包裹快递服务的价值链，实现了更快捷、更可靠的递送服务，在实现差异化的过程中技术的作用非常明显。在联邦快递价值链中采用新技术属于政策选择，但也提升了规模经济，有助于创建先发制人的优势。因此，联邦快递攫取了更多的市场份额，相应的差异化战略的成本也比竞争对手付出得多。这个例子表明重大的技术发展不一定非得有科学上的新发现作为先导，甚至犯不着使用那些尚未推广的技术。企业开展活动的方式的改进或者应用现有技术实现的微不足道的变化，也能为其带来竞争优势。

鉴于企业的技术与买方的技术相互依赖，买方的技术变革也会影响企业的竞争优势，这和企业内部发生技术变革影响竞争优势的道理是一样的。在实施差异化战略时，这一点表现得尤为突出。例如当零售商们纷纷使用在线销售网店系统（online point-of-sale）时，曾经依靠合理定价并为其零售商买方提供库存控制而实现差异化战略的分销商就失去了竞争优势。同理，供应商技术的变化如果影响了企业价值链的成本驱动要素或者其独特性，也会改变企业的竞争优势。

检验理想的技术变革

技术变革和竞争优势的关联表明，可以对技术变革是否理想进行多项检验。企业的技术变革在下列情况下可以产生可持续性竞争优势。

技术变革本身降低了成本或提升了差异化，且企业的技术领先地位是可持续的。技术变革如果能够降低成本或者提升差异化，而且能够不被竞争对手模仿，就能够提升竞争优势。决定技术领先地位可持续性的因素将在下文阐述。

技术变革使成本驱动要素或者独特性驱动要素朝向有利于企业的方向转变。改变价值活动的技术或改变产品影响价值活动的方式，也会影响该活动的成本驱动要素或者独特性。即使其他企业模仿技术变化，但只要技术变革能按照有利于企业的方式来影响成本驱动要素，就能提升企业的竞争优势。例如，大型企业率先开展新的规模敏感度更高的安装工艺就会大大受益其中，即使竞争对手日后也采用了该技术。

率先开展技术变革除了赢得技术本来的竞争优势外，还可以获得由此转化的先发优势。就算其他企业模仿了该企业，率先进行技术变革也能够产生多种潜在的先发成本优势或者差异化优势，即使企业日后丧失了其技术领先地位，这类优势依然存在。先发优势和劣势将在下文具体界定。

技术变革改善了整体的行业结构。改善了整个行业结构的技术变革就算很容易被模仿，也仍是理想的选择。

不具备上述特征的技术变革即使本身代表了巨大的技术成就，也不可能提升企业的竞争地位。若技术变革无法满足上述标准，且在这类测试中得出相反的结果，即无法按照有利于企业的方向影响成本驱动要素或者独特性驱动要素，就会破坏企业的竞争优势。如果企业发现某类技术变革满足了上述某一检验标准，但却恶化了企业的竞争地位，那么也会破坏企业的竞争优势。

技术和行业结构

某项价值活动广泛采用了某项技术，则这项技术就成了整体行业结构的重要决定要素。普遍应用的技术变革有可能影响五大竞争力中的每一种力量，从而改善或者恶化行业的吸引力。因此，即使技术不会为任何单个企业带来竞争优势，它却仍有可能影响所有企业的赢利空间。相反，提升企业竞争优势的技术变革，在经过其他企业的模仿复制后，则有可能恶化行业的整体结构。技术变革对行业结构的潜在影响表明，企业不能在不顾及技术变革的行业影响下贸然行动。

技术和进入壁垒

技术变革是进入壁垒的重要决定要素，它可以提升或者降低几乎所有价值活动的规模经济。例如，弹性生产系统可能会降低规模经济。技术变革加快了新产品的引入或者提升了某个新型产品的投资额度，由此可能提升技术变革功能本身的规模经济。技术变革还是企业学习曲线的基础。工厂布局、产量和机器运算速度等方面的提升都属于技术变革，由此可以形成新的企业学习曲线。技术变革可以产生其他绝对成本优势，包括低成本产品设计优势，还能改变企业在行业内竞争所需的资本数量。例如，生产玉米淀粉和玉米糖浆，从批量生产技术转变成为持续工艺技术，达到玉米湿磨的资本要求。

技术变革在形成行业内部的产品差异化形态时，也发挥了重要作用。喷雾包装中，技术变革导致了产品的标准化，包装产品可以即刻成为待售商品，大大降低了合同包装商根据产品特征设计差异化产品包装的能力。技术变革可以提高或者降低转化成本。竞争对手的技术选择决定了企业转变为供应商时，企业自身需要重新培训人员或者对附属设备进行再投资的程度。技术变革使得企业有能力绕过现有销售渠道（如电话推销）或者提升行业对某些销售渠道的依赖程度（如需要更多的产品展示与售后服务），进而影响分销模式。

技术和买方力量

技术变革会改变行业及其买方的议价能力。技术变革在差异化和转化成本上是有利于确定买方的。技术变革还能够影响买方开展后向一体化的难易程度，这是买方议价能力的关键控制因素。比如在计算机服务产业，由技术变革驱动的计算机成本的快速下跌对诸如ADP（美国自动数据处理公司）这样主营出售分时服务（timesharing services）的企业产生了重大影响，主要是因为很多买方能够负担自己的机器设备。

技术和供应商力量

技术变革能够改变行业及其供应商之间的议价关系，降低企业对某个大型供应集团的需求，也能推动行业对某个新的大型供应商进行的采购活动。比如，在商业屋面产品行业中，需要引进橡胶材料的屋顶防水层，这使得企业纷纷求助于强大的新型树脂供应商，而实力不强的沥青供应商则逐渐被取代。技术变革发生时，企业生产产品的过程中可以使用多项替代用料，创造自己与供应商议价的筹码。例如，铝罐生产中的技术变化加剧了炼铝企业和炼钢企业之间的竞争，而罐装生产商则从中受益。企业的技术投资使得企业可以了解供应商的技术，有利于企业选用不同的供应商，这也可以降低了企业对某个供应商的依赖程度。

技术和替代

技术对行业结构的影响中，最被认可的是其对替代的影响。替代是竞争产品价格和价值对比以及改用替代产品所需要的转化成本共同作用的结果，这一点将在本书第 8 章中详述。技术变革创造了全新产品或者替代产品，例如玻纤代替塑料或者木头，文字处理器代替打字机，微波炉代替传统炉灶。技术变革影响相对价值与价格的比率以及替代产品的转换成本。生产类似替代品的行业之间就相对价值与价格比率开展的技术之战成为替代过程的核心。

技术和竞争

技术能够改变企业之间竞争的基础。它可以改变企业成本结构，进而影响定价决策。例如，上文提及的玉米水磨粉行业中连续工艺技术的普及，增加了固定成本，也加剧了行业竞争。造船技术的进步，可能导致油轮的载重吨位增加，这将导致固定成本占总成本的比率的提升。技术在产品差异化过程中发挥重要作用，转换成本对于行业的竞争也很重要。

技术影响竞争是通过其对退出壁垒的作用实现的。在某些分销行业中，材料搬运的自动化会抬高其退出壁垒，因为材料搬运设备主要针对在仓库中来回运送的特定商品。因此，原先通用的设备也已经成了专业的资本密集型设备。

技术变革和行业界限

技术变革在改变行业界限方面发挥重要作用。行业的界限定义不清楚，是因为行业的产品和替代产品之间、行业内部的企业和未来的入行者之间、行业内部的企业与供应商或买方之间的差别具有随意性。因此，不管个人针对行业边界的意愿如何，技术变革都可能会拓展或者缩小行业范围，明确这一点格外重要。

技术变革可以通过多种方式拓展行业边界。技术变革可以减少交通或者其他物流成本，进而拓展市场的地理位置范围。20 世纪六七十年代随着大宗货物运输的出现，就发生了这样的情况。降低应对国别差异的成本的技术变革将有利于行业的全球化。技术变革能够提升产品的性能，吸引新的顾客进入市场。最后，技术变革还能改善行业之间的关系。在诸如金融服务、计算机和电信等行业中，技术变革会模糊行业之间的界限，使整体行业得到融合。在出版行业，自动化图文处理和印刷技术使得多类出版物的共享印刷作业成为可能。出版行业中的技术变革与上述各种因素之间的关系将在第 9 章中详细讨论。

技术会缩小行业的范围。技术变化能使企业按照特定的细分市场来设计价值链（见第 7 章）。因此，细分市场就能成为行业。比如，技术的进步已经提升了产品的性能，增加了功能，使得便携式录放机成为独立于大型盒式唱片机和录音机的成熟产业。

技术进步和行业吸引力

由于技术变化常常能提升行业结构，所以上文表明技术变革有可能恶化行业结构。技术变化对行业吸引力的影响取决于其对五大竞争力影响的性质。假如技术变革提升了进入壁垒，减少了有实力的供应商，或者避免了新兴行业的替代，则技术变革就能提升行业的赢利能力。然而，如果技术变革使得买方的实力增加，或者降低了进入壁垒，就有可能破坏行业吸引力。

技术变革有能力改变行业结构，给打算创新的企业提出了潜在的难题。假如企业的竞争对手竞相模仿企业开展技术变革，那么企业竞争优势的创新可能最终会破坏行业结构。

技术战略

技术战略是企业发展和应用技术的方式。虽然技术战略涵盖了以前研发组织的角色，但其内涵却因技术普遍会对价值链产生巨大的影响而更加广泛。技术变革对行业结构和竞争优势有着重大的影响，因此企业采取的技术战略也成了其整体竞争优势的一个重要组成部分。创新是攻击在市场上站稳脚跟、发展势头良好的竞争对手的一种重要方式。有关这方面的内容，我们将在第 15 章详述。然而，技术战略是整体竞争战略的一部分，必须与价值活动的其他选择一致，且得到这类决策的有力支持。假如没有经过产品业务知识培训的销售人员向买方解释产品的优势，生产过程没有严格的质量控制规定，或者其他方面的措施不当，那么旨在实现产品性能差异化的技术战略未必可行。

技术战略必须解决下列三大问题：

- 开发的技术是什么？
- 是否要在开发的技术领域内实现技术领导？
- 技术许可的作用是什么？

每个领域的决策都必须建立在技术战略如何能提升企业的可持续性竞争战略的基础上。

开发技术的选择

技术战略的核心是企业努力实现的竞争优势。要发展的技术应该是那些能对企业通用战略的实施做出最大贡献的技术，在权衡技术开发成功的可能性后表明该类技术的发展最可行。技术战略是使企业实施三大通用战略的强有力的手段。由于实施的通用战略的不同，技术战略的特征将有很大区别，具体如表 5–1 所示。

在许多企业中，研发项目更多是出于科研利益的驱动，而不是考虑实施的竞争战略。如表 5–1 所示，企业的研发项目应该与实施的通用战略一致。成本先导者的研发工作应该包含一系列旨在降低占成本比例较高的所有价值活动成本项目的数目，通过价值工程降低产品设计成本的项目也在其中。对于成本先导者就产品性能开展的研发活动，其目标是与竞争对手分庭抗礼，研发的目标必须要与企业的战略一致，不能不切实际地增加新功能。

表 5–1 还有一个重要的现象，即产品和工艺技术变革都能支持三大通用战略的

实施。企业可能错误地认为工艺技术变革完全是以成本为导向的，而产品技术变革旨在提升差异化能力。第 3 章表明了产品技术在实现低成本过程中的重要作用，第 4 章描述了工艺技术的变化是差异化的关键（这是日本公司常用的策略）。

表 5–1　产品和工艺技术与通用战略

	成本领先	差异化	成本集中	差异化集中
产品技术变化	减少用料、降低生产难度、简化物流要求等降低成本的产品开发方式	提升产品质量、功能、交付能力或者转换成本的产品开发方式	满足特定细分市场需要，遵循够用原则的产品开发方式	为了满足特定细分市场的需要，超越大布局竞争对手实施的产品设计方式
工艺技术变化	以减少用料或者降低劳动力投入为目的的学习曲线的工艺改良 为了提升规模经济实施的工艺发展	支持高精度、更有效的质量控制、更可靠的排产计划、更快捷的订单处理等，以提升买方价值的工艺发展	为满足特定细分市场的需要调整价值链，从而降低服务于该细分市场成本的工艺发展	为满足特定细分市场的需要调整价值链，从而提升买方价值的工艺发展

企业的技术战略应该超越传统意义上的产品和工艺研发范围。技术在企业的整个价值链中起作用，而相对成本和差异化则是整个价值链作用的结果，因此系统检查企业的所有技术能够使人明确在哪些领域可以降低成本或者提升差异化效果。例如，在某些企业内部，信息系统部门对技术变化的影响要比研发部门对企业的技术变化影响更深。诸如交通、物料处理、通信和办公自动化等方面的重要技术需要特别关注。最后，所有技术领域的发展必须协调起来，保证彼此之间的一致，使企业充分利用其相辅相成的关系。

皇冠集团就很好地证明了技术战略和竞争优势之间的关系。皇冠集团重点选择消费品行业，提供罐装产品的同时，积极响应顾客的需要和请求，为其提供服务。皇冠集团很少或者根本没做基础研究，也没有开发全新的产品，其研发部门是为了及时解决特定的客户问题，并快速模仿成功的产品创新。皇冠集团的研发方法紧密地跟进集中战略，其技术政策与美国罐装公司或者大陆罐装集团完全不同。美国罐装公司或者大陆罐装集团除了罐身外，还提供广泛的包装产品。美国罐装公司和大陆罐装集团在基础原料和新产品的研究方面都投入颇多。

选择价值链上特定的技术进行重点发展，往往取决于技术变革和竞争优势之间的关联。企业应该专注于那些对成本或者差异化有强大的可持续性直接影响的技术以及那些满足本章开篇所述标准的技术。通过判断是否满足这些标准，可以使企业对能带来最大竞争利益的技术变化进行排序。提升技术的成本必须与其取得的利益以及实现这些利益的可能性进行权衡。

企业经常面临着在提升某项价值活动现有执行技术或者投资一种新技术之间进行选择。例如在炼铝业，企业可能会面临提升现有的霍尔–埃鲁（Hall-Heroult）炼铝法工艺还是发展碳热还原法的抉择。技术有自己的生命周期，早期有了重大的进步后，日后的改进将逐渐变缓。这表明与改进成熟技术的努力对应的成效与成本权衡要低于发展新的技术，虽然继续发展成熟技术的成效和成本比例更加明确。

自我满足是一种非常危险的想法。认定技术发展是否已经成熟，要格外谨慎。虽然霍尔–埃鲁炼铝法工艺早在19世纪就出现，但至今该项工艺依然取得了长足的发展。同理，自1974年以来，低速柴油发动机的用油效率取得了巨大的进步。柴油技术已经有80多年的历史，与汽油机相比，已经是公认的成熟技术，且在市场上也占领着统治地位。能源价格的提升刺激了人们对用油效率的关注。用油效率技术的发展与材料科技、设备和电子产品的发展同步，从而提升了工艺控制的成效、发动机的耐热程度，以及更多好处。

正如上文所述，绝大多数产品和价值行为不仅涉及一种技术，而是多种技术或者分支领域。出现多种技术或者分支技术的综合使用，才能算作技术的成熟，单独某技术的子类发展不能认定为技术发展已经成熟。某项产品或者工艺涉及的技术子类发生了重大变化，就代表人们可以以全新的方式来组合这些技术子类，来创造新的产品或者工艺。上文所说的炼铝业和低速柴油发动机都说明了这一点。微电子是一项可以应用于多项技术发展的技术子类，其出现为诸多新型技术组合创造了条件，因而对很多行业都产生了巨大的影响。

因此，在选择对哪些技术进行投资时，企业必须在完全理解价值链中每一种重要的技术基础上再进行决策，而不能单凭技术的发展或者使用年限来判断。如上文所述，有时候推动技术进步，只要努力和投入就行了。技术子类的进步可以改进现有的技术，但有时候也会出现提高传统技术徒劳无功的现象。面对这种情况，最好的办法是跳过这种技术。要企业舍弃自有技术，尤其是自己辛辛苦苦发展起来的技术，肯定不容易，但这却是保持企业竞争优势的前提。

技术发展的选择不能局限于那些有机会发生技术飞跃的领域，价值活动中多种技术的稳步提升，包括那些与产品或者生产工艺无关的技术，也可以大力提升企业的竞争优势。此外，很多活动中连续的技术提升要比技术突破更具可持续性，因为树大招风，竞争对手往往会纷纷效仿突破性技术。日本企业的成功很少归功于技术飞跃，而是取决于贯穿价值链始终的技术进步。

技术领导与技术追随

企业应对的第二大技术战略问题是追求技术领导还是技术追随。技术领导的概念比较清晰，即企业试图引进支持自身通用战略的技术变革。那些没能实现技术领导的企业将成为技术追随者，包括那些完全不考虑技术变革的企业。技术追随是企业明确采取的有意识且积极的战略，即故意不成为首个创新的企业，本篇着重于分析这一现象的原因。

虽然人们是通过产品或者工艺技术来看待技术领导地位的，但技术领导问题的内涵其实非常丰富。任一价值活动采用的技术都有可能确立技术领导地位。本章着重描述如何在率先开展价值活动的创新和等待其他企业开展创新之间做出战略选择。

不管是成为技术领导者还是追随者，都可以帮助企业实现低成本或者差异化战略。具体如表 5–2 所示。

表 5–2　技术领导和竞争优势

	技术领导	技术追随
成本优势	率先开展最低成本产品设计 成为首个完成学习曲线的企业 创造开展低成本价值活动的方式	通过学习技术领导者的经验来降低产品或者价值活动的成本 通过模仿节省研发成本
差异化	率先生产提升买方价值的独特产品 在其他活动中进行创新，提升买方价值	通过学习技术领导者的经验，按照更加符合买方需求的标准来改良产品或者交付系统

企业认为技术领导是实现差异化的主要手段，而技术追随是实现低成本的一种方法。假如技术领导者是首个采用低成本工艺的企业，那么技术领导者也就成了低成本生产商。如果技术追随者能从技术领导者的错误中学习，按照买方的需求改变

自身的产品技术，技术追随者就能够实现差异化。由于企业生产涉及多种技术，追求的竞争优势各不相同，因此在一个行业内往往会有众多技术领导者。

在重要技术方面是成为技术领导者还是技术追随者取决于三个因素：

- 技术领导的可持续性：企业面对众多竞争对手时能保持自身的领导地位。
- 先发优势：企业率先采取某项技术获得的优势。
- 先发劣势：企业率先采取某种技术，而不是等待其他企业先行试用某种技术所面临的劣势。

上述三个因素互相作用，决定了企业针对技术的最佳决策。先发劣势可能会让企业对占据技术领导地位的想法望而却步，哪怕企业有保持技术领导地位的长效机制也无济于事。相反，先发优势可以将率先发展企业的技术领导地位转变成为可持续性的竞争优势。这种优势在企业丧失技术的领导地位后依然存在。先发优势和先发劣势往往在技术选择中出现得最多，而其对企业竞争优势的影响远远超越了技术战略本身。先发优势和先发劣势主要与时机转变成为竞争优势或者竞争劣势的方式有关，也与进入壁垒和移动壁垒有关。

技术领导的可持续性

假如技术领导具有可持续性，企业往往会倾向于实现技术领导。因为，一来，竞争对手无法模仿技术；二来，比竞争对手更快地实现创新的企业能够赶超对手。技术具有传播作用，因此第二点就非常重要，要求技术领导者要与时俱进，设定动态的目标。柯达在业余摄影领域保持着领导地位，主要归功于系列相机系统和胶卷显影剂等产品，近来还推出了转盘式照相机等。其取胜的策略是一系列技术，而不是在某项技术上独占鳌头。假如某项技术领导地位不能保持，那么只有在初期技术领先地位能够转化成为企业的先发优势时，企业追求技术领导地位才算值得，因为相比技术追随，技术领导的成本更高。

技术领导的可持续性取决于以下四个因素。

技术变化的源泉。技术领导地位的可持续性很大程度上取决于技术发展源自行业内部还是外部。技术变革绝大多数来源于外部因素，包括供应商、买方，甚至是完全不相干的行业变化。在众多加工行业里，技术的关键来源是建设能够设计生产工艺和建立工厂的建筑工程企业。

如果技术变革的重要来源是行业外因素，则保持技术领导地位就会难上加难。技术变革的外部来源将企业获取技术实力的能力与其在研发活动上的花费区分开来，因为很多公司都有权进行外部发展。因此，外部的技术变革能够起到均衡各种企业的作用。为了保持技术领导地位的可持续性，应拥有将行业外部发展的技术应用于行业内的能力，而拥有外部关键技术来源的行业内技术领导者必须通过联合或者专有协议来充分利用其最佳的技术变革来源。

技术发展行为中存在（缺乏）可持续性的成本优势或差异化优势。假如企业具备开展技术发展的成本优势或者差异化优势，其技术领导地位往往更加持久。第3章和第4章中介绍的方法就能用来分析企业发展技术的相对成本和差异化。例如，规模经济或者技术发展的学习成效能给占据较高市场份额或者历史悠久的企业赋予研发活动的成本优势。当发展技术模型相对固定时，拥有较高市场份额的企业比低份额企业的研发活动成本更低。为了保持技术领导地位，占据较高市场份额的企业往往有能力在研发活动上花费更多，且不会招致成本型惩罚。大型涡轮发电机企业就出现了这样的情况。通用电气技术发展的绝对支出超过了西屋电气，但其研发活动支出占销售额的比率低于西屋电气，因此保持了重要的技术领导优势。提高行业内产品开发的成本也有利于高市场份额的企业。例如，生产新型除草剂的成本已超过3 000万美元，作为农业化学品产业中的技术佼佼者，其竞争优势在不断加强。

母公司内部相关业务单元之间互相依赖的关系会在很大程度上影响企业实施技术发展的相对成本或者成效。业务单元之间存在关联为技能的转移或者研发活动的成本共享创造了条件。第9章介绍了涉及研发活动的关联。技术领导者经常积极探索技术关联，利用相关技术来进入新业务领域，这些企业也常建立业务单元之间的研发活动的转移机制，在公司层面上投资对诸多业务单元有影响的核心技术。

创新周期的不同组成部分，包括基础研究、应用研究和发展，能够为企业在研发活动的成本支出方面赢得可持续性成本优势创造不同的机会。基本的产品创新与后续快速引进新型产品类型和吸纳新的功能等相比，其规模灵敏度更低。这是日本企业能压倒美国创新型企业的原因，后者无法在后续的产品改进中保持领先地位。很多成功的技术领导者没能把规模经济、企业学习或者研发活动中不同业务单元之间的关联所带来的利益转变为高额利润，却为了保持自己的技术领导地位重新投资。这些企业还会快速引入新的模式、利用研发活动的规模或者学习优势。比如，本田公司通过引入一系列新的产品类型加强了自己的竞争优势。

相关技术素质。拥有独特技术素质的企业，相比那些拥有类似研发人员、设备和管理人员的竞争对手更容易保持自身的技术领导地位。不管规模、学习或者业务单元之间关联的成效，技术素质都会影响技术投入的产出。技术素质是多种素质综合的结果——管理、公司文化、组织结构和系统、公司名声以及拥有的研发人员。比如，日本电气株式会社是日本工程专业毕业生的首选公司。该公司吸引大量优秀人才，包括优秀大学毕业生，不断强化其研发能力。

成功的技术领导者密切关注其研发素质的积累，这些企业不会在行业不景气或者利润缩水的时候裁减研发人员。它们还在特定的领域里寻求与顶级的科研中心建立业务联系，努力提升自己作为研究人员最佳工作地点的形象，进而推进自身的技术战略。

技术传播的速度。决定技术领导地位可持续性的最后一个重要因素是技术领导者传播技术的速度。假如竞争对手能够轻易复制企业开发的技术，即使在开展研发活动方面具备超凡的技术素质或者成本优势，也会因此被抵消。技术传播一直在进行中，尽管传播的速度要看具体的行业而定。企业技术领导者的技术传播机制举例如下：

- 竞争对手直接观察技术领导者的产品（逆向工程），了解其运行方法；
- 通过设备供应商或者其他供应商进行技术转移；
- 通过咨询师和行业杂志等行业观察者进行技术转移；
- 通过寻找其他合规供应渠道的买方进行技术转移；
- 人才流向竞争对手或者分拆企业；
- 技术领导型企业的研发人员提交的公共声明或发表的文章。

在基础产品开发和工艺创新阶段，技术传播的效果要大于其在日后对产品和工艺改良时的成效。产品和工艺改良往往是企业专有的行为，尤其是那些基于工艺提升的改良。由于日本企业重视不断开展工艺创新，它们往往要比那些率先采用这些工艺的欧洲企业具有更加持久的优势。

技术传播的速度是由行业本身决定的，企业对其传播速度有一定的控制权。比如，绝大多数拖车型住房生产商的技术能力通过审视其产品就可以了解。纸尿裤技术传播的速度比较慢，因为纸尿裤产品生产的关键就在于为产品量身定制的设备。延缓技术传播的因素如下：

- 企业技术和相关技术的专利；
- 行业机密；
- 在企业内部开展的原型和生产设备开发活动；
- 针对代表技术或者理解技术的关键零件实施垂直一体化；
- 留用人才的人事策略。

成功的企业领导者在努力减缓技术传播方面做出了卓绝的努力。他们到处向能够授予专利的单位申请专利，总是对侵权者发难。他们认定所有与外界人士或者企业的接触，都有可能戕害自身的专有知识。因此人们往往不会参观工厂，即使买方来观察工厂，也不会告知关键的创新是什么。为了保护技术，技术领导者往往利用垂直一体化建立或者改进企业的自有设备，并在公开披露企业信息方面非常谨慎。显然，很多守口如瓶的企业就是技术领导者，包括杜邦、柯达、宝洁和米其林。

先发优势

先发优势存在时，技术领导地位具有非凡的战略吸引力。拥有技术领导地位可以使企业将技术鸿沟转变成竞争优势，而技术鸿沟即使消失了，这类竞争优势也依然存在。先发优势取决于提升企业的地位、成本优势或者差异化优势的可持续性来源。一般而言，前期先发企业往往会获得在多个领域内界定竞争规则的机会。

最重要的先发优势如下，大体归结为首先进入某个地域范围或者率先开展某项技术活动本身取得的优势。

名誉。前期先发企业可以建立先行者或者领导者的威望，后来的追随者很难获得这种威望。技术领导可以让企业获得独一无二的竞争地位，确立长期领先的形象地位，而技术追随者们则无法获得这些利益。先行者往往也是首个服务买方，是确立与买方合作关系的企业，顾客对技术领导者的忠诚度，是技术追随者无法与之匹敌的。技术领导地位获得的名声优势取决于企业本身的可信度及其在营销方面的投资。小型企业缺乏向市场宣告自身独占鳌头的资源，因此无法通过先发行为自己提升声望。

抢先占据有利地位。前期先发企业可能会抢占很有吸引力的产品或者营销地位，迫使竞争对手采取次优的产品或者影响地位。史都华在冷冻美食方面占尽先机的例子就表明，前期先发企业有机会塑造产品定义并采用有利于自己的营销方式。前期先发企业还可以有针对性地集中生产力，组织竞争对手扩大自己的赢利能力。

转换成本。如果存在转换成本，前期先发企业就能保证在产业发展的情况下锁定后续的销售行为。在医院管理企业中，首先签下医院的企业在日后合同更新的时候拥有较大的优势，因为若改变管理风格，医院需要承担巨额成本。由于出现了新的监管者、引进了新的计算机系统和其他变化，转换可能引发对行业的破坏。

渠道选择。前期先发企业往往会获得新产品或者产品生产独特的渠道优势。它可以选择最佳的经纪公司、分销商或者零售商，而技术追随者要么接受次优选择、确立新渠道，要么说服前期先发企业的渠道商，改变或者分摊对技术领导企业的忠诚。

专有学习曲线。由于受到率先采取技术发展行动的影响，企业的价值活动中存在专有的学习曲线，那么前期先发企业就会获得成本优势或者差异化优势。前期先发企业占据受到影响的价值活动学习曲线的起始位置，如果实现了学习成果专有，就能确立可持续性的成本优势或者差异化优势。

设备、投入或者其他稀缺资源的获取优势。前期先发企业至少在获取投入要素或者其他资源方面拥有暂时的优势，因为早在市场力量体现出率先采取技术带来的影响前，企业就订立了资源采购合约，或者率先与那些迫切接受新订单的原材料供应商订立了优惠的采购合同。航空业中发生的情况就是一个例证。早期经济型航空公司获得了过剩的廉价飞机或低成本航站楼的机位，雇用了待业飞行员。当经济型航空公司的战略被竞争对手模仿时，市场力量最终会抬高这些投入要素的价格。

诸多采掘业的实例也证明了这一点。在偏远地区建立新矿和加工企业，提高了基础设施的成本，这些企业不得不承担更高的环境成本。这样一来，前期先发企业的成本就大大降低了。

标准的定义。前期先发企业能够界定技术或者其他活动的标准，迫使后来者采用这些标准，这些标准反过来也会加固企业的竞争地位。例如，美国无线电公司界定了彩电标准，这意味着竞争对手不得不开展美国无线电公司已经完成的学习活动，从而无法重新创立新的活动标准。

体制障碍。前期先发企业可能坐拥对抗竞争对手模仿的体制成本。前期先发企业可以获得专利，率先进入某个国家的企业能够享受政府的优惠政策。体制因素经常能够提升前期先发企业界定标准的能力。

初期利润。在某些行业里，前期先发企业有能力暂时享受先入行带来的高利润，可以先行与买方在某项产品较稀缺的情况下订立销售合约，也可以将技术出售给重视新技术的买方。

成功的技术领导者积极追求先发优势，而不是单纯依靠自有的技术优势。技术领导者抓紧每一次机会，利用技术领导地位按照有利于自己的方式来定义竞争规则。这些企业大力投资营销活动、巩固自己龙头老大的声望和利益，采用激进的定价策略与承担最高转换成本的买方达成销售协议。过去几十年来，前期先发企业往往就是市场的技术领导者，这种现象非常明显。比如，在消费品领域，克罗斯克、象牙、救生圈、可口可乐、金宝汤、箭牌、柯达、立顿和固特异等顶级品牌，早在20世纪20年代，就已经是行业领导者了。

先发优势可以被后来者的激进投资所抵消，除非前期先发企业开展技术优势资本化的投资。电子计算器鲍玛公司就碰到了这样的情况。小企业的创举往往经不住后来者的竞相模仿。这些企业失去了领先地位，不是因为没有先发优势，而是因为没有足够的资源来利用这些先发优势。在个人电脑产品领域IBM后来居上就证明，只要企业拥有足够的资源和业务单元的联系，就能赶超前期先发企业的优势。

如果市场上第一个前期先发企业没有足够的资源，具备资源和实力的先行者就能赢得前期先发企业的优势。在微型电脑领域，迪吉多电脑公司并不是首个推出微型电脑的公司，但其因大力生产发展这种产品而获得了多种先发优势。迪吉多大肆投资，通过扩大其生产线、尽快完成相关学习行为、增加销售人员来发挥先发优势。录像机行业也出现了这类情况，虽然是安派克斯公司率先推出了录像机，但是日本企业却大力投资提升技术，降低了产品的单位生产成本，进而将企业的技术领导地位转变成先发优势。

先发劣势

前期先发企业面临着利弊兼有的情况。先发劣势主要有两大来源，率先行动的成本以及条件变化带来的风险。

首创成本。前期先发企业往往要承担巨额的首创成本，具体包括下列各项：

- 获得当局监管的许可；
- 遵照现行规定；
- 培训买方；
- 发展服务设施和培训等领域的基础设施；
- 发展必要的投入来源，如原材料来源和新型机器设备；
- 投资互补产品的开发（见第 12 章）；
- 由于供给的缺乏或者需要的规模较小，早期投入成本很高。

首创成本主要取决于技术创新的类型，可以通过与友善的竞争对手共享成本的方式来降低首创成本（见第 6 章）。然而，前期先发企业不可避免要接受首创成本的存在。

需求不确定。前期先发企业承担着对未来需求不明确的风险。前期先发企业必须要把生产能力摆在第一位，后来者可以依据最新的信息进行决策。前期先发企业的举动先于竞争对手，但需为此承担巨大的风险。美国无线电公司是首个进入彩电行业的公司，试图从率先使用新技术中获利。后来入行的企业学习了美国无线电公司的经验，知道了市场对于彩电的需求还得过几年才有，于是避免了过早入行，在买方需求不旺的几年时间里不赢利甚至遭受损失。

买方需求的变化。假如买方需求变化，前期先发企业的技术将不再有价值，其先发优势是否存在就更说不准了。如果买方需求改变，但前期先发企业却认同老一代的技术，那么前期先发企业的声誉优势就会下降。除非是要产生巨大的技术改变来满足买方需求，否则前期先发企业可以通过修正技术来保持自身的技术领先地位。

早期投资的技术无法升级或者要素成本发生了改变。假如率先投资于特定的技术，而这些技术很难修正或升级，那么前期先发企业就处于先发劣势。例如，在半导体行业中，飞歌率先争取到大型自动化车间的领导地位。该企业实现了一个阶段的成功，而半导体芯片多种生产工艺的发展使得先前的投资失去了价值。同理，如果产品或工艺反映已经发生改变的要素成本或者要素质量，前期先发企业也会处于劣势地位。

技术突变。前期先发企业有可能对当前的技术已做了投资，由于技术突变而处于先发劣势的地位。技术发生了巨变，导致前期先发企业措手不及。技术突变对于那些本不能承受高昂首创成本的企业追随者来说非常有利。当技术能够按照相对比较连贯的轨迹发展时，前期先发企业占尽先机就是一大优势。它可以将传统技术的精华用于新技术中，率先开展学习，使企业在整个学习曲线中占据领先地位。

低成本模仿。前期先发企业在追随者众目睽睽之下行动，技术追随者有能力以低成本模仿先发企业的创新，而不用自行开展创新并为此付出高额成本。不过，追随者往往要承担模仿创新和改良的成本，这对前期先发企业反而有利。

技术许可

第三大类技术战略是指技术许可，这是与其他企业联合完成的一种形式。具备独特技术的企业往往会被问及授权的问题，被迫按照政府的规定进行技术许可。技术许可也是获得技术的一种方式。当技术成为竞争优势的重要来源时，有关技术许可的决定就变得异常重要。然而，很多企业因为技术许可决策错误，白白浪费了众多以技术为基础的竞争优势。

企业技术许可的时机

当技术是竞争优势的重要来源时，企业必须把颁发技术许可给其他企业作为特定情况下采取的风险措施。许可费用的金额几乎无法抵消经济优势的损失。然而，在特定的情况下，颁发许可证也具有一定的战略可取性。

没有利用技术的能力。当企业无法利用技术本身时，颁发许可证就是个可行的办法。这可能是因为企业缺乏建立持久地位的资源或者技能，在企业特定的业务单元中实施收获战略，而竞争对手在市场上确立的稳固地位根本无法撼动。在生物技术和电子领域发生的情况就表明了颁发许可证的首要动因，新成立的创新型企业缺乏将其创新成果商业化的能力。虽然该企业拥有可持续性资源，但它却因为竞争对手非常努力，或者因政府针对本地企业所有权的规定，以致无法获得基于新技术的较高的市场份额。美国标准品牌之所以将其有关高果糖玉米糖浆技术（糖的替代物）以许可证形式授权给其他企业，就是这个原因。

当企业本身不能利用市场、无法颁发许可证时，就有可能激励竞争对手投资企业拥有的技术。最终某些竞争对手会成功，而企业只能获得较低的市场地位。通过颁发许可证，竞争对手会投资自有技术，花费更少，风险也更低。因此，企业颁发许可证不代表鼓励其他企业模仿，而是表示其有能力设定行业标准，并收取许可使用费，获得自身市场地位带来的利润。

进军其他市场。技术许可使企业从市场上获得本来不可得的收入。包括技术价值潜力巨大以及企业很少有机会驻足的行业，或者待开发的以及企业想要进军的国外市场。

快速标准化技术。技术许可会加快企业技术行业标准化的进程。假如几家企业正在推行这个技术，那么技术许可不仅能够推动技术的合法化进程，还能推动企业的长期发展。录像机中的VHS和Beta格式的先行者将这些技术到处授权给其他企业使用，推动其标准化，因为标准化对企业软件普及有重要意义。

不完善的行业结构。当行业结构不理想时，可以考虑技术许可。在这种情况下，企业最好能坐享技术许可费用，而不去为了争取回报不高的市场地位而做投资。企业在颁发许可时收取高昂的费用，此间议价能力越高，企业越会觉得颁发技术许可吸引人，而无须在业内获得很高的市场地位。

创造良好的竞争对手。技术许可也是产生高品质竞争对手的一个手段，这在刺激需求、阻止市场准入和共享首创成本方面起着重要的多重作用。美国电视制造商米罗华公司（Magnavox）将其视频游戏专利到处授权，鼓励竞争对手开发一系列产品。由于进入壁垒比较低，米罗华公司不太可能发展自己的持久地位。第6章将详细描述优质竞争对手存在的潜在利益以及确定这种竞争对手的方法。

互换技术许可。如AT&T（美国电话电报公司）和IBM，企业可以为了换取另一家企业的技术许可而给对方颁发许可证，但企业必须保证交易的公平性。

选择技术被许可方

企业只能向非竞争对手或者友好互利型竞争对手颁发技术许可。由于非竞争对手很有可能快速变成竞争对手，企业必须通过设定授予许可的条件或者确定非竞争对手不可能成为竞争对手来化解这种风险。为了确保潜在的许可接受方不是企业的竞争对手，企业不仅要考虑自己现在服务的市场或者细分市场，还要考虑将来准备进入的市场。通过将技术许可授予买方，内部消化买方的需求，就可以缩小竞争对手或者潜在竞争对手乘机占有的市场空间。

当企业将技术许可授予竞争对手的时候，应该选择有资质的竞争对手，不能滥用许可权。同样，当企业接受政府的许可时，也要遵循同样的原则。将许可颁发给非竞争对手时，理想的情况是企业把技术许可颁发给有资质成为友好互利型竞争对手的企业，只要这些企业决定加入，日后必能有所作为。同理，技术许可协议应该包含延期的条款，避免当接受许可的企业成为竞争对手时还要承担向其转移技术的义务。

授予许可的陷阱

有时候，企业授予许可证不仅不能巩固和提升自身的竞争地位，还有可能损害自身的竞争优势。许可授予有两大常见的陷阱：一是在这中间培养了更多的竞争对手，二是为了小额的许可使用费而出让自己的竞争优势。授予许可比较容易增加短期利润，但有可能导致长期利润的减损，因为授予其他企业技术许可，可能会抵消企业的竞争优势。

企业经常缺乏确定自身潜在竞争对手的能力，因此将技术授权给那些有可能反过来和自己对抗的企业。企业有可能将技术授权给外国企业，这些外国企业日后可能会进驻本土市场同自己竞争。同理，很多企业将技术授权给其他行业的企业使用，结果发现这些企业跨界进入本企业的业务领域，和自己成了对手。许可协议变质往往在一念之间。企业双方商谈建立长期双赢的联合，期间不经意就提到并促成了技术许可。但随着时间的推移，接受许可的一方不仅有许可方的技术，还学习了企业的价值活动。有了稳固的基础后，接受许可的一方决定攻击授予技术许可的企业，成为其真正的对手。广泛授予许可的很多亚洲企业就在技术许可授予方面弄巧成拙。

技术变革

技术变革在竞争中起着非常重要的作用。企业应预测技术变革的方向，借此提升自己的竞争地位，这一点极为重要。针对行业内部技术变革的研究已经超越了产品生命周期的概念。根据生命周期模型，在产品生命周期初期发生的技术变革主要集中于产品创新，这个时期的生产过程比较灵活。随着行业的成熟，产品设计的变化变得更加缓慢；随着批量生产技术的引入，产品创新随后被工艺创新取代，成为技术活动的主要方式，其主要目的是降低日益标准化产品的生产成本。最后，在生命周期的后期，所有创新变缓，当行业内不同技术的投资达到收益递减的临界点时，创新也会逐渐衰落。

阿伯内西和厄特巴克修正了产品生命周期理论。在他们的研究框架中，产品设计是流动性的，存在多种产品种类。产品创新是创新的主要模式，主要是为了提升产品的性能，而不是降低产品的成本。连续的产品创新最终会产生“主导设计”，达到产品配置的优化。当产品设计趋向稳定时，将采用日益自动化的生产方法，工艺创新逐渐取代产品创新成为降低成本的主要创新模式。最后，产品创新和工艺创新这两种方式开始放慢脚步。近来，“返生”（dematurity）概念加入了阿伯内西的模型中，描述了主要的技术变革可以将行业退化成多变不定的状态。

虽然上述有关行业内技术变革的假设精确地描述了某些行业的工艺，但这种模式并不适用于所有行业。在产品差异化不明显的行业里（如矿业、化工产品行业），主导设计的产品创新并不按照顺序发生，或者迅速发生。在其他行业（例如军用和商用飞机行业、大型涡轮发电机行业），从未实现过自动化批量生产，绝大多数创新都是以产品为导向的。每个行业的技术变革都不同，这与不同行业具备不同特征的道理类似。技术变革的模式取决于行业特征互相作用的结果，必须结合整个行业结构变化来考虑。创新企业是对整个行业结构变化的回应，同时还能随时影响行业结构的变化。

行业内的技术变革来源于多种力量的共同作用。

- 规模变化。当企业和行业规模增加时，新型产品和工艺技术就会变得可行。
- 学习。企业学习产品设计、开展不同价值活动的方法，对应不同的技术选择和变化。
- 减少未知因素和模仿行为。企业明确买方的需求、彼此模仿时，就会自然而然产生标准化的压力。
- 技术传播。诚如上文所述，技术传播将按照多种机制进行。
- 价值活动技术创新的回报变少。技术发展可能会遇到瓶颈，从此很难进一步提升。

当上述力量按照以下方式互相作用时，就会产生技术变革的产品生命周期模式。通过连续的产品创新和模仿，相应的产品特征因素在减少，也出现了主导设计。规模增大使得批量生产变得可行，而产品标准化也进一步凸显了这种可行性。

技术传播降低了产品差异，使企业为保持成本领先地位不得不进行工艺创新。最后，工艺创新的回报降低，整体的创新活动随之减少。

技术创新或者其他模式的生命周期模式是否在特定的行业内发生，主要取决于以下这些对应的行业特征。

有形差异化的内在能力。产品可以实现有形差异化，如汽车或机床具备多种设计和功能。差异化程度较低的产品标准化速度较快，其他形式的技术行为占主导地位。

买方需求的细分。当买方需求差异较大时，企业的竞争对手会推出日益专业化的设计，来满足不同细分市场的需要。

规模和学习敏感度。行业技术规模、学习敏感度与行业规模的对比会影响标准化的压力。虽然买方需求可以细分化，但规模经济较高会产生标准化的压力，而规模经济较低会推动产品种类的增多，创造百花齐放的局面。

价值活动之间的技术关联。产品的技术和价值活动的技术通常是紧密联系的。改变产品的某一技术子类往往涉及其他技术子类的改变，而改变产品的工艺也会对入厂物流和出厂物流的生产过程造成影响。价值活动之间的技术关联表明了某一个行业的变化会影响其他行业的技术变革，或者反过来受其影响，进而影响整体技术变化的模式。

替代逻辑。替代（详见第 8 章）的压力是技术变革模式的重要决定因素。无论替代压力是源于成本领先优势还是差异化优势，是否具有威胁性，都会让企业加强对技术变革的重视。例如，纸尿裤一开始面临的挑战是将其成本控制在尿布和尿裤服务的成本范围内。很多早期的创新都体现在生产方法上。

技术局限。有些技术为降低成本或者提升性能提供了更多可能。在商用飞机和半导体这类产品中，产品创新举措的收益减少点出现较晚。价值链上技术和技术子类的局限会影响技术变化的轨迹。

技术来源。影响技术变革模式的最后一个行业特征是行业采用的技术来源。当行业特定的技术占据主导地位，且行业外技术来源较少时，技术变革的轨迹就比较容易预测。

可持续性技术变革与间断性技术变革的对比

根据技术变化是否具有可持续性的特点，不同行业的技术变革模式各不相同。技术变化呈现连续性特征时，工艺更有可能由行业的参与者行为或者从这些参与者中分立出来的企业行为决定。技术的外部来源有可能源自行业现有的供应商。

当技术变化呈现间断性特征时，技术来源更有可能是行业外的因素。全新的竞争对手或者新的供应商更有可能发挥重要的影响力。技术间断还会把技术创新的模式从行业成熟的状态中剥离出来，因为相比行业参与者中的研发部门，技术外部的来源对行业的情况反应更慢。

技术间断为企业的相对竞争地位变化提供了最大化机会。技术间断会抵消很多先发优势以及建立在传统技术基础上的移动壁垒。技术间断可能会要求价值链上整体的变化，而不是某个价值活动的变化。因此，某个阶段的技术间断使得市场地位更加多变，在此期间市场份额会经历较大的波动。

预测技术变革

企业可以使用这种框架来预测行业内发生技术变革的可能轨迹。在商用飞机领域，产品差异化比较明显。然而，产品设计的巨大规模经济限制了产品开发的种类。生产的灵活性表明生产过程不再是持久产品创新的障碍。因此在飞机行业，我们可以预期持续的产品研发活动。生产过程的灵活使我们不断探索在高度自动化的行业内不太可能存在的新原料和零件。

理解了技术变革的可能模式后，企业就能够预测变化，率先行动，获得竞争优势。然而凡是涉及技术的地方，就会有未知的情况。未来技术变革存在诸多不确定因素，这是企业想要借助行业情景考虑自身战略选择的原因。我将在第 13 章详细讨论行业情景的情况。

制定技术战略

为了将技术转变为竞争武器，而不把它当成单纯的科研目标，必须理解本章提出的概念以及制定技术战略的分析步骤。

1. 确定价值活动中涉及的所有技术和技术子类。每个价值活动都涉及一项或者多项技术，制定技术战略的起点是确定企业或者其竞争对手使用的技术和技术子类，无论这些技术看起来有多么微不足道。此外，企业必须深刻理解供应商和买方价值链所使用的技术，这些技术往往与企业自己所用的技术互相依赖。企业必须专注于产品技术或者在基本的生产操作中使用的技术，但它们往往忽略了其他价值活动的技术，忽略了发展技术所用的技术。

2.确定其他行业或者正在发展的相关技术。技术往往出现在行业外部，这类技术就成了技术突变和行业竞争混乱的来源。必须审视每个价值活动的情况，判断是否有可用的外部技术。应该彻底调查信息系统、新材料和电子产品的情况，这三者对创造新技术或以新的方式组合应用传统技术的过程将产生革命性作用。

3. 确定关键技术可能发生的变化轨迹。企业必须评估每个价值活动、买方和供应商价值活动技术变化的方向，包括与行业无关的技术来源。不能轻易认定有些技术已经成熟，无须再发展。每一项子技术都有可能发生变化，技术成熟也有可能是技术创新懈怠的表现。

4. 确定哪些现有和潜在的技术变化对竞争优势和行业结构最重要。价值活动中，并非所有技术都对竞争有重大意义。重大的技术变化需满足本章描述的四大测试标准。

- 企业本身创立了可持续性竞争优势；
- 向着对企业有利的方向，改变成本或者独特性驱动要素；
- 产生先发优势；
- 提升整体的行业结构。

企业必须分离这些技术，理解这些技术对成本、差异化或者行业结构的影响。供应商和买方技术往往对这些因素作用最大。重要的技术对成本或者差异化有重要影响，而技术领导地位则具有持久性。

5. 评估企业在重大技术上拥有的相对能力以及提升技术所需要的成本。企业必须知道自身在关键技术上的相对实力，对自身赶超技术变革的能力进行符合实际的评估。自尊的考量不能影响这类评估，若某些技术对于提升企业的竞争优势帮助不大，企业在这方面的投入和资源就等于浪费。

6. 选择包括所有的重要技术、能增强企业总体竞争优势的技术战略。技术战略必须有助于提升企业正努力实现或者保持的竞争优势。那些能帮助企业保持领导地位的技术是对竞争优势最重要的技术，且满足这一条件：成本或者差异化驱动要素应有利于企业，技术能够转变成先发优势。正如上文所述，企业能够采取多种措施，通过投资其他行业活动的技术来加强竞争优势。

企业的技术战略应该包括下列各项：

- 研发项目的排名反映了其对竞争优势的重要意义。在没有明确其对成本或差异化的影响前，不可以批准任何项目。
- 在重大技术方面针对技术领导或者技术追随所做的选择。
- 提升企业整体竞争优势，而不是着眼于短期利益，或者迫于现实的压力制定的技术许可政策。
- 在必要的情况下，通过技术许可或者其他方式来获得外部技术。

7. **在公司层面强化业务单元的技术战略。**当技术最终与各业务单元联系后，实施多元化的企业在加强自身的技术地位方面扮演两种关键角色。第一是辅助监控技术对业务单元可能产生的影响。公司集团可以有效地投资、确定并分析所有可能产生深刻影响的技术，并把这些信息传递给业务单元。公司在监控信息系统、办公自动化、工厂自动化、原材料和生物技术等方面发挥的作用往往很理想。

公司在技术战略方面发挥的第二大关键角色是寻找、利用并创造业务单元之间的技术联系。各业务单元如果能够利用自己与其他业务单元的技术关联，就能获得竞争优势，详情见本书第 9 章的描述。

下列在公司层面、行业或者集团部门采取的具体行为能够加强一个企业的总体技术地位。

- 确定有可能影响多个业务单元的核心技术。
- 确保开展积极合作性质的研究行动，使技术能够在不同业务部门之间转移。
- 为公司在重要技术上开展研究筹措资金、吸引人才、创建大量技术和知识。
- 用收购或者合资的方式向公司输入新的技术实力，并发展现有的技术。

06 竞争对手的选择

绝大多数企业认定竞争对手是一种威胁。人们过分关注竞争对手如何夺走自己的市场份额，因此从一开始就想办法阻止其进入行业。按照这种思路，竞争对手就是敌人，必先除之方能安心。人们认定市场份额越多越好，这个观点也得到了经验曲线支持者的大力提倡。

虽然竞争对手会带来威胁，但是对企业有利的竞争对手却能够加强而不会削弱自身在行业中的竞争地位。友好互利型竞争对手的存在具有众多战略目的：它能够提升企业的可持续性竞争优势，改善行业结构。与此对应，企业拥有一个或者众多友好互利型竞争对手是值得庆幸的事情，哪怕为此要牺牲一点儿市场份额也值得。企业所占的市场份额过大，往往要比市场份额过小更麻烦。企业必须集中精力剔除坏的竞争对手，同时保持自己与有利的竞争对手的相对地位。这些原则对技术领导者和追随者同样适用。

本章将描述企业理解不同竞争对手的方法，明确如何凭借影响竞争对手来提升自身的竞争优势，由此改善整体的行业结构。理解这些原理能够帮助企业确定哪些竞争对手值得对抗，避免与那些对企业自身的地位和行业结构有利的竞争对手较劲。本章开篇介绍竞争对手的存在给企业带来的潜在优势，然后描述企业辨别友好互利型竞争对手的方法，从而区分合格和不合格的竞争对手。在此基础上，本章还将探讨企业确定竞争对手的身份、避免在竞争的过程中侵蚀行业结构的方法。最后本章还从企业的角度讨论了在行业内优化竞争对手配置的决策。此外，本章还提出了在遵照竞争对手选择规则的基础上，与竞争对手打交道应该避免的陷阱。

竞争对手的存在不仅有利于竞争的开展，还对企业的发展有很多好处，但人们对这些利益的重视程度还不够。企业在面对竞争对手的时候绝不能自满，要不断努力增强竞争优势。可持续性竞争优势是唯一一种实现超凡品质的可靠方法。同时，企业必须明确要去攻击哪些竞争对手，以及各类竞争对手的存在如何影响行业结构。每个竞争对手都对企业实施的竞争战略有不同影响。

竞争对手的战略利益

适当的竞争对手绝对能为企业带来多种战略利益，主要包括四大类：提升竞争优势、改善当前的行业结构、推动市场发展和阻止其他企业的进入。具体实现哪些优势要依据行业和企业实施的战略而定。

提升竞争优势

竞争对手的存在能推动企业提升自己的竞争优势。具体的运作机制和行业特征如下所示。

吸收需求波动。竞争对手可以吸纳因产品周期、季节性或者其他原因导致的需求波动情况，帮助企业更加充分地利用自己的产能。拥有这样的竞争对手，相当于能够控制产能利用成本驱动要素（见第 3 章）。行业领导者的市场份额在经济不景气的时候上升，在经济繁荣时下降，就体现了这一点。经济繁荣时，由于行业领导企业不能或者不愿满足特定的需要而出现生产力不足的情况，企业就能因此获得竞争优势。在经济下行期间，市场领导者因受到买方的青睐，且有直接的货源，所以能扩展市场份额。企业允许竞争对手来吸收需求的波动，往往对于企业保持整体实力来满足整个生产周期市场上的需求有很大帮助。但是企业必须确保自身在行业内的总体产能可以满足主要买方的需求，同时避免吸引过多的后来者入市；此外，企业还要有足够的产能盈余来控制产品在市场上的价格。

提升差异化的能力。竞争对手作为行业新增价值的参照，能提升企业开展差异化的能力。没有了竞争对手，买方要审视企业创造的价值就更难了，而其价格或者服务的敏感度就更高。结果买方可能更卖力地砍价，对服务或者产品的质量要求更高。竞争对手的产品成了买方衡量企业的相对表现的标准，这能让企业更清楚地展示自身的优越性，或降低差异化成本。由此，竞争对手可以发出企业产品价值的信号（第 4 章）。比如在消费品行业，同类产品多个品牌的存在可以使品牌产品在某些情况下保持更高的利润率。竞争对手作为标尺，其好处就在于能让买方看清企业产品与其他同类产品的区别，真正实现企业的差异化。有了标准，就不会出现企业漫天要价的情况。

竞争对手可以提升差异化的另一种相关情况是，某个行业内某企业鹤立鸡群时。在没有竞争对手的情况下，企业即使创造了高价值的产品，其定价也不能高出标准质量的产品很多。据报道，IBM 很难对其管理信息系统软件开发业务收取高价，直到几大会计师事务所推出高出市场价更多的产品，情况才有改观。美国几大会计师事务所的威望很高，其高价产品让买方更容易接受 IBM 向独立软件公司的要价。

在那些还没有订立产品质量和服务标准的行业里，有了比较的标准，其意义就更加重要。面对这样的情况，企业可以对一系列成本和质量进行权衡。在没发生差异化的情况下，买方往往对价格比较敏感。这样的行业里，买方若没有明确的比较标准，就会不断要求提升产品和服务质量，这就会让企业面临利润大幅度下滑的压力。

服务于不看好的细分市场。在那些不被本企业看好的行业领域，企业的竞争对手可能更乐意参与其中。如果没有竞争对手的存在，企业为了获得足够的细分市场或自我防御，可能不得不涉足这样的行业。缺乏吸引力的细分市场主要指满足下列条件的领域：企业的服务成本过高，企业的议价能力和价格敏感度以及企业的竞争地位不具可持续性；企业参与这些不被看好的细分市场的竞争，会损害其在游刃有余的细分市场中的地位。第 7 章提出的概念可以用来确定与战略意义相关的细分市场及其战略吸引力。

当企业针对生产线上的某个项目很难实现差异化，也很难获得可观的回报时，就足以证明竞争对手对企业的价值。这个例子很常见。如果买方一定要购买这些项目，就得寻找相关项目的供应商，这些供应商指望在出售整条生产线的过程中赢得竞争优势。若有竞争对手能供应这些产品，那么其对企业的威胁程度将远远小于买方找到全新的供应商所带来的威胁。好的竞争对手在这种情境下发挥作用的关键是，行业对企业与对手企业的产品需求是相关的。

特定的买方群体对价格敏感，具有议价能力，这种情况也与竞争对手对企业的价值有关。若行业里不存在竞争对手，则企业将被迫为了自我防御而向那些并不特别理想的买方提供服务，这样才能避免让具有杀伤力的竞争对手加入并获得收益（见第 14 章）。像希尔斯这样的大型经销商，由于规模大，竞争战略注重低成本而不是差异化，因而要比小型的连锁店更强大，对价格更加敏感。企业服务于大型的经销商获得的回报要比服务于小型连锁店的回报更低。除非企业在不看好的领域内竞争，服务的买方数量不断增加，足够支撑起整体的竞争地位，否则企业的赢利能力将大大降低。然而，企业在业内如果没有比较可靠的对手服务这些入不了企业“法眼”的买家（比如上面提到的大型商场），就会让些杀气腾腾的新手企业有机可乘。

政府采购行业中的典型情况说明，服务某个细分市场会影响企业服务其他细分市场的表现。向政府机构出售产品要走封闭投标程序，最终价格要接受公众的监督。因此，服务政府的价格就会被那些本身对价格不敏感的专业买方获知，企业要想和这类买方以有利于自己的价格成交就很难了。如果企业有可靠的竞争者来应对政府采购商，情况就会好很多。使竞争对手服务于特定的细分市场，企业就不会因在某个细分市场的供应产品不够水准而影响其在其他细分市场的供应和服务信誉，这样做也有利于企业。

竞争对手如果能在企业吃不消的某个细分市场服务买方，那么企业也能从中获利。如果企业因为法律原因不能对不同的买方实施不同的标价，借此来体现服务成本的差异（如《罗宾逊–帕特曼法》的颁布），或者由于买方之间的再销售行为不允许差异定价，那么可靠的竞争对手就能帮助企业以更低廉的价格或者更低的利润标准来服务高成本顾客，这样一来，企业本身的利润就能增加。

当然，要在某个细分市场允许竞争对手的存在，得确定该细分市场对企业而言是否的确无利可图。有时候，有些看似无利可图的市场，是因为定价不合理或者服务方式不正确造成的。碰到这类情况，企业最好独自应对这个细分市场，不要轻易让竞争对手进入。有关不合理定价风险的内容，请参阅第 3 章。

提供成本保护伞。高成本竞争者有时候会有成本保护伞的作用，能提升低成本企业的赢利能力。行业领导者为行业追随者提供了成本保护伞，这是人们普遍认同的看法。在某些行业中也的确如此。其实，市场价格通常是在稳定上升的行业中由高成本竞争者的成本地位决定的。对于这一点，很多人往往会忽略。如果高成本竞争者在产品成本水平附近定价，则低成本竞争者就能从同样的标价中获得不少利润。但是，如果市场上缺了这个高成本的竞争者，买方对价格的敏感度就会上升，因为买方在定价的时候注意到了更大的溢价空间。买方（包括零售商）希望在市场上找到第二家甚至第三家供应商，高成本竞争者提供的成本保护伞在这种情况下才更有价值，因为这就等于把一大部分业务拱手让给高成本竞争者。

高成本竞争者定价的风险是，这样的价格会吸引新企业进入。为了成功实施企业的战略，必须要设定一定的准入障碍。高成本竞争者要有足够的营业额保证自己的可靠性，避免吸引那些不够格的竞争者进入。

利用员工或者监管者提升议价能力。若价格谈判从某种程度上来说涉及整个行业，竞争对手的存在将大大提升企业与员工和政府监管者的议价能力。行业领导者在面对行会谈判时，经常会被迫放宽有关产品质量、污染控制等方面的标准。行业内存在的竞争者的赢利能力较低，但资本化程度不高或者定位本身不稳，对企业产品的市场需求影响不大。

降低反垄断的风险。对于降低反垄断的检查和指控来说，存在可靠的竞争者是必要的。柯达公司和IBM就曾屡次面临反垄断指控，消耗了管理人员大量的时间和精力，使其不能专心于业务的经营。即使政府反垄断指控概率不高，但由于企业拥有的市场份额过高，所以每次采取重大行动时，包括引进新产品、技术许可或者价格变化，都有可能引发个人诉讼。诉讼的风险会导致占据高市场份额的企业在决策过程中有意无意提高戒备心理，唯恐损害自己的竞争优势，而拥有靠谱的竞争者就能大大改善这种情况。

增加企业前进的动力。竞争对手存在的重要作用在于它们是推动企业前进的重要激励者。可靠的竞争对手能够激励企业降低成本、提升产品质量、追赶技术变化潮流。竞争对手的存在让企业员工上下一心，意识到实现共同目标的重大意义。竞争对手的存在，在企业组织内部起到巨大的威慑作用。例如施乐公司就受益于复印机生产商对手的推进作用。经过几年的较量后，施乐公司在绩效与成本无关的领域内大幅度提升了自身的制造成本地位，开发新产品的步伐也在大大加快。拥有垄断或者近似垄断历史的企业往往让人们看到，身为市场领导者自满的下场：安于现状、无法及时应对市场变化，最终就会失败。

改善当前的产业结构

拥有竞争对手可以从多个方面改善整体的行业结构。

提升行业需求。竞争对手的存在，能够提升整体的行业需求，并进而提升企业的销售额。比如，行业广告能提升市场对产品的需求，竞争对手的广告也能提升企业的销售量。市场追随者由于规模过小，无法获得规模经济，因此它们在广告上的投入往往与自身规模不成比例。企业和竞争对手定期推出新产品，这就能提升行业的总体吸引力，加强消费者对行业的意识，增加需求。最后，竞争对手入行有时候能够增强产品的可信度。比如IBM进入市场后，人们对个人电脑的认识就大大加深。

竞争对手能够在行业的生产线包括互补产品的领域里提升行业需求，比如照相机和胶卷、剃须刀和刀片、实验设备和耗材供应商等。在某个产品上独领风骚的企业会因为一个或者多个竞争对手出售互补产品而受益。例如，柯达许可相机技术，促成多个竞争对手出售相机，刺激柯达专用胶卷的销售额。这一战略的基础是竞争对手有能力通过集体营销行为提升市场对互补产品的基本需求。当企业很难就互补商品赢得足够回报，因此不强求自己满足所有细分领域的需求时，这个战略才有效。

提供第二或者第三货源。在很多行业中，尤其是涉及重要原材料或其他重要投入要素的行业里，买方会为了降低供应中断风险或抵消供应商的议价能力，希望获得第二或者第三货源。这种买方行为常见于涡轮发电机、金属罐、白糖和化学品等行业。作为第二或者第三货源，友好互利型竞争对手的存在能够减缓企业的压力。防止买方把那些更有威胁性的竞争者引入市场，还能延迟或者减缓买方开展后向一体化的风险。

京瓷公司是京都陶瓷公司在美国的分公司，它就曾面临缺乏适当的竞争对手而无法在半导体供应行业内发展的境况。由于半导体芯片的陶瓷片在市场中占据领先地位，所以美国半导体公司一直在努力寻找新的供应渠道，大力投资帮助新的供应商进入。如果有竞争对手存在，京瓷公司就不会如此被动，受制于买方的介入行为，在定价方面也就能避免不必要的挑剔。

上述例子主要是针对工业产品，其实消费品行业也存在这种情况。零售商往往代理多个品牌产品的销售，不愿专门服务于某一家生产商。有了良好的竞争对手，能降低零售商帮助其他企业的概率，避免它们通过更有利的货架位置、大量销售和其他支持措施来进入行业。

加强行业结构理想因素的力量。好的竞争对手能够促进行业结构的改善或者推动提升行业吸引力的结构性变革。例如，强调产品质量、耐用性和服务的竞争对手能够减少买方的价格灵敏度，缓和行业内同类企业之间的价格对抗。竞争对手大量投资广告业务，会加速行业向少数大品牌统领市场的结构转变，提高市场进入门槛。相反，竞争对手不够强，就会在企业追求竞争优势的过程中损害行业结构。比如对于婴儿食品行业，在 20 世纪 70 年代中期比奇纳特公司被斯奎布收购前，曾经通过高水准的广告、频繁推出的新产品和稳定的价格等措施使婴儿食品的行业结构趋向合理，而亨氏却用低成本低价策略妄图赶超美国嘉宝公司。斯奎布收购了比奇纳特，使比奇纳特不再是企业能容忍其存在的竞争对手，也改变了其目标和策略。

推动市场发展

竞争对手可以在新的产品或工艺技术演变的行业里帮助企业开发市场。

共享市场开发的成本。竞争对手可以和企业共同分担开发新产品或者技术市场的成本。市场开发常涉及吸引新顾客的试用成本，与替代产品抢占市场的成本（见第 8 章），法律操作成本，以及推动独立维修机构等基础设施发展的成本。此外，还需要企业支付研发活动的花费来完善基础技术，克服买方面临的潜在的转换成本，开发安装程序，提供能推而广之的服务。竞争对手还可以降低企业市场发展的成本，尤其当竞争对手在市场开发方面的投入与自身的销售额不成比例，或者企业试图开发的市场存在典型的行业问题时，更是如此。

降低买方风险。就算买方没有主观愿望去追求替代货源，新市场（或者新技术）也需要竞争对手的存在来提供替代的供应来源。如果只有两三家企业生产某件新的产品，买方往往不愿意购买，主要是因为转换成本高或者供应商无法提供符合标准的服务或者歇业，买方就处于很被动的境地。

帮助推动技术标准化或者合法化。竞争对手与企业使用的技术相同，能够推动技术合法化或者标准化的进程。如果某项技术只有一家企业的支持，买方就会不愿意接受这样的技术标准，它们会耐心等待技术工艺发展成熟才出手购买。面对此景，如果信誉良好的竞争对手也在推动这项技术的应用，与企业共享营销的成本，就能降低买方对新技术的抵触心理。VHS和Beta制式的录像机授权给其他顶级企业的技术许可就是一个很好的例子。使用相同技术的竞争对手还会加速企业获得政府许可或者其他标准组织的技术使用许可的过程。

提升行业的形象。恰当的竞争对手能够提升行业的形象。在其他业务领域发展成熟、闻名天下的竞争对手进入企业所在的行业，既证明了行业的合理性，也给市场发出信号，说明企业能够兑现自己的承诺。

在市场开发过程中拥有竞争对手，其带来的利益是暂时的；在行业发展过程中，新兴行业的出现和增长阶段中得到的好处会更多。在行业发展的初期，拥有多个竞争对手具有的战略利益最多，之后理想的竞争对手数目应该逐渐减少。

阻止进入

竞争对手在延迟进入或者提升企业竞争优势的可持续性方面发挥着核心的作用。合适的竞争对手能够在多方面推进防御战略的开展（见第14章）。

增加报复的概率和强度。竞争对手的存在有可能使潜在的新进入者更有可能发生报复行为，并提升报复的严厉程度。竞争对手还可以成为抵御新进入者的第一道防线，主要使用削价等战略来击垮它们。而占有大量市场份额的企业却难以承受削价战略，因为这会大大减少这类企业的收入。另外，如果市场准入者面临着很多竞争对手，它就会对这个行业望而却步。面对某个实施集中战略、在市场上一统天下的企业，新进入者可能更愿意行动。占据领导地位的企业在服务某些行业时，有着非常复杂的动机。因为在这些细分市场，它们更有可能遭受实施集中战略的新企业的攻击。

竞争对手本身不会阻碍其他新进入者，但是如果这类竞争者本身实力太差，就会吸引新进入者进入行业，而新进入者也未必会直接攻击市场领导者。

表明成功进入的难度。竞争对手可以证明在竞争中成功击败企业非常困难，且追随者的利润并不可观。宝洁公司的福爵品牌市场份额增幅有限，就很好地证明了这一点：要与通用食品的麦斯威尔咖啡争夺市场，就需要付出惨重的代价。如果没有竞争对手，后来进入市场的企业会低估市场进入壁垒以及市场领导者的竞争力。

封锁合理进入的途径。竞争对手可以占据那些行业进入的逻辑要塞，避免后来者插足。在起重机车行业，将小型起重机出售给小规模的买方就是行业进入的逻辑渠道。小型起重机对服务的要求较少，而小型买方面临的变更供应商的转换成本也较低，因为这类买方只买一辆起重机，不会有车队面临的通用性问题。所以，这类产品细分市场的进入壁垒要比其他细分市场的进入壁垒低。在本例中，这个细分行业的利润率不高使得很多美国生产商选择了忽略不计。对美国起重机生产商而言，遗憾的一点是没有可靠的美国竞争对手来阻挡行业进入门槛，因而日本生产商成功地利用该细分市场作为进入美国市场的通道。虽然可能有行业领导者服务于该细分市场，但是如果该细分市场相比核心业务结构吸引力不强，市场领导者就会把这个细分领域转给竞争对手去做，反而获得更高的利润（详见第 7 章）。

竞争对手还可以填补产品空缺，这些市场缝隙有可能对领导企业来说微不足道，或者与企业具有混合动机的领域有关联。市场上存在的竞争对手，可以填补这些产品空缺，这就增加了潜在新进入者入行的难度。因为它们的产品并非首创，而是与竞争对手类似，所以它们并没有得天独厚的条件，也不能借助产品独特性进行扩张。买方往往追求第二家甚至第三家供应商，这就为竞争对手开辟了入行的道路。由友好互利型竞争对手来填补这些空白，能有效阻止市场新人与企业争夺地盘。

占领销售渠道。一旦企业拥有竞争对手，分销商或零售商就能代售多个品牌的产品，新进入的企业获取销售渠道就会比较难。如果行业里只有一两家企业，则分销商就会极力吸引新的竞争对手来降低市场领导企业的议价能力或推动自有商品的供应。竞争对手的存在使渠道商早已有了充分的品牌系列或组合，新进入企业就要承担更高的渠道商获取成本。

如果没有可靠的竞争对手来满足自有品牌市场的需要，市场领导企业最好能够提供自有商品作为抵御手段。话虽如此，但很多市场领导者往往会避免自有品牌业务，原因是这些企业认定自有品牌会降低自身品牌商品的地位，电视机行业里的美国无线电公司和齐尼思两个品牌就属于这种情况。由于希尔斯本身无法从美国无线电公司、齐尼思或者其他有资质的美国生产商那里获得高水准的、可靠的自有电视机，它就积极鼓励日本企业进入美国的彩电市场。

友好互利型竞争对手的素质

并非所有的竞争对手都有同样的优点或者缺点。友好互利型竞争对手能够按照上述方式帮助企业的同时，而不对企业构成长期威胁。友好互利型竞争对手能给企业带来危机感，还能和企业实现稳定和赢利的行业平衡，而不让企业与之陷入漫长的拉锯战。糟糕的竞争对手大体上却有与之相反的特征。

没有哪个竞争对手能满足友好互利型竞争对手具备的所有检验标准。竞争企业往往兼有优秀和低劣的竞争对手的特征。据此，有些管理者认定根本就不存在所谓的友好互利型竞争对手。这种观点忽略了一些竞争对手要优于其他竞争对手的事实，也没能说明不同的竞争对手对企业的竞争地位能产生不同的影响。从实践角度来看，企业必须理解其竞争对手在整个行业竞争中所处的位置，并据此采取相应的行动。

友好互利型竞争对手的检验标准

友好互利型竞争对手有很多特征。由于竞争企业的目标、战略和能力并不是静态的，因而评估竞争对手的好坏标准也要随之改变。

诚信可靠。友好互利型竞争对手有充分的资源和能力，激励企业降低成本、提升差异化效果，并与企业共同取信于买方。除非竞争对手具有必要的资源，能够长期作为可靠的竞争企业，且买方认定这样的企业能够替代原有的供应商，否则竞争对手无法作为比较的参照，也无法推进市场的开发。友好互利型竞争对手的诚信可靠对于其阻挡新进入者至关重要。竞争对手必须拥有充分的资源来实施报复，让新进入者感受到威胁。如果买方打算寻找新的供应源，竞争对手就代表了可以取代企业的候选企业。最后，竞争对手必须足够强大，督促企业不能自满。

对自身弱点有清醒的认识。虽然诚信可靠是重要的标准，但相比企业，友好互利型竞争对手有着明显的弱点。理想状况下，友好互利型竞争对手认为其缺点很难改变，而竞争对手没必要处处示弱，但至少得让竞争对手的弱点被人所知。这样一来人们就会认定竞争对手不可能想在企业感兴趣的行业里较量，即使有这样的想法，也纯粹是痴心妄想。

理解规则。友好互利型竞争对手能理解并按照行业的竞争规则办事，能够明白并解读市场信号。友好互利型竞争对手能够推动市场开发，并提升现有的技术水平，而不是单纯地试图实施涉及技术或者竞争中断临时启动的战略，从而赢得竞争地位。

设想现实。友好互利型竞争对手对行业及企业的相对地位有着比较现实的设想。它不会过高估计行业的增长潜力，也不过分扩大生产规模；当然它也不会忽略投资，不会给新进入者机会。友好互利型竞争对手不会过高估计自己的能力，即使要获得市场份额，也不会挑起与企业的竞争，更不会因为低估自己的实力而不敢与新进入者叫板。

了解成本。友好互利型竞争对手明白付出的成本，并依此定价。它不会傻兮兮地交叉补贴生产线或者低估管理费用。在上述讨论中，呆瓜式竞争对手不可能成为友好互利型竞争对手。

改善产业结构的战略。友好互利型竞争对手能够保护并加强行业结构中的合理因素。例如，其战略可能升级行业的进入壁垒，强调质量和差异化，而不是靠削价或者借助销售方法的本质来降低买方的价格敏感性。

具有本质上比较局限的战略理念。友好互利型竞争对手的战略观念本身限制在企业不感兴趣的某个细分市场或者行业内，而竞争对手这样做却有充分的战略理由。例如，按照超凡质量实施集中战略的竞争对手如果扩大自己的市场份额，就能成为一个有利的竞争对手。

拥有适中的退出壁垒。对于友好互利型竞争对手，退出壁垒的存在足以使其遏制后来者插足，但此壁垒又不至于将竞争对手局限在行业内。退出壁垒较高会产生风险，在面对战略困难时，竞争对手不是退出行业而是扰乱行业的秩序。

可协调的目标。友好互利型竞争对手拥有与企业可以协调的目标。友好互利型竞争对手满足于使企业获得高利润的市场定位，这往往体现了友好互利型竞争对手的一项或者多项特征。

在产业中拥有适中的战略利益。友好互利型竞争对手不会为取得市场的统领位置或者快速增长而投入过多。这样的企业认定要在行业中长期立足，利润一般就可以，而不是一味主张改善自身和其他对手的关系，以获得更重要的战略地位或者心理优势。糟糕的竞争对手却认定行业地位是公司广泛目标的核心。例如，若认定外国竞争对手进入市场就抢占自己的战略市场，有这种想法的企业就不可能是友好互利型竞争对手。它过分地看重行业地位，反而无法理解游戏的规则。

具备可比较的投资回报率目标。友好互利型竞争对手试图获得可观的投资回报，但不会过分看重获得的税收收益、雇用家族成员、提供就业机会、赢得外汇（很多政府所有的企业就属于这种情况）、为上游产品提供销售渠道或者其他利润较小的目标。利润目标和谐的竞争者不太可能为了打败对手企业打价格战或鲁莽做大量投资。目标的差异使得麦克唐纳道格拉斯公司比国有航空公司更适合作为波音公司的竞争对手。

接受当前的赢利能力。友好互利型竞争对手在努力获得可观的利润时，对其当前的回报感到满意，知道勉强提高回报率不太可行。理想状况下，竞争对手认可在双方共同服务的细分市场中比企业获得稍低一点儿的回报率。这样一来，竞争企业不会为了提升自己的相对赢利能力而扰乱行业的平衡，而这类企业的存在在有了保底的回报后，还会阻止新竞争对手的进入。

希望产生更多的现金。友好互利型竞争对手努力为其股东或者母公司创造更多的利润，与此同时不会凭借新扩张的生产能力或者对主要生产线进行彻底检修而破坏产业平衡。然而，友好互利型竞争对手懂得见好就收，不会过分追求行业地位带来的全部好处，因为这样做会提升企业对这类竞争对手的戒备，影响其可信度。

走一步算一步。友好互利型竞争对手不会为了发动一场攻击企业竞争地位且旷日持久的战争而步步为营。

规避风险。友好互利型竞争对手担心风险因素，满足于当前的行业地位，不会冒险去改变。

多元化经营企业的一些业务领域，如果对企业的长期战略不起核心作用，往往就是可靠的竞争对象。这些部门往往奉命实现严格的赢利目标，并获得足量的现金。而那些着力扩大业务的部门往往是企业比较低劣的竞争对象。斯奎布收购了比奇纳特的婴儿食品业务，当时人们认定比奇纳特有比较好的增长潜力。这使得比奇纳特采取的部分措施失效，还进一步损害了行业利益。

强大的竞争企业如果目标和战略定位准确，也可以成为企业合适的竞争对手，前提是这类企业的目标和战略定位使得企业与之能和平共处。如此看来，拥有明显的劣势未必是竞争对手的必要条件。但是若企业拥有长远目标发展、不需要过多的短期现金流支持，或者企业愿意冒险改变行业地位，那么这类企业就不可能成为其他企业的友好互利型竞争对手，不管它是否拥有很强的实力，从保持稳定的行业平衡关系来看就不够资格。

有时候，竞争对手是企业可靠的劲敌，但企业对它们而言却不是。一个竞争对手可能遵循游戏规则，但另一方可能只顾自身利益。当企业之间是共赢的竞争关系时，行业会更加稳定。供应的竞争关系出现在某企业服务的细分市场，其他企业并不感兴趣。共赢的竞争对手之间能够通过共同发展来保存各自的实力，同时按照各自内在的标准，实现自己的竞争优势。

卓越的市场领导者

适合企业的竞争对手的检验标准为我们从市场追随者的角度理解卓越的市场领导者应具备哪些素质提供了参照。假如企业并不具备在所处行业中成为领导者的实力，其成功在很大程度上取决于选择具有卓越领导者品质的行业。从追随者的角度来看，卓越的领导者所具备的最重要素质是市场领导者的目标和战略能够为追随者提供获得客观利润的保护伞。例如，企业拥有高投资回报的目标，关注“行业的健康发展”，实施基于差异化的战略，由于多种原因不愿意投入特定的行业细分领域，这样就能为市场追随者提供在比较稳定的行业环境中获得较好回报的机会。相反，若市场领导者无法理解市场追随者的利益，满足于获得低利润，实施的战略破坏了市场结构，就不太有可能为市场追随者提供可靠的环境。例如，在买方实力强大、对价格敏感的行业中，市场领导者若采用低价和率先完成学习活动的战略，就会破坏市场追随者甚至自身所处的行业。

分析判断友好互利型竞争对手

分析判断某个对手是否是友好互利型竞争对手需要完整的竞争对手分析。竞争对手的目标、看法、战略和能力都在某种程度上决定了其能否成为某个企业优秀或者低劣的对手。既然没有哪个企业能完全满足友好互利型竞争对手的条件，那么我们就有必要确定企业优秀的品质是否超越了有可能影响行业结构或者企业竞争地位的不利特征。

要权衡企业特征，评判其是优秀、低劣或是一般的竞争对手，有很多个例证可供我们参考。在计算机行业中，克雷研究公司看起来是IBM很不错的竞争对手，而富士通则是个低劣的对手。克雷研究公司是个可靠的对手，它集中精力服务于特定的细分市场并按照规则办事，该企业循规蹈矩、不会自不量力，也不抱希望赶超IBM。富士通则不然，它花大力气要赶超IBM，试图占据赢利标准较低的市场，通过实施可能损坏IBM差异化战略的战略来破坏现有的行业结构。

在复印机行业中，柯达是施乐公司较好的竞争对手。柯达集中精力服务于大容量复印机的市场，强调质量和服务。虽然，柯达的确从施乐公司手里拿走了一部分市场份额，但是由于柯达拥有较高的回报率目标，且遵循与施乐公司一样的行业规则。因此，柯达公司一直在督促施乐公司提升自身复印机的质量。此外，柯达公司看似也没把复印机当成办公自动化的关键，从而为低利润开脱责任，它还是认为这是一个有利可图的行业，并且一切都可以自己掌控。

而在化肥行业里，经证明石油公司是一类对自己很不利的竞争对手。它们有多余的现金去投资，总在寻找能够赢得更多市场份额的广阔市场，从而改善自身的财务报表。大部分石油企业不会强调研发活动和客户服务，而是打价格战，加速了行业的商业化速度。这类企业缺乏预测能力，往往在商业周期的鼎盛时期建立新工厂，而不在低谷时期收购有利的生产设施，这表明它们往往会制造或者恶化生产能力过剩的情况。

CT（计算机断层成像）扫描仪行业的竞争情况表明了追随者能理解优秀的市场领导者给自身带来的利益。以色列的埃尔森公司市场排名处于第二、三的地位，通用电气则是行业的领导者，而埃尔森公司也曾公开表示不会超越通用电气。埃尔森公司认定通用电气是很好的市场领导者，因为通用电气价格高，其服务和声誉确立了自身差异化战略的基础，且大力投资教育并开发市场。可口可乐公司也是历史上著名的卓越市场领导者。可口可乐从不采取价格竞争，也不会对追随者的措施进行严厉的反抗或者报复，成功扮演了行业领袖的角色。百事可乐、胡椒博士和七喜公司多年来一直坐享追随者的稳定利润。可能是认定百事可乐可以从可口可乐这里攫取大量的市场份额，也可能是由于新晋领导层眼里容不得沙子，近来，可口可乐在对待市场追随者的态度上越发激进。百事可乐显然引起了可口可乐公司的行为变化，这表明企业在应对友好互利型竞争对手时要极力避免陷阱。我们将在下文中马上揭晓。

如果竞争对手不好，那么即使拥有明显竞争优势的企业也觉得在某个行业内竞争不够有吸引力。比如，在蘑菇行业中，罗尔斯斯顿–普雷那公司有许多潜在的优势，但却面临着很多投资回报率标准较低的家族企业和来自中国大陆以及台湾地区进口商的竞争。于是，罗尔斯斯顿–普雷那公司最终退出了这个行业。

影响竞争对手的模式

友好互利型竞争对手带来的好处表明企业可以攻击某些对手，对另一些对手则要加以“保护”，对于那些满足友好互利型竞争对手条件的企业，也要为它们创造条件入行。相比行业发展的成熟阶段，行业发展的初期最好有更多的竞争对手，这也能鼓励那些不可能取得长久成功的竞争对手更早进入市场。话虽如此，但企业不应该对竞争对手掉以轻心，企业也不能为了增强自身的竞争优势采取攻击性手段。相反，竞争对手选择的原则表明企业不能稀里糊涂，要以比现在更加全面成熟的眼光对待竞争对手。

企业与怎样的对手较量取决于很多因素，很多因素都不在企业的控制范围内。哪些企业会进入行业，很大程度上取决于运气，这将在本书第 14 章中详细展开。某个企业在特定的时间认定某个行业是否有吸引力，是否具有充分的资源来进入这个行业，其中运气占了很大一部分。但是一旦有少数的企业进入这个行业，其他企业就不会认定这个行业就是一个理想的竞争领域，尤其新进入者是名声响亮的企业时更是如此。如果企业能够影响那些早入行的公司，那么该行业的整体进入模式将发生改变。

竞争对手的选择不仅影响着行业的进入，还会影响哪些竞争对手为了生存能获得市场份额以及它们将服务于哪些细分市场。下列选择竞争对手的策略在很多行业里都存在。

技术许可。企业可以早早地按照优惠的条件将技术授权给友好互利型竞争对手

（见第 15 章）。如果企业选对了竞争对手，就能大力阻止其他后来者入行。比如半导体行业的买方希望获得第二家甚至第三家供应商，技术许可在半导体行业比较普遍，慎重选择技术许可将有积极的意义。近来，英特尔授权IBM和康懋达电脑公司制造 8088 微处理器，这个举动就很有意思。这里的技术许可就有一箭双雕的功效，既能让买方放心，还能阻止那些更有杀伤力的竞争对手入行。

选择性报复。企业可以对差劲的竞争对手实施强力报复，让友好互利型竞争对手入行或者顺利地获取市场份额。企业选择不同的地域市场推出新产品，往往会对竞争对手产生一定的影响。

选择性进入阻止。当友好互利型竞争对手服务某些细分市场能巩固提升企业自身的市场地位时，企业就应该避免对这些细分市场进入壁垒的创立进行投资。这样做也有风险，即给那些低劣的竞争对手进入这个毫无防御的细分市场创造了条件，此后这些竞争对手可能会采取一系列进入战略。

联合吸引新进入者。企业可以与优秀的潜在竞争对手联合，成为产品范围内某类产品的供应商，通过企业的销售渠道出售这些产品。这个竞争对手应该能够拓展其业务，服务于企业并不看重的其他细分市场。其他形式的联合也能鼓励友好互利型竞争对手的入行，包括零件采购协议、自有商标协定（即双方确定竞争对手按照企业的名义来出售产品）。这两种做法都能降低友好互利型竞争对手进入行业的门槛。

对抗敌对型竞争对手时破坏友好互利型竞争对手

在对抗敌对型竞争对手时，很难避免牵连到友好互利型竞争对手。旨在打击敌对型竞争对手的策略，包括广告投入增加、新产品引入或者改变保质政策，可能会减少优秀竞争对手的市场份额，甚至威胁其生存。削弱友好互利型竞争对手也有可能损坏行业的结构，或者引发新进入者插足。

因此，有必要将针对敌对型竞争对手的攻击性或者防御性措施进行适当调整，从而最小化这些行为对友好互利型竞争对手的影响。由于敌对型竞争对手在其服务的细分市场中杀伤力极大，往往很难做到这一点。然而，要提升企业的竞争地位，积极应对市场中出现的威胁，与此同时保护友好互利型竞争对手，实现这样微妙的平衡是一大挑战。友好互利型竞争对手要明白，企业的这些行为并不是针对它们的，否则它们很有可能迫于无奈改变自己的做法。当然，企业也必须遏制友好互利型竞争对手变成敌对型竞争对手的趋势，要继续与之对抗，使友好互利型竞争对手坚定自己的立场。

将敌对型竞争对手转变为友好互利型竞争对手

有时候，敌对型竞争对手会转变为友好互利型竞争对手。理想状况下，市场发出信号更正竞争对手对现状的错误看法是很有必要的。美国铝公司一直试图影响其竞争对手对铝行业过分乐观的需求估计。随着时间的流逝，敌对型竞争对手也能变成友好互利型竞争对手。竞争对手战略无效时，它们就会意识到这一点，然后按照将自己塑造成为友好互利型竞争对手的方式来改变自己的目标和战略。

为了将敌对型竞争对手转变为友好互利型竞争对手，企业必须做好战斗的准备。为了向竞争对手表明企业的相对弱势或者表明企业不能容忍自身的地位受到侵害，必要时企业就会发动市场争夺战。争斗需要付出代价，但与遭遇旷日持久、四面楚歌的情况相比，却值得付出。与敌对型竞争对手相处，腹背受敌往往是行业生存的常态。

有些对企业不利的竞争对手不可能变为对企业有利的对手。和它们共存，企业必须接受这样的事实，它们随时会威胁自己的地位。本书描述的所有攻击战略和防御战略都是保持竞争优势必需的，能借此避免损害行业结构。

优化市场配置

竞争对手选择原则表明持有100%的市场份额的情况几乎不可能发生，也不是优化的市场结构。企业有时候要适当让步，允许友好互利型竞争对手占有市场份额，这要比自己独霸一方，不断提升自己市场占有率的行为更加合理。虽然这种看法与某些企业管理者的看法不同，甚至被企业管理者认定是极端错误的，但是这却是提升企业长期竞争优势和行业结构的最佳方式。在这里，企业应当提出的问题是：市场份额和竞争对手结构如何才能实现市场优化配置？上文我已经介绍了企业确定并影响友好互利型竞争对手的方式，这里我们介绍一下对企业长期战略地位有利的竞争对手的配置情况。

一般情况下，确定某个企业最理想的市场份额的因素有很多，也很复杂。不过，我们在评估企业应该持有的市场份额和理想的竞争对手模式时能确定一些通行的标准。我首先将介绍确定理想市场配置的因素，然后考虑企业如何在给定的竞争对手配置情况下，继续朝着优化的配置方向发展。

优化竞争对手配置

企业在行业内占有的最佳份额应该很高，使得竞争对手不敢攻击其统领地位。企业必须有充分的市场份额优势连同其他与市场份额无关的优势来保持行业的平衡。不同行业的稳定需要的市场领导者与追随者市场份额的差别各不相同，我将在下文阐述。

诸多结构特征会影响市场领导者的最优市场份额。表明市场领导者优化市场份额较高的因素有：

- 明显的规模经济；
- 陡峭的专有学习曲线；
- 很少有行业细分领域；
- 买方愿意从单个供货源购买；
- 不存在拥有多个品牌的销售渠道；
- 竞争对手能够与相关的业务单元共享价值活动，表明小型竞争对手份额地位是攻击市场领导者的有效基础（详见第 10 章）；
- 其他较高的进入壁垒。

表明市场领导者优化市场份额较低的因素有：

- 基本无规模经济；
- 学习曲线比较平庸；
- 细分领域不太吸引人；
- 买方要求第二或者第三货源；
- 销售渠道具有议价能力，且要求有不同的供应商；
- 竞争对手是单一业务企业，无法共享价值活动；
- 市场追随者能有效遏制有杀伤力的后来者插足；

- 行业拥有反托拉斯问题的历史或者容易被这类问题困扰。

能维持行业最稳定状态的不同企业之间市场份额的分配主要取决于行业结构以及竞争对手是否对企业有利。决定了市场份额最佳模式的最重要行业结构要素包括差异化的程度和当前行业的转换成本，以及行业细分的状况。在存在一些细分领域、差异化不明显或者转换成本较低的行业内，显著的市场份额差异对稳定的行业结构很有必要。相反，如果行业细分程度和差异化程度较高，即使市场份额比较接近，企业也能在赢利的状态下共存，因为它们彼此攻击没有必要，也没有机会进行较量。

竞争对手的性质也很重要。如果竞争对手对企业不利，企业之间份额差异较大对保持行业的稳定性是必要的，因为对企业不利的竞争对手为了成功往往会采取破坏行业稳定的行动。若竞争对手对企业有利，存在一点儿市场份额差异，就足以打消对方与企业对抗的念头。

上述这些因素综合起来如图 6–1 所示。

市场份额不能只落在市场领导者手里，市场追随者也能从中分一杯羹，这样的行业结构是有利的。这表明市场追随者彼此之间为了均衡利益，无暇觊觎领导者的位置。市场追随者实施不同的集中战略要比它们同仇敌忾对付市场领导者要好，这也是市场追随者能够发挥竞争对手的作用，成为企业可靠的帮手从而阻止后来者插足的关键，否则追随者分裂就会给后来者进入行业以可乘之机。

		差异化程度和细分程度	
		低	高
竞争对手	对企业有利的竞争对手		为维护行业的稳定所需要的适当的市场份额差异
	对企业不利的竞争对手	为维护行业的稳定所需要的显著的市场份额差异	

图 6–1　竞争对手配置和行业稳定性

保持竞争对手对企业有利的状态

企业必须密切关注竞争对手的状态。友好互利型竞争对手要保证自己对企业有利的状态才能发挥其作用。即使竞争对手的存在本身对企业有利，但遇到比较紧急的情况，它们也会为了自保不可避免地损害企业的竞争优势或者行业结构。走投无路的竞争对手很有可能会违反有利的行业管理规则或者从事其他有可能损害行业结构、行业形象的活动。这类竞争对手在面临被收购时有可能寻求救助，在此期间引荐新进入者为自己解围。最后，被逼无奈的对手企业管理人员也会发生变动。新的管理人员将转变自身的性质，从友好互利型竞争对手变为敌对型竞争对手。

竞争对手是否具有对企业有利的市场地位因行业而不同，主要取决于进入壁垒或移动壁垒。在软饮料行业中，友好互利型竞争对手的市场份额应该低于5%，但在冷冻餐饮业有可能超过10%，企业必须明确彼此的竞争地位，确保对手的存在对自己有利。在结构变化的情况下，相对竞争地位往往会发生变化。企业必须让那些友好互利型竞争对手获得成功，让其获得有利条件实施自身的战略；不能在面临重复出现的问题时，主张改变其性质。

实现理想的竞争对手配置

上述观点表明了竞争对手的分布状况。为了明确竞争对手的配置是否趋向合理，企业必须计算赢得竞争地位的成本以及放弃竞争地位对应的风险。放弃市场份额可能会打破行业的平衡，诱使竞争对手获得更多份额，或者向潜在的新进入者发出行业不健康的信号。

企业必须获得市场份额，这不仅是为了提高自己的销量，也是为了借稳定的竞争对手配置来改善行业结构。赢得市场份额的成本取决于在此过程中市场份额减少的企业。对于市场份额减少的企业，其目标、生产能力以及业务缩水的障碍等因素都很重要。竞争对手的目标、专注程度以及对待市场份额的态度都是评估的对象。竞争对手的生产能力将决定从其手中夺走买方所需要的成本。

收缩壁垒（barrier to shrinkage）是指降低行业竞争地位而不退出市场所面临的壁垒。收缩壁垒与退出壁垒类似，由于在当前已有的设施水平上降低生产数量需要付出代价，所以固定成本越高，收缩壁垒也越高。假如竞争对手在行业中所占的比例较大，强调市场份额的目标或者收缩壁垒较高，那么获得市场份额就有可能得不偿失。在这类行业中，为了实现理想的状况增加市场份额的活动需要从容开展，从而充分利用开展行业活动所带来的各种机会。

是否需要放弃市场份额来提升企业的竞争优势、改善行业结构，这取决于企业与其竞争对手之间相对实力的差异。如果两者的差异较大，则市场份额的损失不太可能诱使竞争对手（或者潜在的新进入者）通过努力获得更多的市场份额，进而改变原有的行业平衡。放弃市场份额的风险源自于企业在开展报复行为中的可信度，以强硬形象出现的企业往往要比面临那些形象一贯是市场领导者的企业风险要小。最后，放弃市场份额的风险还取决于企业放弃市场份额的能力，放弃市场份额的方式要让其他企业（包括潜在的新进入者）理解，不能被认为是示弱的表现。

保持行业稳定性

就算竞争对手的存在对企业有利，为保持行业的稳定性，企业也得时刻关注，不断努力。这是因为竞争对手的目标或者情况会发生改变。多年来一直享受市场第二的相对赢利状态，竞争对手可能会认为占有更多的市场份额会更好。一旦母公司发生变化或者顶级管理层出现了情况，就有可能导致竞争对手改变其目标和看法。例如艾默生电力公司收购比尔德-普兰就大大提升了地区锯齿生产商的野心。行业结构的变化也有可能给竞争对手带来压力，为了生存和发展，迫使其不得不尽快赢得市场份额或者在保持市场份额方面下苦功。因形势所逼，即使对企业有利的竞争对手也有可能做出破坏产业的事情来。

由此可见，企业必须不断努力，正确引导竞争对手的期望和看法。这要求定期采取竞争型措施、激进的市场信号和投资移动壁垒等方法。其目的是保证竞争对手不会错误估计自己的实力或者对行业的忠诚度。宝洁公司就是通过定期更换产品和营销投资管理企业预期的例证。假如企业高高在上，认定了自身的市场领导位置，无异于给行业投了一颗定时炸弹，使得本来稳定、有利可图的行业变成大家为争夺市场份额而厮杀的战场。

选择竞争对手时所面临的陷阱

企业未必就遵守竞争对手选择的规则，经常会遭遇下列陷阱。

无法判断对企业有利或者不利的竞争对手。很多公司无法分辨哪些对手对自己有利，哪些对自己不利，这使得它们无法有的放矢地竞争。更糟糕的是，它们的措施不当，会打压那些对其有利的对手，放过那些对自己有严重威胁的企业。在此过程中，行业结构常常遭到巨大的破坏。典型的例子是，一个专业橡胶生产商认定另一大专业橡胶生产商为自己的劲敌，而与之势不两立。这种看法不足为奇，因为企业与竞争对手的市场份额类似，使其成为企业关注的重点。实际上，理想的状态是企业应该尽量避免与如此完美的竞争对手正面交锋。专业橡胶生产商真正的敌人是轮胎公司的专业部门，它们把橡胶专业市场作为自己产能过剩的倾销口。通过打击友好互利型竞争对手，专业橡胶企业正在帮助轮胎公司确立自身在行业中的地位，并侵蚀整个行业的吸引力。

企业往往会认定和自己市场份额最接近的企业或者与自己采取相同战略的企业是死敌。这类竞争对手往往会遭受最严厉的攻击，同时其他竞争对手则被忽略。实际上这类竞争对手的存在是对企业有利的，其对企业造成的威胁极小。

将竞争对手赶尽杀绝。公司往往无法预计企业过分成功对竞争对手造成的后果。把竞争对手赶尽杀绝会给企业带来巨大的风险，具体见上文。在软式隐形眼镜行业里，博士伦早已为自己酿下了苦果。在 20 世纪 70 年代末，它极力打压其他同类，大力削价，把自己放在老资格的位置。结果，博士伦的确获得了最多的市场份额，但是其竞争对手却个个被逼无奈“卖身”，被露华浓、强生以及先灵葆雅等公司收购。而这些企业个个比博士伦规模大，它们极力瞄准了隐形眼镜这块市场。随后，博士伦不得不单枪匹马与这些劲敌苦战。它无疑是把友好互利型竞争对手变成了对自己威胁极大的死敌。

拥有的市场份额过多。过了特定的临界点，企业增长就会出现问题。解决这些问题的最好办法是企业出让部分份额给市场上对自己有利的竞争者。此外，市场份额过大可能会导致回报率的降低。占有市场份额绝对优势的企业的最好办法是寻找其他增长领域，而不是妄图在这个行业里取得更高的份额。同理，市场份额高的企业最好寻找出路来增加总体的行业规模或者赢利能力，而不能单纯依靠市场份额。

如此一来，这些企业就能坐享不断增加的利益，避免扰乱行业秩序的威胁。当然，企业在自己认定强势的行业里追求相对竞争地位，获得更多的利益，这也是很常见的事情。

攻击对企业有利的市场领导者。市场追随者易犯的错误是攻击对自己有利的市场领导者。市场领导者往往被迫报复，使得追随者丧失本来有利可图的市场地位，从而被边缘化。尽管哈里伯顿公司实施差异化战略与西方公司成为竞争对手，且后者利润颇丰，但是西方公司却在石油钻井填充和模拟服务方面对哈里伯顿公司大肆进攻。哈里伯顿的反应虽然是该出手时才出手，但也大大降低了西方公司的价格。结果就是，哈里伯顿越发强大。

进入了一个拥有过多对企业不利因素的行业，会让企业陷入四面楚歌的境地，就算企业拥有竞争优势，也很难避免这样的境况。将诸多对企业不利的竞争对手转变为友好互利型竞争对手，其成本很高，往往会抵消入行所带来的所有好处。面临着一个拥有诸多对企业不利的竞争对手的行业，企业最好另选行业。

竞争对手的存在对企业而言是祸福相倚。一味抵制其存在，不仅有可能影响企业的竞争优势，还有可能损害整个行业的结构。企业必须主动出击，与对手较量，但也不能敌友不分。

COMPETITIVE ADVANTAGE

第二部分 行业内的竞争范围

07 行业细分和竞争优势

不同行业具有的性质不同。行业内部的细分结构与行业结构类似，行业细分领域对应的五大竞争力各不相同。细分领域经常涉及不同的买方价值链或企业服务买方所需要的价值链。因此行业内部的细分领域，其结构吸引力和取得竞争优势所需要的条件也是不同的。企业面临的关键战略问题有两个：第一，行业内的竞争范围是什么？第二，因为在不同细分领域之间能够构建壁垒，在行业的哪些细分领域内实施集中战略可以具备可持续性特征？

行业细分是指行业内部用于发展竞争优势的子领域。为竞争优势所做的行业细分包含了多个市场细分领域，其内涵比我们熟知的市场细分领域更广泛。市场细分旨在确定买方需求和购买行为的差异，企业利用独特的营销计划，服务于那些与自身生产能力相符的细分领域。市场细分专注于价值链的营销活动。行业细分将买方购买行为与成本行为结合起来，成本行为则包括了生产成本和服务不同买方的成本。行业细分过程涵盖了整个价值链，还体现了不同行业细分领域结构吸引力的区别以及企业同时服务于不同行业细分领域所产生的冲突。着眼于大局能启发我们使用新的细分方法，这也成了创造并保持竞争优势的基础。

为解决行业内竞争范围的核心问题，有必要进行行业细分。要明确企业应该服务于哪些细分领域以及如何服务于这些细分领域，这也是选择集中战略的基础。行业细分表露了一个现实：大布局竞争企业无法满足细分领域买方的需求，因此实施集中战略有可能带来可持续性的利润。大布局竞争企业必须理解行业细分的原理。行业细分使大布局竞争企业在细分领域内受制于实施集中战略的企业，这些企业应该迅速做出决定，将这些对自己而言没有太大吸引力的细分领域让给友好互利型竞争对手去做。从战略角度来关注细分显得日益重要，因为技术的新发展改变了传统细分的规则，这对实施集中战略和大布局战略的企业都有重要的影响。

本章描述了为达到战略目的进行行业细分的方式及其对企业创造、保持竞争优势所产生的影响。开篇描述了进行行业细分的根本因素以及在实践中可以用来界定行业细分范围的指标。这些原则为我们构建并解释行业细分矩阵、评价行业细分可选方法奠定了基础。在确定了行业细分的方式后，本章介绍了行业细分的重要战略意义，并介绍了行业细分具备结构吸引力的条件以及确立不同细分领域之间战略关系的因素。最后，本章还介绍了企业构建集中战略的行业细分基础，企业具备的可持续性竞争优势的检验标准。本章最后总结了行业细分过程和行业定义之间的关系。

行业细分的基础

行业是一个市场，在这里类似或者紧密关联的产品被出售给买方，具体如图 7–1 所示。在有些行业里，企业向所有买方出售某类产品。不过更典型的情况是，行业中的产品系列将包含许多现有或者潜在的品种，按照大小、性能和功能等特征对其进行区分。辅助服务（包括维修、安装或者程序管理等）也可以独立于实物产品来供应。

在某些行业里，只存在单个买方（比如某些国防和航空行业）。不过更普遍的情况是，行业里有多个现有或者潜在的买方。这些买方通常不太一样，在人口统计学特征、竞争的行业特征、地理位置等方面大不相同。企业是产品和买方之间的纽带。沿着价值链，企业生产、销售并交付产品（详见第 2~4 章），在此过程中与其他企业竞争。在某些行业里，企业和买方之间有独立的销售渠道，涉及全部或者部分行业销售活动。

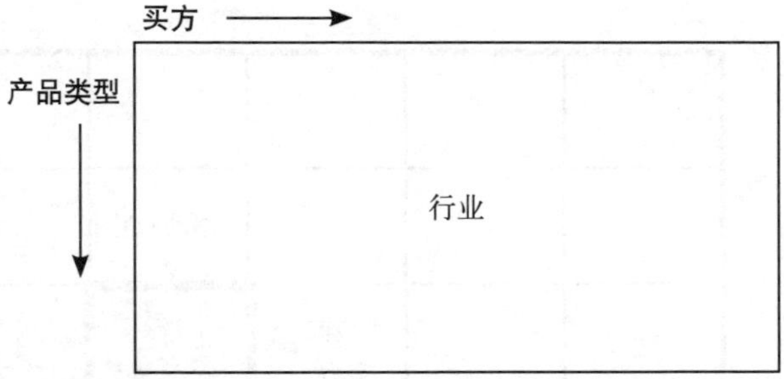

图 7–1 行业内多类产品和买方

行业的界限常处在变动之中，产品系列很少固定不变。企业能够制造新产品，产品能够执行新功能，功能可以组合成新方式或者按照原先特定的单个功能生产新产品。同理，新买方能够入行，现有的买方会退出行业，买方也可以改变自己的采购行为。当前的产品和买方反映了企业选择在行业内推出以及买方选择购买的产品，但不能体现将来有可能在行业内出售或者将来出现的买方选择购买的产品。

细分的结构基础

为了制定竞争战略必须进行行业细分。理由是产品、买方或者行业内的产品和买方各不相同，这会影响产品对买方的内在吸引力，进而影响企业向买方供应这些产品时获得竞争优势的方式。不同行业结构的吸引力不同，加之行业内存在多种产品，各自对竞争优势要求存在区别，由此就产生了行业细分。行业细分源于买方行为以及供应不同产品或者服务不同买方经济性的差异。有些产品和买方差异不能反映行业结构或者竞争优势（例如相同产品系列的色差），虽然这些差异对生产或者营销非常重要，但如何应对这些差异并不是竞争战略的关键。

结构差异和细分。产品或者买方的差异如果改变了五大竞争力中的某一项或者多项，就引发了行业细分。第 1 章阐述了这五大竞争力如何决定行业整体吸引力。结构分析可以应用于行业细分，这五大竞争力同样都起作用。比如，不同的产品系列哪怕出售给相同的买方，对应的规模经济或者供应商实力也会不同。给定的买方针对同一种产品可能拥有不同的替代倾向。同理，买方实力或者针对相同类型产品的替代威胁也因不同的买方而不同。图 7–2 列出了行业不同细分领域对应的五大竞争力。

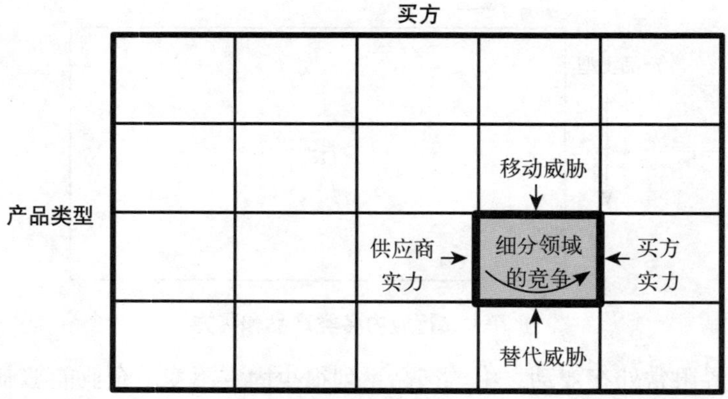

图 7–2　不同细分领域的五大竞争力差异

无论买方是谁，五大竞争力会依产品种类有所区别，电视机行业就是一个很好的例证。电视机行业可以根据配置进行细分（便携式、台式、落地式和组合式）。小屏幕便携式电视机俨然已经成了畅销商品，而落地式电视机为制造商按照款式配备家具、完成工艺和功能等因素进行差异化创造了更多机会。此外，落地式电视机采用了不同的生产工艺和供应商，选择余地比便携式电视机要多，规模经济敏感度也更低。这些差异会影响移动壁垒、供应商实力、买方实力和竞争压力，类似的差异还会影响其他类型电视机的竞争力。

大型涡轮发电机表明了买方的差异往往会产生结构化影响，这与采购的产品类型无关。从结构角度来看，投资者私有的电站与市政当局拥有的电站不同。投资者私有的电站技术更加尖端，购买涉及谈判；市政当局拥有的电站技术不那么先进，通过公开招标方式购买。这就造成了价格敏感度的差异，企业向这两类电站开展销售活动时制造移动障碍的能力也不同，其差异起源于品牌特征、转换成本和专有产品的区别等。

产品种类和行业内的买方在五大竞争力上都有可能不同。例如，在电视机行业里，落地式电视机和便携式电视机对移动壁垒、供应商实力和竞争都有影响。在涡轮发电机行业，投资者私有的电站和市政当局拥有的电站在议价能力方面存在差异，而服务于这些行业的企业之间的较量以及制造移动壁垒的机会也不尽相同。由于终端买方身份的不同，针对同一产品系列供应商的实力也会不同。例如，在自行车行业，自行车爱好者对诸如轮毂和变速齿轮等关键零件的品牌选择很重视。这使得自行车零件供应商在向那些主攻自行车发烧友的企业供应零件时，有了更强大的议价能力。这类零件供应商在面对主要针对普通自行车购买者的生产商时，议价能力要低很多。

价值链差异和细分。产品和买方差异如果影响了企业赢得竞争优势的要求，就有必要进行细分。价值链可以用来分析这一点。出现下列情况时，产品种类或者买方差异会引发细分。

- 产品种类或者买方差异影响了企业价值链的成本驱动要素或者独特性。
- 产品种类或者买方差异改变了企业价值链规定的配置。
- 产品种类或者买方差异表明了买方价值链的区别。

产品差异会影响价值链，标准自行车和高价自行车之间的差异就说明了这一点。标准自行车按照普通的生产过程制备，而高价自行车往往是手工制作的。除此之外，两者在很多其他价值活动上也有差异，且成本驱动要素和价值活动的独特性也因此不同。所以，标准自行车和高价自行车的竞争优势来源有很大的不同，这使得它们分别属于不同的细分领域。还有一个例子可以证明不同的产品种类可以影响价值活动，比较生啤和罐装啤酒，虽然制造的都是啤酒，但是很多价值活动却彼此有别。

买方差异影响企业的价值链，建筑用隔热材料的生产就是一个例子。隔热材料行业的很多成本都是由地区规模驱动的，取决于买方和工厂的相对位置，位于不同地理位置的买方就构成了细分领域。这个例证表明哪怕是完全相同的产品，只要买方的购买行为有别，服务于买方的成本行为就会有所不同。

对于不同的买方，其价值链也会有所不同。连锁酒店使用电视机的方法与家用电视机的方法不同，这对于应用标准和价值信号有重大的影响（见第 4 章）。众多买方的应用标准和价值信号决定了行业细分领域，因为这两项因素会影响企业取得竞争优势的要求。此外，还要意识到不同产品种类服务于买方价值链的方式也会不同，例如，新的零件和替换零件在买方价值链上所起的作用就不同。影响了买方应用和价值信号标准的产品差异决定了行业的细分。

行业细分矩阵。从理论角度来说，行业内单个买方或者产品类型都可以形成一个行业细分领域，因为针对每个买方或者产品类型的五大竞争力或价值链都各不相同。比如，在电视机行业中，每种屏幕尺寸或者功能都足以产生不同的细分领域。同理，在涡轮发电机领域，每个电厂都有不同的价值链。在实践中，产品类型和买方按照各自重要的不同点来分门别类。决定如何对产品和买方进行分类，来抓住彼此最重要的差异，这是妥善进行行业细分的关键，我将在下文中阐述。

行业细分领域总是包含不同产品和买方的组合。在某些情况下，买方不存在重要的结构差异，而行业细分是根据产品类型进行的，反之亦然。通常，产品类型和买方的结构差异在各个行业中都存在，从而导致了行业细分，进而出现企业向特定的一些买方出售特定产品子集的情况。请注意产品类型往往与购买这些产品的特定买方有关，电视机和涡轮发电机行业发生的情况都证明了这一点。

行业细分也可以按照当前竞争企业选定活动范围以外的因素来定义。行业细分源于行业内部结构差异，这些差异竞争对手有可能意识到，也有可能从未留意过。某个细分领域可能非常重要，尽管还没有竞争对手开始集中精力去攻克这个领域。行业细分应该包括现有以及未来可能出现的产品类型和买方集合。行业细分的倾向应该主要针对产品类型和买方的显著差异。但若行业内的某些产品已经显露出市场可行性，只是还没有开始投产，那么就有一些潜在的买方需要业内的竞争对手去满足。不明显或者潜在的行业细分领域非常重要，因为这些领域有可能为企业提供先发制人、提前获得竞争优势的机会。

细分变量

针对行业进行细分，要明确每个具体的产品类型（以及潜在的类型）对应的结构或者价值链差异。产品类型可以直接作为行业细分的变量。应该按照相同的原理，依据不同的买方来确定买方细分领域，主要是分析行业内的所有买方，辨别其结构或者价值链的差异。既然买方之间的差异多种多样，凭经验我们发现可以按照三种可见要素来分析买方差异，继而进行行业细分，具体包括买方类型、买方地理位置以及买方使用的销售渠道。买方类型包括买方规模、行业、战略或者人口学特征。

买方的这三大维度互相关联，每个维度都有独立的影响。虽然买方所有的特征都起作用，但地理位置能极大地影响采购行为以及服务买方的价值链。同理，在很多行业里，可以通过不同的销售渠道联系同一家买方。而买方采用的销售渠道往往与其本身以及产品的类型有关。比如，电子设备买方从分销商手里订购小批量、快速交付的产品，而从生产商那里大批量采购。

要对某个行业进行细分，有四大类明显的细分变量可以单独使用或者共用，以判定生产者和买方的差异。在任何给定的行业中，任何细分变量或者多个变量的组合都能够从战略意义上界定相关的细分领域。

- 产品类型：可以生产的具体的产品类型。
- 买方类型：购买或者有能力购买行业产品的终端买方的类别。
- 渠道（中间买方）：为提供产品给终端买方提供的替代销售渠道或者有可能启用的销售渠道。
- 买方地理位置。买方地理位置由区域性、地区、国家或者国家群进行定义。

确定细分变量可以说是对行业进行细分最有创意的举动了。它要求我们分析产品和买方差异的维度及其包含的重要结构或者价值链意义。我们需要清楚地认识行业结构以及企业和买方的价值链。

产品细分

为了确定产品的细分领域，行业内已经或者即将生产的具有实体差异的产品都应该加以分类，包括独立于产品交付过程的附加服务。替代零件本身也是独特的产品类型。组合产品可以一起销售，与那些单体销售的物品一视同仁，是单独的产品类型。在医院管理行业，有些机构按照单一的价格销售整套管理服务，有些机构提供单项服务，如医师培训。因此，在产品细分时，成套服务就应该视为单独的产品类型。同理，在产品需要附带服务的行业里，普遍存在三种产品类型：单独销售的产品、单独销售的服务以及组合销售的产品和服务。绝大多数行业里产品的分门别类非常耗时耗力。

行业内的产品类型差异可以转变为结构或者价值链差异，进而导致细分的产生。以下是一些典型的产品差异，它们是用来界定细分领域的结构或者价值链差异的典型因素。本章给出了实例，说明这些差异体现产品细分标准的原因。

实体大小。大小可以替代技术复杂程度或者产品的应用方法来反映产品差异，而后两个因素都有可能影响差异化。例如，不同大小的起重机使用的目的就不一样。大小还可以反映生产不同产品类型的价值链的差异。比如，小型照相机要求的生产工艺不同，相比标准大小的相机，其零件的精度要求更高。

价格水平。产品的价格水平往往与买方的价格敏感度相关。价格水平在很多行业还可以体现设计和生产性质或者出售的价值活动的差异。

功能。具备不同功能的产品与技术先进程度、生产工艺和供应商有关联。

技术或者设计。不同产品对应的技术差异（例如模拟表对比数字表）或者设计（前开或者侧开阀门）涉及不同水平的技术复杂程度、多种生产工艺或者其他因素。

使用的投入要素。有时候产品在使用的原材料和其他投入要素上差异很大（例如塑料对比金属零件）。这些差异对生产工艺或者供应商的议价能力有着重大的影响。

包装。产品类型差异体现在包装以及后续的交付方式上，如散装白糖对比包装白糖，生啤对比罐装啤酒。这种差异将进一步转化为企业和买方价值链的差异。

性能。诸如压力评级、燃油利用率和技术以及设计精度等因素，常常能反映企业研发活动、生产工艺和检验标准的差异。

以新换旧或者产品替换。相比全新的产品，替换产品往往经历完全不同的下游价值链，还有可能涉及买方价格敏感度、转换成本以及规定的交付时间的差异。

产品与附加服务或者设备的对比。产品与附加产品或者服务之间的区别往往是价格敏感度、差异化程度、转换成本以及对应的价值链等因素的关键指标。

捆绑销售或者分拆销售。捆绑销售对比单独销售对移动壁垒、差异化能力和规定的价值链的影响更明显（详见第 12 章）。

对于行业细分最有意义的产品差异能够反映最重要的结构差异。不同产品标志往往彼此关联。价格水平、技术和性能彼此联系，反映了产品的基本差异。如果每一种产品标志都体现着相同的差异，则应该选择那些最能体现结构或者价值链差异的标准。

有多种产品维度可以界定相关的产品细分领域，所有影响结构的产品差异都必须清楚地加以辨认。行业内细分的最佳方法是使用多种细分变量，下文将详述这一点。产品细分还应该包括那些当前尚未生产但在未来可能推广的产品，包括独立于产品出售的服务或者拥有特定组合功能的产品。在杂货店内销售的无绳电话和“不贴牌”食品就是很好的例证。

买方细分

为了确定买方细分领域，行业内不同种类的终端买方都要经过企业的仔细检查，分析其重要的结构或价值链差异。在大多数行业中，有多种方法可以分类买方。比如，在消费品领域，关键的要素包括年龄、收入、家庭大小、是否为决策者等。在工业产品、商业产品或者机构产品领域中，买方大小、技术先进程度、产品使用性质是区分买方的重要因素。

市场营销人员开展了细分买方最佳方式的热烈讨论。实际上，没有哪一个变量能够捕捉所有可能决定细分领域的买方差异，尤其是考虑到影响服务买方成本的差异（以及与此对应的价值链活动）往往和购买行为的差异一样对细分产生举足轻重的影响。买方细分应该反映买方之间的本质结构和价值链差异，不能只反映某项分类标准，因为买方细分的目标是揭示买方的所有差异。

工业和商业买方

区分工业和商业买方细分领域的结构或者价值链差异的常见因素具体如下。这里还给出了具体的实例，说明这些因素如何反映细分领域。

买方行业。买方行业往往代表了产品在买方价值链中使用的方式及其在整体采购中所占的比例。例如，糖果制造商购买、使用巧克力的方式与奶制品企业大不相同，后者的巧克力用量较少，质量要求较低。这种差异有可能影响诸多因素，包括买方价格敏感度、容易被替代的程度以及向买方供货的成本等。

买方的战略（例如差异化对比成本领先战略）。买方的竞争优势往往是反映产品应用方式和价格敏感度的重要指标。战略影响着企业的价值链以及产品在其中的作用。例如，一个实现了差异化、拥有高利润率的食品加工商，与以成本领先战略为主导的自有品牌食品生产商相比，更关注原材料的质量和性能稳定。

技术先进程度。买方的技术先进程度是反映其受制于差异化及其对应的价格敏感度的重要指标。比如，相比独立公司，各大石油公司往往是油田服务和设备技术更加先进的生产者。

原始设备制造商对比普通用户。原始设备制造商（OEM）将从企业购买的产品纳入自己的产品系列，然后转售给其他企业。相比普通的终端用户，它们往往有不同的价格敏感度，对技术要求也更高。

垂直一体化。买方是部分融入产品或是副产品，还是融入相关产品中（例如内

部服务），将对买方的议价能力和企业实现自身差异化的能力产生重大的影响。

决策单元或者采购过程。涉及决策过程的特定个人应该对采购决定、期望的产品性能和价格敏感度有很大的影响。很多工业产品采购过程非常复杂，涉及很多人员（见第4章）；就算是一个行业的买方，涉及的具体程序也有很大的差异。有些电子零件的用户通过训练有素、专业负责的采购代理完成采购。相比那些雇用工程师或者专门负责采购的人员完成采购的零件购买商，它们对价格更敏感。

规模。买方的规模能显示其议价能力、使用的采购程序以及最佳供应商的价值链。有时候订单规模也是相关标准；在其他行业中，年度总采购额可能会成为相关的标准。还有些行业公司规模是确定议价能力和采购程序的最佳决定因素。

所有权。买方企业的所有权结构对其购买动机有重大影响。私有企业与国有企业看重的产品特征不同，而多元化企业某分部的采购程序是由母公司决定的。

财力。买方的赢利能力和财力能够决定诸如价格敏感度、信誉需要和采购频率等因素。

订购模式。买方订购模式的不同会影响买方的议价能力或者供应商的价值链。相比那些不定期订购的买方，企业服务定期订购或者订购行为可预见的买方的成本较低。有些买方的采购模式具有季节性或者周期性特征，这也会影响企业的生产模式和产能利用。

消费品买方

决定了消费品买方细分领域的典型买方差异特征具体如下。本书提出了一些例证，帮助读者理解这些特征如何细分领域。

人口统计学特征。买方的人口统计学特征可以体现期望的产品特征、价格敏感度和产品的其他用途以及价值信号标准。比如，单身人士与有小孩的人士对冷冻餐饮产品有着不同的需要和采购模式。很多人口统计学特征都非常重要，包括家庭规模、收入、健康状况、宗教、性别、国籍、职业、年龄、家中是否有女性就业者、所处的社会阶层等等。在银行业，财富、年收入和家庭成员的受教育水平都决定了他们要购买什么银行服务以及相应的价格敏感度。

心理因素或者生活方式。像生活方式或者自我形象一类很难衡量的因素也是决定消费者购买行为的重要特征。新潮的名流与保守的富人所看重的产品特征不同，这就是个很好的例证。

语言。语言也会决定细分领域。在唱片行业中，全球的西班牙语市场就是一种细分领域。

决策单元或者采购过程。家庭内部的决策过程对产品特征和价格敏感度有莫大的意义。有些夫妻可能更看重汽车的性能，而有些夫妻可能更加看重舒适度和质量的可靠性。

购买场合。购买场合包括购买产品是为了自己使用还是送给他人当礼物，产品是常规使用还是节日庆典使用等。哪怕面对同样的买方，产品是类似的，买方使用并发出价格信号的标准往往会依据采购场合而不同。例如，若购买钢笔用作礼品而不是自己使用，人们往往青睐高仕这样的名牌。

还有一些买方要素对决定买方细分领域非常重要。在油田设备领域，买方规模、技术先进程度、所有者结构都是相关的变量。在冷冻餐饮业，家庭大小、家庭成员的年龄、父母双亲的就业状态以及收入都是相关的变量。产品潜在的买方也会构成细分领域。买方细分变量彼此关联，其任务是选择最能反映结构和价值链差异的变量。

渠道细分

为了确定渠道的细分依据，使产品通过渠道销售给买方，就应该明确这些现存的可行渠道。通常使用的渠道对企业如何配置自己的价值链以及垂直关系有着重大的影响（见第2章）。渠道还可以反映那些最重要的成本驱动要素，包括订单大小、运输规模和交付期限。电子零件的大型订单是直接销售的，而小型订单却是通过渠道商销售的（这两者的买方往往是一家）。渠道商在议价能力上有着很大的区别。诸如希尔斯百货和美国国民大卖场等大型商场比独立的百货商店有更强的议价能力。

定义渠道细分的渠道差异包括以下几种。

直接销售与通过渠道商销售。直接将产品出售给买方免去了获得渠道的麻烦，其价值链也与涉及渠道销售的价值链不同。

直邮与零售（或者批发）。直邮使企业不用应对中间渠道商的议价过程，还能对价值活动产生重大影响，比如物流系统。

分销商与经纪公司。经纪公司一般没有存货，其业务范围与分销商也不同。

分销商或者零售商的种类。可以通过各种零售商或者分销商来销售产品，它们会承销不同种类的产品、实施不同的战略，进货程序也不同。

独家经销与非独家经销。独家经销会影响渠道商的议价能力以及渠道商和企业分别开展的活动。

行业内通常有多种不同的渠道。比如在复印机行业里，复印机可以直接销售，也可以通过复印机分销商、办公用品分销商和零售商出售。渠道细分还包括所有潜在以及将来可以存在的渠道。例如，莱格斯（L'eggs）对针织品市场重新进行了细分，主要是因为它发现了新渠道，所以将针织品直接销售给超市。

地理位置细分

地理位置细分会影响买方需求和服务买方的成本。地理位置作为成本驱动要素本身就很重要，还会影响服务买方的价值链。地理位置常常代表了理想的产品特征，与气候、习惯和政府规定等因素密切相关。例如，美国南部的商用屋顶材料与北部相比，对隔热性能要求就少一些，而美国北部的屋顶可能要用砂石铺好，使屋顶能够承受积雪的额外重量。

典型的地理位置细分过程包括下列各种变量。

地方、地区或者国家。不同地区在交通和法规方面有不同的差异。买方地理位置在确定规模经济方面起着重大作用。根据规模经济的地理范围（见第3章），不同大小的地理范围可以成为相关的细分领域。在家用屋顶瓦业，就可以按照地区进行细分，因为高昂的物流成本会影响企业的业务辐射范围。在食品分销领域，由于消费者密集型的特征以及分销商主要使用卡车进行本地货物交付，所以可以针对大城市地区进行细分。

气候带。气候条件对产品需要或者企业服务某个区域的价值链能产生重大影响。

国家的发展阶段或者其他国家分类办法。位于发展中国家的买方与发达国家的买方需求会有所不同。此外，包装、物流系统、营销系统以及价值链的其他因素也会有很大区别。同理，其他办法也会依据国家的共同点进行国家群的归类。

按照地理位置进行细分的办法依行业不同。多数情况下，在细分过程中起作用的位置是产品消费或者使用的地点。然而，有时候产品装运的地点（比如仓库）的相关性更高。此外，买方总部或者主要住所也是重要的地理位置细分变量，虽然买方有可能在其他地方使用产品。

可能存在多种有意义的地理位置细分办法。例如，当地理范围是关键价值活动的成本驱动要素时，地区就是决定成本地位的有意义的细分变量，而国家在确定理想的产品特征和差异化能力方面也是有意义的细分变量。

寻找新的细分领域

因行业传统或者竞争对手行为，有些细分变量非常明显。根据贸易协会或者政府机构搜集的历史数据来看，已确立的标准和规范可以对买方或者地理范围进行区分。在石油行业中，各大石油公司和独立公司的区别就是默认的细分方法。行业内产品种类的传统区分办法也非常典型，竞争对手还可以通过自己选定的集中战略来定义明显的细分领域。

然而，细分必须要超越传统智慧和约定俗成的办法。正确的行业细分应该能反映产品、买方、渠道或者地理位置的结构或者价值链的重大差异，而不管这些细分方法是否已经被人意识到或者在行业内使用。创造竞争优势最佳的机会往往来自于新的细分方法，因为企业能够比竞争对手更好地满足买方的需求，提升自己的成本竞争地位。

在寻找潜在的新的产品细分领域时，应考虑以下几个问题：

- 是否有其他技术或者设计来实现买方价值链中规定的功能？
- 升级的产品能否完成额外的功能？
- 若减少产品的功能（有可能降低价格），能否更好地满足买方的需求？
- 是否还有其他产品或者服务组合（不管组合大小）能够合理地成组出售？

折扣零售商就是基于降低产品功能数量进行重新细分的例证。比如，罗赫曼百货撤销了诸如赊账和退货这样昂贵的服务，而通过设立不带更衣间和销售支持的简易销售点，精减了诸多传统的价值活动。这一情况在酒店或经济型酒店行业里很常见，像拉昆塔这样的经济型酒店只提供客房服务，不设酒吧或者餐饮服务。其他连锁酒店也在以新的方式来组合服务。

采用新渠道的机会也会经常出现。虽然传统的做法是采用代理商、分销商或者新型的分销商或者零售商，但企业也可以直接将产品销售给买方。手表业的天美时、化妆品行业的雅芳就是这样做的。任何可行的渠道都是潜在的细分领域。

在确定新的地理位置和买方细分领域时，需要在两个方面有创意。第一个创意是找到重要的区分地域或者买方的方法来反映结构或者价值链的差异。正如上文所述，史都华区分了单身家庭和双职工家庭，发现了冷冻餐饮业的采购标准的重大差异。在地理位置或者买方细分过程中的第二大创意体现在，确定当前行业内尚未服务的地理位置或者买方细分领域。有时候，为得到新的买方或者进入新的地域市场需要修正产品，或者需要企业更好地理解买方需求和产品新功能。例如，艾禾美小苏打粉在冰箱除臭行业就找到了大型市场，强生婴儿洗发水很受成年人欢迎。虽然都赢得新的买方，但这两种产品都没有发生改变。

行业细分矩阵

确定了对结构或者价值链有重大影响的相关细分变量后，下一个任务就是组合这些变量完成行业的总体细分。这一任务非常艰巨，因为相关的细分变量有很多，在某些行业里，细分变量会有几十个。这里的挑战就是提炼这些变量，得出最有意义的细分领域，制定竞争战略。

提炼的第一步是对每个细分变量进行显著性测验。只有那些对竞争优势来源或者行业结构有真正显著影响的变量才应该独立出来进行战略分析，其他不太重要但却有影响的细分变量可以用来调整营销或者经营管理策略。

行业细分矩阵是利用剩余的变量进行细分的基本工具。图 7–3 是按照两个细分变量确立的简单细分矩阵，它表明在石油设备行业中，买方石油公司和买方总部所在的国家发展阶段已经确立为两大细分变量。

在建立细分矩阵时，第一个实际问题是选择每种细分变量类别的数目。图 7–3 显示了三种独立的买方规模和两种国家发展阶段的情形。在实践中，买方规模是一项连续的变量，国家发展经历了多个发展阶段。每个细分变量都可以细分为能反映最显著的结构或价值链差异的类别，同时为平衡实际的需要，应将细分领域的数量控制在可掌控的范围内。按照企业的战略目标决定最佳的离散类别目标，这需要正确的判断力，也是个反复的过程。

图 7–3 的方格代表了行业的单个细分领域，包含了当前行业发展中可能尚未涵盖的细分领域。此外，如果在发展中国家，没有小型的独立石油公司，也没有独立的石油公司，那么这个行业细分领域就有可能徒有虚名，是个无效的方格。为了说

明问题，图 7–3 显示了涉及大型和小型独立公司的无效方格。要记住无效方格应该是细分变量的无效组合，不是那些尚待企业去开发的细分领域。在可行的细分方格中，若没有企业在其中，则代表了行业潜在的细分领域。在细分过程中，不能盲目排除可能出现的细分领域，一定要留意这些潜在的细分领域。

图 7–3 描述了两个相关细分变量的情况。实际上，产品类型、买方类型、渠道和买方地理位置包含很多细分变量。仔细研究会发现，绝大多数行业都是不同质的。因为有诸多重要的细分变量存在，所以细分矩阵的数量将会成倍增加。因此，这里的问题是将细分变量转变为真切反映战略制定过程的细分矩阵。

		买方类型		
		主要石油公司	大型独立公司	小型独立公司
地理位置	发达国家			
	发展中国家		无效	无效

图 7–3　石油设备行业简单的行业细分矩阵

细分变量之间的关系

要把一些细分变量转变为最有成效的细分矩阵，第一步是探讨不同细分变量之间的关系。通过合并相关变量或者衡量相同因素的变量，可以大大精减重要细分变量。例如，地理位置可以与特定的买方类型关联（例如坐落在中西部的汽车公司），与特定渠道紧密关联的买方也可以归为一类（企业向小型屋顶材料分包商提供服务都是通过分销商来实现的）。建立在相关细分变量基础上的细分矩阵可能会包含无效方格。

彼此关联的细分变量可以合并，因为它们彼此可以互相替代。细分变量之间存在紧密关联，可以大幅减少细分变量的数目，因为这些变量会构建大量无效的方格。很重要的一点是确定细分变量的关系，并由此合并变量，进而确定细分领域矩阵中的无效方格。

要明白变量之间产生关联的原因，因为这些关联往往有着非常重要的影响。如果某一变量不能代替其他变量，但能偶尔反映当前企业的行为或者变量之间的关系，那么合并变量就是个错误的决定。错误地合并变量会掩盖可供企业拓展的细分领域，使企业错失良机。例如，假如企业通过渠道商服务小型的屋顶材料承包商，是出于历史原因而非经济原因，则去掉直销给小型承包商这个细分领域就是一个错误。电话推销、借助便携式电脑由销售人员远程输入订单这类渠道方式，就有可能代表了全新的细分领域。

合并细分矩阵

经过分析后依然要保留的重要的独立细分变量就代表了行业细分矩阵的坐标轴。若细分变量超过两个，则两大维度模型将不再适用。一种办法是为每一对变量构建不同的细分矩阵，再对每个细分矩阵进行战略意义上的分析。但这种方法并不理想，因为富有成效的细分领域可能需要合并两项以上的细分变量才能明确，况且人们还常常忽略这些细分领域。

要应对两个以上的细分变量，就要创建合并细分矩阵，具体如图 7–4 所示。在石油设备领域中，除了买方类型和地理位置外，还有其他两个相关的买方细分变量：石油公司的技术先进程度及所有权。图 7–4 中，我将这四个变量分为两组，去掉无效的方格后，合并两个细分领域。

合并细分矩阵的过程不仅去掉了矩阵的无效方格，减少了细分领域的数量，还揭示了有可能被人忽略的细分变量。图 7–4 就将所有买方细分变量合并在一起。

将归属于同一大类的细分变量合并后就可以着手合并分属于不同类型的细分变量。为此，最好按照新的方法来构建细分矩阵，即一个坐标轴反映合并的产品细分变量，另一个坐标轴反映所有与买方相关的变量（买方类型、渠道和地理位置）。细分变量的数目到了可以掌控的范围后，就可以按照这种方法构建一个二维的行业细分矩阵。这个矩阵很大，能显示整体的行业情况，有助于整体的竞争优势分析和战略制定。图 7–5 显示了石油设备的矩阵。在其中加入了两个产品细分变量：优质产品和标准产品，具有深钻和浅钻等级的产品。

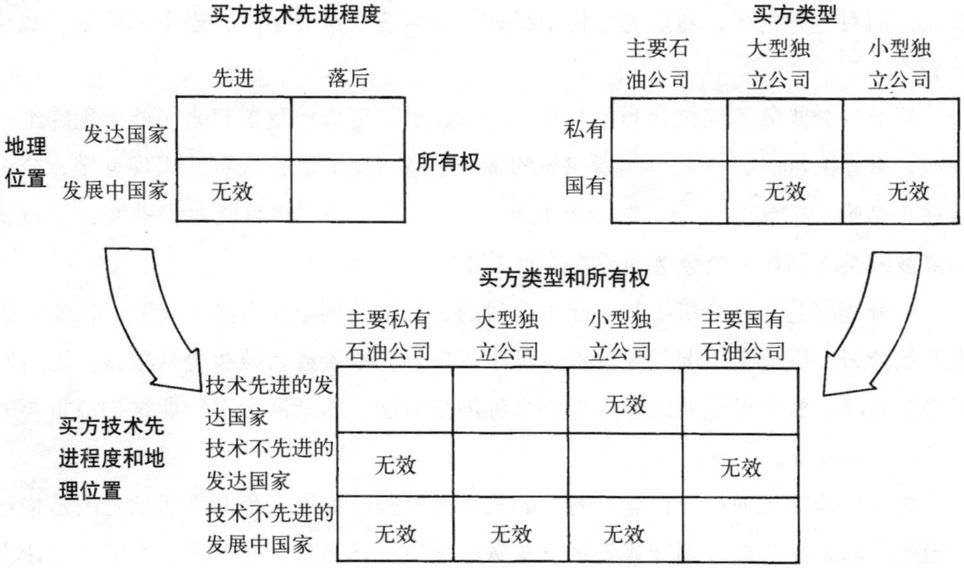

图 7–4　石油设备行业合并细分矩阵

		买方					
		技术先进			技术不先进		
		主要私有石油公司	发达国家中的国有大公司	大型独立公司	大型独立公司	小型独立公司	发展中国家中的国有大公司
产品类型	优质/深钻						
	标准/深钻						
	标准/浅钻						

图 7–5　石油设备行业细分矩阵

有时候，相关细分变量的数目和对应的细分领域数目会很多，构造单个细分矩阵的意义不大。出现一个大型的整体矩阵就能推进企业重新审视细分变量及对应的数量。面对这种情况，随后的分析中最好使用两三个细分矩阵，避免忽略重要战略的影响。

行业细分矩阵不仅包含当前存在的细分领域，还应该覆盖将来可能出现的细分领域。潜在的细分领域有可能指向新的细分变量（比如因未来可能出现直销，分销商并不是唯一的销售渠道，这就可能增加了某个渠道），也可能对当前变量进行新的离散归类（例如为合金增加新的性能评级）。

细分矩阵是一种分析工具，而不是目的。尽可能列出所有细分变量，在此基础上开始分析，以避免疏漏。在分析过程中，应合并变量或者减少变量数目，不断修正变量矩阵。整个过程通常要求尝试多种细分方法，逐渐展示对行业结构最重要的产品和买方差异。

细分矩阵应该通过分析竞争对手的战略来检验。如果竞争对手活动范围是构建在矩阵上的，新的细分领域或者细分变量就能显现。相反，竞争对手的活动会让人明白企业应该同时服务多个细分领域。在讨论完细分领域彼此之间的关联后，我将进一步详细分析其中的原理。图 7–6 总结了行业细分的步骤。

行业细分和竞争优势

确定独立的产品类型、买方类型、销售渠道、对结构或者竞争优势有影响的地理位置

↓

开展显著性测验以减少细分变量的数目

↓

确定每个变量最有意义的离散类别

↓

通过合并相关变量来减少细分变量的数目

↓

合并这些细分矩阵，构建一两个行业细分矩阵

↓

通过定位竞争对手来检验这些行业细分矩阵

图 7–6 行业细分过程

行业细分和竞争优势

行业各细分领域所具备的吸引力和竞争优势来源各不相同。起因于细分的重要战略问题包括：

- 企业竞争的行业领域（细分领域范围）。
- 企业战略反映细分领域的原理。

企业可以采取大布局战略，针对多个细分领域或者依据集中战略专攻少数几个细分领域。由于不同细分领域存在差异，大布局战略企业必须意识到自身面临的弱势，而实施集中战略的企业必须意识并应对与大布局战略企业在其细分领域竞争给自己带来的威胁。细分过程是动态的，要反映结构变化，也得适时改变。

细分领域的吸引力

决定企业竞争范围的第一个问题是理解不同细分领域的优点。细分领域的吸引力取决于其结构吸引力、规模和增长、企业生产能力和细分领域的需求。

结构吸引力

一个细分领域的结构吸引力取决于该领域内五大竞争力互相作用的结果。细分领域层面内的五大竞争力分析与行业层面的五大竞争力分析有所不同。在行业细分领域内，潜在的入行者包括了服务于其他细分领域的企业以及当前不在行业内的企业。行业内其他产品可能会替代细分领域内的产品，其他行业内生产的产品也是替代产品的来源。细分领域内的竞争源于集中精力攻克该细分领域的企业以及服务于其他细分领域的企业之间的较量。买方和供应商实力因细分领域的不同而不同，受到其他细分领域买方采购行为或者供应商销售行为的影响。因此，其他行业的情况会影响行业的结构分析，而细分领域的结构分析受其他细分领域条件的影响会更大。

不同细分领域在结构吸引力方面有很大区别。在大型涡轮发电机行业，出售给大型私有电站的大型发电机往往具有结构吸引力。而大型发电机涉及先进的技术，开发制造发电机的规模和学习壁垒也非常高。相比小型发电机，大型发电机能提供更多的差异化机会。大型发电机的热效能较高，因此为买方争取了更多的低成本优势，降低了买方的价格敏感度。大型电站往往是技术先进的买方，更加看重产品的功能，愿意提升竞争对手自我差异化的能力。大型电站还掌握了更多的财力，价格敏感度更低。最后，向私有电站出售产品的过程往往通过私下谈判完成，而与公有电站的销售合约往往要涉及公开竞标，它们对中标者的要求是质量最高、价格最低。

分析每个细分领域的吸引力是确定竞争范围的重要一步。作为分析的检验手段，最好要计算企业在不同细分领域内的赢利能力，借此与手头已有的细分领域内有关结构分析和行业赢利能力的数据进行比较。实施集中战略的竞争对手会主动比较企业在各细分领域的赢利能力数据。不同细分领域赢利能力的差异可能非常大。当前所处细分领域的赢利能力并不能反映将来的潜在赢利能力，因为企业不可能在每个细分领域内优化自身的战略，甚至它在每个细分领域内都尚未实施战略优化。

细分领域规模和增长

细分领域在其绝对规模和增长速度方面都不同。规模和增长速度本身在决定竞争范围时就很重要。规模和增长对结构吸引力也有很大的影响。每个细分领域预期的增长速度对于竞争和新进入者的威胁都很重要，规模会影响细分领域对大型竞争对手的吸引力。有时候，企业在小型细分领域内保持自己的竞争地位，因为大公司对这些细分领域并不感兴趣。

决定细分领域的规模和预期的增长并不容易。很难找到与细分领域边界相符合的数据，尤其对那些由需求和成本驱动要素决定而不是由行业惯例决定的细分领域来说更是如此。因此，为了预计细分领域的规模和增长速度，企业可能需要对特定的数据搜集或者市场分析进行投资。

企业在细分领域内的定位

企业的资源和素质体现在价值链中，使其能更好地适应某些细分领域的需要，影响细分领域对特定企业的吸引力。每个细分领域对竞争优势都有不同的要求，这一点将在构建细分矩阵时突显出来。第 3 章和第 4 章描述的工具可以用于确定企业在不同细分领域竞争的相对地位以及改变这种地位的可能性。

细分领域之间的关联

细分领域之间的关联对企业心仪的细分领域有着重大的影响。在竞争的细分领域内，企业的价值活动若可以共享，这些细分领域就能实现关联，可以称为细分领域之间的关联。在细分领域之间有很多机会共享价值活动。例如，相同的销售团队可以向多类买方出售货物，相同的生产设施可以生产不同种类的产品。

图 7–7 和图 7–8 显示了相互关联的价值链服务于两个细分领域的情况。紧密相关的细分领域，其共享的价值活动占了总成本的一大部分，可能对差异化有重要影响。细分领域之间的关联与在相关行业内竞争的业务单元之间的联系类似。只是细分领域之间的关联发生在行业内，而业务单元之间的联系发生在行业之间。同理，细分领域之间的关联与在不同地域内竞争涉及的关联类似。

针对关联的详细分析见第 9 章，其中重点探讨了业务单元之间的关联。但其中的原理是一样的，我在此简单总结一下。不同细分领域之间的关联在共享价值活动的利益超越了共享成本时具有重大的战略意义。如果价值活动的成本受制于重要的规模经济或者学习活动，抑或共享活动允许企业提升价值活动产能利用的模式，共享价值活动就能产生更多的利益。价值活动的规模经济或者学习体现了跨细分领域的共享活动能比单个细分领域内竞争获得更好的成本优势。跨细分领域共享活动若能提升价值活动的差异化或者降低差异化的成本，也是有益的。当价值活动对差异化有重大影响且共享活动能大大提高企业的独特性或者大幅度降低企业提供产品或者服务的成本时，共享活动就对差异化的意义格外重大。如果服务是差异化的核心，而共享活动能够降低使用更出色人才的成本，拥有跨细分领域的服务机构的企业就比单个细分领域内竞争的企业拥有更多优势。跨领域共享品牌也是一种差异化的来源。

细分领域之间关联的利益往往被共享活动服务于不同细分领域的协调成本、妥协成本和服务不同细分领域的延迟成本所抵消。协调成本仅仅反映了共享活动在多个细分领域运行的复杂性。为某个细分领域设计的价值活动不适用于其他细分领域，同时服务于两个细分领域，可能会让企业在两个细分领域都做得不够好，这些都会导致妥协成本的发生。例如，与优质产品对应的品牌、广告和形象可能无法满足低端产品的需要，反之亦然。企业若想在两个细分领域里崭露头角，有可能需要创造并推广两个品牌。例如，服部钟表将高价手表命名为精工品牌，将中等价位的手表命名为脉冲星（Pulsar）品牌，虽然那时零售商经常告诉顾客脉冲星就是精工。

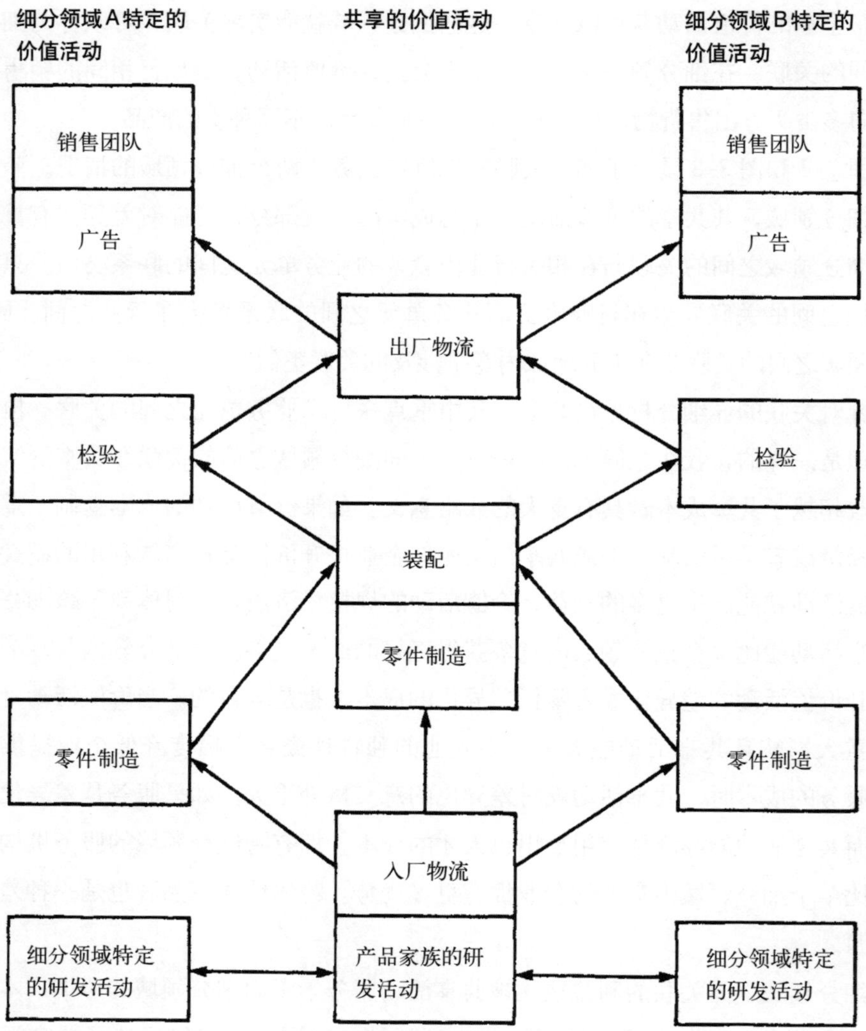

图 7–7　不同细分领域内相互关联的价值链

妥协成本还有一种不太极端的形式，即服务于某个细分领域的优化价值链与服务于其他细分领域的优化价值链不同。但是在成本或者差异化方面有所付出后，同一价值链可以同时为两个细分领域服务。例如，面对两个买方细分领域的销售队伍可能没有专门服务于一个细分领域的销售队伍的工作效率高，能生产两类产品的生产工艺可能没有专门生产某种产品的生产工艺高效。

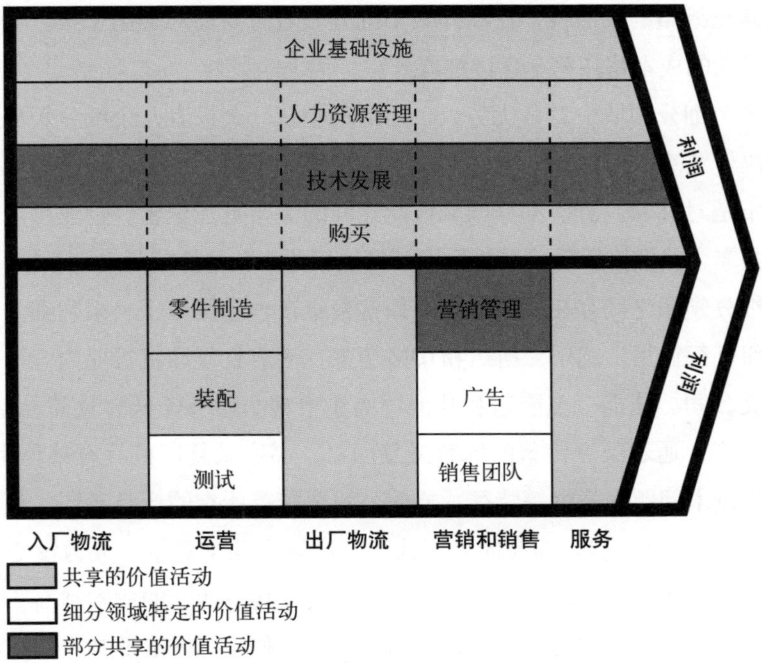

图 7–8　按照价值链显示的细分领域之间的关联

细分领域溢出（segment spillover）是一种发生在企业试图服务于多个细分领域时的妥协。某个细分领域的买方可能与其他细分领域的买方要求一样。例如，某个买方细分领域的价格可能会溢出到其他细分领域，因为各个买方要求待遇相同，这是单个细分领域的竞争对手不可能碰到的问题。由于细分的基础包括优化价值链的差异，因此在服务多个细分领域时要求妥协就非常普遍了。

为服务多个细分领域所做出的妥协，可能部分或者全部抵消企业从各个细分领域共享的价值活动中获得竞争优势的能力。企业因此不得不权衡服务于不同细分领域，执行平行的价值活动的成本（例如单独的生产过程或者不同的品牌）和妥协成本。在极端情况下，服务多个细分领域所做的妥协超越了共享价值活动的优势抵消对应劣势后的利益。由于多个细分领域中存在着品牌形象或生产工艺等因素的不一致，在某个细分领域内竞争，即使价值链完全不同，也使企业很难在其他细分领域运营。

跨细分领域共享活动的最终成本是僵化成本。共享价值活动限制了在不同的细分领域里修正战略的灵活性，在离开某个细分领域时要面对退出壁垒。僵化成本和其他共享活动的成本将在第 9 章详细展开。

是在多个细分领域中竞争优势大，还是集中在一个或者几个细分领域的竞争优势大，取决于共享价值活动的优势和成本。在绝大多数行业中，细分领域之间的关联模式并不是对称的。有些细分领域彼此之间的关系更加紧密。企业可能在某些细分领域里共享一些价值活动，在其他细分领域里共享其他价值活动。

由于细分领域之间存在关联，企业经常聚集在一起服务于一系列细分领域。例如，在复印机行业里，施乐、柯达和IBM历来在高容量复印机行业内竞争，而日本理光、萨文公司、佳能、美能达和其他厂商集中精力服务于低容量简易型复印机。相比批量生产、通过渠道销售的低容量复印机，高容量复印机具有单位生产量低、直接销售和技术问题多样性等特征。施乐公司要覆盖所有的产品系列，相当于重造了一家公司（富士施乐），而佳能公司为了在高端产品上竞争，大力投资新的价值活动，其拓展之路可谓不辞辛苦。可见跨细分领域共享活动的成本越高，大布局企业就越需要大量投入来创造成功的独立的价值链。独立的价值链却往往抵消了大布局战略的利益。

要测试企业是否理解细分领域之间的关联，只要将竞争对手置于细分矩阵上即可（见图 7–9）。如果某个细分领域所有的竞争对手都在其他细分领域内与企业竞争，很有可能出现紧密的跨细分领域的联系。通过审视竞争对手的模式，我们可以理解细分领域之间的关联模式。不过竞争对手有可能意识不到，更不用说利用细分领域之间的关系。

不同细分领域之间的关联表明了进一步合并行业细分矩阵的必要性。如果企业服务某个细分领域时必须要附带服务另一个细分市场，那么紧密关联的细分领域就可以合并。一旦企业进入了这样的细分领域，则进入相关细分领域的壁垒要低很多。通过检验细分领域之间的关联，可以在战略上简化行业细分矩阵。

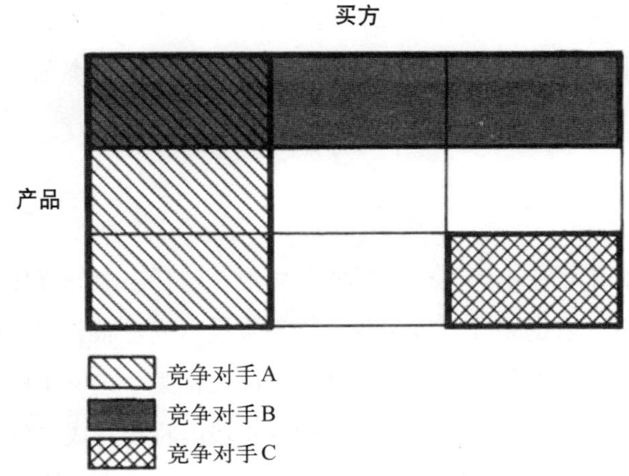

图 7–9　细分矩阵的竞争对手地位

细分领域关联和大布局战略

细分领域之间的关联若能为企业带来净竞争优势，就能为跨越多个细分领域实施大布局战略提供战略制定和实施的基础。细分领域之间的关联确定了企业应该服务的细分领域群。细分领域之间的关联还决定了企业在行业内从一个细分领域转移到另一个细分领域的流动轨迹。在某个细分领域内竞争的企业很有可能进入与之紧密关联的其他细分领域。

大布局竞争对手认定细分领域之间的关联带来的利益超越了共享活动的成本，因此战略的制定是为了加强细分领域之间的关系，实现协调成本和妥协成本的最小化。由于利用同样的生产设备生产不同产品的灵活性有所增加，生产技术的发展能够降低服务多个产品细分领域的妥协成本。提升了价值活动灵活性而不损失成本地位或差异化的各类发展可以加强大布局竞争对手的利益。

大布局竞争对手并非具有服务所有行业细分领域的能力，因为在某些细分领域里，共享价值活动的利益总比不上妥协成本。服务所有的细分领域往往并不可取，因为并非所有细分领域都有结构吸引力。大布局企业有可能不得不服务一些前景平平的细分领域，主要是因为这类业务有利于共享价值活动的总体成本或者差异化，或有利于捍卫其在结构有利的细分领域中的地位。企业在某些利润一般的细分领域里占据一席之地，可以防止竞争对手进入其中建立阵地，进而避免竞争对手在企业所在细分领域里构建跨细分领域关联。这一点我将在第 14 章中详述。美国汽车制造公司在行业中留下了利润不高的小型汽车空隙，似乎给日本企业进驻美国市场留下了可乘之机。

集中战略的选择

集中战略主要建立在不同细分领域的差异上，包括企业的优化价值链或导致不同采购标准的买方价值链差异。协调成本、妥协成本或者服务多个细分领域的僵化成本是我们确定可持续性集中战略的基础。通过优化某个或者某些细分领域的价值链，实施集中战略的企业在某一个或某些细分领域内将获得成本领先或者差异化优势，这比大布局企业不得不为跨细分领域运营承受妥协成本更胜一筹。集中战略涉及整体价值链，而不只是影响营销活动，因而与市场细分不同。

集中战略可以包含多个紧密关联的细分领域。然而，企业在任何细分领域内优化价值活动的能力往往会因目标不专一而减弱。企业在行业内实施集中战略的同时，可以与在其他行业竞争的业务单元建立关联，且不会被迫在服务目标细分领域时妥协。竞争范围的选择还要透彻理解跨业务单元和跨细分领域之间的关联（具体见第 15 章）。

企业有权选择不同的细分领域实施集中战略，这些细分领域可能互相重叠，也可能互不相干。图 7–10 显示了多家企业向金融服务公司提供信息产品的例证。A 公司采取了基于产品的集中战略，向所有买方供应一种产品类型（数据库）。B 公司采取了基于买方的集中战略，它将所有产品出售给保险公司。C 公司实施了专门向金融公司提供咨询服务的集中战略，其买方可以从其他地方获得数据或者自己生成数据。C 公司的集中战略不能与 A 公司和 B 公司的细分领域重合。

正如上文所述，涉及若干个细分领域的集中战略建立在细分领域之间紧密关联的基础上。这种关联解决了企业服务于多个细分领域的次优问题。例如，A 公司将基于共享研发活动和生成数据库的关联最大化，这就说明买方无须有与众不同的数据库和交付系统。B 公司选择了实施基于买方的集中战略，通过优化 B 公司为保险公司提供的交付和出售系统获得竞争优势。C 公司只向金融公司提供咨询服务，由此获得了差异化的潜在利益和产品专业化的内部利益，同时放弃了广泛布局战略的潜在规模经济。如此一来，每个公司都基于不同的关联和竞争优势确立了集中战

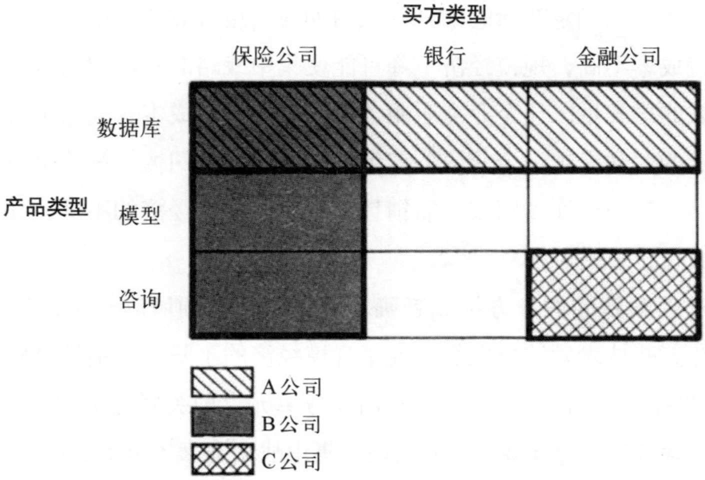

图 7–10　金融信息行业的备选集中战略

略，每个公司都承担了不同的妥协成本。

具有不同细分领域关联的集中战略重合时，就会出现有意思的竞争问题。图 7–10 中矩阵的左上角就表明了这种情况。在这个细分领域中，不同的集中战略为在细分领域中竞争的两大企业创造了不同的竞争优势和劣势。A公司提供广泛的低成本数据库，深谙数据库设计之道，而B公司了解保险公司的需要，为其提供全线产品赢得了成本优势。细分领域之间的关联能够创造竞争优势，还可以使企业在某个细分领域竞争时出现僵化倾向。例如，A公司很难修正其数据库管理系统，对保险公司买方的需求做出反应，因为这样做会影响其对银行和金融公司的业务。A公司和B公司在重叠的细分领域中所处的相对地位取决于与其他细分领域对比的净竞争优势。应对细分领域竞争的局限受制于细分领域之间的关联，这将导致企业之间的竞争。企业将努力使其在某个细分领域中的竞争地位沿着最有利于自身细分领域的关联或者优势转移，从而逼迫竞争对手对竞争战略做出妥协。

在新的细分领域中实施集中战略的可行性

细分领域中集中战略的可行性取决于细分领域的大小以及它支持特定价值链的成本。即使某个经过修正的价值链能更好地满足某些新的细分领域的需要，定制价值链的成本也可能无法补偿，因此不能使用集中战略服务于多个潜在的细分领域。

有四种方式可以确定在新的细分领域内如何实施可靠的集中战略。第一个方式是定制价值链成本不高，规模经济下降可能使集中战略的实施成为可能。第二个方式是细分领域的增长足以让企业克服服务该领域的固定成本。第三个方式是企业利用与其他行业的关联来越过企业服务该细分领域的规模门槛。第四个方式是企业施行全球化战略，努力在许多国家中靠销售量来克服规模经济的不足。如此，企业就可以利用地域之间的关联。

企业通过理解新的细分方法或者确定利用新细分领域的机会来提出新的集中战略。近来在某些技术领域里已经出现了规模经济的下降，包括计算机辅助生产和设计。在20世纪80年代，随着企业利用业务单元之间关联能力的提升（详见第9章）和全球化竞争战略的开展，实施新型的集中战略迎来了全新的机会。

集中战略的可持续性

我已经讨论了如何选择细分领域或者小型细分领域的组合来实施集中战略的方法，其基础是这些细分领域的吸引力以及彼此之间的关联。集中战略选择的最后一个问题是企业采取集中战略对付竞争对手的可持续性。集中战略的可持续性是由三个因素决定的。

- 对抗大布局竞争对手的可持续性。通过集中战略创造的对应大布局竞争对手的竞争优势的大小和可持续性。
- 对抗模仿者的集中战略的可持续性。模仿集中战略的移动壁垒或者竞争对手在更狭窄的领域内实施更高明的集中战略的情况。
- 对抗细分领域替代的可持续性。买方被吸引到企业服务范围以外的其他细分领域的风险。

对抗大布局竞争对手的可持续性

大布局竞争对手可能已经在集中战略实施者所在的细分领域中运营，也有可能正在拓展自己的业务范围，以后来者的身份进入该细分领域。实施集中战略的企业相比大布局战略的企业更具有竞争优势，主要取决于下列两点：

- 大布局企业在同时服务于多个细分领域时面临的妥协程度。

- 大布局企业所在的多个细分领域共享价值活动的竞争优势。

实施集中战略的企业价值链与企业服务于其他细分领域需要的价值链差异越大，集中战略越具有可持续性。在美国和欧洲的空调行业，服务家用和商用市场的销售渠道与服务于工业市场的销售渠道是分开的。在拉丁美洲、亚洲和中东，销售渠道要负责所有细分领域。集中战略在美国和欧洲比在其他地区更成功，因为这些地区实施集中战略的企业能够按照服务目标细分领域的渠道的需要来定制价值链。目标细分领域中的买方需求更加多样化，且与其他细分领域不同，因此集中战略的可持续性更强。

软饮料行业中皇冠集团面临的问题就证明了这个道理。皇冠集团的业务集中于可乐领域，与可口可乐和百事可乐这些供应多种口味软饮料的公司不同。只供应可乐与供应多种饮料相比，涉及的价值链并没有很大不同。除了口味的偏好外，就可乐产品和其他口味饮料而言，买方需求和购买行为也无太大区别。相反，供应多种产品能在生产、分销和营销共享活动中享受诸多利益。因此，皇冠的集中战略并没有为自己带来优于大布局企业的竞争优势，反而带来了劣势。同时，奔驰通过使用定制的价值链集中精力在汽车行业发展，比其大布局竞争对手获得了更大的优势。

米德公司在纸质容器行业的演变说明了决定集中战略可持续性的因素变化的过程。为了应对20世纪70年代末的大容积容器的激烈成本竞争，米德选择了集中精力攻克小容量、高附加值容器的细分领域。在20世纪80年代初，新型不间断运行瓦楞纸机的发展提升了生产运行速度，启动的时间大大缩短，这使得跨界竞争的企业能够更节约地完成小规模订单的生产。面对这种情况，米德公司不得不调整自己的集中战略，投资新设备，并服务于多个细分领域。在这个例子中，服务米德目标细分领域的价值链与服务大容量纸质容器细分领域的价值链差异逐渐缩小。

假如技术变革降低了服务多个细分领域的成本或者提升了企业利用细分领域之间关联的能力（详见第9章），某个细分领域与其他细分领域的差异日渐模糊，或者某个细分领域定制的价值链相比标准化的价值链成本过高，那么集中战略的可持续性将大打折扣。因此，在选择应该在哪些细分领域实施集中战略时，一个重要的动态因素反映出集中于某个细分领域的优势以及跨细分领域竞争优势之间的消长。

对抗模仿者集中战略的可持续性

实施集中战略的企业面临的第二类风险是其他企业选择模仿集中战略，这类企业包括新进入者以及其他已经在行业内竞争的、对其先行战略不满意的企业。对抗模仿者集中战略的可持续性建立在实施集中战略竞争企业具备竞争优势的可持续性基础上，可以按照本书第3章和第4章的内容进行分析。模仿集中战略面临的移动壁垒是规模经济、差异化、渠道忠诚和其他集中战略独有的壁垒。针对集中战略的模仿壁垒的高低取决于特定细分领域的结构。在复印机领域中模仿柯达的高端集中战略，要求企业克服由专有技术和确立内部销售服务网络的规模经济引起的壁垒。

细分领域的规模可能影响模仿集中战略所带来的威胁。在小型细分领域中，如果规模经济不能被细分领域之间的关联抵消，竞争对手也无意进入该领域与企业进行竞争，即使规模经济不大，也会与细分领域的规模显著相关。相反，在发展中的行业里，集中战略被不断模仿的可能性一直存在，后进入者很有可能会后来居上，因而将出现更细致的细分领域。例如，在快速发展的信息业，企业不断为细分程度加深的目标买方群体提供日益专业化的数据库服务，因而集中战略的赶超现象非常普遍。

对抗细分领域替代的可持续性

决定集中战略可持续性的最后一个决定因素是细分领域中的替代风险。在某个细分领域中的集中战略受制于该细分领域的可持续性。若细分领域因为环境、技术或者竞争对手行为的变化消失，就可以按照一般的替代现象进行细分领域替代分析（见第8章）。细分领域替代受到竞争对手的影响，行业水平的替代也是如此。竞争对手经常试图在实施集中战略企业专注的细分领域中，借助诸如营销、技术创新甚至游说政府标准等手段转移需求，而这些行为往往会恶化细分领域的竞争条件。当实施集中战略的竞争对手服务于更加广泛的细分领域时，广告花费和其他营销手段有可能改变买方态度，使得买方从企业集中战略专注的领域中离开。

集中战略和广泛布局战略的陷阱和机遇

经过分析，对于实施集中战略的企业和大布局竞争对手来说，我们有几个重要的经验需要和大家分享。

成功的集中战略必须涉及竞争对手的妥协成本。专注于某个细分领域或者多个细分领域组合并不足以为企业带来竞争优势。选定的细分领域必须有具有不同需要的买方或者服务于其他细分领域的不同的价值链。实施集中战略的领域和其他细分领域之间的不同，为大布局战略竞争对手提供了次优选择，同时也是实施集中战略的企业可持续性竞争优势的源泉。

确定新的行业细分方法有可能带来全新的机会。正确构建的行业细分矩阵往往会揭示当前竞争对手身上尚未反映出来的细分领域。确定行业细分的新方法后，企业就能针对某个产品类型、买方类型、渠道或者买方地理位置设计集中战略，此前这些具有结构或者价值链差异的区域并没有被视为一个细分领域。可能新的细分领域比当前的细分领域范围更广，也有可能更加细致。其差异表明新的细分领域需要全新的战略和价值链，因此跨界竞争的企业往往要承担次优战略的结果。

意识到新型细分领域的企业往往能获得先发制人的可持续性竞争优势。例如，联邦快运了解到小型包裹隔夜交付的需求，而没有企业集中做这项业务。联邦快运服务设计了围绕这个细分领域的战略，包括认可价值链、获得比大布局竞争对手更多的竞争优势。同理，21 世纪公司是首先意识到在房产经纪行业实现全国范围市场细分的公司。

在具有多个细分领域的行业里，多领域竞争未必能产生竞争优势。大布局企业必须要从多个领域的竞争中获得竞争优势，否则就难保有高出平均水平的回报率。这些竞争优势往往源于细分领域之间的关联。成本领先战略建立在多领域竞争的规模优势基础上，或者通过其他渠道赢得低成本地位的基础上。而差异化战略实现的前提是满足诸多领域需求和实现价值信号标准，具有独特的优势。在多个领域内布局不能使企业获得实在的竞争优势，不同领域之间的结构差异往往让企业陷入“进退两难”的境地。

大布局企业常服务于过多细分领域。战略目标锁定范围过广的企业往往会冒次优化的风险，使自身加倍受制于集中竞争对手。细分领域数目的减少能够降低大布局者受制于集中竞争对手的概率，还能通过减少前景不好的细分领域对企业的牵制，进而增强企业的赢利能力。大布局企业在下列情况下要考虑退出某些细分领域：

- 企业从细分领域之间的关联中几乎得不到什么优势；

- 企业为了服务某细分领域不得不修正其整体战略；
- 该细分领域缺乏结构吸引力；
- 细分领域内的销售和增长潜力有限；
- 防御战略的实施不需要企业继续存在于该细分领域来阻挡竞争对手。

要不断检验相关细分领域和目标的广度。行业内具有战略意义的细分领域会随着时间的流逝发生变化，主要起因有买方行为变化、新的买方集团出现以及改变了细分领域之间关联的技术发展。因此，行业内竞争范围的选择必须要再三验证。企业不能想当然地认为已存在的重要细分方法就是合理而有意义的，尤其是管理者，不要把传统的细分法置于几乎不可撼动的重要位置上。若认定细分领域的选择可以一劳永逸，绝对会给企业的战略制定带来灾难性的后果。

新技术改变了有关细分的旧观点。新技术，尤其是微电子和信息系统正在为企业开展新型的集中战略和大布局战略提供新的机会。生产、物流和其他价值活动富有弹性使得大布局企业有可能按照多个细分领域的要求安排自己的活动，与此同时保持单一价值链。此外，相同的技术变革提升了为新细分领域制定战略的可行性。计算机辅助设计降低了新产品类型设计的成本。企业必须格外注意新技术改变传统集中战略的逻辑或者多个行业内广泛布局的原理。

行业细分和行业定义

划定行业的界限往往需要有个度。产品类型和买方的结构和价值链差异往往使得企业寻求更加狭义的行业界定。由此，行业细分应运而生，它成为揭示行业内结构差异、探索行业细致分类的有力工具。不同细分领域和业务单元之间的关联（见第 9 章）为更加广义的行业定义创造了条件。

有效的行业定义应该能够涵盖所有联系紧密的行业细分领域。彼此之间关联不紧密的细分领域有可能会从战略的角度进行区分。彼此关联紧密的行业，从战略角度来看可以合并为单一的行业。

要彻底分析行业细分和战略关联，以此为基础的结构分析要比行业界限的具体位置划分更加重要。这样的分析能够揭示源于竞争范围、决定竞争优势的所有关键因素。

08 替代

所有行业都面临着替代威胁。替代是某个产品或者服务在为买方执行某个特定的功能或者功能群从而替代其他产品或者服务的过程。替代分析同样适用于产品替代和工艺替代，因为买方在选择以全新的方式完成价值链的活动时受到相同规则的约束。替代是决定行业赢利能力的五大竞争力之一，因为替代的威胁能够为行业价格设定上限。同时，替代在决定行业和企业的需求方面扮演着突出的作用。防止替代品的渗透是行业和企业增长的主要原因，而替代品的出现也是行业和企业衰落的主要因素。替代还与企业在行业内的竞争范围密不可分，因为替代可以拓展或者缩小行业内细分领域的范围。

企业如何能免受替代品的侵蚀？企业如果属于进攻方，应采取怎样的战略来推动替代的发生？在众多行业的竞争战略中，这些都是非常重要的问题。本章将为我们分析替代提供框架，并回答这些问题。首先，本章定义了什么是替代品，这是替代分析必要但往往被忽略的一步。其次，本章还介绍了替代经济学，界定了替代品的威胁以及所有旨在影响替代的战略决策基础。再次，本章描述了替代变化威胁运作的过程和原理。基于此，我将界定影响替代轨迹的因素。替代过程随着时间的流逝呈现出典型的特征，这对于我们分析替代威胁的程度和替代品的渗透程度都有重要意义。最后，我将描述进攻战略和防御战略对应的分析框架的战略意义。本章的讨论前提是设定替代在行业水平上进行（例如碳纤维替代钛和铝），但是这些基本原则也适用于产品间的替代。

确定替代品

替代分析的第一步是确定行业面临的替代品，这看似非常直白的任务实际操作起来却不容易。确定替代品要求企业寻找执行相同功能或者功能群的产品或服务，而不是具有相同形式的产品。卡车与火车在外形上有着很大的区别，但两者却为买方执行相同的功能——点对点的货物运输。

产品执行的功能取决于产品在买方的价值链中发挥的作用。买方使用产品执行某项（些）活动，如人们使用卡车或者火车开展入厂物流或者出厂物流服务，而滑雪却是买方在冬日用来消遣的运动项目。正如本书第 4 章中讨论的，产品不仅影响相关的买方价值活动，还会影响很多其他活动。产品中使用的零件经过了入厂物流，在使用前存入库房，在出售后必须实现服务。同理，婴儿纸尿裤不仅由婴幼儿使用，还要由其父母安置、购买、储存。如果可以重复使用，父母还必须负责清洗。产品给买方带来的影响与界定替代品及其相关性能密切相关。最后，产品的价值活动可以通过价值关联彼此联系。某个零件的精度有可能影响产品重新调整的程度以及售后服务。影响产品的价值活动关联可能也会影响替代过程，因为它们为发现整合活动的新方式创造了条件。

最简单的替代是某种产品替代了其他产品，在相同的买方价值链活动中执行相同的功能。陶瓷的引擎零件替代了金属的引擎零件就属于这种情况。虽然替代的过程是直接的，但活动之间的关联仍会存在。陶瓷零件可能要求具有不同的工艺技术。在最简单的替代过程中，最好也要按照通行的概念来界定某种产品的功能在价值链活动中所起的作用，不要从字面意思理解产品，要明确其具体的用途及使用说明。产品的一般功能往往非常广泛，尤其是消费品领域。快速下降式滑雪金属用具制造商不仅面临着环氧树脂材料或者玻纤材料雪橇的替代，还面临着越野雪橇、冬季运动装备以及其他冬季娱乐休闲用品的替代，当然还得面对买方直接转向夏季休闲产品的替代威胁。金属雪橇最广义的定义是娱乐设施。行业产品的功能界定越广泛，潜在替代品的种类就越多。

在较为复杂形式的替代中，替代产品具备的功能比行业产品更多，且能以不同的方式影响买方价值活动。针对卡车替代火车的例子，虽然运输功能不变，但装卸、包装和运输方式都不同。替代品可以比行业产品的功能或多或少。比如，文字处理器不仅是打字机的替代品，还兼有计算器和简单的复印功能；蒸汽泵兼有加热和冷却功能，而传统的锅炉系统只能用来加热；纸尿裤的出现让人们不再需要清洗尿布。相反，松饼机的功能不比普通烤箱的多，专卖店只卖某一系列的产品，而百货商店却出售各种各样的产品。在确认替代品的时候，有必要把那些功能多于行业产品功能的产品以及那些仅能完成行业产品主要功能的产品类型考虑进来。

由于替代品的功能可多可少，产品替代的方向和渠道就有很多。例如，跑马场开展的活动包括赌博或者娱乐。赌博功能的替代品有赌场、场外投注和彩票，而娱乐功能的替代品有电影、体育赛事等。产品在买方价值链中执行的功能越多，产品替代渠道的数量就越多。

虽然我们常常认定替代产品是不同的，但在很多行业中，至少有四种情况从广义上界定了替代。第一种是买方并没有购买任何东西来执行行业产品既定的功能，这是从狭义的角度来替代的极端形式。比如，在水表行业，主要的替代是人们根本不装水表的状态。同理，美国顶级盐制造商莫顿诺威奇就因人们普遍关注健康状况而较少摄入盐面临着替代威胁。

第二种潜在的替代是减少执行既定功能的使用量。比如，在铝制品行业中，新型饮料罐要求罐壁更薄，铝的使用量大大减少。同理，在海上钻井行业中，新型定向钻井技术和探测过程中的井下探测技术有助于减少规定的钻井时间。

第三种替代往往被人忽视，即已经使用、回收或者重新调整的产品。比如，在制铝业中，主要铝制品生产商面临的最主要威胁是次级铝（回收铝）。二次消费品在美国和日本快速增长，二手产品已经在制造耐用品的诸多行业中成了新产品最主要的替代品，包括普通汽车和休闲用车。修整产品也成了飞机引擎零件的重要替代品，重新加工的引擎零件成了新产品的威胁。

第四种替代方式是内部消化，即后向一体化。例如，很多分销行业的关键替代方式是买方直接从生产商处采购，由公司内部执行分销的功能。在房地产和人寿保险行业，买方可以进行自我保险或者建立控股附属保险公司。

行业内的不同细分领域中相关的替代品各不相同（见第7章）。不同的买方使用同一种产品的方式各不相同，因而看重产品价值的不同方面。比如，在跑马场，有些人是来和朋友开开眼界、度过一个愉快的夜晚的，有些人在赌博窗口花上大把的时间，有些人则是来探听内部消息的。因次，针对不同的买方和买方所处的细分领域，相关的替代品也不同。同理，不同产品的使用方式不同，因此也面临着完全不同的替代品。因此替代品的模式要取决于行业细分领域，而企业最具威胁性的产品取决于企业服务的细分领域。

多项替代常常同时发生。在视频游戏行业中，可置换内部软件的可编程视频游戏正在替代固定专用游戏，同时运行游戏软件的个人电脑正在替代可编程游戏。多种替代发生时，往往牵涉产品功能的扩大和缩小，视频游戏的发展就证明了这一点。

多种替代的发生决定了整个行业的替代速度，其结果往往出乎我们的意料。阿斯巴甜（Aspartame）是一种替代糖精的新型低热量增甜剂。阿斯巴甜和糖精都是糖的替代品。一些观察者预计阿斯巴甜的成功将增加市场对糖精的需求量，原因是阿斯巴甜替代糖精的速度赶不上其快速扩展市场对人造增甜剂的需求量。在这种情况下，后来出现的替代品反而使得先前的替代品受益。也有与之相反的情况。先前出现的替代品的成功或者失败可以增加或者降低后来出现的替代品被市场接受的难度。

就算一个行业没有面临直接的替代品，但在行业下游存在替代威胁，且买方的产品面临被替代的威胁，那么就有可能受到替代的影响。例如，柴油发动机和汽油发动机在中型卡车上可以相互替代使用，在重型卡车上，柴油发动机早已开始替代汽油发动机。如果柴油发动机取得完胜，则就算汽油发动机零件本身没有被替代，市场上这类零件的需求量也将下降。买方的产品受制于互补性产品的销量的影响，而当互补性产品面临威胁时，就会发生下游替代。假如微波炉取代了传统的灶具，不仅传统灶具的零件制造商受到影响，就连传统灶具制造商也不会幸免于难。在下游替代过程中，买方不需要再承担企业产品的功能。

下游替代还有可能降低行业的需要，改变买方的行为。下游替代的威胁可能会传递给供应商，表现形式是供应商的价格敏感度上升。下游替代的风险还有可能迫使买方寻求供应商的帮助，希望通过供应商产品的创新行为或者其他可能提高买方差异化程度的行为应对替代威胁。

行业产品替代的数目因行业不同而有所差别，替代产品的方式以及替代威胁的水平各不相同。在替代分析中，一定要尽可能全面地考虑潜在的替代品，因为虽然很有可能过分专注于某个替代品而发生方向性错误，但更糟糕的情况是全然不顾还有其他替代品的威胁。

替代经济学

若买方使用替代品的决心大于替代的成本或者不愿替代的阻力，产品就有可能发生替代。相比当前正在使用的产品，如果替代品能为买方提供更高的价值/价格比，就产生了明显的替代诱因。替代产品需要转换成本，因为买方价值活动的中断以及后续发生的重新配置需要花费转换成本。替代的威胁取决于替代诱因和转换成本之间的对比。

除了价值/价格比和转换成本外，替代的模式还受到我所说的“买方转换倾向”的影响。面临着对等的转换诱因，不同的买方对于替代的评价往往不同。

替代的威胁取决于三大因素：

- 替代品的价值/价格比与行业产品的价值/价格比；
- 替代的转换成本；
- 买方转换的倾向。

替代经济学的简单陈述模糊了人们理解替代所需要的微妙的分析。替代的诱因应该按照买方使用替代产品的整个时期来估算，并以替代品使用价值的贴现值来折算。转换成本的发生通常在替代后甚至替代品还未来得及产生任何效益的时候就已经发生了。相对价值/价格比和转换成本都取决于多种因素，并随着时间的推移而变化。两者都有很大的不确定性。理解相对价值/价格比和转换成本要求我们对产品如何影响买方的价值链以及生产替代品的行业结构有清楚的认识。理解买方的替代倾向要求我们进一步了解买方的竞争环境、资源以及其他在预测买方替代行为时起作用的特征。

相对价值/价格比

替代品的相对价值/价格比是替代品为买方提供的价值与买方为之支付的价格之比。相对价值/价格比是替代品相对于被替代品（下文称为产品）的价值/价格比。当不存在转换成本且产品消费较快时，相对价值/价格比完全取决于当前的条件。由于买方可以快速无成本地在替代品和产品之间按照实时的相对价值/价格比进行转换，因而未来的情况如何并不重要。当存在转换成本且产品比较耐用时，衡量替代品吸引力的标准就是替代品在未来计划时期内预计的相对价值/价格比。

替代品和产品的当前价格比较容易确定。在计算相对价值/价格比时，要考虑未来计划时期内预计的相对价格，且该相对价格要能反映未来预期的价格变化。替代品和产品的采购价格必须经过调整，考虑贴现、折扣以及采购构成涉及的免费附属产品或者服务等因素。例如，在办公用品行业中，免费服务是与买方交易的一部分，在比较产品与复印机或者胶印机一类替代品的价格时，免费服务也要考虑在内。替代品的价格还必须扣除买方采购收益的减免税。

替代品的相对价值主要取决于差异化的决定因素，详见第 4 章的讨论。相比产品，如果替代品能降低买方的成本或者提升对买方的绩效，替代品就是有价值的。买方必须认识到替代品的价值，价值比较还必须考虑替代品相对于产品表达价值信号的能力。就相对价格而言，在计算相对价值/价格比时，要考虑替代品在计划时期内的预计相对价值，而不是其当前的价值。

价值信号在替代过程中比其在差异化过程中所起的作用大。替代经常涉及新产品替代当前已有的某个产品。替代品的价值未经证明，往往有不确定性，而现有的产品经过了验证，其质量有目共睹。替代品表达价值信号的能力比其在差异化中表达价值信号的能力更明显。

替代品的相对价值取决于与产品的比较，替代品对买方价值链的累积效应，包括直接和间接影响。分析的原则见第 4 章的讨论。在现实中，当比较产品品牌的时候，替代的分析更加复杂。替代品和产品未必能直接进行比较，替代品对买方价值链的影响模式常与竞争品牌产品对买方价值链的影响模式不同。两个品牌的布尿裤对消费者家庭的影响基本相同，而布尿裤与普通尿裤的使用方法大不相同。因为替代品和产品的使用模式不同，所以在决定替代品的相对价值时要做出必要的调整。

在比较替代品和产品的价值时，为衡量其对买方成本或者买方绩效的影响，要对下列要素做出调整。

使用率。替代品对买方成本的影响取决于执行与产品相同的功能时所需的替代品数量。如果达到同一效果替代品的使用量较少，替代品就能降低买方的成本。例如，阿斯巴甜比糖精更甜，这表明要实现差不多的甜度，所需的阿斯巴甜用量较少，每磅阿斯巴甜的价格因此也应更高。实现特定结果的替代品用量往往受到替代品的纯度、密度、废品率或者运行速度的影响。

交付和安装成本。替代品对买方成本的影响取决于替代品相对于产品的交付和安装成本。交付和安装成本可能包括诸如运输成本、安装成本、校正成本、拓展或者调整储存替代品的空间成本以及替代品和产品之间其他可能存在差异的成本。

融资成本。替代品对买方成本的影响取决于替代品的相对采购成本。在比较拖车型住房和传统住房时，应意识到拖车型住房的融资渠道是汽车贷款，传统住房的融资渠道是房产贷款。汽车贷款更容易，利息也更高。在有些行业，融资成本占了总成本的很大比例。

价格的相对变动性或者替代品的可得性。买方为替代品付出的成本取决于替代品价格的相对变动性或者替代品（包括附带的零件或者服务）的可得性。买方应对替代品价格波动的成本较大，尤其是当供应产品走俏时。比如，陶制品的潜在利益包括它使用了大量的廉价原材料，而金属材料价格变化较大，金属零件的价格波动就大。价格波动和替代品不可直接获得的风险也部分取决于替代品相对于产品的可靠货源有多少。

买方支付的替代品成本受到企业当前是否有充分的能力满足关键买方需求情况的影响，尤其针对重要的生产要素时更是如此。除非买方有充分的能力，且有充分的供应货源，使其有较好的议价能力，否则买方会不愿意使用替代品。这就要求在替代发生前，替代品生产能力的增长要先于市场需求的增长。

使用替代品的直接成本。替代品对买方成本的影响不仅取决于初始成本，还取决于在整个产品生命周期内使用替代品相对于产品的现值。使用替代品的直接成本包括：

- 劳动成本（反映了必要的劳动力质量）；
- 诸如材料、汽油或者过滤器等易耗品；
- 保险；
- 置换周期；
- 维护的频率和成本；
- 备件成本；
- 停工时间（按照其机会成本或者储备生产能力的成本计算）
- 维持所需空间的成本；
- 残值；
- 拆卸成本。

在消费品领域，使用替代品的劳动成本是买方花费时间的隐性成本。比如，在冷冻餐饮业，买方获得的主要利益是相比其他食料，大大节省了准备时间。由于消费者使用时间并不涉及具体的金钱成本，因此很难对消费者的时间进行估价，第 4 章有关差异化的讨论可以为我们回答这个问题提供一些启示。

在电梯或者飞机发动机等众多行业里，在产品生命周期内使用替代品的成本将大于或等于购买替代品的初始价格，这在决定替代品的吸引力方面更有决定意义。例如，子午线卡车轮胎比斜交轮胎的里程数多 25%。子午线卡车轮胎被扎后停工的时间更少，且可以翻修两次，而斜交轮胎只能翻修一次。子午线卡车轮胎能提升燃油使用率 2%~6%。子午线卡车轮胎使用成本的降低足以抵消其高于普通轮胎 40%~50% 的溢价。

使用替代品的间接成本。使用替代品的相对成本必须能反映整个价值链的成本，而不仅仅是使用替代品的价值活动的直接成本。企业和买方常常忽略了这些间接或者系统的影响。比如，材料自动传送带可以减少装配线上工人的数量，对其业务素质要求也较低，工厂需要的升降运送车的数量较少，与传统的材料运输方式相比对船运集装箱的强度要求也较低。同理，纸尿裤免去了储存和清洁脏尿布的需要，纸尿裤有固定胶贴和贴身裤型设计。电子收银机也是一个很好的例证，可以帮助零售商减少所需的存货，控制运营成本。而且，机械收银机还无法打印详细的实时交易数据。

下列情况下，替代品会影响买方价值链其他活动的成本：

- 影响其他价值活动的生产效率；
- 影响其他原材料的需求或规定的质量水平；
- 要求具有不同的附带设备；
- 影响存货的需求；
- 影响规定的质量控制检查的频率和难度；
- 影响装运所需要的包装材料的数量和类型；
- 影响产品重量和运输成本。

买方绩效。替代品的价值必须反映其与产品对买方绩效影响的差别。电信行业的电子开关系统比电视机开关更能适应新的要求。彩色电视机比黑白电视机的图像逼真度更高，因而娱乐性更强。替代品能大力提升买方绩效的另一个例证是一次性纸尿裤。纸尿裤比布尿裤更干净、更柔软，也不容易引起湿疹。和差异化的情况一样，从买方的角度看，替代品的绩效可能与人们心目中的地位和人际关系的质量等无形因素有关。虽然人们能估计替代品对买方绩效的影响，但未必能一直准确衡量。

机器人替代传统的人为操作机床就是一个很好的例子，它证明替代品对直接使用成本、间接使用成本以及买方绩效产生影响。机器人提高了资本成本，降低了劳动力成本，还有可能提升使用机器人进行生产的效率。机器人还可以节省原材料成本，它们无休假的需要，但需要常规维护。机器人还可以改变传统生产所需要的原材料准备和处理过程。机器人潜在的绩效影响包括可靠性、灵活性和工作安全性更高。

功能的数量。替代品对买方成本和绩效的影响必须按照与产品相关的功能范围进行调整。如果买方看重额外的功能，替代品功能更多往往会提高其相对价值。当然，情况并非一直如此。功能更多可能以牺牲某些关键功能表现为代价。例如，带有游戏功能的个人电脑比电子游戏机的功能更多，但是电子游戏机使用更便捷，图像也更清晰。功能较少可能会减少替代品的价值，但是替代品对应的价格也会更少或者具备的小范围的功能表现更好。功能改变不仅能影响买方的绩效，还会改变买方的使用成本。上文所述的电子收银机就是一个很好的例证。

在计算相对价值/价格比中，对额外功能（减少的功能）的价值很难进行量化，这与差异化分析一样。这个问题在消费品行业中尤其严重，因为买方的绩效往往涉及满足不同的需要。对不同的功能进行估价的原则是检查涉及的功能如何影响买方的价值链，并计算对买方成本或者绩效的影响。评价特定功能的一种方法是寻找执行对应功能的单独产品及其对应的单价。评估影响买方成本功能的差异要比评估那些影响买方绩效的差异更容易。

互补产品的成本和绩效。替代品对买方成本和买方绩效的影响取决于与之同时使用的互补产品的成本和绩效与被替代品的成本和绩效的比较。例如，电影院面临着家庭影院和录像机等产品的威胁。去电影院观影的成本包括前往影院的交通时间和成本、停车费用以及购买爆米花等零食的成本。这些互补产品的采购成本在顾客选用家庭影院时不会产生。这也是观影费用在美国家庭娱乐开支比例从1936年的8.2%下降到20世纪70年代中期不到3%的原因。同理，对休闲娱乐设施的替代，包括汽车住房等产品的替代取决于汽油费、养路费和露营地点等因素。

不确定性。在替代品如何影响买方成本或者绩效的问题上常涉及很多不确定性，这肯定要在相对价值/价格比的计算中体现出来。不确定性产生的一大问题是替代品可能在后续产品的生产过程中得到改进，这可以大大延迟买方的转换。通过特定的贴现因素降低替代品的既定价值，就可能给相对价值/价格比计算带来不确定性。

价值的感知。买方认定的替代品的相对价值/价格比能确定替代的威胁，而非实际的相对价值/价格比。买方对替代品的认识往往没有对已有产品认识得深刻，对于替代品的利益和功能的了解也是片面的，无法表现价值信号有可能会降低特定替代品的相对价值/价格比。在下列情况下，买方很难意识到替代品的利益：

- 替代品带来的好处在于逐渐降低使用成本，而非即刻降低使用成本；
- 替代品带来的好处是间接的，涉及很多价值活动，使用替代品的价值活动本身则未必有明显的直接优势。
- 替代品带来的好处在于逐渐提升买方绩效，而非即刻提升买方绩效。
- 要获得替代品带来的好处需要在买方行为或者产品使用方式上做出巨大变化。
- 对于替代品带来的好处，其可信性很难评价。

上述情况中，买方未必都能完全理解替代品对其价值链的影响，因此有必要通过多种方式显示其价值信号。机器人替代传统的生产设备就属于这种情况，对价值的准确感知往往成为替代的壁垒。美国市场的情况比日本的情况更加明显。

买方很难辨认替代品的价值，这种情况时有发生，有时候也会出现相反的情况。替代品的出现有可能是为了展示新品的时髦或者进步，但人们对替代品的真正价值却鲜有了解。在电力供应行业中，有些买方转向新型开关模式技术，虽然传统的线性技术能更好地满足人们对开关的需要。在这种情况下，随着时间的推移，人们对替代品的真正价值的感知力会逐渐下降。

替代品在表达价值信号的时候与企业显示价值信号的方式不同（见第 4 章），可以使用诸如广告、销售队伍、产品展销和舆论导向等方式进行价值信号传播。对于替代产品的知识和替代品行业在其价值信号传播方面的开销决定了人们准确认识替代品价值的程度。口碑宣传和其他企业不能直接掌握的信息来源也很重要。

转换成本

替代的发生，总需要买方支付转换成本。转换成本常与相对价值/价格比进行对照。转换成本越高，替代越难发生。替代过程的转换成本与行业内改选供应商的过程是一样的。替代过程的转换成本要比转变供应商的成本更高，因为替代的完成，除了要求买方转向新的供应商外，还要采用全新的方式来完成特定功能的执行。

转换成本源于替代品对买方价值链产生的影响，但是使用替代品的价值活动和替代品对其有间接影响的其他价值活动可能会要求一次性的转变成本。替代过程中需要的转换成本通常包括下列各项。

确定并证明货源的可靠性。寻找替代品的来源并搜集相关的信息构成了转换成本的一部分。此外，还要测试替代品，看其能否满足既定的绩效标准。验证 64K 存储芯片能否代替 16K 的预计成本为 5 万美元，过程持续长达一年。

重新设计或者重新配制的成本。要对买方的产品或者价值活动进行重新设计，使其接受替代品。用高果糖玉米糖浆代替糖来重新生产日用食品，除了支付现金成本外，还得计算测试重新配置的产品所需的时间和机会成本。重新设计成本还有可能影响很多价值活动。厂房布局需要改变，才能充分利用新原料处理系统的优势。

同理，采购煤炭气化生产的合成燃气而不是天然气，则要求用户改装燃气设备，因为合成燃气与天然气的本质有些不同。假如买方正在进行产品的更新换代或者建造新工厂，则重新设计或者重新配置的成本就较低。

再培训或者再学习的费用。转换成替代品往往要求学习使用替代品的方法或者改变使用模式。用惯手动打印机的打字员必须要适应电脑更灵敏的键盘，而厨师使用微波炉后，就得学习全新的烹饪程序。同理，厂里的工程师和维修人员也得学着使用新型的机器设备。

再培训的成本除了包括学习和培训一次性支付的成本外，还包括停工成本、过渡时期较高废弃率等产生的成本。假如替代品的使用方式与产品用法有很大不同，则再培训的成本较高。从黑白电视机转变成彩色电视机比较容易，从使用传统的炉灶转变成使用微波炉，就得学会微波炉的操作，了解包括程序、烹饪时间以及不同食品的最佳烹煮效果等信息。

用户角色的改变。除了要学习新的行为方式外，替代还包括用户角色的变化，这有可能对转换成本产生积极或者消极的影响。生产程序的自动化可能使设备操作人员或者工程师的地位降低到被动或者从属的地位，集中反映在他们对替代品私下或者公开的抵制上。家庭主妇或者家庭主夫可能会抵制成品食品，因为它们剥夺了他们展示亲情的机会。

失败的风险。替代无法完成特定功能的风险也构成了转换成本的一部分。失败的成本根据具体产品的不同而不同。在光纤行业，将光导纤维用于较大规模的通信系统中，其失败的严重后果是买方不愿意放弃铜线和电缆的重要原因，这些买家对采用新产品持非常保守的态度。

新型附属产品。使用替代品需要投资新的相关设备或者材料，包括检测工具、备件和软件等。附属产品的使用成本应该在计算替代品的相对价值/价格比的时候考虑到。重新购置设备的成本就是转换成本。投资新型附属产品的需要主要取决于与替代品一同使用的设备或者零件的相对兼容性以及替代品与相关产品共同使用的接口种类。与重新设计的成本一样，投资新的附属产品成本最低，因为这类产品最终会被重置。

转换成本以及再转换成本。替代品无法使用或者相对价值/价格比不利于买方的情况将决定回来用被替代品的成本。如果再次使用原先被替代品的成本不高，则转换的风险较低。使用原先产品的成本通常比转换成替代品的成本更低，因为先前使用过该产品表明买方知道如何利用这类产品，且已经具备了必要的附属产品。然而，有些转换成本，包括变更成本和布局变化成本在使用原有产品的过程中很难避免。当然还有些再转换成本比较特殊，比如买方感到困惑，不知所以。

再转换成本往往随着时间的推移而增加，而有些再转换成本与替代过程的时间长短无关。转换成本和再转换成本之间的关系对替代战略会产生影响，这一点我将在下文揭晓。

买方替代的倾向

在面对基本一样的经济动因时，处于不同境况、不同行业的买方未必有相同的替代倾向。境况的不同使得不同的买方在面对给定的相对价值/价格比和转换成本时有不同的反应，这类差异可以成为修正相对价值/价格比或转换成本的因素，在实践中最好区别对待。

资源。替代经常涉及资本和其他资源的提前投资。获得这些资源的渠道往往依据买方不同而不同。

风险概况。买方的风险概况各不相同，主要原因包括过去的历史、年龄和收入、所有权结构、背景和管理定位以及行业内的竞争性质。愿意冒险的买方相比规避风险的买方，更愿意使用替代品。

技术倾向。在技术变革上有丰富经验的买方不会过分担心某类替代风险，却能关注那些技术发展水平较低的企业容易忽视的替代风险。

先前的替代行为。买方实施第二次替代往往比首次替代更加容易，除非首次替代失败了。如果过去替代成功，则能大大降低买方实施替代的不确定性；假如过去的替代比较困难，那么买方实施替代的不确定性就增加。在软饮料行业中，这种情况有助于阿斯巴甜的成功。

竞争的强度。买方承受了巨大的竞争压力，在努力寻求竞争优势时往往会快速实现替代，从而获得其他企业没有的竞争优势。

通用战略。工业、商业或者机构买方寻求的竞争优势不同，按照特定的时间价值乃至家庭消费者特定的绩效需要，替代品的相对价值/价格比的意义也不同。成本领先者对节约成本的替代品的兴趣往往大于实施差异战略企业对同类替代品的兴趣。

影响买方替代倾向的要素取决于采购决策过程中涉及的特定决策者。

细分和替代

在不同的行业细分领域中，替代品的身份和替代威胁各不相同。这是因为替代经济学因不同的产品种类和买方而不同，反映了结构和价值链的差异。因此，综合第7章和本章的分析，不仅可以揭示不同行业细分领域中的替代威胁，还有助于构建行业细分矩阵。

如果相对价值/价格比、转换成本或者替代倾向不同，则可以按照买方的类别来区分替代威胁。一个行业内不同的买方面对的替代品相对价值/价格比会有所不同，主要是买方使用产品的方式、对待不同产品功能的态度以及产品对其价值链的影响都有区别。在上文提到的跑马场的例子中，主要来此地娱乐的人面对的替代品与来此赌博的人面对的替代品不同。同理，子午线卡车轮胎的行驶里程数和翻修能力对长途车队的意义要大于其对本地接送和运输车队的意义。按照这一原理，一次性纸尿裤的方便的使用价值对双职工家庭的意义要大于有全职太太操持家务的家庭。

行业内不同买方需要支付的转换成本也不同。再培训的费用取决于先行的程序，重新设计或者新附属产品的需要与产品的具体使用方式有关。买方替代的倾向在各个买方之间大相径庭，取决于买方的资源、定位等因素。在许多消费品领域，替代首先发生在资源丰富的高收入买方身上，因为这些买方能够买得起昂贵的新产品。

不同的买方细分领域，对应的替代威胁不同，小型企业采用个人电脑就是一个有力的例证。个人电脑可以用来替代手动工作方式（比如标准的办公设备）和电脑服务机构。图8–1表明，个人电脑在小型企业中的渗透程度与企业的规模有关。个人电脑在大型公司的渗透程度更高，因为这些企业有更复杂的文书工作，更加需要办公自动化，在资本采购中有更多资源可供投资。

替代威胁不仅依据不同的买方细分领域而不同，也会根据不同的产品种类、地理范围和渠道显示出不同的特征。替代品可以执行不同的功能，企业使用替代品的方式也各不相同，因此替代品对应的相对价值/价格比或转换成本的区别较大。大型办公用打字机更容易被文字处理器替代，而被便携式电动打字机替代的概率相对较小，因为文字处理器的特殊功能和校正功能比便携式个人打字机更加适用于大型办工场所。

替代品的渗透往往与行业细分的差异一致。通过扩大其服务细分领域的数量，替代品按照其相对价值/价格比和转换成本的顺序渗透入新的细分领域。因此细分和替代的互动对理解替代的路径有重要意义，这一点我将在下文中详述。

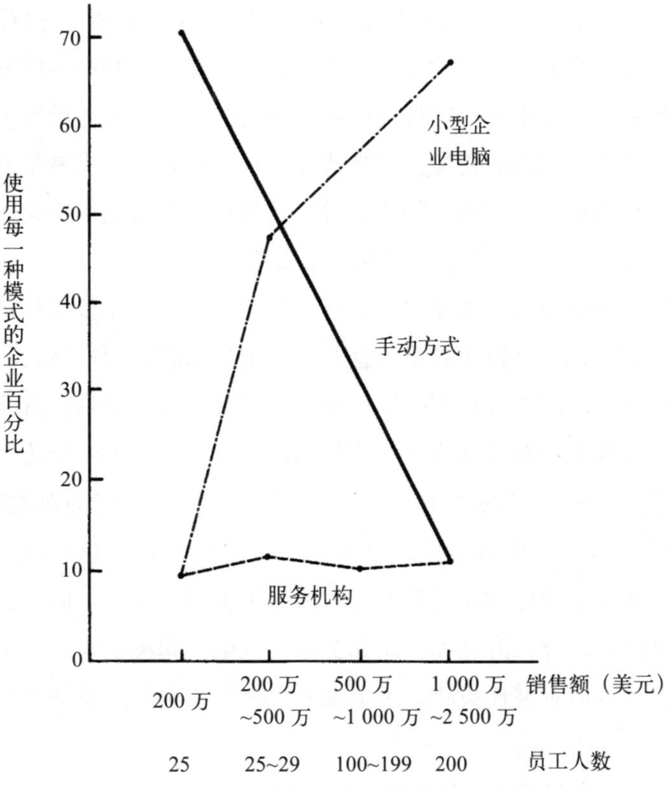

图 8–1　小型企业中个人电脑的使用情况（1981 年）

替代威胁的变化

替代的威胁随着时间的推移而发生变化，进而对替代的模式产生影响。替代威胁有很多变化的源泉，可以预测，且受到企业进攻战略或者防御战略的影响。替代威胁的变化在五大领域里发生，遵循替代的经济性规律。

- 相对价格的变化
- 相对价值的变化
- 买方对价值看法的变化
- 转换成本的变化
- 替代倾向的变化

下列情况发生时，相对价格会改变。第一，替代品和产品的相对成本发生变化，且变化的一部分或者全部转嫁给了买方；第二，替代品和产品的利润率发生了变化。当替代品和产品发生了不同程度的价值改变时，相对价值就发生了变化。买方对价值的看法依赖于信息的传播。当替代品进行了重新设计或者早期选用替代品的买方承担了后来转换者所需承担的成本时，转换成本就发生了变化。买方替代的倾向取决于不断变化的买方态度、资源和竞争条件。

替代威胁随着时间的变化而变化，由行业结构以及替代品行业和被威胁行业的竞争对手行为决定。替代品行业的竞争企业处于进攻状态，而被替代品行业的竞争企业处于防御状态。这两个行业开始了一场影响替代过程的较量。行业结构将改变行业竞争的性质以及企业对待替代过程的行为。由于竞争对手的行为将影响替代过程在某个方向或者其他方向的轨迹，竞争对手在决定入行投资的对象时非常重要。如果替代行业的竞争对手资本雄厚，就可以按照对自己有利的方向，针对降低成本、价值信号或者设定较低的初始价格等方面做出更好的投资。同理，其他竞争企业的战略行动也会影响替代的过程，比如美国无线电公司决定向众多企业授权使用其彩电技术。因此，面对替代威胁，决定未来变化的其实是行业结构和竞争对手行为对替代各要素的预期影响。

替代的五个领域中起决定作用的因素如下所示。

改变相对价格

相对成本的变化。替代品和产品相互竞争，以改善其相对成本地位。替代品在替代的过程中往往通过规模经济或者学习的作用来改善其相对成本地位。例如，因为这些原因，碳纤维的价格从20世纪70年代初的每磅100美元降低到1982年的20美元或者25美元，推动了碳纤维替代钢和铝在汽车和飞机上的应用。降低替代品相对成本的另一个因素是技术变化降低了完成特定功能所需要的替代品数量，本章开篇列举的铝制品行业和海上钻井技术的例子就说明了这一点。这些改善是以大量出售替代品为前提的。假如替代品的成功抬高了原材料的成本，那么替代品的成本也很容易上升。

行业面临替代品的威胁时，降低该行业内被替代品成本的机会较少，主要是因为行业发展的年限和成熟程度。此外，替代品的渗透也降低了企业在被威胁行业中的规模和产能利用率，进而抬高了成本。然而，这些睡意蒙眬的行业在面对替代品的威胁时，大大降低了成本，因而很难笼统地总结相对成本变化的情况。

替代品的相对成本行为可以按照第 3 章的框架进行分析，借此确定替代品和产品的成本驱动要素。随着时间改变的成本行为取决于这些成本驱动要素的相互作用以及竞争对手的行为。有时候，替代品和产品过去的成本趋势曲线会清楚地反映未来相对成本的情况。但是，完全依靠过去的趋势来判定将来是不可靠的，因为被威胁行业会对之做出反应，而替代早期发生的成本减少不可能持久。想预期相对成本的变化，要求我们预估规模、学习的增加和其他因素对替代品成本的影响，并与被替代品通过重新设计、重新定位或者引进新工艺技术来降低成本的能力进行比较。第 3 章描述的成本动态的源泉还表明了有可能发生的其他重要的相对成本变化，包括不同的通货膨胀率。

利润率的变化。替代品和产品的价格中包含了利润率。替代品和产品的相对利润率是一个随着时间而变化的关键因素。相对利润率变化的常见理由是被威胁的行业降低了利润率来对抗替代品的威胁。视频游戏行业利润率之所以迅速缩水，是因为要抵御个人电脑的来袭。在企业最终退出市场前，被替代行业利润率下降的最大程度取决于最初的利润率以及行业是否存在退出壁垒，迫使企业即使回报率很低，也不得不留在行业内继续竞争。

替代品的利润率会随着替代的持续而发生改变，受到替代品行业结构的影响。如果最先进入替代品行业的企业在赢利，且进入壁垒不高，则替代品的利润率会随着新公司的进入而快速下跌。替代品一开始渗透成功可能会导致出售替代品的企业设定新的渗透低价。在出售替代品时形成的竞争会随着时间的推移日益激烈，主要是因为替代品日渐标准化，且一开始爆炸性的增长在逐步放缓，个人电脑行业的情况就说明了这一点。替代品的日渐渗透还会提升买方后向一体化的威胁。所有这些因素都有可能降低替代品的利润率。替代品和产品的利润率取决于变化的行业结构所产生的影响。从某种程度上来讲，利润率和行业结构变化彼此影响着对方。

改变相对价值

替代品对买方的相对价值会因为技术的变化、服务水平的提高以及其他众多理由而发生变化。替代品的生产商往往在制定自身价值链、满足买方的需求方面具有突出的优势，而被替代品的生产商则在努力寻找提升价值的方法。第 4 章描述了决定买方价值的因素，这些因素将不断变化。变化的源泉是替代品和产品领域技术变革的相对速度、基础设施的发展以及制度因素。

替代品和产品开展技术竞赛，看是否有可能更快速地提升价值。可以通过使用第 5 章的概念来分析技术变革可能的步骤和程度。替代品若处在新兴行业，就很有可能有技术变化的先进性。第 5 章的诸多例证表明，被威胁的产品或者工艺能够获得重要的技术变革。技术变化的相对步骤也会受到资源和竞争对手技能的重要影响。用玻璃塑料和铝制品替代钢，则塑料和铝制品企业的伟大技术变革是导致这些行业内变化步伐加快的主要原因。

因为有发展更好的基础设施的支持和帮助，随着时间的推移，相对价值/价格比会朝着有利于替代品的方向发展。当替代品在市场上站稳脚跟后，企业常常大量建设新的维修点，且将替代品纳入固定的排产计划中，寻找知名的批发商作为销售渠道。替代品的可得性提升了，这就降低了替代品供应短缺的风险。

替代品的相对价值/价格比会随着各类外来要素和制度因素的改变而变化。在住房挡板行业，由于人们发现氯乙烯有可能致癌，聚氯乙烯对铝材料的替代遭受了巨大的阻力。同理，太阳能供暖系统产品的渗透受到了政府政策变化以及能源价格前景不稳定等因素的冲击，而人们对胆固醇和钠摄入量的关注改变了对食品产品的相对价值的看法。这些外来要素的影响力巨大，却很难预测。

改变买方对价值的认知

替代过程中，买方对价值的认知经常发生改变，而时间和营销行为是为了改变买方对待替代品和产品的态度。在替代过程中，当买方日益了解替代品的用途时，人们会意识到替代品价值的地位。在机翼和相关领域中，碳纤维作为钢、钛和铝的替代物的一大阻碍因素是多数工程师不知道如何用纤维进行设计。而碳纤维的属性非常特殊，只有设计者充分了解这些材料的性质，才能充分利用其优点。设计师加深了对碳纤维属性的了解后，提升了对碳纤维价值的认识。时间是把双刃剑，有可能对替代品有利，也有可能对其不利。很多替代品出现的时候，买方过高估计了其价值，时间和实践将检验这些替代品的价值。

对替代品和产品价值的认知会受到价值活动的相对强度和创意的影响。为提升消费者对替代品的意识开展的各项活动，会受到被威胁行业加倍提升产品认知价值活动的阻挠。美国唱片行业推出了“音乐之礼”以应对视频娱乐产品的发展对唱片销售量的冲击。唱片生产商发行的每张唱片，其中有0.5美分用于广告宣传费用，强调了唱片作为礼品的优势。哪些活动能够显示替代品的价值？这取决于产品的价值信号的显示标准。

改变转换成本

使用替代品的转换成本往往随着时间的推移而逐渐下降。一个原因是早期的转换者开发程序、设计或者标准，为以后的转换者承担了部分成本。早期使用铝罐替代钢罐的厂商可以开发产品标准和罐身平版印刷商标的方法。转换成本随着时间的推移不断下降，因为替代品的设计更加符合附属设备或者供应商开发使买方转换成本最小化的程序。此外，第三方的出现也会降低转换成本，包括咨询师、安装服务和培训服务供应商。在办公设备领域，咨询服务和培训公司也在茁壮成长，推进办公自动化的转变过程。

转换成本部分取决于买方的技术选择。当买方改变了自己的产品和生产工艺时，转换成本也会发生变化。在铝材对钢材和铸钢的替代中，买方的新技术降低了转换成本。自动化生产商建立了更加灵活的厂房，有能力加工铝材或者铸钢，而罐装生产商的新生产线能生产铝罐和易拉罐。

改变转换倾向

使用成功替代品的倾向会日益强烈。使用替代品早期的成功会减缓买方的风险规避倾向，同时出于竞争的考虑，为了避免早期转换者使用替代品有可能使自己处于劣势，买方可能会发生转换。

替代和总体行业需求

除了从现有的产品中分得市场份额外，替代品有可能增加或者减少行业需求。具有更长生命周期的替代品经过了刺激快速替换的初始阶段后，会降低整体行业需求。在保质期更长的子午线轮胎替代了斜交轮胎时就出现了这种情况。

假如替代品扩大行业，提升了使用率或者替代率，那么替代品的渗透就会增加总体的行业需求。便携式盒式录音机，包括索尼的随身听，在从传统的录放机那里夺取市场份额的同时，也拓展了整个盒式录音机的市场。同理，引进一次性圆珠笔，主要由比克公司牵头，不仅刺激了对传统钢笔的替代，还刺激了每个买方对圆珠笔的整体购买量。为了预计替代品长期的绝对销售量，替代品对行业的整体需求量必须与替代的路径综合起来考虑。

替代和行业结构

替代品的渗透有可能对行业结构产生次级效应。替代品可能改变买方的成本结构，提升或者降低价格敏感度。替代品也可以要求新的供应商，而替代品的进入壁垒与产品的壁垒会有所不同。因此，必须把替代品的情况作为一个新行业来分析，而不能单纯当作产品的变化。对比被替代品行业结构的吸引力，替代品行业的结构吸引力可大可小，这对于替代品的战略有着重要的影响。

替代曲线

一个行业的替代曲线取决于相对价值/价格比，以及人们对相对价值/价格比、转换成本以及买方替代倾向的变化的认知情况。不同行业替代品的渗透速度各不相同。有些替代品很快被市场接受，有些替代品渗透速度很慢，甚至无法被市场接受，直接停产。在很多行业里，成功替代品的替代曲线呈现S形，图 8–2 显示了替代品满足整体需求百分比和时间的对比曲线。

S形的替代曲线与我们熟知的产品生命周期曲线紧密相关。处于生命周期初期的产品很少被其他产品替代。S形的替代曲线并不是每种成功替代的必经之路。有必要理解S形曲线发生的理由，并找到决定替代的经济因素。若某种替代的经济学原理呈现S形曲线，则可以用多种方法预测替代速度。

如图 8–2 显示的S形曲线所示，替代一开始比较缓慢，之后很长时间内保持了较低的水平，这个时期称为“认识和测试阶段”。除非替代品出现了产品瑕疵或者被替代的行业试图反击替代品，进而抵消了替代品的优势，否则替代品的渗透往往会快速进入“腾飞时期”，迅速达到代表渗透的上限。这个上限取决于替代品对其有充分价值的买方数量。替代的上限值会随着时间的推移而变化，技术的变化或者买方需求会吸引或者驱逐买方在行业中进进出出。

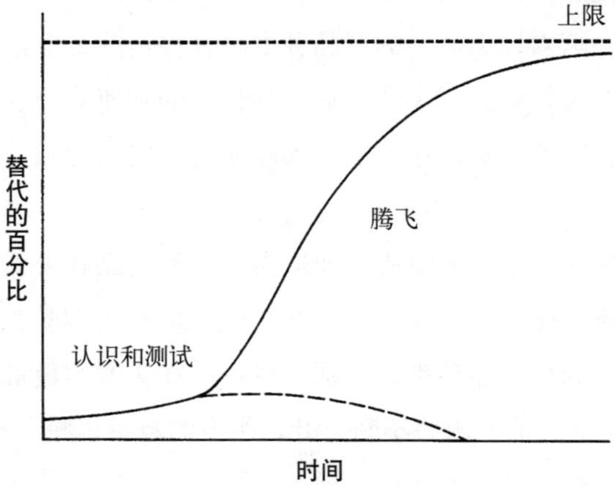

图 8–2 典型的S形替代曲线

S形替代曲线的发生反映了人们对相对价值/价格比、转换成本和买方替代倾向的估计值和实际值相互作用的看法。一开始，替代品的表现有可能不确定，只有少数几家工厂有能力供应，很多买方对替代品或者其特征缺乏了解。由于替代品产量较低，供应商从中大量谋利，导致替代品的价格较高。替代品的价值不确定，转换成本却很清楚。由于买方和供应商不熟悉替代品的使用方法，转换成本往往很高。另外，在得到替代品的好处前，得先承担转换成本。

在认识和测试阶段，有些愿意冒险的买方或者高度重视替代品质量的买方认为相对价值/价格比很高，会试用替代品或者永远使用替代品。在这个阶段，替代品将证明其价值或者显现其缺点。当替代品的缺点被证明无法改正时，替代品便无法渗透市场。相反，当替代品经过改善后，有时候替代品将退出市场，并重新引入新产品。同时，营销措施和口碑营销将吸引更多意识到替代品优势的买方，并提升对替代品价值的认知程度。

假设早期转用替代品的买方实现了既定的价值，则替代品的渗透速度将加快，替代将沿着S形的替代曲线发生。有多种原因导致了这种现象的发生。第一，价值认知的不确定性和替代品失败的风险会随着早期使用替代品的买方的成功而降低。第二，一旦少数买方成功地转用了替代品，竞争压力将迫使其他买方也开始为保持自己的成本地位或者差异化（甚至保持自身在消费者心目中的形象）转向替代品。

第三，转换成本会因上文描述的原因降低。第四，越来越多的买方将使用替代品，加深了消费者对替代品的认可度。第五，替代品不断渗透市场，通过规模经济和学习的深入降低成本。第六，引进新的产品种类将开拓新的行业细分领域。第七，因为有新的竞争对手进入替代品所在的行业，替代品的加速渗透会促进供应商更激进地开展定价、营销和研发活动，这些因素都能使自我实力加强，导致替代品的飞快渗透。

最后，替代品的渗透率接近完成，即遍布认定替代品有吸引力的全部买方。这种情况发生后，渗透逐渐变慢，因为向新的买方渗透将越来越难。然而，相对价值/价格比的增加或者新的替代品种类的增加会增加潜在买方的数量，为替代品的增长提供了新的机会。图 8–2 的上限将不断上升，买方的数量也将不断上升。

同时，买方使用替代品的方式也会增加或者减少市场对替代品的需求。比如在电视机行业，彩电渗透进市场后，黑白电视机的销售也走俏，因为普通民众家里往往有两台电视机，有时候甚至有三四台电视机。同理，电动剃须刀替代传统剃刀的过程中，小型便携式剃须刀因其低价、功能丰富、使用灵活等特点，改变了替代品渗透的上限。图 8–2 显示的上限包含了更多的买方数量。

认识和测试阶段的长短取决于多种要素。替代品的相对价值/价格比的上升幅度很重要，替代品渗透的动机越强，认识和测试的时期越短。证明替代品功能所需要的时间因产品而不同，它也会严重影响测试阶段的时间。自动咖啡机的性能可以在几个星期或者几个月内得到验证，而新的大型设备可能需要几年生产线的使用才能验证其真正的性能。行业生产替代品，并提升其性能或者成本地位，从而建立充分的生产能力来服务于主要的买方，这些行为所需要的时间也会影响测试阶段的长度。最后，买方行业竞争的强度以及相对价值/价格比对替代品竞争的重要性也会影响测试时期的长短，因为它们决定了买方转向替代品时承受的竞争对手模仿的压力。

腾飞阶段曲线的陡峭程度取决于替代品渗透行业的程度和理由。在向激烈竞争的买方行业销售替代品时，替代品的腾飞非常迅速。腾飞阶段曲线的陡峭程度由转向替代品的时间和替代品的生产能力决定。买方行业的采购周期也很重要，因为当买方再次进行订购或者置换现有的产品时，更有可能转向替代品。这将减少废弃还剩几年使用期限的产品或者买方有大量存货时相关的转换成本。同理，当买方市场在不断增长，且能投资新的设施和装备时，转向耐用品的替代过程能更迅速地完成。

受到替代威胁的行业对替代品的反应将严重影响替代的轨迹。受到威胁的行业做出了激进的反应会阻止替代品的渗透或者大大延迟其渗透过程。相反，可靠的竞争对手进入替代品行业会加速替代品的市场渗透，比如IBM进入个人电脑领域，柯达进入即时成像照相机领域就证明了这一点。当行业内拥有多个买方时，典型的替代轨迹如图 8–2 所示。在买方较少的行业里，主要买方所做的决定可以一夜之间改变替代曲线。在这种情况下，最好对每个买方进行替代分析。

细分和替代曲线

行业的替代曲线与行业细分紧密相连。早期渗透发生在替代的相对价值/价格比最高、转换成本最低或买方最有冒险精神、替代品对买方价值最高的行业细分领域。早期划分的细分领域会支持替代品成本的降低和绩效的提升，为其渗透后续的细分领域做好准备。替代品针对早期的细分领域较高的定价能抵消替代品较高的初始成本，使生产商获得高额利润。当价值较低的替代品渗透了对应的细分领域后，替代行业的利润率往往降低。

微型计算机的替代过程说明了替代曲线与行业细分紧密相关。微型计算机最先渗透的细分领域是科技领域和计算机中心应用范围，在这些领域里需要计算能力，但用户却无法完成编程，也无法按照自身的需要来改良设备或者自我完成某些维护服务。微型计算机后来渗透的领域包括工业控制领域。在这些领域里，买方拥有成熟的技术，对产品支持的要求不高。过了一段时间，微型计算机才开发了针对小型企业应用的服务和支持业务。

替代品率先渗透某些细分领域取决于一些要素的作用，这表明替代品渗透不同的细分领域的速度不同。不同细分领域的相对价值/价格比和转换成本不同，替代品在不同的细分领域的渗透速度也不同。因此，行业替代曲线是多个细分领域替代曲线的综合。

替代预期模型

成功的替代往往遵循S形的渗透曲线，这个观点常常可以用来帮助我们预测替代的发生。基于S形的渗透曲线，可以主要针对创新扩散过程的研究建立起多个替代模型。最初几年的数据可以借助替代预测模型来预期整个替代曲线的发生情况，前提是S形渗透曲线必然发生。预期的替代曲线将成为决定替代过程经济学原理分析的基础。为反映特定替代过程的经济学原理，对标准的S形曲线进行调整可以帮助我们对未来几年内的替代程度进行预估。这个过程的前提是S形替代曲线的趋势必然发生，早期的渗透数据可以引导我们完成后续的分析。

最经常使用的传播模型是所谓的逻辑函数，这是一种指数函数。适用于替代的函数形式具体如下：

$$\frac{F}{1-F}=\text{指数}K\text{（时间）}$$

其中，F=已使用替代品的市场占全部潜在市场的比例

K=与替代品早期增长率相同的常数

该逻辑函数有两个假设：第一，假如替代已经开展了百分之几，它会一直进行直至完成为止；第二，替代品的替代比率与被替代的余数成比例。后面一个假设导致了S形替代的发生。假如F/（1–F）是标注在半对数坐标轴上的时间函数，逻辑函数的替代曲线将是斜率为K的一条直线，如图 8–3 所示。

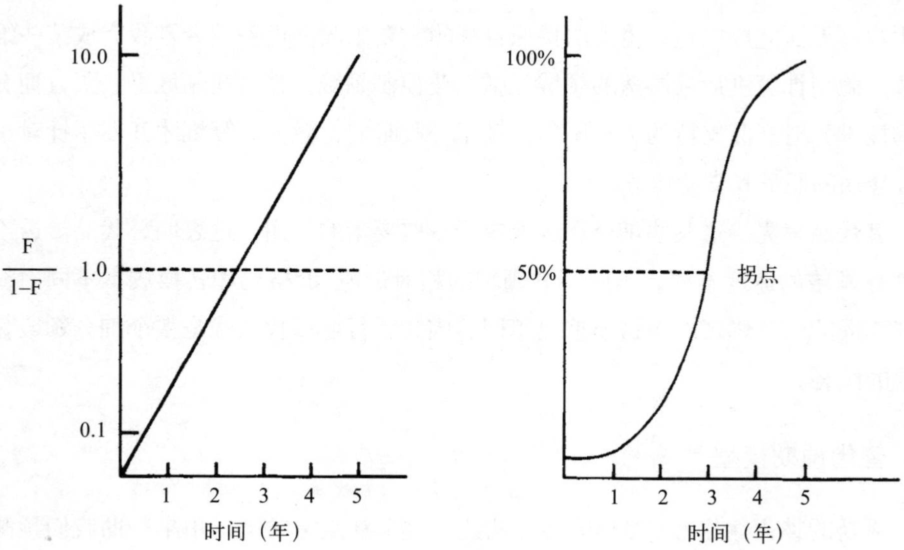

图 8–3　典型的逻辑函数曲线

假如决定S形替代曲线的逻辑原理在特定的替代过程中起作用，而且部分替代率的假设也成立，那么就可以应用逻辑函数来预测将来发生的替代轨迹。为此，替代历史的数据可以用来决定每年的F/（1–F）值。将F/（1–F）对应时间的关系画在半对数坐标轴上，可得到一条与早期历史重合的直线。按照逻辑曲线的原理，延长这条直线可以得出未来的替代曲线。

具体过程如图 8–4 所示。该图显示了啤酒罐行业中铝最初替代钢的情况。早期的替代历程完全符合逻辑曲线。按照历史的轨迹，如果逻辑曲线站得住脚跟，我们可以预计截至 1982 年，替代程度大约达到 91%。这种估计的精度取决于逻辑曲线反映特定行业替代经济学原理的程度。这里有个重要的问题是潜在市场的规模及其上限。在饮料罐的例子中，逻辑曲线的上限非常清楚。当上限不断上升时，逻辑曲线往往有过高估计渗透率的倾向。替代过程后期的另一个重要问题是执行既定功能要求使用替代品的强度将随着时间的推移而变化。

是否按照替代历史轨迹划定的逻辑曲线进行替代，最重要的问题是相对价值/价格比推动替代进程的程度如何随着时间的推进而变化。逻辑曲线认定替代的动力比较稳定，如果相对价值/价格比下降，替代品的渗透将减缓，但这在逻辑曲线上永远不会出现。相反，如果替代品的相对价值/价格比上升，替代品的渗透率则会从早期的缓缓上升状态迅速转变成快速攀升。图 8–5 显示了啤酒行业中发生的情况。

1976 年以后，两件钢罐装技术使得铝罐的渗透速度减慢。皇冠集团引进了新型的钢罐制造技术，大大降低了铝罐的相对价值/价格比。但是，1978 年，啤酒行业排名第二的米勒啤酒宣布正式开展利用铝罐替代钢罐的测试。在等待测试的结果时，替代的速度进一步放缓。1979 年米勒决定转向铝罐。米勒一转向铝罐，铝罐替代钢罐的速度就大大快于 1976 年的情况，米勒公司证明了替代的可行性。铝罐在 1979 年快速渗透的另一个理由是铝罐比钢罐更容易回收，且回收周期更短。1982 年，铝罐的渗透率达到了 98%。而此前根据历史渗透数据和逻辑曲线的预计，1982 年铝罐的渗透率应该是 91%。

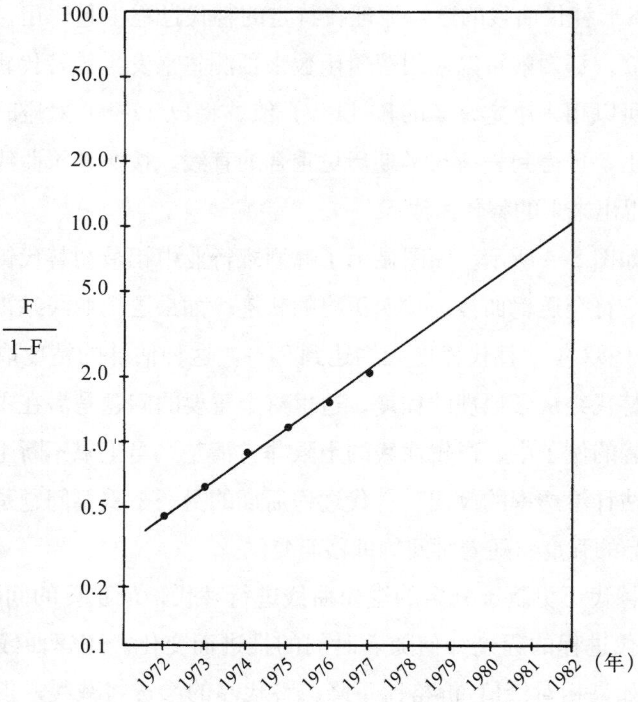

图 8–4　啤酒罐行业铝对钢的早期替代

注：F/1–F 在 1.0 处，对应 50% 替代水平。

在饮料罐这个例子中，逻辑曲线不能取代替代分析。逻辑曲线是我们详细分析替代经济学的起点。不同行业的替代轨迹各不相同，会受到技术变化和竞争实力的影响。为了有效地使用逻辑曲线，必须确定相对价值/价格比，充分理解并预计转换成本和在特定行业内的替代倾向以及相关因素的变化。鉴于替代品经济学原理因不同的细分领域而不同，必须按照细分领域而不是行业水平勾勒逻辑曲线。比如，啤酒制造商对瓶罐有不同的需要，有关铝罐替代钢罐的笼统的逻辑曲线就不如对啤酒罐本身两类瓶罐的替代逻辑曲线更有针对性。

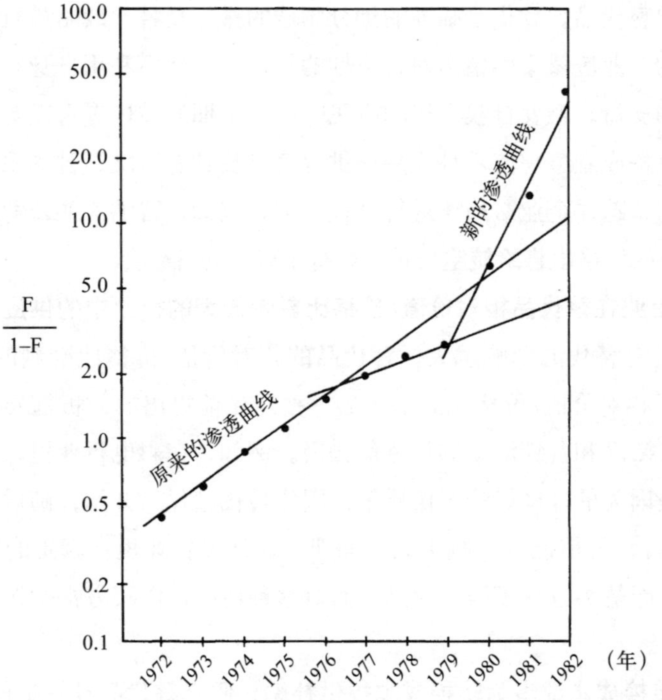

图 8–5　啤酒瓶罐业铝罐对钢罐的替代

替代和竞争战略

替代的经济学原理对试图推动或者抵御替代的企业具有重要的战略意义。抵御替代的防御战略在很大程度上与推动替代的进攻战略相反。我将首先介绍推动替代的战略，接着描述抵御替代的战略。

推动替代的战略

企业可以通过提升相对价值/价格比、降低转换成本或者提升买方的替代倾向等战略措施来触发或者加速替代的过程。当然上述措施都需要付出一定的代价，可以参考下列几个有关推动替代的做法。

1. 瞄准早期的转换者。在前文中我强调了行业中的某些买方和买方细分领域因为具备更高的替代相对价值/价格比、更低的转换成本或者更强烈的替代倾向等，更有可能采用替代品。替代品瞄准的细分领域的排序是替代战略最重要的内容。试图寻找替代的企业应该集中精力对付早期的转换者，然后利用自身与买方的交易记录获得更多的支持，触发自我发展的腾飞阶段。早期的转换者可以是那些重新设计产品、更换设备或者急需使用替代品提供价值以及具有冒险精神的采购者。为了赢得这些买方的青睐，企业必须要进行替代尝试。例如，冒纳罗亚公司将一种坚果以非常有竞争力的价格出售给航空公司，获得了试用的机会。

2. 提升企业在替代品相对价值/价格比影响最大的行业中的供应量。产品以及价值链的改进对替代的影响越大，替代品的相对价值/价格比受到的影响也越大。在深刻理解了相对价值/价格比的基础后，按照先前提出的分析框架，企业能够决定自己的研发活动和营销活动的任务优先级。例如，在彩电行业里，买方从黑白电视转向彩电是因为偏好良好的图像质量，因此替代过程一开始，画质就比功能或者样式对相对价值/价值比的影响更大。同理，在许多行业里，真正的问题不是实际产品的性能，而是买方拿不准替代品。面对这种情况，向买方提供保证就是推动替代的有效工具。

3. 降低转换成本或者为转换成本提供补贴。假定替代品具有绝佳的相对价值/价格比，则降低转换成本的投资在刺激替代过程中将扮演着重要的角色。企业应该把部分技术开发用于降低转换成本的措施上，并且创造多种途径推进信息在买方间的传播，这与利用说明手册或者业务通信进行宣传一样直接有效。

企业为某些买方的转换成本进行补贴，这样做好处很多。企业不需要对所有买方的转换成本进行补贴，只需要补贴那些采用了替代品后能够触发替代过程进入腾飞阶段的主要买方就可以了。这些买方是舆论引导者，对其他买方来说，这些企业是可靠的价值风向标。补贴转换成本包括免费培训、支付产品重新配置或者测验的费用、提供或者辅助附属设备的设计、辅助生产程序的改良、授予高昂的抵换折让、提供退货保证以及免费登门示范等。

4. 投资显示价值信号的活动。替代品面临的主要障碍可能是潜在买方缺乏对替代品的认识和了解。企业要确定买方用来评判替代品价值的最重要的显示价值信号标准，并大力投入，尽可能影响这些标准。买方往往会误解替代品的相对价值/价格比，尤其当相对价值/价格比不明显，但具有上文具备的特征时。因此，显示价值信号对于成功的替代过程非常有用。

5. **使用初步的前向一体化或诱发后向一体化来实现促销作用。**铝业成功实施的战略是有选择性地对下游产品进行前向一体化，创建市场对替代品的需要。相关的战略将刺激终端用户进行后向一体化，进入中间行业，借此绕开那些不愿意进行替代的生产商。通过前向一体化，创建终端用户的需要，企业有时候能够逼迫顽固的中间商买方来承担替代的转换成本。前向一体化还可以显示替代品的绩效，成为发展替代品使用程序或者降低转换成本的重要手段。

初步的前向一体化在终端用户面对全新的替代转换成本时是最有效的，而中间买方则面临着重大的转换成本。金属瓶罐的情况就是这样，饮料制造商转向铝罐更容易，但要承担启用新设备的昂贵的投资成本。

6. **确保替代品的多重来源或充分的生产能力。**当替代品只有一个来源或者替代品供应商不具备充分的生产能力来满足预期需求时，主要的买方往往不会承担替代的成本和风险。通过鼓励多家企业进入替代品行业或者在市场上对替代品的需求大增前获得足够的生产能力，可以解决这些问题，这样也就能推进替代的过程，这也证明了友好互利型竞争对手对企业更有利（见第 6 章）。

7. **推进对互补产品或者基础设施的改良。**企业如果能够推进互补产品或者基础设施的成本地位或者质量的提升，就能提升替代品的相对价值/价格比或者降低转换成本。这就证明了投资发展互补产品的技术并与其他企业免费共享成果的做法非常有益，还证明与互补产品生产商建立合资企业或者确立其他联系，或者创建服务机构等基础设施很有必要。比如，美国无线电公司（RCA）培训了很多维修人员，可以为所有的电视机提供维修服务。

8. **用替代品定价来平衡相对价值/价格比与创造壁垒之间的关系。**替代品的定价能让买方尝到一点儿甜头，好让其有充分的理由转移到替代产品。替代品的价格与相对价值/价格比的接近程度取决于行业结构。在行业里存在较高进入壁垒的情况下，制造替代品的企业最好首先以高价渗透高价值细分领域，然后慢慢替代，逐渐降价，最后夺取低价值细分领域。在存在先发优势的行业里（见第 5 章），企业应该牺牲短期利益，实现快速渗透，并建立进入壁垒，保护长期利益。进入壁垒低，企业必须得在其他企业进入行业、损害其地位前迅速获得各种利益。

9. **构建新的功能来扩展替代品的市场。**构建替代品的新功能能够扩展潜在的市场，这不仅在产品设计和功能选择方面很重要，在定价策略方面也很重要。在鲜花行业，欧洲零售商意识到低价鲜花能为其拓展全新的功能，除了传统的婚礼和其他庆典批量使用鲜花外，日常装饰成为新的业务。因此，欧洲的鲜花市场比美国市场大得多，美国市场的鲜花定价更高。很多行业接受了需求饱和的现实，而不愿寻求新的替代可能。

10．如果替代的竞争地位无法持久，就应该实施收割策略。如果企业在替代品行业能够保持持久的竞争地位，且行业结构比较吸引人，企业就会为赢得市场份额而投资。否则，与其企业通过定价策略延迟其他企业进入市场或者拓展市场，不如在替代过程初期抓紧获利时机。成功的替代品未必就是好买卖。

抵御替代品

抵御替代品的第一步是确定所有的替代品。这项任务难度更高，要求人们完成各种基本功能。抵御替代品的战略与上文描述的战略刚好相反。

- 通过降低成本、改进产品、提升互补产品来改善替代品的相对价值/价格比。
- 修正产品形象。
- 提高转换成本。
- 对针对买方的激进销售行为予以阻止。

转换成本很高时，企业必须努力投资短期持有行为，拖延转换行为，同时不放弃从根本上改善相对价值/价格比的努力。由于从替代品再转换回原来产品的成本很高，启用替代品赔本的企业将很难赢回利润。

除了上述措施外，还有一些做法在我们抵御替代品的时候值得考虑。

1. 寻找产品不受替代品影响的用途。有时候，产品面临替代时，可以重新定位其功能和用途。艾禾美的苏打粉就是个很好的例证。经过 10 年的营销活动，50% 的美国冰箱使用艾禾美作为除臭剂，远远超越了苏打粉原有的用途。

2. 绕过替代品的优势重新定义竞争。替代品相对价值/价格比的优势通常源自低价或者特定的价值。良好的抵御战略能够引导行业竞争，避开替代品的这些优势。要抵御低价替代品，可能要采取延长保质期、增加技术支持或者新的产品特色等措施。

3. 联合供应商加入抵御替代品的战斗。重要生产要素的供应商在抵御替代之战上也有极大的利害关系，它们可以为抵御替代品提供重要的资源和工艺技能。高成本的生产要素供应商或者对价值链有重大影响的供应商就是最好的联盟对象。

4. 针对那些最不可能被替代的细分领域重新制定战略。有些产品或者买方细分领域不太可能被替代，遭受替代品攻击的企业最好集中精力对其实施抵御战略。企业也可以从这些细分领域中退出，或者从最有可能被替代的细分领域中及时收割现有的竞争利益。尽早从这些细分领域中退出，可以为企业及时收割并兑现现有竞争利益或者资产的折现值创造条件。若退出时间晚了，获得的现金量将大大减少，甚至根本得不到任何现金。

5. 及时收割，不要一味抵御。根据替代品将来可能的相对价值/价格比和抵御战略的可行性，面临替代的最佳战略就是及时收割当前的竞争地位带来的利益，而不是一味投资抵御替代品的措施。这些战略包括专注于那些替代进程最慢以及有可能提价的细分领域。

6. 进入替代行业。与其将替代品看成是威胁，不如把替代品的出现当成是一个机会。进入替代品行业能让企业及时获取替代品和产品之间的竞争优势，这些关联可以是共同的销售渠道和买方等。

行业和企业替代战略

替代过程一部分受企业控制，一部分取决于整个行业的发展。无论单个企业的主营业务是什么，它们总会受到行业形象和整个行业产品的一致性等因素的影响，这些因素影响了买方的态度，有可能让买方搞不清楚替代品的利益。这表明整个行业的行动可以有效地补充个别企业推动或者抵御替代的做法。例如，新西兰猕猴桃制造商通过赞助整个行业培育同一品种水果的研发行动（从20种下降到1种），并在所有种植园中推广这种单一品种，极大地促进了猕猴桃对其他水果的替代。通过激进的广告策略，这一措施得到了进一步加强。

可以推进（抵御）替代的行业行为包括：

- 加强产品的形象宣传，整个行业的广告宣传会影响行业的需求。
- 共同资助研发活动，开发产品的用途或者资助将产品与买方价值链整合的技术。

- 建立并强化产品标准，减少买方对替代品质量不高或者性能不佳的担忧。
- 获得必要的监管许可，以降低买方的转换成本和认知风险。
- 共同努力改进替代品的质量与可得性，降低互补产品的成本，进而提升相对价值/价格比。

企业推进或者抵御替代的费用有可能使竞争对手搭上顺风车而受益。为了应对这个问题，行业协会或者其他团体的集体行业行为是推进替代或者抵御替代的常见方法。例如，煤炭行业在美国开展了电视和平面媒体广告活动，旨在提升煤炭作为一种丰富而易得的资源的形象，即“美国汽油”。若没有一些集体行为，细分的行业领域可能会因为搭顺风车的行为很难推进或者抵御推进的进程。

反对替代战略的陷阱

每个行业的替代，从某种程度上来看，都可能是一种积极或者消极的力量，而企业在应对替代品的时候往往要犯一些常见的错误。分析这些错误，能让我们更深刻地领会本章提出的概念，对之做出总结。

没法辨认替代品。替代过程已经发生，但企业因为过分狭隘地对待产品的功能，而无法辨认替代品，也没能意识到不同细分领域面对的替代品不同，或者忽视了下游替代。

无法理解相对价值/价格比。相对价值/价格比的决定因素很复杂，企业往往将替代品成功或者失败的原因看得过于简单。例如，他们可能认为优秀的产品性能是产生替代的原因，但替代的真正原因是替代品更容易安装，所以使用的成本更低。无法理解替代成功或者失败的原因，可能会导致企业采用错误的进攻或者防御战略，或者无法预知替代品进入腾飞阶段的时机。

错误地理解替代品早期渗透缓慢的情况。替代品的早期渗透比较缓慢，因此其威胁往往被人忽视，也不会想到这就是替代品S形渗透曲线的开端。但是的确有些替代品不成功，早期渗透过程比较缓慢并不是替代品失败的信号，因此要仔细研究相对价值/价格比以及早期买方对替代品的体验。

相对价值/价格比的静态观点。要用替代品当前和未来相对价值/价格比来分析进攻和防御战略。企业有可能在改进产品和营销措施方面犯方向性的错误，或者无法为将来替代品的相对价值/价格比的改进或者利润率的降低做好准备。

对抗与加入。面对长期相对价值/价格比对自己不利的情形，很多企业大力投资抵御替代品；同理，它们也全面实施抵御替代战略，却没能认识到面对不同细分领域的替代品，企业的软肋也有所不同。面对替代，往往要求尽快针对特定细分领域提出应对措施，或及时收割当前竞争地位的利益，或进入替代行业。

默认产品发展成熟。也许企业所犯的最不幸的错误就是默认产品的成熟，从不考虑替代的可能。企业往往从内部看待发展问题，忙着和竞争对手的战斗。最好通过替代将整个产业做大，行业的年龄并不能可靠地表明是否发生了替代，行业成熟有可能只是一种假象。

COMPETITIVE ADVANTAGE

第三部分 公司战略和竞争优势

09 业务单元之间的关联

随着战略规划理论和实践的发展，多数企业已经意识到两种战略的重要意义：业务单元战略和公司战略。业务单元战略框定了企业在各个行业中的活动轨迹，而公司战略则针对一个企业内所有业务单元的组合。绝大多数企业将其业务划分为各类战略业务单元（SBU）就反映了这种区别，它们将正式的规划程序制度化，战略业务单元每年一次或者两次向高层管理人员提出计划以求审批。同时，人们日益将公司战略视为组合管理，使用20世纪70年代广泛应用的组合规划技术。

随着正式规划的蓬勃发展，人们认定协同增效（synergy）这个概念已经过时。综合不同的相关业务单元可以通过协同增效创造价值，这个观点广泛被人接受，并成为20世纪六七十年代发生的大规模多元化经营的原因。兼并声明中伴随着诸多有关实现协同作用的内容，在年度报表中也常有提及。截至20世纪70年代，人们对于协同增效的热情逐渐减退。协同增效看起来是一个理想的概念，但很少在实践中发生。其实关键不是协同增效，而是放权经营，各业务单元的经理获得充分的权力和责任，并按照他们的业绩获得奖励。近来有关企业管理的文献已经将放权经营作为很多成功企业发展的基础。各大公司也在以宗教般的虔诚着力推行放权经营。人们摆脱了对协同增效的迷恋，放权加强了组合管理是公司战略的核心任务这一观点。

公司若没能理解协同增效这一概念，就不能实现协同增效，这并不是因为协同增效这个概念本身有瑕疵，而是企业经常利用协同增效为自己言不由衷的行为做辩解。协同增效的构成要素是什么？很多企业界定不清，但却借此实施了收购战略。就算企业真的有机会利用协同增效，它们也会因为缺乏分析的工具或者不能克服实施层面重大的组织问题而无法实现协同增效。

协同增效的诱惑力依然存在，所以企业要重新审视自己对待协同增效的态度。经济发展、技术进步和竞争力的提高使得企业获得更多的竞争优势，并得以利用多个特色鲜明的业务单元之间的关联。这些关联并不是大家讨论协同增效常提及的契合度等笼统概念，而是降低成本、提升价值链上所有活动差异化的实实在在的机会。此外，追寻关联的竞争企业也督促企业效仿，否则企业就会有失去自身竞争地位的风险。

这些发展促使了跨越部门边界的横向战略的产生。横向战略有可能是多元化经营企业的战略日程上最关键的问题，也是跨越多个互不相同但相互关联的业务单元的一系列目标和政策的集合。在多元化经营的企业中，横向战略在集团、部门和公司层面上展开。横向战略不会取代或者减少各个业务单元以及对应的业务单元战略区分的需要。相反，横向战略为业务单元之间的协调、为公司或者集团战略成效大于各个业务单元战略成效之和创造了条件。横向战略是多元化经营的企业提升业务单元竞争优势的机制。

横向战略是根据竞争优势确立集团、部门和公司层面战略的概念，其基础不是财力或者股票市场的情况。纯粹建立在财力基础上的公司战略将使多元化经营的企业难以捉摸。此外，成功的财务战略带来的利益往往是暂时的。没有了横向战略，企业就和共同基金没有太大区别，多元化经营企业的存在也就没有令人信服的理由。因此，公司战略的本质是横向战略，而不是组合管理。

具有战略意义的关联往往存在于许多多元化经营的企业内。很少有企业会系统地辨认并利用这些关联，人们似乎对很多关联都一无所知。实现关联，不仅仅是认识这些关联的存在，在实践中实现业务单元之间的关联，存在很多组织壁垒，除非克服这些壁垒的战略利益很明显，否则很难让企业去除这些组织壁垒。没有了业务单元之间的关联，以及与放权经营的组织结构协调的组织机制，横向战略往往会失败。

本章将为我们分析业务单元之间的关联及其与竞争优势之间的关系提供分析框架。首先，我将描述业务单元之间的关联日益重要的原因，阐明其对众多企业的影响。其次，我会介绍三大类业务单元之间的关联：有形关联、无形关联和竞争对手之间的关联。最后，我将讨论每种关联与竞争优势的因果关系以及确认业务单元之间关联的方法。

第 10 章将利用业务单元之间的关联来描述企业为其现存的业务单元制定横向战略的方法，并说明进入新行业的多元化战略。第 11 章将继续探讨涉及实现业务单元之间关联的组织问题及应对方法。在实现业务单元关联的过程中，必须将战略和组织联系起来。业务单元之间的关联和细分领域之间的关联（见第 7 章）以及地域关联，乃至不同地区或者国家活动之间的关联有着显著的对照关系。本章的重点是不同行业不同业务单元之间的联系。当然，战略制定和实施的原则同样适用于其他层面的关联。

横向战略的重要性

当今时代，没有几个企业能承担得了忽略横向战略的后果。业务单元之间的关联以及利用这种关联的能力在过去几十年里得到了巨大的提升，互相关联的强大力量有可能在 20 世纪八九十年代进一步加快这一趋势的发展。

多元化的经营理念在变化。自 20 世纪 70 年代以来，引导诸多企业开展多元化战略的理念发生了巨大的变化。绝大多数公司如今强调的是关联的多元化。这使得人们日益关注“契合度”的概念，并开始大范围地修正公司组合。无关或者只有少数关联的业务单元在多元化的初期阶段被组合起来，如今都已经转售；很多公司借此机会提升了自己的股价，包括波顿、斯科维尔、跨世集团公司等。如今发生的兼并行为，很大一部分属于公司将业务部分转售给其他更适合的公司经营。

关注的焦点从增长转变为绩效。多数发展中国家正处在经济增速放缓、全球竞争日益激烈的环境下，这与前面几十年的情况大不相同。企业关注的焦点已经从此前的增长转变为提升竞争优势上。虽然大型独立的业务单元已经成了寻求增长的载体，但是经济情况的复杂多变使得协调业务单元战略、利用业务单元之间的关联的重要性与日俱增。买方本身承受着巨大的压力，成了协调运营的激励力量。比如，医院日益复杂的采购操作迫使强生和美国医疗设备供应公司为了保持竞争优势，整合销售团队和服务医院的业务单元的分销系统。这两家公司都已成为放权经营的最强大支持者。

技术变革推动了关联的产生和实现。技术的发展破除了行业之间的壁垒，使得它们共同进步，尤其是那些基于电子产品或信息技术的行业。微电子产品、低成本计算机和通信技术渗透到很多公司，引发了技术交汇。当这些技术在诸多产品和生产工艺中同化时，共享技术开发、购买和零件制造活动的需求就在加强。像古尔德联合技术公司等众多大型多元化企业争相收购电子产品公司就反映了这一趋势。

同样的技术正在改变着产品的功能，加速了产品融入更庞大系统的进度，有时候这些大型系统由一台公共电脑实现中央控制。集成飞机驾驶舱、办公自动化、电信和大楼中的照明、供暖、空调、安全和电梯系统就是传统上截然不同的业务如今日益关联的实例。

新型技术使得在跨业务单元生产线上共享活动的可能性大大增加，这在以前是完全不可行的。所谓的“弹性自动化”就是一个重要的例证。利用它，计算机控制下的设备能够在最短的启动时间内生产一系列类似的产品。弹性自动化的渗透速度较慢，要先定义其局限性。虽说如此，但弹性自动化提升了在相关产品业务单元之间共享零件制造和安装设备的可能性。允许共享的弹性制度在其他诸如自动化测试和计算机辅助设计领域中也能站得住脚跟。

信息系统日益复杂，成了不断开拓关联新可能的强大力量。随着处理复杂在线数据能力的不断提高，信息技术使得自动化订单处理系统的发展、自动材料处理系统和仓库以及自动化生产以外的其他价值活动的实施成为可能。这些系统可以通过关联业务发挥作用。信息技术在有利于共享活动时可以重新构建销售渠道，同时按照推进共享的方式在银行和保险业等行业实现销售。

同时，技术也在创建新的关联，这个过程同样会降低利用这些技术的成本。沟通日益便捷，也大大降低了其成本，降低了协调不同业务部门之间活动的成本。信息加工技术使得管理信息系统能够在物流、存货管理、排产和销售人员安排表等领域内建立。活动的灵活性日渐成为可能。过去共享活动可能涉及难以想象的复杂情况以及此前可能无法承受的成本，现在都大大降低了。

多点竞争在增加。横向战略的最后一个根本动因是上述三者的逻辑延伸。越来越多的企业在寻找或者被迫寻找不同业务单元之间的关联，随之而来的是多点竞争者的出现。多点竞争者不仅是指在一个业务单元上，还指在多个相关的业务单元上企业之间的竞争。例如，宝洁公司、金佰利、史古脱纸业、强生公司彼此竞争，其产品系列组合包括消费类纸制品行业，包括一次性纸尿裤、纸毛巾、女用餐巾、如厕纸以及面巾纸等。通用电气、西屋电气、美商实快电力、艾默生电气公司在多个电气产品行业中彼此竞争。当企业是多点竞争者时，必须以比业务单元层面更广泛的视角来看待竞争对手，因为竞争优势的决定要素更广泛。

很多重要的行业部门已经受到了这些力量的影响。信息技术的发展产生了很多业务单元之间的关联，进一步引发了金融服务的变革，法规变化也放松了对金融的管制。比如，美国运通公司、花旗集团、希尔斯、培基国际公司和美林证券等公司积极地与先前分散的金融服务行业建立联系。在公共卫生领域，医疗器械和用品生产也开始大力寻求关联。有几家医疗服务供应商正在考虑在医院、保育院、养老院和家庭保健服务机构中寻求关联，这些机构之间的关联尚待人们利用。娱乐公司开始意识到多种媒体之间协调战略的重要意义，包括麦格劳希尔集团和邓白氏等信息公司已开始把许多数据库产品结合起来。计算机和电信公司正在联合起来，还有可能侵占彼此的领域，近来IBM联合罗麦和美国电话电报公司进入计算机行业，就是最有利的证据。工厂和办公自动化过程正在连接诸多行业，启用像通用电气、西屋电气和施乐等公司实施的根基广泛的战略。这些关联的产业不胜枚举。

1971 年和 1981 年我在针对实施多元化经营的 75 家财富 500 强企业的研究中表明了关联日益紧密的力量。这 75 家企业于 1971 年组织了成千上万个业务单元，归为 300 个集团，1981 年组建了 315 个集团。1971 年和 1981 年，我针对业务单元之间关联的性质和强度进行了分析。随着业务组合的重构，集团内部可能出现的关联数目和力量 10 年间发生了巨大的增长，然而，企业成功利用潜在的关联表现得并不明显。通过企业改变自身组织结构的过程可知，企业更倾向于将相关的业务组合起来开展。

横向战略之所以日益重要，有很多诱发因素。这表明以往追求协同增效的经验对于未来的指导作用甚微。同时，很多企业并未将潜在的关联转变为竞争优势的源泉，而将多项关联业务组合起来，按照组合管理的方式来经营这些业务。因此，多元化企业必须学习如何管理业务单元之间的关联，同时提升自己辨识并利用这些关联的能力。

业务单元之间的关联

有三大类业务单元之间的关联：有形关联、无形关联和竞争对手之间的关联。这三种关联都对竞争优势有重要且不同的影响，并且不是互相排斥的。

有形关联。由于存在共同的买方、渠道、技术和其他因素，所以有可能出现业务单元之间价值链的共享活动。假如共享活动降低了成本，或者提升差异化的程度超过了共享成本，有形关联就能带来竞争优势。业务单元之间可以共享销售团队，这就能降低销售成本，使销售人员有能力为买方提供一揽子服务。建立有形关联常要求企业共同执行某项或者某些价值活动。当兄弟业务单元之间销售彼此的产品时，就可以共享彼此的销售团队。

无形关联。无形关联是指将专有知识的管理在多个不同的价值链中进行传递的过程。无共享业务的业务单元可能在其他方面具有共同点，如拥有同类型的买方、出售产品的类别相似、使用的生产工艺以及与政府之间的关系类似等。例如，啤酒和香烟是两种形象和口感同样重要的休闲品，而卡车运输和废物处理往往涉及多地管理。

无形关联通过将一般的技巧或者管理业务单元特定类型活动的专有知识转化为其他业务单元活动的管理知识而产生竞争优势。这有可能降低活动成本，提升其独特性，或者得到的价值超越了转换专有知识的成本。例如，菲利普莫里斯公司把从烟草行业学到的产品管理、品牌定位和广告理念应用在啤酒行业，大大改变了竞争的性质，并提升了米勒品牌的竞争地位。菲利普莫里斯公司为香烟和啤酒产品推出了单独的营销活动计划，并将从一个行业内获得的管理活动的专业知识在其他行业中广泛应用，实现更有效的管理。

无形关联常常体现在企业在多个业务单元中启用一种通用战略的过程中，反映了企业管理层在执行特定战略时的管理技能。例如，艾默生电气和亨氏在多个业务单元内使用成本领先战略，实现了低成本，将其专有知识转化为诸多业务单元中独立的价值活动。

竞争对手之间的关联。第三种形式的关联是竞争对手之间的关联，起源于竞争对手的存在，有可能与企业在一个或多个行业内开展当前或者未来的竞争。多点竞争者有必要将不同行业连接起来，因为某个行业中某项（某些）活动的开展可能影响其他活动。当不存在有形关联或者无形关联时，就不会有竞争对手之间的关联，反之亦然。这些关联往往有共生关系，有形关联和无形关联为多元化经营提供了基础。一个行业的竞争对手可以在同一方向进行扩展。

竞争对手之间的关联使得辨识并利用有形关联和无形关联变得格外重要。多点竞争者可能推动企业匹配并回应关联，否则就有可能面对竞争劣势。多点竞争者的多个业务单元互相重叠、各不相同，业务单元之间的关联差异性比企业之间的关联更大，这使得企业很难匹配。

这三类关联可以同时发生，这一点在上文已经提及。一些价值活动的有形关联可以由其他价值活动的无形关联补充。两个业务单元的共享活动可以通过其他业务单元在类似活动中获得的专有知识得到提高。存在多点竞争者，就存在有形关联和无形关联。每种关联与竞争优势的因果关系不同。

协同增效并非一个观点，而是三个根本不同理念的融合。因而，有关协同增效的观念历来比较模糊也就不足为奇。协同增效常被视为无形关联，它会将某个业务单元中获得的管理技能和知识转移到其他业务单元。这种关联也许是短暂的，其在创造竞争优势过程中的作用虽然潜力巨大，但是也很不确定。因此，很多公司在实践协同增效的过程中经历了巨大的困难，这一点也在意料之中。

我将在本章中讨论这三种关联。有形关联和竞争对手之间的关联对竞争优势的影响最大，也比较容易执行。无形关联中陷阱重重，往往很难执行，在某些行业中依然是竞争优势的来源。这三种关联在横向战略中都发挥着巨大的作用，这将在第10章中详述。

有形关联

价值链为有形关联的分析提供了起点。业务单元可以与企业内其他业务单元的价值活动共享所有价值活动，包括主要活动和辅助活动。例如，宝洁公司的一次性尿裤和纸巾存在关联。业务单元之间可以一起购买并处理原材料，共享产品技术和工艺的发展，共用销售团队向超市买方出售产品，同时通过有形的分销系统将产品经过运输渠道交给买方。图 9–1 是业务单元关联的示意图。正如上文指出的，两个业务单元之间的有形关联可能涉及一个或者多个价值活动，但是两个业务单元之间的绝大多数价值活动都是共享的，那么这些业务单元即便存在差别，但却不具备战略意义的不同。

如果共享活动的优势超越了共享的成本，且竞争对手很难模仿，那么共享活动就能够产生可持续性的竞争优势。假如共享活动降低了成本或者提升了差异化的成

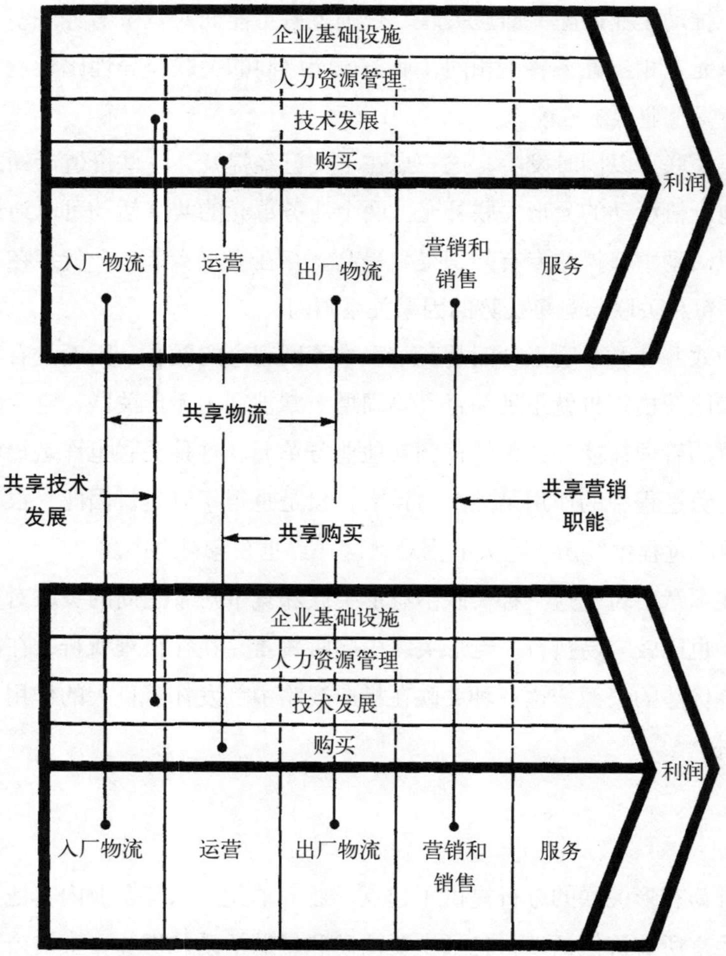

图 9–1　纸制品价值链之间的关联示意图

效，就能产生竞争优势。共享活动往往要支付成本，包括业务单元之间协调的成本以及修正业务单元的战略进而推进共享活动的成本。

共享和竞争优势

如果共享某项价值活动涉及的成本占总运营成本或者资产的比例较高（我称之为大型价值活动），且共享活动降低了执行活动的总成本，那么共享这项价值活动就能产生巨大的成本优势。如果共享的活动对差异化战略有重要意义，可以提升活动的独特性或者降低差异化的成本，那么共享这项活动就能大大提升差异化的效果。因此，如果共享活动影响了成本驱动要素或者差异化（有关原理详见第 3 章、第 4 章的描述），就能导致竞争优势的产生。

共享和成本

仅当共享涉及的价值活动在整体运营成本或者资产中占有足够的分量时，共享对当前或者未来总体的成本地位才有实质性影响。在宝洁公司的例子中，共享活动的比率超过了总收入的 50%。当然，除非共享活动能够按照有利于企业的方向影响活动的成本驱动要素，否则共享未必能够降低成本。假如价值活动的成本是由规模经济、学习或者产能利用模式等因素驱动的，共享就有可能降低成本。共享提升了活动的价值。如果学习是逐渐积累的结果，共享就能提升学习的速度。假如不同业务单元利用活动的时间不同，共享还有可能提升活动的产能利用率模式。例如，某个业务单元只在某段时期利用销售团队或物流系统，而其他业务单元利用这些资源的时间与此不同。共享活动提升成本地位的积极作用可能同时发生。

业务单元之间的共享活动有可能替代任一业务单元内的市场份额。企业能在多个业务单元之间共享规模或者学习敏感的价值活动，就能抵消在单个业务单元内竞争享有高市场份额的企业的成本优势。共享并不代表单个业务单元市场份额的上升，因为共享活动往往比服务于某个业务单元的同一规模的活动更复杂。涉及 10 类产品的共享物流系统，相比只涉及 5 类产品的物流系统，其复杂程度呈现几何级数增长，而共享活动的复杂就带来了额外的成本。

如果规模、学习或者产能利用模式并不是重要的成本驱动要素，共享很有可能增加成本。企业只是为了利用活动的过剩能力而追求共享，这种做法是错误的。如果共享不会导致规模或者学习优势，也不能提高长期利用产能的模式，共享的成本最终会产生竞争劣势。正确的方法是减少活动的产能，而不是共享。

图 9–2 表明了如何利用这些原则来突出那些对成本地位有重要作用的共享活动。图的右上角表明价值活动的关联因共享活动的高成本以及对规模、学习或者利用率的敏感度在将来会变得非常重要。左上角表明共享活动当前并不重要，因为共享活动虽然占总成本或者总资产的比率较高，但却不能降低成本。订单处理技术的发展，使得很多行业的订单处理从手动转变为在线网络操作，共享相关生产线的订单处理系统就创造了重要的竞争优势。假如成本结构的变化提升了价值活动在运营成本或者资产中的比例，图右下角涉及的价值活动的关联就会对成本地位起很重要的作用。工厂和辅助设施的资本成本不断上升，将强化共享设施的潜在优势。

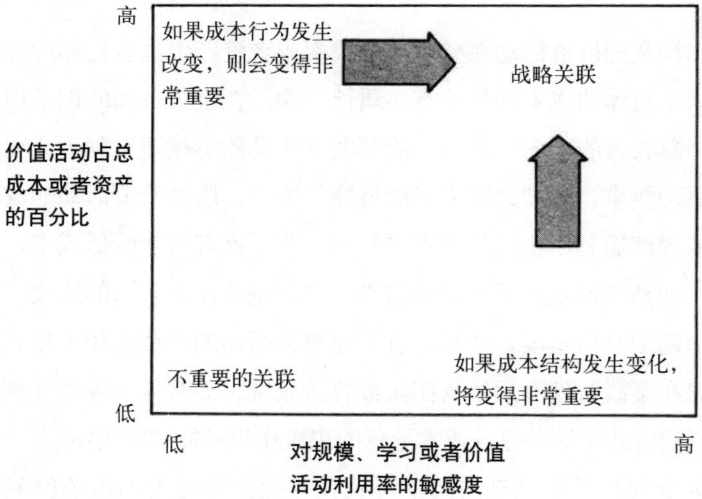

图 9–2 共享价值活动和成本地位

共享和差异化

共享从两个方面影响差异化，它可以通过提升活动的独特性或者降低差异化的成本来提升差异化的成效。第 4 章描述了影响买方价值和差异化的活动数量和内容。共享如果影响了价值活动，且价值活动对实际价值或者表现价值非常重要，它将对差异化具有最重大的意义。在消费型电子产品领域，共享产品开发对差异化有重大意义，因为产品设计对差异化影响巨大。共享能降低昂贵的差异化活动成本，因而对差异化非常重要，如广泛的销售和服务网络（IBM在办公用品领域就属于这种情况）。

共享能通过直接或者间接影响独特性的其他驱动要素来提升活动的独特性。如果共享活动涉及多个业务单元，对买方意义非凡，就能直接提升企业的独特性。通过相同的销售团队销售多种产品，这给买方提供了便利或者为其创造了捆绑销售的差异化优势（见第 12 章）。在电信领域，买方需要系统的解决方案，希望一家供应商提供一条龙服务。同理，共同的产品开发努力会导致相关产品之间兼容性更高。共享还可以通过提升某个活动的规模或者学习效率，间接提升活动独特性。正如本书第 4 章所描述的，规模和学习都能使企业以比较独特的方式执行活动。

共享能通过其对差异化活动成本要素的影响而降低差异化成本。假如产品开发具有规模经济效应，在多个业务单元之间共享产品开发活动就能够降低模式快速变化带来的成本，而共享购买活动能够降低采购优质原材料或者零件的成本。共享活动额外的复杂程序就是共享成本，必须与差异化带来的利益进行对比。

共享的优势和业务单元的定位

共享某项活动，每个涉及的业务单元所得到的成本改善或者差异化提升的程度并不相同。业务单元规模的不同是一个重要的理由。大量使用某个零件的业务单元，与少量使用该零件业务单元共享该零件的制造活动，未必就能获得太大的成本优势。然而，少量使用该零件的业务单元却能从与大量使用该零件的业务单元中获得规模优势，进而改善其成本地位。少量使用该零件的业务单元还能获得这种优势，从而提高其市场地位。由于存在不对称的情况，大的业务单元并没有多大兴趣与小型业务单元建立关联，这也就不足为奇了。

业务单元竞争的行业结构差异可能导致业务单元从共享中获得的利益差异。成本地位中小小的改善可能对于商品行业有非凡的意义，而在产品差异高、企业主要以质量和服务取胜的行业中，则不那么重要。业务单元之间关联的重要性还取决于涉及业务单元的战略。对某个业务单元意义非凡的独特性关联，可能对另一个业务单元没有太大影响。涉及某项关联的所有业务单元认定该关联能产生相同的优势，这种情况很少出现。这一点对横向战略具有重大的意义，也能提高高级经理说服业务单元利用这种关联的能力。

共享的成本

业务单元之间的关联往往涉及成本，因为它们要求业务单元以某种方式改变自己的行为模式。共享某项价值活动的成本可以分为三大类。

- 协调成本
- 妥协成本
- 僵化成本

协调成本很容易理解。为了共享某项活动，业务单元必须在排产、设定任务优先级和解决问题方面进行协调。协调成本涉及时间、人事和金钱成本。不同类型的共享活动涉及的协调成本不同。比如，共享销售团队要求进行不间断的协调，共享购买活动要求定期沟通来确定每个时期每个业务单元投入要素采购的数量。不同的业务单元对协调成本的看法也不同。小型业务单元常认为协调成本较高，它们要不断地调整任务优先级，自感受制于大型业务单元。较少管理共享活动或者离共享活动较远的业务单元往往担心无法保护自己最佳的商业利益。

协调成本将受到共享活动可能存在的复杂程度的影响。共享活动可能加大了活动的难度，具体的程度要根据涉及的活动而定。在业务单元之间共享计算机控制的订单输入系统往往对活动难度的增加幅度不大，但在两个业务单元之间与大型的产品业务共享后勤系统，情况就会大不相同。共享活动造成的执行难度的增加可能会抵消共享活动带来的规模经济或者减缓学习的速度。因此，共享有可能在提升规模、加快学习的同时改变规模或者学习与成本之间的关系。这一点很重要，因为改变规模或者学习敏感度，可能会对企业的成本地位产生有利或者有害的影响，这是业务单元之间关联日益重要的原因。

共享活动的第二项重要成本是妥协成本。共享活动要求活动执行的方式对每个涉及的业务单元来说都不是优化的。比如，共享销售团队可能意味着销售人员不太注意两个业务单元的产品，不比专门负责某个业务单元的销售人员了解自己的产品。同理，共享零件制造可能意味着要兼顾其他业务单元对零件的需要，未必能完全满足这个业务单元的需要。妥协成本不仅包括共享价值活动的成本，还包括其他相关价值活动的成本。比如，共享销售团队可能意味着现有的销售人员从事不重要的服务，进而增加了所需服务技术人员的数量。为了推进共享所做的政策选择也有可能对涉及共享活动的某个或者某些业务单元的成本或者差异化产生负面的影响。

业务单元必须要牺牲自己的需要，实现活动共享，这是必然的。妥协的成本虽说不高，但却有可能抵消掉共享价值。例如，努力在生产大小、重量、交付频率和交付时间敏感度不同的产品的业务单元之间共享后勤系统，可能会导致这个后勤系统无法满足任意一个业务单元的需要，使得共享活动节约的成本显得微不足道。然而，共享一个品牌或者共享采购活动可能涉及的妥协成本就很少。

共享活动的妥协成本往往取决于受到影响的业务单元。产品难以销售的业务单元可能在雇用共享的销售人员时做出巨大的妥协。妥协的成本大不相同，这是因为特定的价值活动由于战略需要在不同的业务单元中扮演不同的角色。为了共同采购某一级别质量不太高的牛奶或者黄油，追求优质战略的食品生产商所做的让步往往要比那些追求低成本竞争的生产商的让步更大。

如果相关的业务单元实施的战略中，共享价值活动的作用是一致的，那么实现关联所需要的妥协成本就要少得多。如果这些业务单元之间的战略方向能够协调，实现共享价值活动前后一致就不太需要受到影响的业务单元做出多大的妥协或者牺牲。比如，两个业务部门在设计产品时都考虑到某个零件，那么这个零件就能发挥更大的成效。如果两个业务单元的团队没有沟通，兀自完成设计，很有可能最终设计的零件都无法满足两个业务单元的要求。推进共享活动的业务单元战略很少能保持一致。通用食品公司成功推出新的布丁乐，就证明了必须权衡妥协成本和间接成本。布丁乐的融化温度要高于冰激凌，这就要求能和通用食品公司的鸟眼牌蔬菜一同运输。冰冻食品的运输温度是 0 华氏度，冰激凌运输的温度必须是零下 20 华氏度，否则就会结成冰块。虽然共享后勤服务的利益非常明显，却有可能在价值链的其他地方产生出人预料的后果。由于超市的冷冻食品部经理往往是在订购蔬菜的同时订购布丁乐，与订购其他盒装冷冻新品的时间不同，因此布丁乐常被人遗忘。业务单元之间的关联对应的利益和成本必须在整个价值链中进行分析，不能仅从共享活动的角度来看。

如果活动本身的目的是共享，而不是企业后来把分散的活动综合起来，或者直接照搬专门服务于其他业务单元的活动，将之应用到现有业务单元，那么妥协的成本就大大降低。后者涉及的情况往往没有程序或者技术的变化。金融服务行业近来出现的情况就凸显了这一点。虽然为了处理多种产品而设计的系统富有成效，但兼并一开始针对分散的金融产品设计的计算机系统比较困难。同理，通过本来为销售股票和债券的配售渠道出售保险和其他金融产品，不仅不能达到销售这些产品的目的，反而制造了很多组织问题。然而，一种全新的经纪行理念已出现，它通过新型共享信息系统，综合了经纪人、处理简单问题和筛选客户的顾客服务人员以及出售其他金融产品的专家。这样一来，共享配售系统妥协成本大大减少。

第三类共享成本是僵化成本。僵化成本有两种形式：回应竞争错误的潜在困难和退出壁垒。共享可能会加大回应竞争者的难度，因为努力应对某个业务单元的威胁可能会损害或者减少兄弟业务单元的价值。共享还有可能提升退出壁垒，从一个没有竞争优势的业务单元退出有可能伤害其他与之共享活动的业务单元的利益。与其他共享活动的成本不同，僵化成本并不是一项当前的成本，而是在需要灵活应对时出现的潜在成本。僵化成本取决于市场可能要求企业做出反应或退出的情况。

在实现任何类型业务单元关联时，都涉及协调成本、妥协成本和僵化成本。这类成本，尤其是为了实现特定的业务单元关联而付出的妥协成本，将是讨论业务单元共享问题时值得格外关注的焦点。关联所需要的成本可能比其带来的优势更加明显，因为有关关联的优势往往是理论的臆测值。业务单元往往从现有战略的角度看待潜在的关联，而不是先权衡关联的成本，再去调整战略，从而最小化共享成本。最后，关联的价值往往会被共享牵涉的组织问题覆盖，包括第 11 章描述的领地和自治问题。由此可见，有时候业务单元会反对确立能为它们带来明显竞争优势的关联。

共享某项活动的优势必须与协调成本、妥协成本和僵化成本进行对照，从而确定共享的净竞争优势。从关联的角度来评价竞争优势，要逐个业务单元地考虑，每种关联对企业整体的价值应该是所有牵涉业务单元获得的净竞争优势的综合。每个业务单元从共享活动中获得的净竞争优势各不相同。在某些情况下，从某个业务单元的角度来看，由于存在妥协成本，关联带来的净价值可能为负值，但其他受到影响的业务单元可能获得很高的净价值，从而抵消其负值。因为这个原因，上述企业在对待关联时的自然偏差上，各业务单元在追寻业务单元之间关联的问题上往往持不同意见，甚至会反对确立使企业整体受益的业务单元间的关联。只有在有明显的横向战略的前提下，各业务单元之间才会有关联。

虽然总存在共享成本，但很多行业里都存在减少共享成本的力量。本章上文描述的新技术对降低协调成本、妥协成本以及僵化成本方面有重大的作用。沟通的便捷和信息系统的发展使得协调更容易发生。低价计算机和信息系统为价值活动引入了更多灵活性，具备了一定的技术实力最小化的妥协成本。可编程的机器和机器人能满足共享这些设备业务单元的不同需要。很多企业逐渐意识到降低共享成本的可能性，但仍继续用过时的方法评价业务单元之间的关联。

赶超的难度

业务单元间关联所具备的净竞争优势是否能够持久，取决于竞争对手赶超关联的难度。竞争对手按照企业确立关联的标准建立关联，由此获得竞争优势，这里面有两大途径：第一，复制关联；第二，通过获得受影响业务单元的份额或者利用不同的关联等方式进行补偿。复制某种关联的难易程度取决于竞争对手是否与相关的行业处于同一类别。从战略的角度来看，最有价值的关联存在于那些并无竞争对手但有很高的退出壁垒的行业。例如，宝洁公司从一次性纸尿裤和纸巾业务单元之间的关联中获得的优势是可持续性的，因为其纸巾的竞争对手因为诸多进入壁垒很难进入纸尿裤的行业。按照业务单元的战略和情况，竞争对手面临的协调成本和妥协成本有可能高于或者低于企业在实现关联时付出的协调成本和妥协成本。在其他条件都均等的情况下，企业应该着力寻找那些竞争对手很难赶超的关联，因为它们涉及的协调成本或者妥协成本很高。

竞争对手抵消关联的能力取决于它们是否具有这种能力：通过战略变化或者追寻不同的关联，找到其他提升受影响业务单元竞争地位的机会。既然几乎所有价值活动都有可能被共享，竞争对手最好能够与不同的业务单元建立关联或者在同类业务单元之间共享不同的价值活动。假如某个企业通过实施业务单元之间的关联，引起了竞争对手追求不同竞争关联的回应，那么企业就面临着威胁，竞争对手的回应最终可能会威胁自身现有的竞争地位。

针对评价匹配关联的难度，还要考虑竞争对手能否通过联盟或者长期的合约来实现相同的利益。有时候，企业可以通过合资企业或者其他形式的联合来获得共享的利益。这类联盟很难成立，但在我们评价关联的价值以及讨论实现关联的方法时应考虑在内。

确定有形关联

为了帮助大家辨认企业内存在的关联，首先要对现实中所有形式的共享活动及其对应的创造竞争优势的方法进行归类。图 9–3 将共享形式分为五大类：生产、市场、采购、技术和基础关联。我将共享的人力资源管理活动作为共享基础设施的一部分。把这些关联进行分类非常有益，因为由此可以发现共享中的不同问题。从根本上来说，关联起源于行业内不同产品、不同买方以及其他不同分类的共通性，如共同的买方、渠道或者生产工艺等。这种共通性界定了潜在的关联，关联能否产生竞争优势则取决于共享对应的利益和成本。每种关联的来源以及对应的共享活动可能出现的形式如表 9–1 所示。

图 9–3　有形关联的分类

表 9–1　可能产生关联的要素

采购关联		技术关联		基础关联	
产生关联的起因	共享形式	产生关联的起因	共享形式	产生关联的起因	共享形式
共同的购买投入要素	共同购买	共同的产品技术 共同的工艺技术 其他价值活动中的共同技术 某种产品融入另一种产品	共同技术开发 共同界面设计	共同企业基础设施需要 共同资本	共享资本的上升（融资） 共享现金利用 共享会计 共享法律部门 共享政府关系 共享招聘和培训 其他共享基础设施活动

生产关联		市场关联	
产生关联的起因	共享的形式	产生关联的起因	共享形式
原材料处于同一地点 同样或者类似的制造工艺 同样或者类似的装配安装工艺 同样或者类似的测试/质量控制程序 共同的工厂支持需要	共享入厂物流 共享零件制造 共享装配设施 共享测试/质量控制设施 共享工厂间接活动 共享现场基础设施	共同的买方 共同的渠道 共同的地域市场	共享品牌名称 交叉出售产品 捆绑或者成包销售 互补产品的交叉补贴 共享营销部 共享销售团队 共享服务/维修网络 共享订单系统 共享实体分销系统 共享买方或者分销融资组织

市场关联

市场关联涉及主要价值活动的共享，包括联系买方，并与之保持互动关系，此外还涉及出厂物流以及服务等。当业务单元与买方共处一个地理位置，且产品有类似的销售和服务需要时，共享往往局限在实体分销系统、订单处理以及服务和销售方面。当业务单元之间具备共同的买方或者销售渠道或两者兼而有之时，共享的机遇会更多。如果买方和渠道相同，则共享实体销售渠道或者订单处理系统并不复杂，共享的成本也大大降低。此外，共同的买方或者渠道为开辟其他多种形式的共享创造了条件，具体如表 9–1 所示。

潜在的市场关联不好确定，主要起因于过分广义地界定买方或者渠道。例如，供应商向石油公司出售各种类型的产品或服务，包括钻井设备、炼油设备和油轮以及油罐车等运输设备，因此石油公司往往是很多行业中不同业务单元的共同买方。不同的产品会出售给石油公司的不同部门，彼此之间的关联也不紧密。在某个产品类别内部，比如钻井设备，用来勘探石油的设备将出售给生产设备以外的组织单位。就算是石油公司内部某个部门负责采购，不同的人员所做的采购决策也不同，常因不同类型的设备而定。工程师负责选择高科技含量的设备，如防漏器；采购代理负责采购更标准的设备，如导管。

近来，金融服务业也存在着买方定义过广的状况。传统的股票和债券买方是散户，与常见的人身保险买方不同，也与购买期货的散户投资人不同。这些差异有可能抵消金融服务行业市场关联实现的简化操作带来的利益。探索业务单元之间市场关联的机会非常有意义，只有当产品的决策者一样或者彼此互相联系时，利用业务单元之间的关联的机遇才会显现。

在确定共同的销售渠道时，也会出现类似的问题。虽然产品都能通过百货商店出售，但如果某一个产品通过折扣百货商店出售，另一个通过像罗德与泰勒百货以及内曼 · 马库斯这样的精品专卖百货店来出售，就很少会出现实实在在的销售渠道关联。在同一销售渠道内，不同的人员负责购买不同类别的产品。在大多数超市连锁店中，冷冻食品和肉类食品的买方不同，虽然有些冷冻食品就是肉类食品。就算决策者不同，拥有共同买方和共同渠道的企业都有共享后勤系统或者订单处理系统的机会。

出售给一个共同买方的产品是否是替代品或互补品，有可能影响共享市场相关活动的优势。若产品是替代品，共享营销活动所需要的成本优势就比较小，因为买方有可能购买某一种产品或者两种都买。然而，向买方提供替代产品能够减少替代的风险，因为某种产品的损失可以在其他产品上获得补偿（见第 8 章）。替代品之间的共同营销活动也能提升企业的差异化。

当业务单元将互补产品出售给共同买方时，共享的优势往往大于不相关产品或者替代品的情况。互补产品往往有不同的需要，这又可能推进共享价值活动的有效使用以及包括共同品牌推广、广告和捆绑销售等活动。互补产品提出的战略问题是市场关联的一部分，应该单独处理，详见第 12 章。

重要形式的市场关联的优势以及妥协成本可能的来源如表 9–2 所示。诸如市场调研、销售人员管理以及广告（诸如艺术品和布局）往往比直接活动更容易实现共享，因为它们要求的妥协成本较低。市场关联的利益往往会因为努力降低妥协成本的业务单元的战略变化而有所改进。标准化销售人员和团队的行为、重新界定品牌定位从而增进形象品牌的一致、标准化交付规则或者支付条件将使得共享业务活动变得更容易。

生产关联

生产关联涉及上游价值活动的共享，包括入厂物流、零件制造、装配、测试和诸如维修和现场基础设施等间接职能部门。这些形式的共享要求各活动处于相同的地方。如果共享活动业务单元的供应商或者买方的地理位置不同，那么对应的入厂物流和出厂物流的运费将大大提升，利用关联就有可能产生妥协成本。共享购买活动与生产关联不同，因为这并不需要生产设施的合并。购买投入要素可以集中进行，但也可以从供应商所在的地方运往各地的工厂。

仔细检查明显类似的价值活动，会发现生产关联可能并不存在。例如，虽然设备本身大体相同，但是一件产品加工车间的制造工艺可能涉及不同的设备精度或者批量生产规模以及运行时间。和市场关联一样，间接价值活动因妥协成本较低，为共享提供了极其诱人的机会。例如，实际的制造过程存在诸多差异，但像建筑运营、维修、现场基础设施和测试实验室一类的设施可以共享。

表 9–3 显示了重要形式的生产关联所具有的潜在竞争优势以及妥协成本的潜在起因。成本和优势的平衡取决于牵涉的业务单元的实施战略。例如，如果一个业务单元追求成本领先战略，另一个业务单元提供优质产品，那么实施差异化战略的两个业务单元将很有可能在零件规格、制造精度和测试标准方面有类似的需要。

表 9–2　市场关联的净竞争优势

共享形式	潜在竞争优势	妥协成本的潜在起因
共享品牌名称	降低广告成本 强化产品形象或名声	产品形象不一致或者互相冲突 买方不愿意从某一家企业采购过多 产品质量不好可能影响企业名声
共享广告	降低广告成本 购买广告空间时有了更多的筹码	媒介或者消息不同 多个产品降低了广告效用

（续表）

共享形式	潜在竞争优势	妥协成本的潜在起因
共享促销活动	通过派发共享折扣券和交叉折扣券降低促销成本	促销方式和时机不同
交叉销售产品给彼此的买方	降低寻找新买方的成本 降低销售的成本	产品形象不一致或者互相矛盾 买方不愿意从某家企业采购过多
互补产品的关联定价	见第 12 章	见第 12 章
捆绑销售	见第 12 章	见第 12 章
共享营销部门	降低市场营销的成本 降低营销管理费用	产品定位不同或者不一致 买方的采购行为不一样
共享渠道	提高与渠道的议价能力从而提升服务、货架定位、维护/维修/支持或者渠道利润 为买方提供一站式采购提升了差异化成效 降低渠道支持基础设施的成本	渠道获得了过多的议价能力 渠道不愿意从某个工厂进货过多 使用共同的渠道能够侵蚀其他渠道获得的支持
共享销售团队或者销售部门	降低销售成本或者销售团队基础设施的成本 优质的销售人员 更多可供出售的产品能提升与买方的联系或者为买方提供更多方便 若销售团队的利用方式不同，可提升利用效率	不同的买方采购行为 买方不愿意从某一个销售人员那里大量采购 销售人员没有足够的时间为某一个买方有效地呈现多种产品 不同销售人员更加有效 某些产品能吸引更多的注意
共享服务网络	降低服务成本 由于技术提升或者更密集的服务地点，使得服务更加全面或者迅速 如果服务需求与生产能力呈现负相关，则产能利用率将得到提升	设备或者进行典型的维修所必需的知识不同 服务及时性需要的差异 买方开展内部服务的差异
共享订单处理	降低订单处理成本 降低能够提升响应能力或者账单信息先进技术的成本 如果订单流与产能利用呈现负相关，产能利用率将提高 为买方提供的一站式购物能更好地提升差异化	典型订单构成的形式差异 导致订单处理需求不一致的订单周期差异

表 9–3　生产关联的净竞争优势

共享形式	潜在竞争优势	妥协成本的潜在起因
共享入厂物流系统	降低运费和物料处理费用 先进的技术提升了交付可靠性、降低了损失等 共享使得交付更加频繁、规模更小，降低了存货、提升了工厂生产效率	生产要素处于不同的地理位置 工厂处于不同的地理位置 生产要素具备不同的物理特征表明处理这些生产要素的物流系统是次优的 不同的业务单元有不同的入厂交付系统的频率和可靠性需求
共享零件（在不同终端用品中使用相同的零件）	降低零件制造的成本 零件制造的先进技术提高了质量	不同的业务单元有不同的零件设计和质量需求
共享零件制造设施（使用相同的设备和设施来制造类似或者相关的零件）	降低零件成本 先进的零件制造技术会提升质量 产能利用因为对类似零件的需求并不完全相关而得到了提升	不同的零件种类有高昂的启动成本 不同业务单元之间零件质量或者精度偏差需要不同 适应多种生产目的的生产设备比专有设备的成本更高 某个地点员工人数多可能导致潜在的招聘、工会化或者生产效率问题
共享装配设施（使用相同的设备/生产线来装配类似或者相关的终端产品）	降低装配成本 先进的装配技术提升了质量 由于需求并不完全相关，因此提升了产能利用率 共享物料处理系统能够为不同的装配线给料	不同产品的设置成本更高 质量或者精度偏差的需要不同 适应不同装配目的的设备成本更高 某个地点的员工人数多可能导致潜在的招聘、工会化或者生产效率问题
共享测试/质量控制	降低测试成本 优质技术提升了测试的应用范围，提升了质量控制	灵活的测试设施和设备成本更高 测试程序和质量标准不同
共享间接活动（维护、工厂管理、人力资源部门、自助餐厅等）	降低了间接活动成本 提升间接活动的质量	不同业务单元的间接活动要求不同 某个地点的员工人数多可能导致潜在的招聘、工会化或者生产效率问题

采购关联

采购关联涉及共同投入要素的采购。多元化经营的企业往往有共同的投入要素，尤其是当企业不局限于主要的原材料和资本设备时更是如此。供应商日益倾向于按照满足位于全球各地的工厂需要进行供应，并以整个公司的需要来议价。有些企业会过分热衷于共享采购活动，因为它们没有意识到妥协的潜在成本，或者设定了固定的购买程序，不允许在为大好的时机谈判时有投机性的表现。

共享采购活动的潜在竞争优势和妥协成本可能的起因如表 9–4 所示。

表 9–4　采购关联的净竞争优势

共享的形式	潜在竞争优势	妥协成本的潜在起因
共同投入要素的共同采购	降低投入要素的成本 提升投入要素的质量 按照服务响应和存货持有时间要素衡量，提升供应商的服务	投入要素的质量或者规格需要不同，导致了要求不高的业务单元不必要的成本升高 不同业务单元对从供应商那里获得的技术帮助和交付需要不同 集权化管理会降低从工厂到采购的信息流，并降低了采购响应生产需求的能力

技术关联

技术关联涉及整个价值链中的技术发展活动的共享。它与生产关联不同，因为技术关联会对技术发展的成本或者独特性产生影响，而生产关联涉及的是与不断进行的产品生产有关的共享活动。要意识到工艺发展的关联往往与生产或者市场关联一起发生。工艺技术的关联往往来源于主要活动的关联。

与其他形式的关联一样，显然完美的技术关联可能只是幻想。涵盖两个业务单元的科学领域对成功的影响远远要小于没有交叉的特定科学领域的影响。例如，哈里斯公司认为通过改良出售给报社的文本编辑系统软件能降低文字处理的入行开发费用。哈里斯公司发现文本编辑系统拥有许多针对报社的功能，使得文字处理系统的开发不得不从零开始。

真正重要的技术关联涉及对产品、工艺成本或者差异化具有重要意义的技术，比如微电子技术对电信和数据处理都有重大影响。很多产品使用的技术表面上看来类似，这使得确定真正的技术关联变得日益困难。与其他类型的关联一样，技术关联的净竞争优势依行业和涉及的业务单元的不同而不同。例如，共享微电子技术对两个消费品业务单元的利益远远大于一个防御战略业务单元和一个消费品业务单元的利益总和。罗克韦尔国际集团将一组负责防御设备的工程师安排到电视机部门，亲身体验了这个教训。电视机部门对成本的敏感度比防御设备的成本敏感度更高，以至于无法共享。在佩刀客机商用飞机领域也出现了同样的状况，即军用设计对于商业市场来说则过于昂贵。

表 9–5 显示了源自于共享技术发展的竞争优势以及妥协成本的可能起因。

表 9–5　基础关联的净竞争优势

共享形式	潜在竞争优势	妥协成本的潜在起因
共享技术发展（针对独立产品或者某项产品与其他产品融合）	降低产品或者工艺设计成本（包括更短的设计时间） 在研发活动中临界规模更大，吸引优秀人才提升产品和工业设计的创新力能力更强 产品领域之间的转移能提升差异化或者使企业更早地进入新技术领域	技术相同，但是在不同的业务单元之间，应用技术所做的权衡不同
为具有技术界面的产品共享界面设计	降低界面设计成本 通过优质和专有的界面性能来实现差异化 通过非标准界面创造了捆绑机会（见第 12 章）	非标准界面减少了已有的市场捆绑的风险（见第 12 章）

基础关联

最后一种关联起源于企业的基础活动，包括融资、法律、会计和人力资源管理的共享。在多元化经营的企业里总有一些基础性质的共享活动，这在第 2 章已经详细描述过。通常情况下，由于基础设施占总成本比例不大，共享活动对竞争优势的影响不太大，也不会对差异化产生很大影响。然而具有讽刺意义的是，绝大多数有关共享活动研究的文献是建立在共享基础设施的基础上的，主要是与融资和资本利用的情况有关。在金融领域的关联已经成了多元化经营企业推动其业务单元发展的重大利益。

有两种基本的金融服务关联来源：共同出资和共用资本（主要是工作资本）。

融资的规模经济的确存在，特别是达到需要的特定资本规模时。业务单元之间针对反周期或者反季节资金需求可以促成运营资本的有效利用，某个业务单元不用的资金可以在另一个业务单元使用。财务关联涉及的妥协资本较少，必然能与节约的成本相抵消。此外，财务关联存在时，是最容易实现的，这也成了人们普遍讨论财务关联的主要原因。

共享融资能力的竞争优势主要的限制因素是资本市场的效率。融资的规模经济对绝大多数企业来说属于一般水平，能产生融资成本较小的差异。企业可以通过借款来满足短期的现金需求，在使用商业票据和其他工具的高效率市场中借出过剩的资金，调节共享运营资本的价值。因此，财务关联很少是创建重大竞争优势的基础，除非竞争对手的规模和信用等级相差很大。其他形式的基础关联在特定的行业中非常重要。共享招聘和培训的基础活动对于某些服务行业来说非常重要，而共享政府关系在某些依赖自然资源的企业中则意义非凡。

无形关联

无形关联通过在单独的价值链中传递，产生竞争价值。通过某个业务单元的运营，企业了解了改善其他大体相似的业务单元运行方式所涉及的专有知识。技能的转移可以在某个方向上发生，例如，从当前已有的业务单元转向新的业务单元，或者从新的业务单元转向现有的业务单元。普通的专业知识转移可以在价值链的任何地方发生。菲利普莫里斯将烟草行业里定制包装产品的专业营销知识转用在米勒啤酒中，艾默生电力公司收购比尔德-普兰后转移了自身在厂房设计和降低成本方面的专有知识和技巧。在这两个例子中，技术的转移改变了接受技术的业务单元的竞争方式，并提升了竞争优势。

如果具有专有知识的业务单元获得的成本地位或者差异化成效的提升超过了转移的成本，无形关联就会产生竞争优势。某个业务单元内的专有知识的成本已经支付，因此转移这些专有知识花费的成本要大大低于发展的成本。专有知识的实际转移会涉及一定的成本，有可能是熟练的工人花费的时间成本或者是专有知识有可能外泄导致的成本。转移的专有知识还有可能包括在业务单元的新环境下使用的调整成本。转移专有知识的成本必须与其带来的潜在优势进行权衡，从而确定业务单元之间的无形关联能否创造竞争优势。

当专有知识或者技术使得接收业务单元降低了成本或者提升了差异化的效果时，无形关联就对竞争优势产生重大的影响。当技术的转移导致了政策的改变，并降低了成本或者提升了差异化成效，或者技术的转移使得接收技术的业务单元对其他成本驱动要素或者独特性有了更深刻的意识，那么无形关联就能转化为竞争优势。菲利普莫里斯的技术转移到米勒啤酒，就导致了啤酒定位和营销的政策变化，还增加了广告支出，扩展了行业的整体规模经济，给诸如米勒这样的大型品牌带来了巨大的利益。

确定无形关联。业务单元之间的多种相似性产生了无形关联。

- 同样的通用战略
- 同类型的买方（虽然不是相同的买方）
- 价值链类似的设置（例如矿物提炼和加工的地点众多，而且分散）
- 类似的重要价值活动（例如与政府的关系）

虽然不能共享价值活动，但业务单元之间的相同点表明某个业务单元的专有知识能转移到其他业务单元并起作用。

由于业务单元之间存在着无数可能的相似点，无形关联重要类型的确定不可能像有形关联的种类确定那样明确完整。虽说如此，价值链为我们寻找无形关联提供了系统的方式。企业可以分析业务单元的主要价值活动来揭示活动之间的相同点，也可以通过审视价值链配置方式来分析是否存在专有知识转移的基础，表明了有可能应用于新行业的通用技术。

无形关联和竞争优势。不同类型的无形关联广泛存在。针对某个价值活动，在几乎任何两个业务单元之间，都存在某种相同点。航空公司遍布各地，有不同的站点，主要依靠航空作业时间运作，具有与货运公司、国际贸易公司和工业汽油制造公司合作经营的特征。普遍相似的特征使得无形关联的分析非常微妙。

确定对竞争优势有重要意义的无形关联的关键标准如下：

- 业务单元之间价值活动的相似性；
- 价值活动对于竞争的重要意义；
- 专有知识转化成相关活动的竞争优势的重要意义。

必须综合看待这些问题。两个业务单元之间的相似性取决于如何有效地转移专有知识。专有知识转移的重要意义取决于其对技术接收单元竞争优势提升所做的贡献。某种洞察的转移有可能大力改变竞争优势，因此即使是两个不存在多大相似性的业务单元也有可能存在重大的无形关联。然而，人们一开始努力寻找到的无形关联看似重要，但实际上未必就是对竞争优势产生重大影响的关键的无形关联，要预测转移的专有知识是否有价值就更难了。

在评价无形关联时最普遍的陷阱是确定对竞争不太重要的业务单元之间存在的普遍相似性。可以转移的业务知识有可能不会影响对接收技术业务单元的成本或者差异化有重要意义的价值活动，或者转移技术不会给竞争对手提供新的重要见解，菲利普莫里斯收购七喜饮料公司的情况就属于后者。啤酒行业过去有很多家庭作坊，它们对于营销活动没有太大的概念，软饮料行业一直由可口可乐、百事可乐或者胡椒博士这样的大品牌占据市场，营销活动复杂多样。这样看来，同样是收购，菲利普莫里斯为米勒啤酒提供了更多的营销专业知识，而对七喜的营销帮助却不大。

很多企业陷入了错误辨别无形关联或者确定那些对竞争优势不重要的无形关联的陷阱中。无形关联的确立很牵强，或者为以其他理由开展多元化经营提供了借口。无形关联在讨论协同增效的时候往往被提得较多。寻找并执行重要的无形关联存在困难，这也是很多企业发现协同增效让人失望的重要原因。

要有效利用无形关联，要求人们对涉及的业务单元和所处的行业有深刻的认识。无形关联对竞争的重要意义只能通过确定专有知识转移乃至产生影响的特定方式才能真正了解。某个业务单元从其他业务单元学习的希望往往只是空想。

除非专有知识的转移真正发生，否则就算无形关联对应的专有知识转移的优点超越了转移成本，也未必就能产生竞争优势。业务单元之间管理者或其他人员的交流，能够实现专有知识的转移。如果高层管理人员没能牵头，技术转移将很难发生。接收技术的业务单元的人士从其他行业的角度审视转移技术，往往会很谨慎或者不确定。他们甚至会公然反对。具有专有知识的业务单元可能对花费重要人士的时间心存犹豫，甚至将专有知识认定是本业务单元专有的。最后，专有知识的转移是主观的，与有形关联相比，无形关联中专有知识的转移带来的好处，管理者未必能真正意识到。所有这些因素都表明就算是非常重要的无形关联，也未必能真正实现。实现专有技术的转移要求有关人士持久努力，企业有制度保证，来确保必要的专有知识转移按时发生。有效的组织结构往往能降低转移专有知识的成本。

竞争对手之间的关联

当企业在当前或者将来与多元化经营对手在多个业务单元竞争时，就存在竞争对手之间的关联。任何反对多点竞争者的行动都必须考虑联合对抗业务的整体范围。此外，相比多点竞争者，企业的竞争优势部分取决于两者已经实现的关联。由于存在竞争对手之间的关联，多点竞争者的竞争优势往往受制于其在相关行业内的总体地位，而不是其在某个行业内的市场份额。虽然多点竞争者未必就和竞争对手之间的关联同时出现，但是有形关联和无形关联使企业遵循平行的多元化路径，这两者经常同时出现。

用如图 9–4 所示的示意图来确定当前的多点竞争者，相对比较容易。图 9–4 中显示的企业里，竞争者A、B、C、D和E都是多点竞争者。其他竞争者都是单点竞

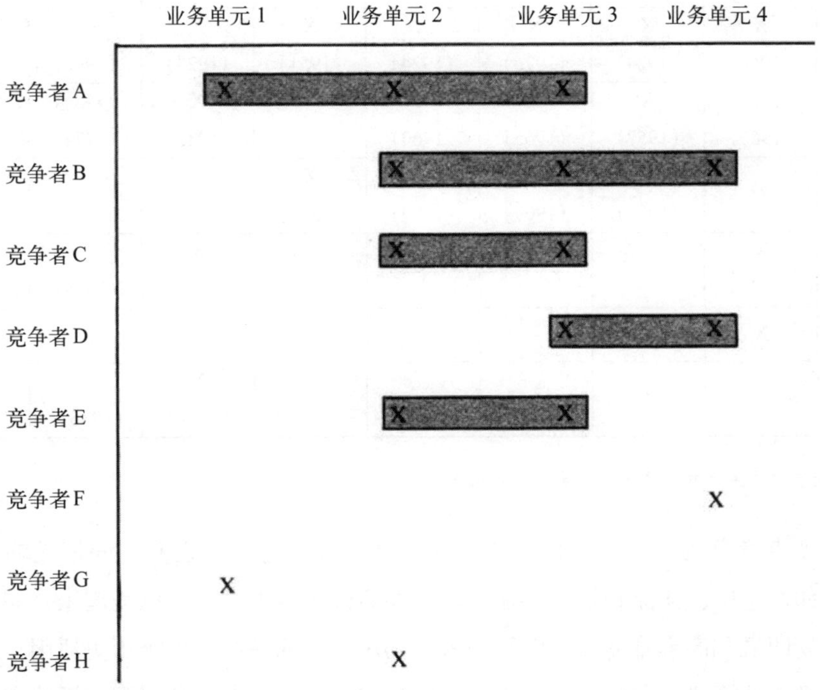

图 9–4　公司竞争者矩阵

争者，但也有可能成为多点竞争者。本图的分析表明业务单元2和业务单元3是紧密关联的行业，这是由于4个竞争者在两个行业均存在竞争关系。两个行业内存在多个竞争者的关联虽不完美，但却表明它们的确相关。行业之间的相关性也是人们预计哪些企业最有可能成为潜在的多点竞争者的重要线索。业务单元2和业务单元3所在的竞争行业之间存在明显的联系，竞争者H最有可能成为多点竞争者。

表9–6显示了1983年消费类纸制品行业的多点竞争者以及后来每年入行的竞争者的矩阵。显然，竞争对手之间的关联很多，随着时间的推移还在不断增加，尤其在20世纪六七十年代。我们可以在诸多其他行业里看到类似的模式。本表中竞争对手之间的关联将在下文进一步讨论。

表9–6　消费类纸制品的竞争对手之间的关系（1983年）

	一次性纸尿裤	卫生纸	如厕纸	面巾纸	餐巾纸	女用餐巾	医用止血纸	清洁用纸
苏格兰纸业	进和退（1966）	X（1904）	X（1931）	X（1943）	X（1958）			X（1976）
金佰利	X（1968）	X（1924）	X（1976）	X（1924）	X（1951）	X（1924）	X（1960）	X（1975）
宝洁	X（1966）	X（1957）	X（1965）	X（1960）		X（1983）	进和退（1974）	
佐治亚太平洋		X（1909）	X（1909）	X（1909）	X（1909）			
强生	X（1972）					X（1927）	X（1978）	X*（1980）
惠好	X							
丹碧丝						X（1981）	X（1936）	

*竞争对手生产的清洁用纸主要供婴儿使用。

与多点竞争的者分析类似，单点竞争者分析也是从与企业不同模式的关联着手。例如，施乐、佳能和松下都在便携式复印机领域中竞争，但是施乐公司利用了便携式复印机和高容量复印机以及办公自动化设备的关联。出于历史原因，佳能公司复印机与计算器和照相机业务关联比较紧密，而松下电器利用了广泛的家电类和其他电子产品的关系。有意思的是，佳能和松下电器都在办公自动化设备领域进行多元化经营，建立了赶超施乐公司关联的关系。

具有不同关联模式的单点竞争者能为行业带来不同的竞争优势，因而具有重要的意义。企业很难赶超这类对手，其存在有可能改变竞争的基础。此外，就像复印机这个例子，具有不同关联模式的单点竞争者有时候是多点竞争者的积极培养对象。

非相关行业的多点竞争者

当企业面对非相关行业的多点竞争者时，一个业务单元涉及的战略问题包括其他业务单元对之做出的反应以及在多个竞争行业中，竞争者之间如何实现行业的平衡。由于企业和多点竞争者在多个行业内有交集，这就决定其相对地位将有多种要素，这表明企业需要更多有关彼此的信息来避免误解彼此的举动，这也意味着某个行业干扰稳定的因素会传递到其他行业。多个企业要和平共处，保持竞争态势，情况将更加复杂。

另外，在多个行业竞争还会为显示价值信号、制造威胁、确立阻碍进入的地位以及采取行动创造条件。例如，在某个行业受到威胁的企业有可能在其他行业进行报复，发出不满的信号，但这比直接在行业里与对手交锋造成的风险要更小。企业可能在多个行业内开展报复，这可能会使对手付出更大的代价，也有可能延迟竞争对手进入，先发制人。

多点竞争的另一个稳定因素是可能存在焦点或者竞争的自然平衡点。当只在一个行业内竞争时，与每个竞争对手对其相对优势看法一致的焦点数目较少。例如当竞争对手呈现利益均衡的情况时，均分市场份额可能是唯一的焦点。但这种份额并不是稳定的，因为市场份额任何临时的变动都有可能触发企业的强烈反应以维持市场的平衡。在两个相互竞争的行业里，可能会有更多比较稳定的焦点，且很快就能发现其中一个。

表 9–7 就表明了这一点。焦点 2 和焦点 3 比焦点 1 更加稳定。在每个行业中，占有较多市场份额的竞争对手往往有比较明显的竞争优势，因此外力较小的干扰，不会引发企业之间的商业大战。同理，地位不对称可能降低某个行业高份额企业寻找更多市场份额的概率，因为它在实力较弱的行业中容易遭到报复。

为了制定进攻战略或者防御战略，必须要从全局看待多点竞争者。绝大多数竞争者分析都是在业务单元层面开展的，在某个行业内的竞争者看来是独一无二的。对多点竞争者在公司或者集团层面开展分析是必要的。至少要对多点竞争者采取更加广泛的视角，测试某个业务单元的行为不会对其他业务单元产生不利影响。理想状况下，应该对当前和未来可能出现的多点竞争者进行全面分析，审视是否在多个业务单元层面上有实施协调进攻或者防御战略的机会。

表 9–7　焦点和多点竞争者

	焦点 1		焦点 2		焦点 3	
	市场 1 的份额	市场 2 的份额	市场 1 的份额	市场 2 的份额	市场 1 的份额	市场 2 的份额
竞争者A	50	50	60	40	70	30
竞争者B	50	50	40	60	30	70

在非相关行业内制定多点竞争者的战略还需要考虑下列因素。

在所有联合竞争的行业里预测可能的报复行为。多点竞争者可能对任何或者联合竞争的行业里出现的举动进行报复，它可能对最有成本效益的行业动向进行报复（见第 14 章）。例如，多点竞争者可能对市场份额较小的行业做出反应，因为它能凭借低成本使企业遭受较大的惩罚。每个行业都是互相联系的战场。

意识到多点竞争者在关键行业里占据较小的份额。多点竞争者在某个行业持有较小的市场份额，而企业却在其中占有较大的份额（或者现金流较高），这就给多点竞争者对付企业提供了一个筹码，这样的地位就是有效的阻碍性地位（见第 14 章）。

寻找利用公司和多点竞争者总体相对地位的机会。公司和多点竞争者的总体相对地位可能为企业提供成本较低、风险较小的对付威胁的方式。同理，多个行业中的协调行为可能使竞争者很难回应，对应的成本也较高。

为防御目的建立阻碍性地位。在多点竞争者所处的关键行业中占有小份额可以使企业以较低的成本对其造成重创。

对付多点竞争者的战略受制于竞争者能否意识到不同行业之间的关联。多点竞争者通过高度自动化的业务单元管理时，不能随意假设对联合竞争行业之间的联系的看法。在某些情况下，竞争者忽略了多个行业之间的关联，可能会使企业获得相对竞争地位。例如，攻击某个业务单元可能会分散竞争对手的注意力和资源，使其无法在更重要的业务单元里捍卫自己的地位。

相关行业的多点竞争

当企业面临相关行业的多点竞争时，战略问题变得日益复杂。上一节谈论的问题仍然存在，而且更加重要，因为相关性增加了竞争对手认识业务之前关联的可能性。行业之间存在的有形关联，使得人们评价相对地位的情况时更加困难。

企业在面对存在多点竞争者的行业里所具备的竞争优势或者竞争劣势，取决于其在涉及关联的价值活动中的总体地位。假如企业和竞争对手启用了共用的销售团队或者物流系统，销售团队或者整个物流系统的相对成本或者差异化就变得至关重要。关联实现的程度决定了其对竞争优势的影响，共享的可能性则不能。此外，企业和竞争对手在关联中获得的净竞争优势可能受到各自战略的影响。竞争对手面临的协调成本或者妥协成本可能比企业面临的更高或者更低，由此决定了关联的价值大小。

竞争对手相互关联的业务单元集合可能不会与企业的完全重合。例如宝洁公司的竞争产品有一次性纸尿裤、纸巾、女性卫生用品和如厕纸，但却不生产纸毛巾和清洁用纸，而金佰利在这些领域均有涉及。当联合竞争的行业互相关联，且不完全重合时，企业和竞争对手之间的比较就必须围绕企业和竞争对手全部的关联展开。每个共享活动必须全面分析进而了解竞争对手，还要比较企业在这个价值活动上的成本和差异化效果。宝洁公司五大业务单元和金佰利八个业务单元之间比较的结果将影响这两家公司在共享价值活动中的相对地位，如物流系统。任何业务单元的相对地位可以通过比较共享价值活动和非共享价值活动来构建。

若在某个相关业务单元中所处的地位较弱，可以由它在其他相关业务单元中的优势地位来弥补。宝洁公司在纸制品的市场份额比金佰利小，但是宝洁公司是尿裤、如厕纸和纸巾等产品的领导者。尿裤行业相对较大，宝洁公司整体消费类纸制品的数量无疑比金佰利更高。因此，在分析企业与多点竞争者的相对地位时，要求对两个企业的总体产品组合进行排查。

在相关行业内开展多点竞争最基本的战略意义与在非相关行业一样。竞争对手分析必须包括竞争的整个业务单元组合，不能孤立地分析竞争对手的某个业务单元。在竞争对手的组合中，某个业务单元的竞争优势可能会受到这个业务单元与其他业务单元可能存在关联及其实现程度的影响。

企业相对于多点竞争对手共享价值活动的平衡或者优势的实现有多种方式。在一个企业本身具有较强竞争地位的行业里继续投资以加强其地位，可能会抵消竞争对手在诸多相关行业获得的竞争优势。如果企业从共享的活动中获得的竞争优势非常重要，且没有重要的补偿性优势，企业就不得不努力赶超竞争对手在相关业务单元竞争的情况。赶超业务关联在防御战略和进攻战略的实施中均有重要作用。就算企业在现有的业务单元中获得了竞争优势，也有必要对照对手的多元化战略，防止竞争对手从关联中不费吹灰之力获得竞争优势。相反，如果企业能在竞争对手所处行业以外的领域发现新关联，就能加强企业在重要的共享价值活动中的地位。

例如，在消费类纸制品领域中，经常要实施多元化防御和进攻战略。表 9–6 显示了每个竞争对手进入各自领域的日期。竞争对手的业务组合从 20 世纪 50 年代起就在不断扩展。宝洁公司的行为触发了一系列行业举动，它在如厕纸、面巾纸、一次性纸尿裤和纸毛巾领域内进行防御。

具有不同关联模式的竞争对手

单点竞争对手和多点竞争者可以追求不同类型的关联，涉及不同的共享活动或者以不同形式共享的活动。这种情况有个明显的例证就是消费类纸制品领域（见表 9–6）。竞争对手已经在纸制品领域中按照不同的方式追寻关联，反映了彼此总体业务的联系以及这些战略的使用情况。例如，在一次性纸尿裤行业，宝洁公司能够共同采购某些共享的原材料、共享技术发展、共享销售团队以及共享多个纸制品系列的物流系统。然而，宝洁公司对每个纸制品生产线都有单独的品牌名称。相反，强生除了在纸尿裤行业竞争外，还在其他诸多婴儿护理产品行业中一枝独秀，但所有的产品都采用强生这个品牌名称。其关联包括共享品牌名称、共享销售人员以及婴儿护理行业内共同的市场调查行为。强生在生产、物流和产品或者工艺技术发展活动中的共享则很少。表 9–6 中所有的竞争者都有不同的关联模型。

具备不同关联模型的竞争对手代表了机遇和威胁。代表了威胁是因为每个竞争者通过关联获得的竞争优势不能及时被复制，企业可能未必处在适当的行业中，或者没有适当的战略使其匹配这种关联。为了与强生的共享品牌抗衡，宝洁公司不得不改变其按照产品类别推出品牌的策略。这种改变有可能失败，因为这需要在其他纸制品上使用纸尿裤的品牌，而且这些品牌与婴儿用品毫不相关，这样的做法让人难以接受。因此为了应对强生这项特殊的优势，宝洁公司可能要进一步多元化，进驻强生占有领导地位的婴儿用品行业。

具有多项关联且聪明的竞争对手可能会努力改变每个行业的竞争性质，使关联朝着对自己而不是对对手更有利的方向发展，获得更重要的战略意义。在纸尿裤行业里加大广告投入可能会提升强生企业的竞争优势，主要是因为强生的多个产品都共享一个品牌。具有不同关联的竞争对手还有可能降低企业实现关联的能力。例如强生公司试图将纺织材料用作尿裤的原材料，这个举动降低了宝洁公司共享活动的能力，因为宝洁公司有多种纸制产品。同理，竞争对手可能按照提升企业妥协成本的方式来转变战略，从而实现竞争对手与企业之间的关联，导致企业为了应对其他业务单元的威胁不得不损害这个单元。

因此，实现不同类型关联的企业之间的竞争游戏的本质是拉锯战，主要是看哪个企业能够改变竞争的基础，影响对手的关联关系，或者提升本身的价值。一次性纸尿裤行业就很好地表明了这种游戏规则。宝洁公司在尿裤行业已经保持了龙头地位，而强生公司在遭受了巨额损失后，被迫退出美国市场。虽然强生公司的市场关联很强，但有关纸尿裤的广告只占总成本的一小部分。宝洁公司在销售团队和物流成本方面享有比强生公司更强大的关联，其广告支出的费用更高。强生公司不能与宝洁公司在生产、采购和技术关联方面进行匹配，生产纸尿裤的成本占所有成本的比例较高，产品和工艺技术变化的步伐很快。没有了明显优越的产品，强生公司无法将宝洁公司大型的市场份额及其关联对应起来。

预测潜在的竞争对手

有形关联、无形关联和竞争对手之间的关联都可以用来预测潜在的竞争对手。那些可能进入某个行业的企业，应满足以下条件：

- 该行业是企业创造或者扩展重要关联的逻辑方式；
- 该行业是企业一种必要的扩展，用以对应竞争对手的关联。

为了预测潜在的竞争对手，所有涉及行业的可能关联都必须确定，包括竞争对手之间的关联。每一种潜在的关联都有可能指向很多其他行业。现有的竞争对手除了在当前的行业竞争外，在其他行业也有可能存在各种关联类型。通过确定相关的行业，企业能够确定那些迟早要入行的潜在的竞争对手。必须谨慎分析这些潜在的竞争对手选择进入企业所在的行业，不打算开展其他投资的可能性。

10 横向战略

对于多元化经营的企业来说公司战略中有两大基本问题。第一个问题是多元化经营的企业选择在什么行业内竞争，第二个问题是企业中各个业务单元的战略应如何进行协调。解答这两个问题主要取决于竞争优势，即公司如何能提升业务单元的竞争优势。业务单元作为多元化经营企业的一部分，一定要付出成本，包括管理费用和公司政策带来的限制条件引发的成本。除非公司能对竞争优势做出积极的贡献，否则多元化就会成为一种负担。

对于公司战略的两个基本问题，多元化企业往往更加关注第一个问题。企业倾向于进入新的行业竞争，所做的选择通常建立在微妙的关联上。许多多元化经营的企业很少留意甚至完全忽略业务单元战略的协调问题。正如第 9 章阐明的情况一样，随着业务单元的战略协调变得日益重要，进入那些明显有利于提升企业竞争优势的新行业就显得更有必要。多点竞争者和具有不同关联模式竞争者的存在，表明了企业必须利用现有的关联来保持自身的相对竞争地位。

横向战略协调了相关业务单元的目标和战略。它覆盖了现有业务单元和根据与现有业务单元的关联而进入的新行业。横向战略可以而且也应该在集团、部门和公司的层面上存在。然而，不管企业多么精心地筹划个别业务单元的战略，很少有企业拥有横向战略，就算有也很不正规。有形关联构成了竞争优势的重要来源。明确的横向战略应该是集团、部门和公司战略的核心。

在许多行业出现了新的竞争模式，主要是受上文描述的强大趋势的驱动。竞争将在多个相关业务单元的集群中展开，而不是在个别业务单元中展开。业务单元战略协调、进入新行业的相关多元化将深化并拓展关联。战略选择与业务单元之间以及整个企业层面的合作关系日益密切。业务单元经理将着眼于作为多元化企业必不可少的一部分来赢得竞争优势，而不是单纯依靠资本的可用性提升自身的竞争地位。

横向战略不能含糊不清，也不能本末倒置，建立在业务单元之上。没有明确横向战略的企业，很难承受优化单个业务单元的压力，进而可能伤害企业绩效，尤其是那些具有放权决策传统的企业。此外，企业常认为业务单元应该主张并同意确立那些对业务单元具有战略意义的关联，这种谬论普遍存在。这种态度以 20 世纪 70 年代确立发展的业务单元自主性理论为基础。它使得企业和集团的经理放权，将确定和利用业务单元之间关联的重任落在了业务单元经理身上，而后者往往缺乏必要的资源和影响力来担当此重任。本末倒置的横向战略在现实中很少发生。

明确的横向战略的必要性

绝大多数企业的组织结构是与关联的实现相悖的。然而，组织障碍本身不足以解释为何独立运作的相关业务单元几乎不能优化企业的整体竞争地位。没有了横向战略，业务单元的做事方式有可能降低企业利用关联的能力。

业务单元看重的关联价值不同，无法对追求关联达成一致意见。由于规模、战略或者行业的差异，各个业务单元很少能从彼此之间存在的关联中获得相同的利益。共享对业务单元的成本地位或者差异化成效影响不同；同理，不同业务单元要求建立关联的妥协成本也不同。有些业务单元可能会得出正确的结论，认定协调成本和妥协成本超越了关联带来的价值，因此关联对整个企业的价值永远不会实现。当前成功的大型业务单元往往是对建立关联最排斥的，就好比业务单元不愿意将其专有知识转给其他业务单元使用，反对由此确立无形关联。

业务单元战略的演变方式可能会弱化关联。如果能独立地制定战略，业务单元可能会朝不同的方向发展，加大建立关联的难度。例如，当两个业务单元共享某个买方或者某个渠道时，一个业务单元可能实现差异化战略，而其他业务单元可能努力实现低成本地位。虽然这些战略对于单个业务单元是正确的，但是两个业务单元之间可能存在关联，表明战略不一致会让买方或者渠道商困惑，使企业在相关行业竞争的整体品牌形象变得不清晰，进而减少共享某个品牌或者销售团队的可能性。还有一个例子是，当两个业务单元原本就共用某个零件时，常出现指定使用不同零件的情况。独立的业务单元战略会低估业务单元之间的关联对整个企业的价值，过分看重对单个业务单元的价值。

独立进行的定价和投资决策可能会损害企业的竞争地位。关联表明在某些业务单元能获得利润，而在其他业务单元不能实现。例如，降低某个业务单元的价格来刺激销售量可能增加整个企业针对共享零件或者原材料的议价能力，进而导致其他业务单元成本的降低。但是，独立制定战略的业务单元可能永远不会考虑这种行为方式，各业务单元也只会按照单元的结果对之评价。不管业务单元之间是否存在互相销售产品的情况，这种情况都会出现，因此通过转移定价不能解决这个问题。

如果相关的业务单元各自为政，就有投资决策次优化的风险。例如，共享某个零件的业务单元可能拥有价格敏感度极高的买方，而其他业务单元服务的买方却不是。后一个业务单元可能不太重视降低共用零件的成本投资，将资源分配在其他地方。而从降低成本中受益最大的业务单元，可能无法说服别人这项投资决策有什么好处。

业务单元可能会向外寻求合作方以确立内部已经存在的关联，这种倾向非常常见。独立运行的业务单元可能无法充分理解，共享营销、共享生产、技术发展和共享采购其实比寻求外部联盟可以获得更多的利益。寻求内部的关联表明所有的利益都能被企业获得，而与外部企业建立基于关联的联盟所带来的利益要与联盟伙伴共享。外部联盟可能也会推动联盟伙伴的成长，最终成为企业的竞争对手，而这也会导致企业专有技术的扩散。这些结论表明：在多种场合下，企业应该接受与兄弟业务单元确立关联所要承担的更高的妥协成本。然而，经理很少能意识到这一点。实际上，他们的看法往往与此相反，低估了业务单元之间的关联对企业整体的利益和价值。他们宁可与外在独立的企业合作，因为他们可以完全掌控合作关系。有些组织问题的存在强化了这种倾向，详见本书第 11 章。

业务单元可能忽略关键的潜在竞争者或当前竞争者的真正意义。正如上文所述，按照业务单元开展的竞争对手分析，往往无法解释潜在的竞争者或者对当前竞争者相对地位起关键作用的关联。对待竞争者狭隘的视角可能使竞争者无法看清自身实施的广义战略所针对的行业方式，而这恰恰是竞争对手行为的重要决定要素。独立运行的业务单元可能很少考虑这样的行为会触发影响兄弟业务单元的竞争反应。

相似的业务单元之间转移专有知识的情况不会发生。决定了无形关联的专有知识的转移不会随便发生。业务单元有发展自身战略的愿望，相信自己最了解业务。人们很少期望它们在企业其他地方寻求专有知识。具备专有知识的业务单元没有太大转移技术的动力，尤其当技术转移牵涉最优秀的员工或者有可能外泄的专门技术时更是如此。

没有明确的横向战略，就不会有系统的机制来确认、强化并延伸关联。独立运行的业务单元不会像高瞻远瞩的高层管理者具备足够的动力，提出并支持建立在关联之上的战略。

制定横向战略

制定横向战略涉及多个分析步骤，具体框架见第 9 章。

1. 确定所有有形的关联。制定横向战略的起点是系统确定所有当下或者将来可能存在于企业业务单元中的有形关联。第一步是仔细分析每个业务单元的价值链，分析实际存在或者将来可能出现的机会成本。一开始，所有看似存在的关联都应该确定。通过进一步的分析，可以排除那些虚幻的、不重要的关联。在寻找关联时，应该明确有可能提供共享基础的价值活动的特征。例如，有意义的生产关联必须建立在特定生产设备或者工艺步骤的相似点上，而不是基于对类似工艺的笼统观点。同理，特定的技术种类和分项子技术应该是技术关联的基础。涉及买方或者渠道的共同决策者应该是关键的市场关联基础。

图 10–1 显示了企业内部关联的简单机制。

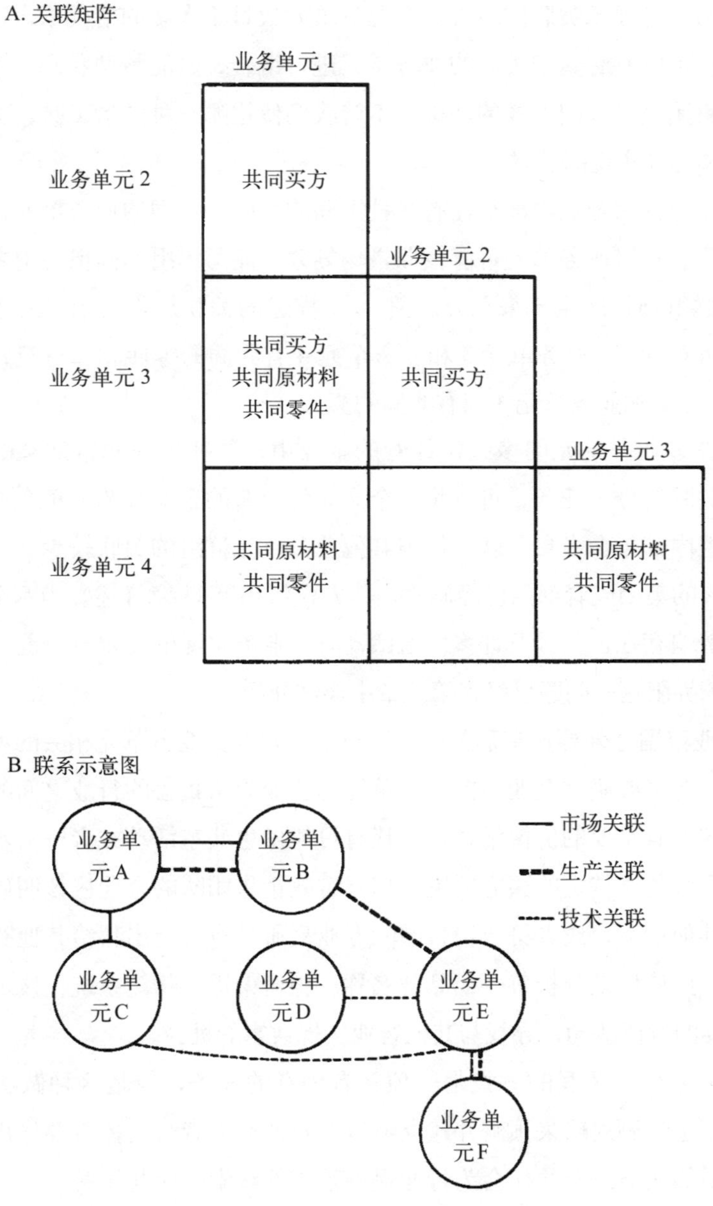

图 10–1　多元化企业内部的有形关联

每个关联矩阵的单元格都显示了一组业务单元之间的关联，主要按照第 9 章描述的关联分类罗列。如果关联覆盖范围广，则应该为每一种关联单独绘制矩阵。联系示意图是另一种展示关联的方式，在业务单元数目不太多的情况下，这种示意图将更加清晰。可以对有紧密关联的业务单元进行组合，这能帮助我们认识到业务单元的群组是集团或者部门形成的基础。不管我们使用哪一种图形工具，关联应该分为潜在关联和已经实现的关联。

在多元化经营的企业内部往往有多种不同的关联，不同的业务单元群组以不同的方式相联系。一组业务单元可能按照市场划分，而另一组不同但与前者部分重合的业务单元群组则按照生产来划分。图 10–1 描述的关联矩阵展示了其中的一种模式，其中业务单元 1、业务单元 3 和业务单元 4 有共同的零件和原材料，而业务单元 1、业务单元 2 和业务单元 3 拥有共同的买方。

在拥有许多业务单元的多元化经营的企业中，往往出现非常复杂的关联。为了简化确定关联的分析任务，可以将一个多元化经营的企业分为若干个业务单元群组，这些群组内部包含多层关联，但与其他业务单元群组的关联较少。与这些业务单元群组对应的集团或者部门已经确立，其方式将在第 11 章详述。当两个业务单元之间的关联普遍存在，且涉及许多价值活动时，业务单元的界定有可能不正确。划分业务单元的界限这一问题已经在第 7 章中详细介绍。

2. 在企业范围之外寻找有形关联。企业很少在与其业务单元相关的所有行业内竞争。因此，有必要确定企业当前业务单元与企业尚未覆盖的行业之间的关系。这要求企业审核所有重要的价值活动，寻找有可能发生共享活动或者进一步共享活动的相关行业。服务于特定的买方群组、拥有有效销售团队的企业应该明确同一买方群组购买的其他产品，或者符合销售团队专业素质且有可能出售给其他买方群组的产品。同理，应该仔细分析每一个品牌名称、销售渠道、物流系统、技术发展行为以及其他重要的价值活动，寻找与其他行业实现共享的机会。

确定与企业外部关联的方式是一项具有创意的任务，但是这种做法却能在多元化规划、制定防御战略来预测并建立障碍以阻挡后来者时发挥重要作用。多元化经营竞争对手的业务组合往往会为行业提供重要的线索，使其了解与企业的重要关联，而企业确定竞争对手尚未利用的新型关联则有可能更有意义。

3. 确定可能存在的无形关联。在确定了有形关联后，就要寻找无形关联。这涉及区分企业内的价值活动，并判断哪些价值活动具有可能用于其他业务单元或者新行业的有价值的专有知识。这一步还要求确定新的行业，其存在有可能导致企业当前存在的业务单元发现有价值的专有技术。潜在的无形关联的信号包括通用战略、买方类型或者价值链设置的相似点。确定无形关联的过程非常微妙，但却很重要。很多潜在的无形关联已经存在，关键的任务是对无形关联进行筛选，从而了解其对竞争优势的影响。

4. **确定竞争对手之间的关联。**企业必须确定所有多点竞争者、潜在的多点竞争者和追寻不同关联模式的竞争对手。图 9–4 显示了不同竞争者之间的结构。多点竞争者的存在往往能为我们了解关联提供线索，并帮助我们识别关联。相反，关联也是我们识别潜在的新竞争者的重要指标，这一点在上文已有描述。当我们从企业全局的角度辨认多点竞争者的布局后，就必须绘制每个重要的竞争者组合之间的关联。通常几个竞争对手拥有涉及不同业务单元的不同关联。

5. **评价关联对竞争优势的重要意义。**由有形关联产生的净竞争优势取决于共享优势、共享成本以及赶超关联的难度等因素。共享活动必须按照竞争者对应的活动在这三个方面进行权衡。存在于多元化经营企业内部的有形关联往往很多，但是根据经验，关联的数目并不具有多大的战略意义。这里的挑战是区分所有重要的关联，包括明确企业当前还未涉足的行业关联。当前某种关联尚未实现，并不能说明它就不重要。这个关联有可能被忽视或者等将来业务单元战略趋于一致时，实现这个关联所需要的妥协成本将大大降低。

如果转移专有知识的利益超过了转移成本，则无形关联就产生了竞争优势。当价值活动之间的相似点意义非凡，活动对涉及的行业竞争优势很重要，且企业拥有对竞争优势产生实质影响的待转移的专有知识，转移专有知识就很有利。经验表明在评价无形关联时一定要持有怀疑精神，从而避免追求那些理论上可行但实际操作起来没有意义的关联。

6. **制定协调的横向战略来实现并提升最重要的关联。**重要的关联可以通过多种方式实现并加强。

*共享恰当的价值活动。*如果带来的优势大于成本，相关业务单元的价值活动就可以共享。这可能涉及多种措施，包括合并销售队伍、合理化生产设备、协调购买行为以及重新界定生产线等。共享有可能要求对当前的做法进行调整。业务单元战略可能需要调整，从而实现共享的最大优势。同理，还有可能要对活动进行重新设计，从而降低妥协成本。

*协调相关业务单元的战略姿态。*通过协调相关业务单元的战略，提升关联产生的竞争优势并降低妥协成本。这可能涉及业务单元战略的微调甚至重新定位，包括收购和分立。战略的协调要求营销项目和投资会开支计划一致。业务单位应该了解彼此的产品开发和其他领域的规划。协调的发生，表明企业针对竞争对手的行为是整个一体化集团、部门或者公司战斗计划的一部分。市场关联还能大力提升制定一致的业务单元战略的必要性，其目的是实现共同买方或者渠道的最大化效应。然而，实现和利用任何形式的关联，一定要有特定的战略与之呼应。协调可能要求各个业务单元在提升关联和个别业务单元地位之间进行权衡。这些权衡往往很难做出，但是这一切发生的前提是横向战略。没有横向战略，不管关联对企业多么有益，都不会考虑这些措施。

*确定业务单元的不同目标。*各个业务单元的目标应该按照反映业务单元在关联中的作用进行设置。有些业务单元可能设定了更加远大的销售目标，而利润目标则较低，因为销售量对其他业务单元的地位有重大影响。要求所有业务单元实现相同的目标看似是最公平的做法，但是这种做法却有可能损害企业最重要的竞争优势来源。

反映了关联的业务单元目标，往往比那些组合规划规定的更加广泛，一般都涉及建立、保持和收割三大阶段。组合模型往往会忽略关联，仅从业务单元产生现金或者其他用途的角度来设定不同的目标。关联为我们基于竞争优势制定公司战略提供了广泛的视角，这种视角也考虑了现金流的问题。

*通过协调进攻战略和防御战略，可以应对多点竞争者和具有不同关联的竞争者。*在应对每个威胁企业的重要的多点竞争者和具有不同关联的竞争者时，企业肯定有总体的博弈计划。理想状况下，企业应该努力按照有可能增加关联的价值以及减少竞争对手价值的方向来推动行业变革。有关进攻战略和防御战略更具体的内容将在本书第 14 章和第 15 章中揭晓。

*通过正式的专有知识交流项目来利用重要的无形关联。*企业必须积极鼓励具有重要的相似点的业务单元之间的专有知识的转移。业务单元可能会因为不欢迎不请自来的技术等原因，未必肯接受技术，而技术转出的业务单元可能也要花费额外的时间和人力。实现无形关联要求对价值、促进专有知识转移的组织机制有共同的理解。

通过实施多元化来加强重要关联或者创造新关联。多元化战略应该专注于寻找或者进入有可能强化最重要的关联或者创建具有重要战略意义的新关联的行业。多元化战略将在下一节中详细介绍。

出售那些与其他业务单元没有重要关联或者可能加大实现重要关联难度的业务单元。与其他业务单元没有重要关联或者不能成为多元化经营战略基础的业务单元，长远来看就是需要出售的对象。即使它们当前比较吸引人，也能赢利，但这些业务单元注定对其他企业的意义更大。身为企业的一部分，这些业务单元没能提升企业的竞争优势；如果能成为其他企业的一部分，就有可能提升它们的竞争优势。企业因此可以通过出售将其价值折现，所得的收入可以用来投资有可能提升企业竞争优势的业务单元之间的关联。从实践角度来看，关注长远利益的企业一定要执行这个战略。当意识到业务单元价值的买方可遇不可求时，将很难找到具有同等优势的业务单元来替代一个尽管毫无关联但利润很高的业务单元，无论潜在的关联有多大。

有些边缘化业务单元的存在，可能加大实现其他更重要关联的难度，这些业务单元也是待售的对象。企业如果使用不同的竞争渠道来招揽相同的买方集团，就可能很难构建共享的销售渠道。同理，如果企业在买方群组所在的竞争行业中拥有业务单元，那么企业利用机会共享销售团队或者营销团队来获得特定买方群组的能力也会降低。关联还有可能产生与买方、供应商或者渠道商的冲突。美国运通在与作为其旅行支票关键兑换点的银行进行竞争时，就经历了这种情况。放松某些行业的关联，就等于要求企业退出这些行业。

在涉及多个业务单元群组的企业中存在多种关联模式时，按照上述步骤进行关联确认可能涉及一些权衡。通过协调的战略措施来推进某种关联的建立可能降低其实现其他关联的能力。确定业务单元的目标也需要做出一些权衡。在权衡时，基本的原则是强化那些对竞争优势产生最大影响的关联，哪怕这意味着要牺牲其他关联。然而，在下一章描述的组织机制往往允许不同业务单元群组的关联同时实现。

7. 创建横向组织机制来确保横向战略的执行。若没有鼓励协调和业务单元生产线之间产生技术转移的横向组织结构，企业就不能成功利用关联。定义正确的业务单元，正确地把业务单元群组划分组建成集团和部门，为业务单元经理建立工作的激励系统对能否成功利用关联起关键作用。横向组织的原则见第 11 章的描述。

关联和多元化战略

建立在关联基础上的多元化是最有可能提升企业在当前行业竞争优势，或者帮助企业在新行业中获得可持续性竞争优势的多元化形式。有形关联和无形关联在多元化战略中有重要作用。理顺有形关联是制定多元化战略的起点。无形关联对竞争优势的影响不太确定，在实际中实现的难度比有形关联实现的难度更高。

关联可以通过内部发展以比其他潜在的新进入者更低的成本克服进入新行业的壁垒，从而实现多元化。存在关联也能通过兼并推进企业进入行业，因为兼并对象对企业的价值大于其对所有者或者其他并无类似关联竞购者的价值。因此，与兼并关联的利润不太可能在设定采购价的时候流失。关联的存在还意味着通过兼并或者内部发展的多元化使与新业务单元有关联的现存业务单元受益。

任何多元化的举动都必须通过结构吸引力的测试（见第 1 章）。与企业现存业务单元有关的行业往往因其关联性具有更大的结构吸引力。企业新的业务单元肯定在当前或者将来具有结构吸引力的行业内。关联本身不足以证明可以进入一个行业，除非关联的存在能让企业把一个前景黯淡的行业转变为前途光明的产业。因此，寻找具有结构性吸引力和关联的行业，使企业具有在这些行业竞争的优势，就成了制定多元化战略的双重指南。

基于有形关联的多元化

多元化战略可以用来拓展表 9–1 所示的有形关联。最理想的多元化方向能引导企业按照上文描述的标准，利用关联对竞争优势产生最大的影响。在某些情况下，多元化将加强企业相对关键竞争对手的地位；而在其他情况下，为回应竞争对手的多元化战略有必要进行防御，企业也不得不调整其战略。企业进入某个行业，在其中可以利用关联战胜单一业务的竞争对手或者业务安排混乱的竞争对手。有形关联的利益以两种形式呈现。实现能提升现有业务单元竞争地位的关联，与利用现有的业务单元竞争地位来改善新业务单元的运作成效同样有用。

表 9–1 描述的三大类有形关联——市场、生产和技术关联，代表了三大多元化领域。市场导向的多元化战略旨在向共同的买方、渠道或者地理市场销售新产品，从而收获市场关联的利益。生产导向的多元化战略旨在利用共享生产价值活动生产

类似的产品。采购关联往往起源于生产关联。技术导向的多元化战略旨在开发或者进入基于类似核心技术的新行业。成功的日本打字机企业兄弟公司使用了技术树来推动多元化的进程。兄弟公司凭借一种业务发展的技术进入其他业务领域。原先缝纫机行业发展的小型马达技术进入了小型电器和电动打字机行业，而靠打印机行业发展起来的电子产品又进入了电子打印机行业。

这三大多元化路径往往引导企业走向三个不同的方向。要拓展出售给共同买方、渠道商或者特定地域产品的范围，常牵涉不同技术和生产工艺，而扩大使用类似技术或者生产过程的产品范围意味着进入新的市场。当然，实际情况也不尽然。在消费电子产品领域，诸如索尼和松下这样的企业已经利用当前产品所用的技术开展多元化，进入新产品的竞争领域。同时，这些企业还可以利用市场和产品关联。索尼和松下电器各自都开发了共享的价值活动，包括品牌名称、服务机构、工厂和多条生产线的采购活动，而关联则是这些企业竞争优势的一大主要来源。百得公司进入小家电领域，就利用了技术关联和生产关联，包括在其核心业务上应用的小型电动马达和电动工具，这足以证明关联是企业竞争优势的重要来源。

当多个重要的价值活动可以共享时，多元化就为提升企业的整体竞争地位创造了极好的条件。最成功的多元化企业不会孤立地看待市场、生产和技术导向的多元化战略，而是试图综合这三类多元化战略。我在 1971 年和 1981 年研究了 75 家财富 500 强企业后发现（见第 9 章描述），高科技企业显示了同时提升市场关联、生产关联和技术关联的超凡能力。这个发现与电子/信息加工技术在联系企业过程中所起的巨大作用一致。随着技术的发展，企业有能力利用多种形式的关联，找到更多的多元化领域。

通过建立商业据点开展多元化

企业通过多元化实现重要关联的能力各不相同，企业拥有的机遇受到多种因素影响。

- 企业现有的业务单元组合可能与其他行业存在几项重要的关联。
- 企业可能已经利用了这些重要的关联。
- 与企业现在所处行业关联的行业可能不具有结构吸引力。

- 由于竞争对手抢占了先机，企业没有可行的战略来进入相关的行业。
- 反托拉斯的顾虑阻止企业进入一些相关的行业。

当基于有形关联多元化的机会不多或者已经用完，企业就应该考虑根据无形关联进行多元化。由于无形关联涉及通用技术的转移，不涉及实际活动的共享，企业当前存在的业务单元与行业存在的无形关联要多于有形关联。寻找无形关联中能产生竞争优势的机会，这个过程非常微妙，它要求企业清楚地了解新的行业，明确技术转移引发改变的原理。

新行业与现在所处行业之间存在普遍的相似之处，但这并不代表技术的转移就能创造竞争优势。新行业的竞争者可能自己就有同等甚至优质的技术。企业技术是否与新行业的需求紧密相关也是一大问题，而分析表面上普遍的相似点可能具有误导作用。将多元化建立在行业之间想象的关联或者无关紧要的关联基础上，会导致多元化战略的失败，这种例子 20 世纪六七十年代层出不穷。除了这样的教训外，慎重的行业分析也能发现现有行业与新行业之间合理的无形关联，这也成为多元化的坚实基础。

建立在无形关联上的多元化不应该视作单独的机会，还应该作为建立商业据点的开端。一旦企业进入包含无形关联的新行业，就能使用这类商业据点，根据无形关联寻找多元化的新机遇。宝洁公司最初收购了查敏纸业公司，就为其建立了在纸制品行业中高度相关产品业务单元的商业据点。这一点在上文中已经提及。图 10–2 表明了企业通过建立商业据点开展多元化的过程。与原先具有有形关联的业务单元群组建立无形关联成了建立新业务单元群组的基础。众多通过有形关联组合在一起的业务单元群组出现后，企业就转向多元化经营。与此同时，通过无形关联组合在一起的业务单元群组也相继出现。建立在无形关联上的多元化机会可以通过一个黄金标准测验，即这些无形关联能否成为企业攻克新行业的商业据点。

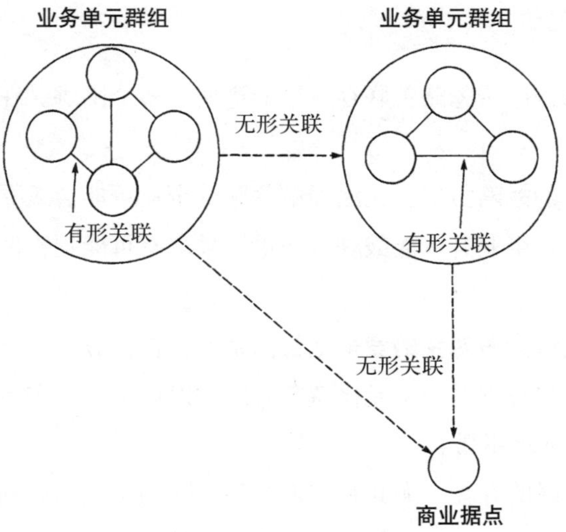

图 10–2　关联和多元化模式

多元化和公司资源

多元化企业独特的公司资产是其业务单元内部现存和潜在的关联，这些关联代表了多元化企业对其业务单元以及该企业即将进入的新行业的贡献。多元化企业的核心作用是培育并拓展这些关联。

通过扩展企业参与的价值活动的范围，多元化成为扩大企业资产和技术储备的方式。每个新行业不仅有可能与现有的行业有联系，还有可能为企业带来价值活动，成为建立新关联的源泉。最好的多元化战略既能强化企业现有的优势，又能为企业创造新优势打下坚实的基础。

横向战略的陷阱

虽然可以在利用各种关联的过程中获得很大的竞争优势，但企业在实施横向战略的过程中可能遭遇多重陷阱。最致命的错误是忽略从总体上看待这些关联的作用。在业务单元层面上实施战略规划是不够的。同时，若认定所有关联都应该积极实现，也是错误的。

忽略关联的陷阱

本章和第 9 章提出了忽略关联存在可能遭遇的多个陷阱。在这里列出几个典型例子。

误导业务单元的战略贡献。无法理解关联的企业可能会孤立地衡量业务单元的绩效。在此过程中，企业有可能鼓励业务单元采取有可能损害关联并影响企业总体竞争地位的行为。

误导企业与关键竞争对手的竞争地位。企业只在业务单元层面实施规划，就有可能无法正确判断自身与关键多元化竞争者的相对地位，还有可能无法制定提升企业自身竞争地位的战略举措。

组合管理。关联的存在，尤其是有形关联，限制了组合规划模型的适用性。人们对组合规划模型的看法过于狭隘，其目的是帮助多元化经营的企业实现财务平衡的组合。为此，他们可能模糊了在构建企业业务组合模型时最核心的战略问题：创造并扩展关联。当关联存在时，构建或者收割业务单元利益的决定就不能独立开展。由于集团或者部门内部的业务单元往往具备有形关联，需要协调管理，因此在集团或者部门层面使用组合工具非常危险。

公司、部门和集团管理者不能为了横向战略的实施制订错误的组合规划。横向战略比组合战略更难制定，但这也是多元化经营企业为其业务单元创造真正的经济利益的方式。

寻找关联的陷阱

盲目地实现关联也会产生诸多风险。

在共享或者转移专有知识过程中得到了不利的筹码。有形关联往往会导致牵涉的业务单元进行妥协。因此，实施错误的关联可能会伤害所有涉及的业务单元，不能从中获得丝毫战略利益。转移专有知识还涉及成本，以支持无形关联的名义转移专有技术不适用于其他业务单元的竞争，也会得不偿失。要实现关联的战略意义，就要保证为相关的业务单元进行专有技术的共享和转移能够带来明显的净竞争优势。

**建立规模小、几乎不具有规模经济或学习规模，以及对差异化影响不大的价值

活动的关系。在建立相关的多元化战略的热潮中，企业往往陷入过多地利用关联的陷阱。这些关联的确存在，但是几乎不会对竞争优势产生任何影响。关联的存在并不代表横向战略就应该围绕其建立，哪怕现有的关联就只有这一个。

虚幻的关联。技术、物流系统、制造工艺和买方群组表面上看来有很多相似点，实际上不足以把它们当成共享活动的基础。在两个业务单元使用看起来相似的技术，但经过仔细检查后发现，这种技术出售给需求不同的买方，这些买方几乎没有共享研发机构的能力。虽然在外行人看来海上石油钻井和陆上钻井有很多相似点，但钻井设备承包商之间却不能在这两类产品中找到很多共享活动。无形关联往往具有虚幻的性质。业务单元之间有很多相似点，但这可能对竞争不太有影响力。在努力把关联转化为共享活动或者改变战略前，必须仔细研究潜在的关联，从而避免在将来被这些虚幻的关联左右，出现决策的失误。

11 实现关联

对很多企业而言，在实践中实现关联是非常困难的。部分原因是共享成本表明了一些关联不能提升竞争优势，因而不应该予以执行。即便是那些显然能创造竞争优势的关联，在实践中也存在很多组织障碍，包括组织结构、文化和管理因素。实际上，在业务单元之间实现关联与很多多元化企业盛行的理念相悖。

绝大多数的主要多元化企业已经放权给业务单元，让各个业务单元自负盈亏，体现自主经营。有些企业以近乎宗教般的热情实施放权，但随意的放权会鼓励经理采取让业务单元绩效最大化而不是让整个公司绩效最大化的战略，从而影响关联的实现。此外，组合规划技术已经强化了业务单元作为独立的创利者或者花钱者的作用。大规模多元化公司的很多其他组织实践也不利于关联的获取，比如激励计划和转让定价策略。实现明显有利的关联具有多重组织困难，这也许是很多经理拒绝协同增效的最重要理由。

在处理业务单元之间的战略关联的过程中可能碰到很多困难，横向战略也会遭遇失败。本章中，我将假定企业已经确定了能满足第 9 章描述的有关战略意义的标准，这里的焦点是如何利用这些关联机制。

我将首先阐述在众多企业集中实现关联时碰到的组织障碍，之后将介绍通过横向组织使企业克服这些障碍的方式。多元化企业最主要的组织形式是纵向组织，在这类组织中，高层管理人员领导不同业务单元的活动。信息、决策和信息流都是呈垂直走向，在业务单元和高层管理人员之间流动。介于业务单元和高层管理人员之间的组织单元是集团或者部门，主要是为了监控这个垂直走向，减少最高层的控制范围。整个企业的战略规划和激励系统进一步强化了决策和控制的纵向性质。

相反，多元化企业中的横向组织与业务单元结构有所重叠，将促进业务单元的协调。横向组织机制包括了业务单元分组、常务委员会、管理系统、人力资源政策以及许多其他旨在协调业务单元活动的正式或非正式手段。有着重要关联的企业需要用横向组织弥补其纵向组织。关联的普遍存在表明，建立管理多元化经营企业的新组织形式变得日益必要，使进一步实现横向组织形式和纵向组织形式的平衡成为可能。

横向组织不能努力取消或者取代放权。放权的逻辑非常合理，有些多元化企业没能做到充分的放权。在纵向组织基础之上，横向组织创立了一套确保企业能够利用创造竞争优势的关联。其结果不是矩阵型组织，而是按照组织形式和一系列共享价值互相关联的独立的业务单元。虽然在这个过程中，业务单元的自主性可能降低，但横向组织的真正目的是按照更加有利于企业整体成功的方式来重新界定业务单元的自主性。

实现关联的障碍

实现有形关联要求业务单元在价值链中与其他业务单元共享活动，同时在其他价值活动中保持业务单元的个体独立性，自负盈亏。同理，实现无形关联要求在业务单元之间转移专有技术。建立关联可能会要求业务单元与多个兄弟业务单元在价值链的不同部分开展共同活动。业务单元可能与某个部门共享销售团队，而与其他部门共享工厂。

不管企业的组织形式如何，建立任何类型的关联不可避免地需要协调成本。然而，多种组织障碍可能会为许多企业增加不必要的成本。这些障碍与单个业务单元内部智力协调的阻碍因素有一定的联系。然而，组织障碍对关联的作用往往要大于组织障碍对智力协调的干扰。没有什么可以强迫业务单元之间实现协调，但业务单元内部出于职能需要，必须要协调才能完成业务。实际上，业务单元往往将彼此看作对手，争夺共同的资源，努力提高绩效从而争取高层管理人员的注意和认可。

障碍的来源

业务单元协调的障碍来源于各业务单元和公司经理的不同视角，其中最重要的几项障碍如下。

利益不对称

有些业务单元往往会因为关联带来的利益不对称而反对实现关联。正如我在前面几章谈论的，业务单元规模和实施战略的差异常意味着不同业务单元从关联中获得的竞争优势不同。在某些情况下，关联可能对某个业务单元产生负面的影响，但对另一个业务单元却明显有益。除非激励系统反映了这些差别，否则很难让所有业务单元同意追求某种关联，并同心协力地实现。相反，它们会陷入针对共享成本分配或者共享收入分配无休止的争论中。其结果是对所有业务单元有益的关联被迅速采用，而那些得到益处不多的业务单元往往对关联置之不理。

自主权和控制权的丧失

除了因经济原因抵制关联，经理们还经常极力反对关联，以避免自主权的丧失，无论是实际还是可能的丧失。抵制的起因如下。

保护领地。业务单元经理往往会小心翼翼地保护自己的领地，同时觊觎他人的地盘。他们会全力控制自己的运营，从中得到个人成就感和对整个公司的影响力。在很多企业里，自主权是与对所有职能的全面控制联系在一起的，这使得经理们誓死捍卫自己的职权，不愿放手。

担心丧失了与买方的联系。业务单元往往会反对市场关联，因为担心会丧失对买方的控制，或者担心可能会损害自己与买方的关系。业务单元担心兄弟业务单元会偷走自己的买方，损害自己的形象，并使买方认定自己是买方与企业的最佳触点。例如，股东不愿意与其业务单元共享母公司的客户名单，虽然两者之间存在着财务服务的关联。

不能“解雇”兄弟业务单元。业务单元可能在和其他公司打交道时觉得自己有更多的控制权，而与兄弟业务单元共同解决服务、交付或者产品问题时，觉得自主权不高。与兄弟业务单元合作被视为置自己于不利的议价地位，因为公司管理层往往会介入彼此之间的纷争，即使兄弟业务单元绩效很差，也不允许与其断绝联系。经理们认定在与其他公司打交道时，受到的牵制较少，主要是因为当关联无法奏效时，业务单元有能力解雇其他公司。

对共享活动的任务优先级有争议。业务单元很快就能意识到诸如共享销售团队、共享物流网络或者共享发展中心等活动中针对任务优先级的不同意见。在共享发展中心里，工程时间的分配可能最有利于需求最紧迫的业务单元，而共享的销售队伍不可避免对某些产品更上心。虽然从公司的角度来看应对这些任务进行优先级的划分，但业务单元经理不喜欢别人影响自己的工作计划。因此，业务单元可能从一开始就反对共享，或者一旦共享活动确立，它们就会努力创造自主的业务单元。

因为绩效差，受到不公平的谴责。业务单元经理往往害怕有人责怪他们把关联搞砸了。经理往往看到了他们要为自己无法完全控制的业绩表现接受评估。这可能鼓励这些业务单元放弃关联的利益，从而确保自己对业务的掌控权。

企业的历史和组织设置对经理实现完全自主的能力有重要影响。在许多多元化企业中，业务单元自主是一项长期的政策，经过了精心的培养和一再强调。在诸如联合食品公司、比阿特丽斯食品公司、强生公司、艾默生电气公司、惠普公司等企业中，人们坚信业务单元自主的作用，业务单元自主作为对企业的成功起着关键作用的观点一直被强化。虽然自主的确发挥着重要的积极作用，但是企业往往会过分强调自主权，忽略竞争环境的改变。拥有业务单元自主悠久历史的企业可能会拒绝最有意义的合作项目。比如，艾默生电气公司曾费了很大的劲，才使下属部门同意就某些技术共享的研发中心所具有的完全没有威胁的关联进行合作。

努力实现业务单元自主的企业已培训并提拔了那些在强调独立的环境中表现出色的管理人才。自主选择也成功吸引那些重视业务独立的人才加盟公司。此外，企业为了促成收购，往往许诺自主经营。有了这些悠久的传统，企业管理者很有可能抵制任何形式的干涉，抵制公司实行的任何集权倾向的举措。

有些企业将放权的原则在最小的业务单元层面上实行。虽然它们往往能够且需要从关联中实现规模经济，但仍在实现关联这个问题上面临巨大的困难。当业务单元规模较小时，自主成了最本能的防备对象。例如，美国医疗设备供应公司拥有很多小型部门，通过不同且重合的销售团队向小型买方出售各种医疗用品。该公司因为管理者的过分独立，在实现不同业务单元的协调时遇到了很大的困难。

不公正的激励系统

企业激励计划通过惩罚那些追求关联的经理，使本来就难以实现的关联雪上加霜。业务单元经常缺乏针对参与关联的积极激励。它们看不到改变执行活动方式，进而推进共享活动或者转移专有技术有什么益处，而共享活动和专有技术的转移恰恰是成功建立关联的关键。更糟糕的是，有些激励系统在实践中鼓励业务单元与其他企业建立外部联系，而不是与兄弟业务单元在企业内部建立关联。

激励系统阻碍关联的方式如下。

为其他业务单元做出贡献却无赞誉。激励系统一般只衡量某个业务单元的绩效，没能认可其对兄弟业务单元的贡献。业务单元对关联乃至整个公司绩效的贡献很难衡量。在多个业务单元中实施统一的财务目标、僵化的转移定价和分配模式看似很容易管理，均给人以精确的印象，然而它们都没能衡量业务单元对企业绩效的总贡献。

如果业务单元不能因为对其他业务单元做出贡献而得到赞誉和认可，那么经理将不愿意在关联项目上花费精力和资源。他们认为参与关联要承担额外的妥协成本，更糟糕的是得到的利益比其他业务单元的少，因此这样做完全没有必要。松下电器的跨部门产品开发团队就碰到了这种问题。参与关联的业务单元不知道新产品能否给部门带来利润，因此不愿意推进新产品的开发。

衡量标准比较片面。在某些公司中，在收入、成本或者资产衡量和分配方面存在着不公平现象，这就使业务单元忽略甚至抵制关联。例如，投资资产或者兼并实现了资本收益，而追求关联也必须付出成本。按照收入回报衡量业绩时，业务单元常愿意进行资产投资，不愿意削减利润，它们会狭隘地看待收入增长目标，不愿意在关联项目中与其他业务单元分割利润。因此，它们宁愿和外部企业建立合作关系，支付相应的成本，获得相应的利益。

业务单元环境的差异

当业务单元具有不同的组织环境时，将很难实现关联。这些差异会产生沟通问题，进而导致业务单元认定兄弟业务单元是“外人”。阻碍业务单元之间关联最常见的组织差异如下。

强烈的业务单元身份。当企业的业务单元各自有与母公司不同的历史和身份时，追寻关联就比较困难。例如，业务单元本来是收购的公司，或者一直是以自己的名字存在的组织。在这种情况下，管理者和员工往往更加认同业务单元，而不是整个母公司。如果业务单元曾有过辉煌的历史，这个问题就更加突出。如果业务单元曾是行业领导者或者先驱，它们常常会抵制任何有可能与业务单元建立合作关系的措施。

文化不同。如果业务单元的文化各不相同，合作就很难开展。相关的文化差异包括人际交往标准、术语和基本的商业理念。这些差异可能会产生沟通障碍，加大培养和维持合作关系的难度。美国运通的银行子公司就很难与其收购的、位于瑞士的贸易发展银行融合，主要是因为工作方式和语言障碍以及其他文化要素。

公司和业务单元经理有时候对于文化各异的业务单元之间的关联感到不自在，主要是因为这种关联会模糊彼此之间的差异。他们把这种关联认为是对过去曾让业务单元成功的文化差异的巨大威胁。这个问题很有可能在被收购的业务单元或者具有强烈自主传统的多元化企业中出现。例如，宾士域的高管就曾表达过这样的担忧。宾士域在多个休闲导向的行业中经营，收购了多家知名公司，但却担忧这些被收购公司可能干扰自身的文化。

管理差异。如果管理者的背景、技能和风格在不同的业务单元之间存在差异，那么建立业务单元之间的关联往往就很困难。双方可能会觉得互相接触不自在，很难达成一致意见。管理差异可能会阻碍业务单元之间建立关联，具体的影响因素包括年龄、职称、教育背景、技术资历和在企业工作的时间等。

程序差异。业务单元可能拥有不同的运营程序，这将加大业务单元之间建立关联的难度，包括不同的会计程序和信息系统、审批限制和行会协议等。程序差异有可能在业务单元之间合作时造成摩擦和困惑，增加协调合作的成本。

地域分割。分散在不同地理位置的业务单元很难保持成功实现关联所必需的实时协作关系。空间间隔会减少共同解决问题时必要的实时交流。

担心干预放权

目前已经讨论的阻碍关联的因素主要来源于业务单元经理的导向和激励。公司管理人员也有可能担心业务单元之间的关联可能妨碍公司的放权模式，这种担心的理由如下。

损害企业家精神。公司管理层可能害怕任何有可能影响放权的因素最终可能会影响业务单元的企业家精神。在企业家精神和业务单元关联之间并不存在最基本的冲突，除非有人把企业家精神狭隘地定义为独立自主。虽然在创业型公司中，实行极端的放权经营有一定的理由，但是业务单元经理往往能通过确定并利用业务单元之间关联的企业家精神创造最强的竞争优势。虽说如此，但纯粹放权能够激励最伟大的企业家精神，这种观点在很多企业中依然根深蒂固。业务单元经理往往以激励弱化为由，抵制业务单元之间建立关联。

渴望一致的组织。很多多元化经营的企业往往以统一的模式管理经营各业务单元，这可能在某些方面简化了经理的管理任务，但是这却与关联相悖。业务单元之间的关联表明了不同的业务单元（以及不同群组的业务单元）具有不同的自主程度，对不同活动有不同的控制力，对绩效和目标有不同的衡量标准。

衡量绩效的难度。很多企业将激励因素完全建立在目标以及诸如增长率和赢利能力等量化标准上。因为业务单元对企业整体的贡献往往很难精确地量化，所以业务单元之间的关联不可避免地会在绩效衡量过程中引入主观因素。很多企业不希望在衡量绩效的过程中有主观因素。

害怕找借口。关联不可避免地会模糊业务单元内权威和责任之间的界限。因此，高层管理人员可能害怕业务单元经理把关联作为绩效不高的借口。

关联和公平

很多实现关联的组织障碍是建立在认定关联和公平互相冲突这样的观点之上的。公平或者公正是几乎所有企业都遵循的原则，这也是组织的一部分，帮助其解决冲突或者强化对管理者的激励。然而，在某些经理的眼里，关联与公平互相对立。关联可能会给涉及的业务单元带来不同等的利益，认定经理应该有不同的自主权、不同的目标以及不同的激励基础。经理可能会抱怨他们在帮助其他业务单元，而公司却给那些做事不力的人照样发工资。

很多多元化的公司曾经明示或者暗示对待公平的狭隘观念来源于放权的组织结构。公平意味着对所有的业务单元一视同仁，避免在决策中有主观因素，尤其是在激励或者转移价格等敏感的领域。公平还可以定义为所有业务单元都必须同意实现业务单元之间的关联。

对待公平的狭隘观念不仅逻辑上不正确，也使得关联的实现仅限于那些所有业务单元能从关联中获利完全均等或者能在不影响业务单元自主权的前提下实现关联的情况。对公平持有的更加有建设性的观念应该是强调公正，而不是公司高层管理人员对所有业务单元完全对等的待遇，这是成功实现关联的前提。创造正确的公平观，并动员所有的业务单元共同效忠于更高的公司目标，则是横向管理的核心任务。

企业实现关联的组织障碍的差别

企业不同的业务单元实现关联的组织障碍程度各不相同，主要取决于历史、业务组合、组织结构和政策的差异。实现关联的最大障碍往往会在下列情况下发生。

- 高度放权的企业具有很多小型业务单元；
- 企业具有优良的自主传统；
- 企业通过兼并独立的公司形成新的业务单元；
- 企业几乎没有采取任何努力去建立公司身份；
- 企业几乎没有关联的历史或者在试图建立关联的过程中有不好的经历。

实现关联的组织机制

完全纵向的公司组织结构不足以确保各业务单元认识并实现有利的关联。实现关联的组织障碍不仅在工作层面阻碍了关联的建立，还为业务单元经理提供了一系列论据，以反对集团或者公司管理人员实现重要的关联。业务单元经理也会清楚地看到实现关联所要做出的妥协，甚至会对其带来的好处产生怀疑。高层管理人员可能也无力摆平公司上下对建立关联所做的抵制，主要是对涉及的行业缺乏深刻的了解。

公司对实现关联的组织障碍能做出两种反应。有些公司认定不管企业的战略逻辑是什么，关联都不可能奏效。在碰到这类问题后，业务单元经理会放弃与兄弟业务单元的合作，继续各自为政。公司管理层可能会为解决分歧疲于奔命，不得不处理责任界定不清的情况，甚至会转向极端放权的做法。在一些国家里，企业会认识到关联的利益如此重要，以至于传统管理多元化的方式必须改变，从而适应业务单元之间的关联。

关联不会随便发生，关联的建立也不会因为命令一蹴而就。积极的组织机制必须落实措施，从而鼓励业务单元经理追寻关联、排除障碍、推进内部协调、克服沟通困难、保证关联的有效利用。我将推进关联建立的组织称为横向组织，横向组织将纵向组织内部的业务单元联系起来。要发挥关联的潜力，必须要在多元化企业内部的横向和纵向要素之间实现平衡。

横向组织分为四大类别，具体如下：

- 横向结构。要突破业务单元的界限，比如业务单元的分组、部分放权、部门间的任务力量以及市场或者渠道焦点委员会。
- 横向系统。在规划、控制、激励和资本预算方面跨越业务单元维度的管理系统。
- 横向人力资源实践。推进业务单元之间合作的人力资源实践，包括跨业务单元的轮岗制度、管理论坛和培训等。
- 横向冲突解决程序。解决业务单元之间冲突的管理程序。这类程序可以有效地用以区分横向结构和系统，与管理企业的风格联系更紧密。

组织结构和系统常有横向或者纵向维度。例如，将业务单元分组可以从纯粹纵向的角度来进行，从而减少高层管理人员的控制范围。业务单元分组也会在横向战略中起到重要的作用，取决于群组管理的方式。同理，公司激励系统可能完全纵向或者包含了激励跨业务单元合作的规定。我将集中阐述组织实践的横向方面。组织的横向和纵向方面会互相交织。对于由多元化企业组织结构和系统的纵向方面引发的各类问题，人们已经对之做了大量的研究。

要确保实现所有具有战略利益的关联，只靠单一的手段来鼓励并推进业务单元之间的合作是不够的。相反，需要多种彼此加强的措施。具有成功横向战略的企业往往同时采取很多措施来确保从关联中获得的利益最大化。每个业务单元都有自己的关联模式，各自的收益和成本不同，因此每个业务单元对应的正确做法各不相同。

公司管理在通过自身行为强化横向组织方面起着重要的作用，具体包括确定公司目标以及开辟新的业务领域的模式等。在描述了横向组织在实现关联过程中的应用后，我将继续阐述高层管理人员的作用。

横向结构

横向结构是指突破了业务单元界限的临时或者永久的组织结构，它有效地弥补了业务单元的结构。多种互不排斥的组织形式可以用来推进关联的实现。

业务单元分组

也许最常见的横向结构是集团或者部门，其中有若干个业务单元向某个执行官汇报。绝大多数集团和部门结构最初是为了减少负责人的控制范围，或者培训和评价经理在管理多元化业务方面的表现，这是公司管理的基石。集团和部门在纵向机构中发挥着重要的作用。

集团和部门负责人在战略中往往扮演着相对消极的角色。他们审核批准业务单元战略，并指导业务单元经理执行战略，但不负责战略的制定。只要集团或者部门的边界定义清楚，集团或者部门的负责人的作用得到正确的诠释，这种集团或者部门的负责人才能在确定、寻求和管理关联中起到一定的作用。

将业务单元分类组成集团或者部门，就能够反映具有重要战略意义的关联。由于业务单元之间的关联有多种模式，集团和部门的界限常常很难确定。例如，在通用食品中，有些业务单元有共同的买方和渠道，而不同的业务单元却因为产品形式和生产技术而同属一类群组（例如冷冻食品）。在对业务单元进行分类的时候根据反映的关联不同，会有多种依据，企业必须选择具体的分组依据。关联对涉及其中的业务单元的重要意义不同，使得分组依据的选择更加困难。

虽然对业务单元进行分组从来都不是精确的科学，但原则却非常清楚。集团（和部门）应该围绕对竞争优势最有利的关联建立，要以系统的角度对待企业内部的关联。例如，假如大部分成本或者差异化最重要的来源在于产品定位、广告和分销，集团就应该围绕市场关联建立。例如，在消费品包装食品公司里，按照买方或者销售渠道来分类业务比按照生产技术分类更合适。相反，在实施差异化战略的高科技公司里，就应该按照技术来对业务单元进行分组，因为利用技术关联是企业获得竞争优势的关键。有形关联应该是分组的主要依据。如果有形关联不重要或者不适用，那么可以依据无形关联进行分组。例如，按照强烈的有形关联将业务单元联系起来，部门就可以按照较弱的有形关联或无形关联建立。

如果集团管理得当，应该围绕最有战略意义的关联由业务单元组建集团，因为集团化是集中精力强化关联的最强大的工具。当所有的业务单元向一个集团（或者部门）的负责人汇报时，就能促进协调、共享活动的管理，帮助冲突的解决、转移专有技术和设定适当的目标和激励措施。

业务单元应该按照最重要的关联构建集团，但这个原则并不代表多元化的企业内的所有集团应该按照相同的关联建立。没有必要也不应该将所有集团按照市场关联、生产关联或者技术关联建立起来，虽然有时候企业倾向于针对所有的业务单元分组建立相同的基础。除非某种形式的关联在整个企业内占据统治地位，否则不同类型的业务单元群组应按照不同的关联建立集团或者部门。

集团内部业务单元之间的关联各不相同，主要取决于企业特定的业务组合。有些集团内具有紧密关联的多个业务单元，而其他集团内部业务单元之间的关联则并不十分紧密，其存在主要是为了减少控制的范围。集团管理的方式应该反映这些差异。在集团内部，当前的关联对于不同的业务单元来说有不同的战略意义。认定在集团内部受益不多的业务单元，其管理方式往往与其他业务单元不同，它们往往倾向于选择未必能加强集团内部关联的战略，其业绩评价的方式和激励措施也得经过相应调整。这些业务单元不能过多牺牲自己的战略，否则就会损害企业的相对竞争地位，这一点非常重要。管理任何关联都是平衡总体竞争地位与花费成本的过程，具体方法见第 9 章的描述。

集团负责人的作用

从历史上来看，有时候很多集团负责人的作用比较模糊，而且任职者本人也不是很舒心。业务单元经理常常是多元化企业的战略家，而集团负责人担当审核者的作用。很多集团负责人觉得他们做事情吃力不讨好，即使对集团的绩效做出了巨大的贡献，也未必能得到应有的认可和褒奖。

在集团内外确立并实现关联是集团负责人最重要的任务。在具有重要关联的集团内部，集团负责人必须成为集团的首席战略官。集团战略的概念在很多多元化企业中模糊不清。集团负责人往往认定它们不过是不起眼的经理组合，平衡了集团内部不同业务单元的资本需要。在存在关联时，这种针对集团负责人作用的观点从根本上来看是错误的。集团战略不应该是单独提出的业务单元战略的简单加总，它必须覆盖所有业务单元的横向战略。集团战略不应该取代业务单元战略，而应该与之整合，形成一体化的战略制定和执行机制。

为了实现关联，集团负责人必须拥有修改业务单元战略的最终权限。另外，集团负责人必须愿意率先开展横向战略，并对业务单元的企划进行回应。独立运行的业务单元很少能够提出足以收割关联利益的战略，它有可能会为了实现集团的利益，牺牲自身的目标。为了担当首席战略师的角色，集团负责人一般需要具备辨认并分析集团内外关联的能力，进而及时分析多点竞争者。深刻了解集团内部的各种业务很有必要。集团负责人作为横向战略师的作用必须通过其他横向组织形式实现，使业务单元经理能够为了实现确立关联的目标而努力。关键业务活动的部分集权化、对部分激励系统的控制、适当影响招聘过程会加强集团负责人制定横向战略的能力。

部分集权化

还有一种横向结构是部分集权化。由于存在关联，集中部门价值活动同时保持各业务单元自负盈亏是可取的。集中的价值活动有时候也会为多个集团服务。

部分集中化在诸如购买、销售和物流系统等活动中比较普遍。在通用食品公司各个集团的多个部门里，生产、购买和物流比较集中，而产品开发和营销职能部门却由分部经理负责。麦格劳希尔集团具有共享的订单实现系统，服务于图书、杂志和其他业务单元；而都乐公司却为许多生鲜食品业务提供共享的营销活动和销售渠道。

共享活动拥有多种隶属关系。某个业务单元可能有正式的控制权，而其他业务单元的控制关系可能比较模糊。相反，共享活动也可以对若干个业务单元负责，或者共享活动可以直接向某个集团或者公司负责人负责。集中的活动向某个业务经理汇报是保持市场导向的比较可取的做法。负责人必须在管理集中的价值活动与业务单元之间的协调关系时，留意在此过程中出现的问题。这样的管理模式在引导业务单元和共享活动之间的关系时，能与被动的、随意的管理模式形成鲜明对比。

部分集权化的成功要求为业务单元管理自己的活动创造恰当的组织结构和激励机制，也可以授权给一线负责人管理涉及的业务单元。部分集权化的成功还要求企业意识到所有与关联有关的都是对企业有价值的，有必要在集权化活动和涉及的业务单元之间创立正式或者非正式的协调机制。共同为受到影响的业务单元的集权化活动规划是非常有益的。活动经理和业务单元之间的正式接触也应该是定期的。

其他跨业务单元组织机制

业务单元的集团化和价值活动的部分集权化是实现关联的最强大的组织动力。集团结构需要体现最重要的关联。它未必要包含所有的关联，因为次级关联的存在有可能突破组织界限，可以提升竞争优势。因此，临时或者永久的跨业务单元的机制也是横向结构的重要部分，它能为无法在主要组织结构中体现的关联的实现创造条件。这类机制不仅能率先发动执行关联项目，还有助于让经理获悉有关关联的重要意义。它们不应该被误解为“矩阵型”组织，而应该被视为推动跨业务单元合作的有效组织形式。

能实现这些目标的最重要的组织结构如下所示。

1. 市场焦点委员会。当企业围绕产品或者技术组织活动时，总会有以市场为中心的重要次级关联。比如，麦格劳希尔集团就围绕产品形式（如书籍、杂志和数据库）确立了主要的组织形式。然而，麦格劳希尔集团的产品也在诸如建筑和金融服务等众多市场中广泛出售。如果麦格劳希尔集团以协调有效的方式进攻市场，它就能利用市场关联，同时通过主要的组织结构来围绕产品建立关联。

企业能通过市场焦点委员会来获得市场关联。为了建立这样的委员会，企业确定了具有潜在关联的关键市场，并委派人员负责监督企业在此类市场中的行为。常务委员会由服务或者可能服务于市场的业务单元的高级经理组成，这些经理定期监督市场调查的情况，确定现有产品领域中的关联并努力实现，明确为加强企业在市场中的总体竞争地位需要填补的空当。通过利用员工资源来实施必要的分析，可以给受到影响的业务单元内部的管理人员分配特定关联的项目。虽然此类委员会耗时耗力，但如果没有这类委员会，企业就会丧失竞争地位，输给那些安排专门的委员会实现关联的企业。

如果市场关联的战略意义最大，市场焦点委员会也可以作为多元化企业从基于产品或者技术的组织转变为基于市场的组织的有力工具。如果公司转变为基于市场的主要组织，企业应该确立某种组织机制来强化当前的生产关联或技术关联。

2. 技术、渠道和其他关联委员会。可以在产品（例如办公自动化）、生产、采购、技术、共享销售渠道、物流系统或者订单处理系统等领域围绕其他重要的关联建立多个业务单元的常务委员会或者工作组。这些常务委员会或工作组的功能与市场焦点委员会的相同，其组织原则也类似。高级业务管理人员必须承担这些举措的责任，定期开展进度汇报，提高对其的重视程度。

3. 临时任务小组。最好要求常务委员会对跨越主要组织结构的重要关联实施实时管理，临时跨业务单元任务小组可以有效利用有些关联。临时任务小组是与无形关联有关的专有技术实现转移的常见机制，有些有形关联也可以通过这种方式实现。此外，临时任务小组还可以作为学习关联，通过部分集权化、常务委员会或者一次性改变业务单元运作等方式建立实现关联长效机制的渠道。

临时跨业务单元任务小组可以解决许多关联问题。通用汽车公司通过建立项目中心来管理跨业务范围的关键项目。该中心要求员工完全脱离现有的组织单元，长期参与这个中心的工作。麦格劳希尔集团的信息资源任务小组就是一个不太正式的临时组织的有效例证。该小组研究了跨集团计算能力管理的问题。这个临时组织充分调动了各分部兼职员工的工作积极性，外加公司规划部门员工的支持。希尔斯也是一个好例证。该公司通过研究小组来寻找业务单元之间的关联，随后在金融服务行业中实现了关联。

集团或公司关联的牵头人物

推进关联的最后一种组织工具是指定集团、部门或者公司层面的主要管理人员作为实现关联的先导。业务经理可以承担确定各自领域关键关联的任务，还要与受到影响的业务单元合作来帮助业务关联的实现。例如，营销管理人员可能会协调广告版面的购买，从而最大化自己的议价筹码，或者协调当前共享销售渠道的计划。管理人员还可以协助企业利用其他机制来管理委员会和业务单元经理的任务小组等机构。

管理跨业务单元组织

跨业务单元组织很难管理，尤其对美国的企业来说。由于自主的原则根深蒂固，委员会被视为浪费时间的组织，而不是整个管理职能必不可少的一部分。如果企业接受跨业务单元组织的形式，这类组织形式就必须精心设计。

跨业务单元组织必须由高级业务管理人员负责，以提升业务管理人员在整个企业内的影响力，从而确保其能专注于关键问题来采取行动。跨业务单元组织必须由一位可靠的管理者牵头，这位管理者的观点要不偏不倚，对结果负责。高层管理人员应该从每个牵涉其中的业务单元中调配业务经理加入跨业务单元组织，确保实现关联的计划一旦制订后就能执行。指派的代表必须有一定的资历，能够影响涉及的业务单元积极行动。还要为这个跨业务单元部门安排足够的人力，安排人员来开展有意义的分析，提出深思熟虑的建议。最后，跨业务单元组织还必须有其他形式的横向组织做补充，从而共同克服实现关联的其他障碍。在具有重大关联的企业中，只要克服对跨业务委员会吹毛求疵的态度，就能带来巨大的竞争利益。

横向系统

第二类横向组织形式是横向系统，即强化业务单元之间协调和关系的管理系统。绝大多数管理系统都有明显的纵向要素，它们也可以用来支持关联的实现。有多个系统对实现关联产生了重大的影响。

横向战略管理。绝大多数多元化企业利用纵向战略规划系统。业务单元将制订的战略规划呈递给高层管理人员待批。当存在重要的关联时，必须将横向要素放置在纵向战略规划过程中，真正实现规划的意义。

在战略规划中引入横向要素有多种方式。首先，公司管理部门能接受确定关联、采取措施利用关联的责任。其次，集团和部门负责人能对横向战略承担责任，且集团规划的内容应该集中于关联。再次，在业务单元计划中加入关联。要求每个业务单元确定自己与其他业务单元在集团内外的重要关联，从而制订行动计划，妥善利用这些重要关联。最后，要求各个牵涉重要关联的业务单元制订独立、联合的战略计划。

日本电气公司就采用了最后一种方法，并采用了两套规划系统。除了常规的业务单元规划系统外，日本电气公司还确立了公司业务计划（CBS）系统，通过这个系统为关键的投资或者跨越多个单元业务范围的项目指定单独的战略计划。这个系统要求涉及关联的业务单元经理来确定处理关联的战略计划。实际上，这个系统要求为重要的横向问题制订特定的计划。

在规划中加入横向要素的多种方法并不是互相排斥的。通常情况下，要同时实施多种办法。因为在集团和公司层面上的横向战略问题通常不同，至少要存在横向的规划机制，没有哪个业务单元具备能识别关联并制订规划的战略眼光。

横向程序。管理跨业务单元活动程序的存在能推进关联的实现。很多企业具有转移定价机制，有些企业还有管理内部和外部采购的政策。只有极少部分企业对联合项目的收入或者成本共享，或者对联合项目的资本预算过程等问题制定指导思想。没有这类指导思想，追寻关联将涉及巨大的行政管理风暴和旷日持久的谈判。普通指导思想能够推动关联的发展，限制业务单元寻找外部联合或者避免内部关联的动因。

转移定价和采购规则往往体现了人们对关联的误解。建立在市场价格基础上的简单的转移定价规则，将业务单元视为关联紧密的单独实体。不管这类关联从行政角度看有多么吸引人，它都否定了关联存在的内在逻辑。关联意味着转移定价和其他决策必须旨在提高企业的总体地位，而不是个别业务单元的财务结果。例如，珀金埃尔默拥有一个系统，通过这个系统，销售部门按市场价格出售，采购部门按照成本购买。两个部门具有业务积极性，而采购部门按照企业真正的采购价格购买。业务单元部门也需要实时调整，从而与转移定价规则保持一致。按照成本转移定价的业务单元不能实现公司整体的赢利目标。

采购原则体现了行政简化程序比战略逻辑更重要。企业如果采用独立不干涉的观点，业务单元可以从自身最好的货源购买，无论是位于公司内部，还是公司外部。实现关联的绝大多数企业都认为应实施内部采购，向兄弟业务单元供货的业务单元应将其他业务单元视为最重要的买方。高层管理人员应在公司上下清楚地表达这种看法，确保将兄弟业务单元当作不重要的买方或者供应商的业务单元并不能得到正常的奖励。

横向激励。激励系统必须承认企业能从业务关联中获得利益，且褒奖那些能实现关联的业务单元和集团经理，希望其不要过分专注于个人结果。有必要排除那些有利于外部或者提倡独立投资的不公正的衡量标准，鼓励与其他业务单元建立合作。在那些具有重大关联的企业中，激励机制应该根据集团和公司业绩以及业务单元的业绩给予业务单元及其管理者一定的奖励。在我知道的所有成功实现关联的企业里，其薪酬计划都强调集团或公司绩效。这些公司也证明为了更好地激励优秀的工作表现，业务单元经理不需要把所有的薪酬建立在业务单元的业绩上。只把薪酬和业务单元的绩效联系起来，这样的激励观点过于简单。相反，通过更广义的薪酬激励，业务单元管理能够也应该纳入企业普通团队管理中。每个业务单元的绩效评估理当不同。绩效目标应该反映每个业务单元的绩效结果，以及这些业务单元通过关联对企业的贡献。高层管理人员必须承担起责任，说服所有的业务单元经理这是公平的，且反映了更高的公司目标。

具有重要关联的企业中的激励应该包含主观因素。业务单元对企业的贡献一般不能量化。任何量化的标准都不能权衡所有的因素，甚至有可能间接地引导人们做出违背企业利益的事情，而集团和公司管理必须做好准备来评判业务单元对集团或者公司战略的贡献。虽然传统上企业总会避免主观的激励因素，但高层管理人员必须和不同集团和业务单元沟通，让它们明白企业的需要以及企业对员工贡献奖励的公平性。

横向人力资源实践

横向组织的第三方面是横向人力资源实践，包括促进跨业务单元合作以及业务单元和集权化职能的招聘、培训和管理人力资源的政策。与横向系统一样，横向人力资源政策应该适用于整个企业或者那些具有重要关联的机构。

业务单元之间的人事轮岗。业务单元之间的人事轮岗以多种方式促进了关联的实现。它有助于减少业务单元之间的文化和程序差异，创立能够推进联合项目开展的个人关系，告知经理们有关业务单元与其他业务单元建立关联的机会，促进业务单元身份和公司（集团）身份的形成。虽然在实施轮岗时，会在培训时间和工作交接方面花费一些成本，但长期来看不仅对关联有重要作用，还可以延缓业务单元中传统智慧的冲击。诸如杜邦、通用电气、花旗集团都实施了积极的轮岗制度，并大力推进了关联的建立和实施。

在整个企业的招聘和培训中起作用。企业（集团）在招聘和培训过程中所起的作用有助于建立公司身份，提升人们对企业整体利益的意识。公司的导向和培训项目能让经理们了解其他业务单元的信息，鼓励他们与外来经理建立良好的关系，这些经理将在不同业务单元之间进行轮岗。正在进行的管理发展项目也可以提升关联。把来自不同业务单元的经理聚集在一起的项目不仅有重大的教育意义，还能加深人们对企业的了解，促进管理人员建立交情。公司在入职培训和常规培训中的作用不会降低业务单元招聘符合要求人才的能力。

从内部提拔。从内部提拔往往能强化公司的战略眼光，使经理们对企业和业务的发展采用长远的观点，这些影响都能推进关联的建立和实施。土生土长的经理们不仅能更加认同企业，还更有可能与企业内部的网络建立私交，从而推进横向协作的开展。在人们可能犯墨守成规错误的领域里，偏好从内部提拔人才（当然，未必是从同一个业务单元内提拔）将对具有紧密关联的企业有重要的意义。

跨业务单元论坛和会议。经过精心安排的会议将来自不同业务单元的经理们聚在一起，这将帮助他们发现并实现业务单元之间的关联。在要求经理向其同事简单介绍各自的业务战略时，这类会议尤其有效，能够推动大家开展跨业务单元问题的集体讨论。

与关联概念相关的教育。骨干经理理解关联的战略逻辑，并在自身业务开展的过程中拥有一套话语体系和分析框架来确定业务单元之间的关联。这种教育应该是管理发展项目、全公司动员大会和其他类型论坛不可缺少的一部分。虽然高层管理人员都能明白关联的概念，中层管理人员却可能未必理解这个概念。他们往往在实践中，改变自己实现或者打破关联的行为模式。

横向争端解决程序

横向组织的第四方面内容是解决业务单元之间争端的管理过程。任何成功的组织结构都把正式的结构和系统与实时的程序联合起来，借此实现管理者之间的互动。这些过程不仅比结构和系统来得更加实在，对成功也具有同等的作用，尤其当责任界定并不清楚，组织的各个单元需要充分互动的情况下更是如此。

实现关联往往涉及权威的共享、频繁协调的需要以及主管的绩效管理，因此解决业务单元之间的冲突对于实现关联非常重要。高级管理者扮演了非常重要的角色，为业务单元彼此沟通设定基调，并作为最终仲裁者调解冲突。横向冲突解决程序因企业而异，这里的关键并不是企业采取的冲突解决机制具体如何，而是企业是否存在这样的调解机制，由集团、部门或者公司来管理，这样会显得更加公平。

提升公司在形成关联过程中的作用

对待关联实施纯粹的自下而上的方法很少能够成功。首席执行官通过自己的行为模式对关联的实现发挥了重要的作用，而业务经理也能在业务单元层面上对经营绩效产生影响。高层管理人员通过定义较大的公司目标、强调关联的重要意义，抵制企业内部业务单元、集团和部门经理的行为模式有多种方式。一系列强硬的企业价值观和公司身份是减少人们对委员会、争端解决机制等问题的微词的好办法。

强化关联一大重要的方法是制定统一的主题。在公司、部门和集团层面上强调关联有共同的主题，这将是激励管理者寻找并执行关联的最佳方式。高层管理人员应当不断在公司内外以及所有层面强调这一点。日本电气公司就有C&C（计算机和通信）这一主题，象征了将电子和通信技术与集成的C&C系统融合的意思。伴随这一主题的是一张生动的技术融合图。这一主题在高层管理人员的演讲、年度报表和公司内部讨论中都被提及。日本电气公司所有层面的管理者都理解这一主题，该主题强化了在业务单元之间建立的联系。

如果每个业务单元在商标、标志和办公文具上都能凸显公司的身份，也能推进关联的确立和发展。这并不代表企业应放弃业务单元的有价值的商标名称，相反，这表明企业应该在公司内外大力展现其业务单元身份和公司身份。这不仅能影响管理层对自身的看法，还能通过提升买方对业务单元之间的联系直接促进市场关联的实现。

关联和多元化模式

通过从内部着力发展新业务，而不是从外部收购新业务，就能够推进关联的实现。一般情况下，内部发展都建立在关联之上，有机成长的业务单元能与企业其他单元保持战略一致。共享价值活动更有可能为共享而设计。此外，收购要求业务单元克服各种组织障碍，与其他独立的异质部门建立联系。收购还增加了战略妥协的概率，这是实现关联机会的必要做法。诸如IBM、柯达、通用电气、杜邦和宝洁一类的公司成功地利用了关联，它们都具有内部创建众多业务的传统。

为了实现业务关联进行的收购会引发各种困难，这并不代表企业不应该进行收购。相反，企业应该使用严格的标准在收购和内部创建关联之间做出选择，横向战略问题在努力收购的过程中更加明显。收购的选择应该考虑在被收购的企业中实现关联难度增加的情况。很多企业选择收购，试图将创立企业可能遭受的损失最小化，从而能对收入产生立竿见影的效果，这将牺牲对企业长期战略至关重要的关联。

如果收购是进入新行业的最佳方式，就不应该忽略横向战略问题。除非收购的对象处于完全无关的领域，否则就一定要仔细权衡被收购企业实现一体化的能力。很多收购者许诺被收购企业管理层享有自主权，并保证关联不会发生。例如，泛美保险公司收购了保险经纪商弗雷德詹姆斯公司后，声称这家公司将独立经营，并直接向公司执行官汇报，不需要通过泛美保险公司。尽管收购弗雷德詹姆斯公司为建立关联提供了巨大的机会，但是实现这种关联却非常困难，至少在一段时间里是如此。

管理横向机构

实现关联是调度多项横向措施的结果。正如许多公司已经意识到的情况一样，组织结构本身呈现横向是不够的。仅把相互关联的业务单元组建成集团，将不能保证有效利用关联。集团和部门管理人员理解自己作为横向战略家的作用，明确适当的管理系统和人力资源政策，这样就能强化横向结构。企业中实施的多种横向实践，不能整齐划一，应该按照当前存在的各种关联的模式进行调整。有些业务单元之间的联系更加紧密，因而纵向组织和横向组织之间的平衡理应有所不同。高层管理人员应该发出明确的信号，说明关联的重要意义，通过推进升级并强化业务单元与公司的同一性来加强关联。

实现关联通常要求在企业内部创建某种共享价值。经理们必须意识到业务单元之间的协调工作非常重要，且能获得相应的激励，高级管理者在衡量涉及个别业务单元的绩效时要保持公平公正。虽然企业可以强行确立关联，但是强加给业务单元的关联措施不可能深入人心，只有人们对关联达成共识，才能真正卓有成效地利用关联。在整个企业确立横向组织机制，往往是使人们认可关联的必要步骤。这个过程耗时耗力，不能因为人们发现了关联可能确立，就默认关联可以顺理成章地实现。

实现关联的实例

美国运通公司为制定基于关联的公司战略提供了样板。美国运通公司是一个面向多种金融业务的服务型企业，其服务对象是上升的富裕阶层；美国运通公司还为专业的金融机构和集团提供专业服务。美国运通收购希尔森-勒布-罗德斯公司就是实施这种战略的重要步骤，早期收购福来曼基金也一样。在美国运通、希尔森和福来曼基金以及可能发生的新业务之间存在多种业务关联，这些关联将会进一步提升美国运通公司在金融服务行业的整体竞争地位。美国运通和希尔森拥有不同的文化，激化了在实现关联的过程中固有的问题。此外，美国运通公司还与历来高度自治的业务单元共同进步。

为了实现关联，美国运通还采用了一系列横向组织形式。互相协作的金融业务战略已经成了美国运通公司的主题，高层管理人员也不断强调了这个主题。美国运通公司年报中的一段话就可以说明这一点：

> 公司未来发展的关键是我们作为“一个企业”运作，要与每个主要的业务细分领域的部门通力合作，协调产品生产、服务、分销和专有技术，共同为满足高层次顾客的需要、增加顾客满意度和服务的便捷性而努力。去年的年度报表封面用一幅图表达了一个企业的概念：我们的美国运通标志处在4个特色鲜明、紧密关联的业务范围的中心（见图11–1）。

图 11–1　美国运通公司的标志

由美国运通公司和希尔森的执行官们成立的金融服务委员会，负责制定应对金融市场变化的各种措施。希尔森的名字变为希尔森–美国运通公司，强调了遍布整个公司的身份。包括许多高层管理人员在内的执行官实施了轮岗制度，建立了协调小组来管理不同业务单元的融资活动。美国运通公司还意识到虽然被收购的业务单元文化各异，但是同质化并不是最重要的目标，业务单元中的某些文化要素可以有效地转变为对业务单元有用的关联。

至于美国运通在利用其所有潜在的关联时是否顺利以及利用的程度，我们需拭目以待。经理偶尔抱怨没完没了的会议，部门间文化和作风差异明显，然而，公司实现的关联有多种实例。向不同买方交叉销售正在进行，业务单元在产品上也互通有无。致力于投资者多元化服务（IDS）和个人理财服务的艾科公司在拓展传统关联的同时，创建了新的关联。此外，关联似乎正驱动企业寻找新的收购机会，而将被收购公司纳入其总体战略的能力也成为能否进一步开展收购的黄金检验标准。当仔细分析了共享计算机系统后没有发现问题，收购投资者多元化服务的计划被延迟。当采购价降低到反映了并购所需的协调和妥协成本增加后的水平时，才能真正实现并购。如果美国运通公司继续有能力确定并实现关联，其事业必将蒸蒸日上，发展成为龙头金融服务企业。

日本电气公司在实现关联的过程中在相关领域取得巨大进步，它为我们提供了很好的例证。日本电气公司在半导体、电信、计算机和家电产业内运营，这四大类业务领域通过依据买方、渠道、技术、采购和生产过程分类的关联彼此联系。日本电气公司在内部毫无冲突的情况下有效地利用这些关联，并取得了巨大的成就。该公司的各个业务单元可以共享许多活动，包括研发实验室、销售团队、工厂和渠道。在共同的销售活动、技术转移、买方与供应商关系和其他领域中，涉及大量的内部协调工作。与竞争对手在四个业务领域的规模相比，日本电气公司的规模不算太大，但它成功的重要原因在于该公司能有效利用业务单元之间的关联，而其他大型企业总是过分集中于一两个业务领域。

日本电气公司如何能实现这些关联？答案在于日本电气公司已经设立了广泛的横向组织来推进关联的确立和实现。它在发展成熟的纵向组织中构建了横向组织。在这个组织中，放权的业务单元通过规划、控制、资源分配和激励系统进行管理。从结构上看，日本电气公司按照四大类进行业务单元组建，即电子设备、电信、计算机和家电，每个领域都反映了产品、市场和技术关联。请注意计算机、电信和电子设备等领域是按照技术组建，而家电产品是市场导向的。在按照这种标准区分的分组中，比如开关设备和传输设备这样的相关产品被组合在一起，就体现了更强烈的关联。

为了促进不同业务分组之间的关联，公司成立了54个委员会，很多都涉及重要的关联。其中最强大的委员会是“计算机和通信委员会”，主要是判断和利用计算机与通信合并所发生的潜在关联。日本电气公司的销售、分销、生产和技术发展过程也普遍存在活动部分集权化的现象。公司的生产技术和软件开发等业务单元共享广泛应用的技术开发活动。最后，日本电气公司还在多个业务单元中雇用了很多临时委员会。

日本电气公司的计算机和通信主题不断加强了业务单元利用关联的需要。每个部门都认同日本电气这个品牌。绝大多数业务都在公司内部开发完成。经理们在不同的部门之间轮岗，他们在进入公司后乃至在整个职业发展的过程中都要经过广泛的上岗前培训和在职培训，定期召开论坛可以使管理者与相关业务单元的其他人一起会面交谈。

日本电气公司的战略规划过程包括了前面提过的企业业绩控制中心（CBP center），它有助于让具有关联的业务单元开展统一的计划。激励措施只与财务结果关联，但能反映业务单元对企业的总体贡献。内部买方是最重要的。只有外部的货源质量最高，价格最合理，才会实施外部采购。最后，日本电气公司形成了强化关联的确立和寻找的特色鲜明的文化。

日本企业及其关联

虽然很多国家的企业实现了关联，但日本企业为关联的确定和实现界定了诸多典型的特征。

- 执行公司宗旨时具有坚定的信仰；
- 新业务的内部发展；
- 不太严格的自主传统；
- 更灵活的激励系统，业务单元绩效的基础较为薄弱；
- 活动集权化的倾向；

- 委员会传统较悠久，管理人员之间接触较频繁；
- 集中和持续的内部培训；
- 公司招聘和培训。

日本公司具有优良的传统，因而更有能力在多元化的企业内的横向和纵向组织之间实现平衡，这方面它们超过了倾向于保持业务单元自治或者高度的集权化控制。在许多方面，当关联变得日益重要时，日本企业实现关联的能力可以视为其与西方公司在未来竞争的重大挑战。日本公司提出的第一个挑战是较低的劳动力成本，这项优势已经逐渐为第二项优势所替代，包括质量和生产效率。也许关联将成为继创新能力之后，日本公司竞争优势的又一大来源。

那些已经实现关联的美国公司也很有意思。它们包括通用电气、杜邦、IBM和宝洁公司，这些公司都具有很多相同的特征。由于关联对于企业的竞争优势起着日益重要的作用，这些企业将成为其他公司脱离公司传统的极度自主模式、通过收购进行多元化的楷模，而这恰恰成了美国行业的典型特征。

新型组织形式

横向组织的基本原则表明了多元化企业的新型组织形式。放权化的概念已经改变了多元化公司的管理方式，引发了一系列新的做法和管理预期。很多龙头企业已经成功地实现了向放权化的转变。

要回应当前的竞争情况，多元化企业必须经历进一步的组织演变。由于关联的重要意义，企业迫切需要新的公司组织形式来解释企业的纵向维度和横向维度。多元化企业的放权很有必要，但是必须伴随着实现最重要关联的机制。多元化企业的组织在纵向（放权）和横向维度之间的动态平衡不断变化，理想的状况是这两者之间的平衡随着强调不同活动的需要的变化而变化。然而，综合纵向组织和横向组织的重要因素，并保持平衡变得日益重要。这个平衡还必须反映因业务单元不同而有差异的关联。

越来越多的情况表明，多元化并不代表关联的缺乏。业务单元各有特色，通过关联紧密联系，受益于放权化。惠普公司以其杰出的放权化传统闻名于世，就证明了纵向结构与横向结构的平衡很有必要。近来，惠普公司重组了涉及个人电脑和相关产品设计和制造的多个分部。这些分部独立运营，但缺乏规模经济和跨产品协调，因而无法齐心协力与IBM和苹果公司之类的大公司相抗衡。

这种新的组织形式修正了僵化或者狭隘的自主概念，并对激励系统和集团以及部门管理人员的作用有新的认识。企业各业务单元不再追求自主，不再把委员会和协作视为浪费时间，业务单元经历必须改变其对“管理自身业务”这一概念的看法。多元化企业的新要求表明整体流程会更加复杂、模糊、主观，甚至有可能含有冲突。然而，能成功挺过过渡期的多元化企业将收获竞争优势带来的利益。如果企业能够顺利过渡，就不会对多元化企业能否增值的问题存有争议了。

12 互补产品和竞争优势

绝大多数行业都会在一定程度上受到互补产品的影响。互补产品是指买方连同买入的产品一同使用的产品。比如，计算机软件和计算机硬件就是互补产品。互补产品与替代品的概念相反，产品的销售会带动对互补产品的需求。有时候，多种互补产品构成了企业产品线的一部分；有时候，互补产品是由其他行业供应的。

互补产品代表了各种行业的一种关联类型，为企业的竞争范围提出了重要的问题。虽然行业之间的关联从一般意义上来看是前面几章内容的重点，但互补产品显然更引人注意，因为它们不仅涉及企业竞争范围的广度，还涉及企业与其他特定行业竞争的方式。

本章分析了拥有重要互补产品行业的三大战略措施。

- 控制互补产品。提供了整套互补产品，不需要其他供应商来供应产品（两样产品都卖）。

- 捆绑销售。将一组互有区别但却互补的产品一起捆绑销售并定价（两样产品不能单卖）。
- 交叉补贴。某种产品的销售是为了促进互补产品的销售（出售某种产品是为了促进另一种产品的销售）。

企业必须做出的第一个战略选择是企业本身是否供应互补产品或者允许其他供应商来供应。这是一个竞争范围的问题。回答了这个问题后，企业必须决定如何在竞争行业范围内竞争。一种做法是捆绑销售，或者将互补产品成套出售。各种形式的捆绑在每个行业都存在，但人们对这种现象的认识还不够。交叉补贴是销售互补产品的不同方式。交叉补贴中的产品不是按照一个价格一起出售，而是按照反映产品互补性的价格差异分别出售。生产重要的互补产品的企业必须在这三种方式中进行选择。

这三种战略普遍存在，以某种形式影响着很多行业的竞争优势和行业结构。但是人们往往会忽略这三种战略，应对这些战略会犯很多错误。例如，很多企业甚至没有意识到自己在采用捆绑销售，还有些企业在与交叉补贴配套的环境发生了改变后依然坚持使用，因此让竞争对手有机可乘，使用集中于补贴产品的战略攻击它们。

本章我将详细描述控制互补产品、捆绑销售、交叉补贴能产生竞争优势的条件以及每种战略伴随的风险。我也会描述企业应对互补产品的战略应该如何随着行业的变化而变化。最后，我将阐明企业在实施这三种战略时碰到的某些战略险境。

控制互补产品

几乎在所有行业里，买方都会将产品和互补产品一起使用。例如，计算机与软件包和编程器配套使用；在专门为拖车型住房安排的场地上配有街道、电力设施和排水系统，形成了容纳拖车型住房的公园；在网球场上安排网球设施；喷气式发动机和零件一起使用等。

互补产品的销售是互相关联的，因此它们往往是一荣俱荣、一损俱损。互补产品彼此具有重要的战略关联，远远超越了增长率的相关度。互补产品可以影响彼此的市场形象和人们认可的质量，还会影响买方对互补产品用途的看法。这类影响都对差异化战略有影响（第 4 章）。互补产品之间的关系还可能影响供应的成本（第 3 章）。

当行业的产品与互补产品一同使用时，就出现了一个重要的战略问题：企业提供的互补产品的齐全程度以及是否应该由独立供应商供应互补产品。企业提供整套互补产品可以为自己在某些行业赢得竞争优势，但是可能会分散精力在其他行业进行没有必要甚至是危险的经营。控制互补产品与捆绑销售是截然不同的问题，虽然这两个问题是相关的。提供互补产品的企业可能选择或者不选择捆绑销售，因为控制互补产品的利益无论是分散还是捆绑销售都能获得。

控制互补产品的竞争优势

企业能从以一种或者多种方式控制互补品中获得潜在的竞争优势，主要取决于企业的战略和行业结构。从广义上来看，为了获得与第 9 章内容相似的关联，通过协调企业产品和互补产品的价值链，就能产生竞争优势。

提升买方绩效，进而形成差异化。互补产品能够影响产品的绩效或者企业对买方的总体价值。设计独特的软件能够提升个人电脑的功能，比如调色剂会影响普通纸复印机的质量。同理，食品连锁店供应的食品会大大影响顾客对跑马场的满意度。要获得控制互补产品的功能带来的优势，往往要求捆绑销售。控制互补产品的企业因此能够提升差异化。

如果竞争对手没有及时出击，企业就能从控制互补产品的过程中赢得竞争优势。就算整个行业普遍存在对互补产品的控制，且控制互补产品能提高整个行业的结构，那么即使不能提升企业的竞争优势，也依然是有利的。

提升对价值的认知。互补产品经常影响彼此的形象或者感知的质量。如果拖车型住房公园看起来破旧不堪或者设计不合理，就会影响买方对拖车型住房的看法。由于这些产品在买方心目中是互相关联的，因此互补产品往往为彼此设定了价值信号的标准。控制互补产品可能会赢得价值信号的优势，哪怕企业没有实施捆绑销售也一样。例如，柯达公司在胶卷行业的强势地位提升了人们对其优越于其他不卖胶卷的照相机生产商差异化的认知，尽管柯达公司分开销售照相机和胶卷。

就算企业没有从中获得竞争优势，控制互补产品的价值信号对于行业结构也是有利的。比如在拖车型住房行业，如果所有拖车型住房生产商都开发了高品质的拖车型住房公园，那么拖车型住房的整体形象就会得到提升。这将增加人们对拖车型住房的相对需求，且对整个行业有益。控制某个企业生产的互补产品实际上对买方认知产品价值不会产生多大影响，除非有很多竞争者也控制同一种互补产品。上述这些例证中，企业应该在实际中鼓励其竞争对手进入，与之一起进入互补产品的行业。

优化定价。买方的采购决定经常建立在产品和互补产品的总成本基础之上，而不是单个产品的成本上。例如，买方经常是按照贷款月供（包括本金和金融成本）来衡量公寓或者汽车成本，不会单纯看公寓或者汽车的价格本身。同理，买方也可以按照电影票价外加停车费用来衡量去影院观影的成本。

在这些情况下，价格的设定必须要满足利润最大化的目标，在没有实施互补产品控制的情况下，这一点很难做到。在设定电影院停车场的价格时，我们必须意识到降低停车费用可能提升影院的票房收入。我将在本章最后一部分介绍引入这种有意的交叉补贴的最佳战略时机。

与差异化一样，控制互补产品的定价并不要求企业捆绑销售产品和互补产品，甚至并不要求企业对互补产品所持有的市场份额与其持有的基本产品的市场份额具有可比性。就算在互补产品行业中企业的地位非常卑微，其也能通过启动竞争对手被迫或者倾向于跟随的定价措施来影响互补行业的定价。比如，要降低电影院的停车费，可以强制要求附近地区的停车场降低费用。这样一来，影院在互补行业将占一席之地，让其有了影响互补行业发展态势的杠杆支点。影院在互补行业的地位足以让其运用这个杠杆效应。

降低营销和销售成本。控制互补产品能够导致营销活动的规模经济，因为对产品和互补产品的需求往往是紧密相关的。对某种互补产品的广告和其他营销投资能够刺激对产品本身的需求，互补产品易受共同营销和销售活动的影响。同样，一种产品的安装可以降低多种互补产品的营销费用。比如，在视频游戏行业，安装某台机器能帮助企业出售游戏带。有时候，互补产品营销带来的益处如此之大，以至于没有控制互补产品的企业若不能达到最基本的营销费用门槛，就无法实现营销活动应有的成效。

企业若属于少数几个控制互补产品的公司，就能赢得营销的竞争优势。对互补产品广泛的控制如果能增加营销开支，提升相对于替代产品的需求，就有利于整个行业。对于互补产品的广泛控制也能帮助克服“免费搭车”的问题，企业可以利用互补产品营销的投资用于自己产品的销售。即使企业控制互补产品的决定很快被竞争对手模仿，这样的举动依然对整个行业有用。

共享其他活动。控制互补产品可以使企业在价值链上除了营销和销售活动外，共享其他活动。企业可以使用相同的物流活动来交付产品和互补产品，并使用相同的订单录入系统。由于互补产品出售给相同的买方，共享机会经常存在。能够产生竞争优势的共享价值活动的场合在本书第 9 章已经讨论过了。

提升移动壁垒。如果互补产品的进入壁垒很明显，那么虽然控制互补产品可能会产生上述一种或者多种竞争优势，也可能会提升行业总体的进入或移动壁垒。例如，拥有银行的房地产开发商具有融资渠道的优势，又因为银行业的进入壁垒对绝大多数其他房产商来说很高，所以银行的资源可以极大地加强其竞争优势的持久性。如今，房产商不允许涉及银行业务，但未来有望放松这方面的法律管制。

控制互补产品的利益不是互相排斥的，某个行业可以拥有一种或者多种控制互补产品的优势。例如，食品特许可能不仅会影响买方在跑马场的满意度，而且使得企业在定价时也要考虑特许和门票费用。根据买方的特点，较低的门票价格会提升来往的客人购买定价高的热狗的概率。控制跑马场和食品特许能够同时获得营销的经济效应。控制互补产品获得的竞争优势的持久性取决于互补产品行业进入壁垒的存在。没有了进入壁垒，竞争对手可以不费吹灰之力进入互补产品行业，并很快复制企业之前从中获得的竞争优势。

控制互补产品的利益有时候可以通过与其他企业联合的方式获得，无须真正拥有这些互补产品。例如，企业和互补产品的供应商就价格达成一致，或者同意共同承担营销预算，但这样的安排很难达成稳定的协议。只要供应互补产品的供应商是独立运营的企业，合作双方就都想要搭顺风车，因此要按照最大化利润的原则定价、制定战略。然而，一定要尽可能利用与其他企业的联合获得控制互补产品的利益。如果这种做法有可能实现，它就有可能是企业（或者是企业的竞争对手）最划算的选择。有时候，企业与互补产品供应商以股票投资或者其他准一体化形式可以克服协调举措的困难。

控制互补产品的问题

必须权衡控制互补产品所得的利益与可能存在的问题。第一个问题是互补产品行业的结构吸引力可能不够强，其赢利能力也有可能大大低于基础产品行业。虽然控制互补产品能够提升企业在基础行业的赢利能力，但是资金投入互补产品对应的赢利能力必须与其他用途相对照。比较分析的结果未必就说明企业应该控制互补产品。

控制互补产品的第二大问题是互补行业有可能涉及不同的管理要求，而由于企业设备水平不够，在互补产品行业中将缺乏竞争优势。因此，任何从控制互补产品中所得的利益必须与企业失败的风险或者取得的竞争地位微不足道的情况进行权衡。若在互补产品行业中缺乏技能，即使把收购互补产品的供应商当成一个独立运营的实体管理，也未必能克服其障碍，因为互补产品之间紧密的协调是实现互补产品控制利益的前提。

控制互补产品和产业变革

控制互补产品的价值会随着行业的发展而变化。在互补产品行业演变的初期，如果生产互补产品的企业水平良莠不齐、信誉不一，就需要企业控制互补产品，进而提升其质量或者品牌形象。在彩电发展初期，美国无线电公司建立内部服务机构的需要比较强烈，而后独立的服务商掌握了彩电维修技巧，这种需求就慢慢下降。当互补产品行业成熟时，最好能退出或者收割企业在互补产品行业竞争地位的利益。独立的供应商可能有能力供应商品，因而企业不需要在互补产品行业提供任何独特的产品来推进其差异化进程。留在某互补产品行业过久，而这个行业里本身就有比较优秀的外部供应商，这种情况往往会损害企业实施差异化战略的结果，导致无法提升企业的竞争地位。

控制某种互补产品的价格优势也有可能随着互补产品行业的成熟而受到影响。在新兴阶段，互补产品的价格有可能较高，因为供应商希望大赚一笔或者生产效率不高。互补产品早期的分化可能导致互补产品供应商的供应不力，同时在营销上投入不足。

虽然企业控制互补产品的必要性会随着行业的成熟而下降，但这绝对不是唯一的模式。在营销成本和其他共享活动中控制互补产品的优势，往往非常持久。度假村不仅有酒店，还有高尔夫球场等体育设施，而对那些只经营酒店的企业来说，度假村就有非常明显的交通便利优势。企业需要定期自问控制每种互补产品是否有利。拥有某些互补产品的利益能够持久甚至增加，而其他互补产品的利益可能比较短暂，企业需要及时退出。

确定具有战略意义的互补产品

针对互补产品对企业竞争地位以及行业结构的潜在意义，企业必须了解基础产品与互补产品之间的对应关系。确定互补产品比较微妙，有时候会发现一些不被人注意的互补产品。绝大多数行业拥有很多种互补产品。表 12–1 显示了部分与住宅行业互补的产品。

表 12–1　住宅行业的部分互补产品

融资	割草机
房主的保险	草籽
房地产经纪人	游泳池
家具	烤肉架
器具	灯泡
地毯	宠物
托儿所	花园浇水软管

住宅行业的互补产品种类繁多，分布于不同的行业，有必要区别那些对住宅行业有重要战略意义的产品及其对应的行业。显然，住宅建筑商（如美国住宅建筑商）如果在表 12–1 描述的三个行业里竞争，就很难获得竞争优势；如果只选择在某些行业运营，也许能获得竞争优势。

具有重要战略意义的互补产品有两大特征：第一，买方可以将它们彼此联系在一起；第二，它们对彼此的竞争地位有着重要的影响。买方将互补产品与企业的某种产品联系在一起，几乎可以在控制互补产品的竞争优势中得到充分的体现。互补产品之间彼此联系，买方将互补产品的形象、绩效表现标准关联起来，而不是分开看待，且按照整体来评估成本。互补产品之间的这种关联也在营销或者销售活动中起作用。

互补产品之间的战略关系因此在很大程度上取决于买方的看法。企业可以根据基础产品与互补产品之间的联系来界定互补产品的等级。家具和融资服务往往在买方心目中是联系在一起的，而房屋和草籽很少联系在一起，因为人们对这两种产品的需求完全不同。同理，电影和停车费经常联系在一起，而驾车去影院观影的成本很少与电影本身的成本对应。如果产品在实际中并没有关联，企业就有可能通过告知买方有关建立关联的信息而获得竞争优势。深刻地理解买方的采购行为也是揭示互补产品之间实际或者潜在的买方联系的前提。

对互补产品实施第二种战略意义的检验标准是控制互补产品对企业竞争力以及行业结构的影响。控制互补产品如果能对企业的总体成本或者相关产品分组的差异化产生重大影响，就会具有格外的意义。比如，灯泡是电灯的互补产品，但是灯泡不会对电灯的差异化或者对应的营销成本产生重要影响。广泛控制互补产品能对行业结构产生重大影响，有些互补产品即使不会产生竞争优势，对其控制也是很重要的。

捆绑销售

捆绑销售是指向买方组合销售单独的产品或者服务。例如，IBM多年来一直把计算机硬件、软件和服务支持捆绑出售，而汽油的防爆添加剂历来按照某个价格与不同的技术服务和产品一同销售。以某种形式出现的捆绑销售是普遍存在的，虽然人们未必会意识到这一点。确定捆绑销售发生的时机往往要求人们对所处的细分领域和行业有最基本的了解（第7章）。所有可能分开的产品和服务必须分开供应，虽然进入行业竞争的企业未必认定它们是彼此独立的。例如，交付和售后服务经常被视为产品的一部分，虽然它们彼此有可能本来就是分立的，也有可能分开销售。同理，零售商应该提供免费停车服务，而航空公司会提供免费餐饮或者行李托运服务。由于捆绑销售是业内传统的做法，企业未必就认定这是捆绑做法。

捆绑销售意味着所有买方都能获得产品和服务的成套服务，不管其需求是否有区别。有些防爆化合物的买方宁可生产商不提供产品的服务，也希望产品的价格更低一些，但买方不可能自己对此做出选择。买方回应捆绑销售的方式不同，它们需要产品或者服务的组合不同，或者它们对于产品或者服务的需求程度也不同。不论属于什么情况，捆绑销售对买方来说都是次优选择。

捆绑销售作为次优选择，如果其带来的好处能够抵消其对应的劣势，那么捆绑销售将变得不可取。利用捆绑销售创造竞争优势有多种方式，因行业和细分领域的不同而不同。在某些行业里，捆绑销售也有很多风险，必须引起重视，尽早发现。

捆绑销售的竞争优势

如果捆绑销售的产品能够整套供应，在价值链上共享活动中的部分产品就有可能产生竞争优势。捆绑销售的优势分为下列几类。

捆绑销售的经济性。企业若纯粹提供捆绑式产品，且不需要费心费力按照买方要求确定特定产品和服务的组合，就能降低成本。其经济性主要起源于捆绑销售时充分利用的企业价值链之间的关联。捆绑销售可以使企业在供应捆绑销售的产品时能更好地共享价值链的活动。如果同一个销售人员能将同组产品销售给不同的买方，同时装车，或者由一个技术人员服务，就能因供应捆绑商品而节约成本。捆绑销售的产品价格要低于产品单个销售的总和。例如，在供应海上石油钻井服务时，提供两种关联服务的企业在每个井上只需要一个人，而竞争对手可能是每种服务都需要一个服务人员。捆绑销售的经济性还体现在搜集买方信息活动的共享上。通过提供某种服务，咨询服务公司能够了解客户，同时在销售捆绑产品的其他服务时以较低成本应用这些知识，而没有采用捆绑销售服务的竞争对手将不得不在信息搜集方面全力投资。

捆绑也会提升生产的规模经济和学习效果，降低成本。为所有的买方提供相同的组合产品，且每个捆绑销售项目中都包含同等数目的产品子类，这本身就有可能降低产品成本。例如，从美国当前的行业状况来看，生产具有标准功能的消防车比制造具有不同种类警铃和警笛的消防车能获得更大的规模经济。销售捆绑式的产品能提升销售团队的生产率，而不用经常通知买方产品的选择种类。最后，捆绑销售能大大减少行政管理和销售成本。为所有买方提供捆绑式销售的产品能简化交易程序和成本，包括文书、物流安排等。标准化经济、规模经济或者学习经济使得企业能以较低的价格出售捆绑产品，低于那些只购买部分产品的顾客所支付的费用。

当某家企业采取捆绑销售，而其他竞争对手没有通过联合或者承包协议采取类似的捆绑销售时，捆绑销售就能为企业带来巨大的竞争优势。然而，与独立的公司达成捆绑销售的协议难度很大，这也使得契约联盟难以达成。

增强差异化程度。捆绑销售使得企业固定销售一些产品，从而比竞争对手更好地实现差异化。捆绑销售在差异化中的作用起因于捆绑组合中不同产品在价值链上的联系，这些产品常常共同采购或者应用。没有了捆绑销售，企业不仅要放弃差异化，还不得不与每个专业生产商在自己不擅长的领域里竞争。捆绑销售加强差异化程度的方式如下。

差异化的基础更加广阔。能够进行捆绑销售的企业比竞争对手有更广阔的基础实行差异化，而对手提供的产品类别往往有限。例如，捆绑销售的企业往往能保证整个捆绑组合产品的可靠性，从而安排单一的售后服务点。同理，捆绑销售也可以通过其产品或者服务进行差异化，而单个产品或者服务并不具备独有的特征。

高性能界面。当互补产品之间的接口并不能达到标准化时，捆绑销售就很有必要。如果同一家企业能够提供所有需要的产品组合，从而满足买方的要求，捆绑组合中产品的兼容性就能够得到提升。这表明互补产品之间的接口技术比较困难，因此很难实现兼容。

最佳组合性能。就算产品之间的接口是标准的，实施捆绑的企业也能通过控制设计、制造和所有零件的服务来优化整个组合（系统）的性能。相比专门生产每件产品的竞争对手，企业能对捆绑组合的每个部分的性能有更深刻的了解，因为竞争对手要了解所有产品的信息，就得从企业外部搜索信息，而且它们无法直接控制产品的设计。这种捆绑优势的前提是组合中每个部分在决定整个组合性能方面都是独立的。

一站式购买。捆绑销售简化了买方的购物任务。捆绑销售能让买方安心，保证每种产品都能正常运转，减少了买方认定的采购风险。由一家企业负责，在某个机构受理索赔，由某个组织专门服务，这些都是买方看重的。已经分拆的贝尔系统就说明了这点。分拆之后，顾客对责任分化很失望，这表明分拆式经营会降低企业的差异化程度。

提升拉开价差的机会。假如不同买方对捆绑组合中不同产品的价格敏感度不同，企业实施捆绑就能提升总体利润。尤其在混合式捆绑战略中，公司既卖捆绑式产品也单个销售各种组件产品，只是单个销售价格之和高于捆绑式产品的总价，但捆绑销售比单个销售更能增加总体收入。

这种现象之所以发生，主要是捆绑组合的成本和单个销售成本之和对照的结果。只要捆绑销售的总成本低于买方想要的所有组件产品的成本之和，捆绑销售就能推动买方捆绑销售，就算它们不需要所有的产品。此外，混合式组合销售战略使特别需要组合中某个产品的买方愿意支付高价购买整个组合，同时企业也可以向普通买方出售组合产品。

捆绑定价取决于整个行业买方需求的分布。如果买方对组合中不同产品的价格敏感度不同，捆绑销售很有可能提升利润。捆绑销售是捕捉价格敏感度差异的方式，企业无须对不同的买方就同一产品收取不同的费用。

提升进入或移动壁垒。捆绑销售能产生多种竞争优势，其中一种就是提升进入或移动壁垒。竞争对手要赶超实施捆绑销售的企业，必须要在组合所有产品的领域内发展自身的生产能力，因而捆绑销售能提升壁垒。

缓和竞争。行业内多个实施捆绑销售的竞争对手之间的竞争要比包含实施捆绑销售和分拆销售战略企业的行业竞争更加稳定。如果所有企业提供的捆绑组合都一样，而行业内存在的唯一价格是捆绑价格，则企业便能清醒地认识到彼此的依存关系，相比那些单独提供各组件产品的企业，它们削价的积极性更小。

捆绑销售的风险

捆绑战略涉及很多风险，其重要性根据企业的战略和行业结构有所不同。实施捆绑销售的企业可能受到那些实施集中战略而分拆销售的企业的攻击，捆绑销售的风险即源于此。有时候，尽管捆绑销售涉及巨大的风险，但拥有巨大竞争优势的企业依然能保持强大的竞争优势。

买方的多元需求。实施捆绑销售的前提是绝大多数买方想要且愿意出钱购买整个捆绑组合产品。如果在某个行业中，买方的需求很广泛，那么对于某个细分领域的买方来说，企业实施的战略将是次优战略，常受到实施集中战略、按照特定细分领域的要求服务的企业的攻击。例如，如果一个行业内买方对待售后服务的需求截然不同，集中竞争者则有能力进入市场，只销售产品，不提供服务，这样就能获得足够的市场份额。如美国人民捷运航空公司就通过减少免费餐饮、免费托运行李和其他传统航空公司提供的服务，成功给航空客运服务“松绑”。这样做大大吸引了对价格敏感的顾客，他们只需要最核心的客运服务，而不需要其他附加服务。同理，折扣零售店成功地打败了采用传统策略的零售商，它们的特点是服务少、无赊账、品种适中和无广告，这同样吸引了很多顾客。

买方装配捆绑销售产品的能力。实施捆绑销售战略时，企业装配所有产品，并将其成套出售。如果买方有技术实力、财力和行政能力来装配捆绑销售组合中的产品，则这种战略就不可行。买方有可能从供应商处购进单个销售的产品，自行装配，或者可以购进部分产品，然后部分自行生产（如部分服务自己完成）。

以更有利的条件提供部分组件产品的专业生产能力。如果专业生产厂家集中于捆绑组合中一件或者部分产品的生产，且能实现低成本或者差异化，捆绑销售战略就不可取。专业生产者有可能因为第7章描述的理由赢得竞争优势。专业生产者可以修正价值链，只生产和出售产品组合中处于主导地位的产品。专业生产商可以避免共享活动的协调或者妥协成本，而实施捆绑战略的竞争对手必须承担所有产品的费用。

集中于某一种或者某些组件产品的专业生产者能从行业之间的关联中获得竞争优势。专业生产电子产品的公司在为某个电子机械系统生产电子零件时，相比供应整套电子机械系统的捆绑销售厂家，它们更容易获得成本优势，这主要是因为电子公司可以与其他相关的电子企业实现价值活动（如研发、测试设备）的共享。

通过联盟实施捆绑战略。实施集中战略的竞争者在内部形成联盟，若它们的捆绑优势容易复制，则实施捆绑战略的竞争者将失去优势。这种联盟可以有很多形式，比如技术联盟、共享销售活动、共享服务机构等。

捆绑战略和分拆战略的对比

捆绑销售带来的竞争优势和风险之间的平衡决定了企业能否采用捆绑销售战略。捆绑销售战略的风险为采用集中战略的企业攻击自身提供了战略杠杆。某个行业中，如果实施捆绑战略企业的竞争优势比较明显，且捆绑的风险较低，则捆绑销售将成为行业中的主要战略。捆绑和分拆战略是对立的，两者之间的平衡可能朝着相反的方向发展。

在很多行业中，捆绑战略和分拆战略很难共存。如果企业成功实施分拆战略，就为实施捆绑战略的企业松了绑。而行业内存在的实施分拆战略的企业，让买方更深刻地认识到现有的捆绑销售并没有充分满足行业的全部需要，买方有权去选择购买成套出售的产品。

当进入一个对捆绑企业不利的行业，分拆的竞争对手有可能攻克捆绑销售组合的部分零件，这些企业有能力满足一大部分买方的需求，如供应无附带服务的基础产品。还有一个可以攻克的领域是供应边缘产品，如零件或者服务，这个领域捆绑销售的企业效率不高或者产品定价过高。通过松绑来攻击捆绑销售是企业赢得市场地位最常见的一种办法，我将在第 15 章中详细阐述。

首家分拆企业进入行业后，就为其他实施分拆销售的企业提供了进入市场的动力，并为组合中的非基础产品供应资源。随着时间的流逝，更多的买方有可能自行生产它们心仪的特定组合。一旦分拆战略的竞争对手数目增加到实现了一定程度的市场渗透，捆绑的动力，包括规模经济、竞争减少或者构建壁垒等将纷纷锐减。而剩余的捆绑竞争企业将被迫给产品松绑，最终实现分拆销售。

如果买方需求较大，且在某些买方细分领域内实施捆绑具有的明显优势不来自于销售量，也不是因为采取了捆绑这一主要战略，那么捆绑和分拆战略可以在某个行业内共存。例如，通过捆绑销售实现的系统性能的优化对某些买方尤其重要，在这些买方细分领域内，企业实施捆绑销售战略非常重要，哪怕某些专业生产竞争对手将部分零件产品供应给其他细分领域也一样。技术先进的买方倾向于购进单个销售产品自行完成装配，而一般的买方则很看重捆绑销售。例如，在商用飞机领域里，赛斯纳公司提供了包括飞机、维修、机长、飞机库、办公场所以及着陆费用等一揽子产品和服务，实行按月计费，这就迎合了那些希望从一家公司获得所有服务企业的需要。有时候，企业希望从捆绑销售中获得特定的竞争优势，这时候混合捆绑就是有效的。让买方有权利选择，采购整套捆绑销售的产品或者从同一家企业购入部分零件产品，这往往会影响企业捆绑销售整套产品的能力。话虽如此，但捆绑的关键优势是差异化或者价格差异，混合捆绑战略也是可行的。

捆绑销售和行业变革

随着行业的发展，捆绑战略是否符合企业的发展要求也会发生变化，因为行业结构会改变捆绑战略的优势或者风险。对于产业发展是否增强了捆绑战略的吸引力并没有统一的决断，因为在实践中捆绑战略有很多种执行方法。在绝大多数行业里，随着行业的成熟，往往有松绑的发展势头。在商业保险行业，标准化的成套保险业务已经被单独的产品种类替代，如预防损失咨询业务。如今买方能够购买覆盖范围广泛的普通险种，或者根据自己的需要定制专业的服务。视频系统行业中也出现了松绑的倾向。与音频系统一样，视频系统更有可能分解为显示器、扬声器、控制器、游戏单元等部分。松绑的倾向还在很多其他行业里出现，如建筑控制系统、汽油零售、计算机和医院服务等其他行业，松绑销售的趋势也非常明显。

随着时间推移发生的松绑倾向主要源于竞争优势的典型变化以及伴随着行业变革的捆绑销售的风险。

买方自行装配捆绑销售产品的能力提高。随着技术的扩散，买方加强了学习，这表明买方可以增强自行装配的能力。买方能够获得确保产品兼容的能力，需要单一货源供应的保证也随之减少。随着产业容量的提高，买方后向整合的倾向加深了这种趋势。买方提高了自行生产部分零件的能力，因此越来越不需要整套产品和服务。

产品或技术标准化发生了变化。随着行业的成熟，为了优化系统性能，产品标准化往往会减少控制整套产品的需要。它也能降低企业进入部分零件产品所在行业的壁垒，并简化买方自我完成捆绑产品的装配。接口兼容的问题往往会随着行业的成熟以及标准的建立而减少。对于部分零件产品，出现了新的合格的供应商，进而触发了松绑的过程。

对不同组合产品的需求降低或者发生了改变。行业成熟往往会减少很多买方对服务、应用控制或者捆绑组合其他零件的需要。在行业发展的初期，产品质量不稳定，产品的性能未经验证，人们认定采购的风险较高（见第 8 章）。所有这些特征都导致了买方会寻求可靠的实施捆绑销售战略的竞争对手（光导纤维和汽车电子燃料注入系统就是很好的例证）。随着行业的成熟，要么服务和支持转到了买方企业内部提供，要么买方对之需求降低。此外，新的买方也会受到行业的吸引，竞争对手对行业实施更精确的细分，这些都增加了买方需求的多样化。不同的产品服务组合适用于不同的买方，为分拆式竞争对手进入行业奠定了基础。

行业规模抵消了捆绑销售的规模经济。随着新兴行业逐渐走向成熟，行业规模的增大使得专业生产者更加有效地提供部分零件产品。对零件产品需求的增加超过了生产规模要求的最低成本以及固定销售成本。第 7 章在新的细分领域实施集中战略的例子就属于这种情况。

买方价格敏感度的增加迫使企业通过松绑来降低成本。买方价格敏感度的增加迫使买方节省成本。买方可以通过购买捆绑组合中部分零件产品，自行生产其他产品来节约成本，也可以只购买自己需要的产品，而不采购捆绑销售的产品。就算没有专业生产者的竞争，买方也会给“松绑”式销售提供动力。

专业竞争企业遭到了攻击。捆绑销售企业的成功和业绩增长有可能攻击那些努力进入行业的企业。使用捆绑销售战略进入行业，需要企业克服较高的进入壁垒，新进入者自然有采取分拆式销售战略的倾向（见第 15 章），上述其他因素的作用也为它们的成功开了个好头。

当行业应对强大、有能力的买方时，分拆式经营的倾向会不断加强。这些买方有充分的技术实力快速发展自行装配捆绑销售组合产品的能力，有充分的议价筹码使得供应商松绑，降低专业竞争对手的比例所需要的资源也比较丰富。例如，领先的汽车生产商只在发展的初期阶段才购买整套系统，包括制动和喷油系统。后来，随着技术的发展，这些企业分开购买系统中所需要的零件，为不同的产品配备不同的供应商。这一过程能为实施分拆销售的企业进入行业创造条件。

在行业竞争激烈（比如经济不景气）的时候，也会触发或者加速分拆战略的发展。竞争对手破釜沉舟，使用分拆销售战略，将增加收入，启动一次不可逆的过程。这种模式在商业保险行业中很有效，致命的经济衰退使得企业迫切想增加销售额。

行业追随者或者新进入者往往是首先“松绑”的企业。企业追随者采用分拆式经营，因为要与采用捆绑销售的竞争对手抗衡，渴望减少自己的竞争劣势。为了降低移动壁垒，它们希望最好能够改变竞争规则。新进入者分析确认了采用捆绑销售无利可图的潜在或者新兴的细分领域或者条件，在这些领域或者条件下，捆绑销售战略的实施使得其他竞争对手产生了报复的混合动机，或者使买方的需求发生了变化，因此，新进入者往往倾向于分拆捆绑销售的产品组合。最新采用分拆式销售的企业往往是从捆绑式企业分化出来的，它们意识到了当前的状况无法满足买方的需求。

虽然人们倾向于松绑销售，但当捆绑销售带来的竞争优势很显著，而且这类竞争优势不可能通过其他方式获得时，捆绑战略就能持久。捆绑销售的表现或者成本利益能延续，就算买方不再需要对安装产品组合有所保证或者协助。如果行业领导者控制了捆绑产品组合中的某一部分，且买方被迫需要购买整套产品才能实现对这种专有产品的控制，捆绑销售战略也能持久。此外，领导者有时候通过保护组合产品之间的专有接口，进而保护捆绑销售战略。只要加大产品之间衔接的难度，领导企业就能延迟专业竞争对手进入行业。IBM公司的这种做法就备受指责。

从捆绑销售转变到分拆销售的趋势日益普遍，当然也就存在从分拆销售转变为捆绑销售的可能性，意识到这一点很重要。如果生产工艺发生了改变，技术改变有可能导致产品或者接口捆绑更有必要。捆绑销售产品组合的规模经济有可能也会随着时间的推移增大。限制经济合理性的捆绑销售的法规壁垒也会放松。分拆销售战略也会在具有捆绑销售经济动因的行业里逐渐发展。如果很多专业生产商一开始进入了行业，大多数企业不能或者不想生产捆绑销售组合中的所有产品，买方则有可能不得不承担起自行装配的重任。企业在捆绑销售中的战略创新可能会改变行业结构。

金融服务和卫生保健行业发生的情况就是捆绑销售战略取代分拆销售战略的实例。如美林证券的现金管理账户（CMA）综合了证券经纪、支票账户、信用卡和其他金融服务，这就是一种多项独立服务的捆绑组合。监管的放松和信息技术的发展使得这种捆绑式产品有可能产生。同理，保健组织也在组合本身独立的服务。在保健行业里，护理服务和专业的急诊室或者实行小型外科手术的企业就代表了将医院提供的一系列服务分拆的实例。这个例子表明捆绑销售的竞争优势必须建立在深刻了解每个细分领域的基础上。

捆绑的战略意义

捆绑分析对实施捆绑战略和分拆战略的企业都有重要的战略意义。企业往往纠结于捆绑战略和分拆战略之间的选择，一定要不断分析比较才行。

捆绑战略的优势大于风险时一定要捆绑。当上述捆绑战略的优势超过了风险时，捆绑就成为企业创造竞争优势的重要来源。如果单个产品生产商不了解买方将采购产品纳入整个系统中使用的愿望，实施捆绑战略的企业就有可能转变整个行业的竞争态势，使其朝着有利于自己的方向发展。深刻分析买方价值链以及各个细分领域的差异是确定捆绑战略或者分拆战略的前提。

避免无意识的捆绑。很多企业下意识地采用了捆绑战略，但它们对此缺乏认识。无意识的捆绑战略非常危险，因为企业可能会受到集中战略的攻击而毫无防备。捆绑战略有可能起源于企业针对捆绑优势和风险分析的无意识的决定，而非在无法区别企业提供的潜在可分产品和服务时的结果。

条件发生变化时，要随时做好分拆的准备。随着时间的推移会发生分拆产品组合的倾向，如果捆绑战略的优势和风险之间的平衡发生变化，实施捆绑的企业就要不断意识到分拆的必要性。企业必须区分实行捆绑是出于实在的经济理由还是因为买方暂时还没有足够的技术实力。因为固守捆绑战略，很多企业白白牺牲了自己的市场份额。

捆绑销售的经营者代表了行业重组的机会。捆绑销售战略可能会为实施分拆战略的企业留下可乘之机，尤其是当企业在无意识的情况下实施捆绑销售，或者行业正在发生结构性变革时。在企业实施捆绑战略已经成为传统的行业里，新企业进入将面临诸多机会。

交叉补贴

当企业供应的产品从严格意义上讲是互补产品，即与基础产品一起使用或者同时采购时，定价就应该考虑两者的关联。通过有意识地以优惠价甚至亏本价格出售一种产品（可称之为基础产品），以促销更赢利的产品（我称之为赢利产品），就发生了交叉补贴。

这一概念在零售行业常被称为亏本领先。有些产品定价较低，以吸引那些最希望买到优惠产品的顾客，随后购买店里其他更赢利的产品。亏损领先定价是确立商店低价位的有效手段。

在剃刀和刀片战略中，这一定价原则同样适用。剃刀以接近成本价出售，从而鼓励顾客未来更频繁地来购买利润更高的刀片。在业余相机、飞机发动机和电梯行业，也普遍采用这一战略。互补产品包括易耗产品（胶卷）、耐用品（电子游戏软盘）、替换零件（飞机引擎零件）或者服务（电梯服务和维修）。

交叉补贴的另一种方式是升级战略。这种战略涉及的产品一开始出售的价格较低，希望顾客之后在升级的时候购买其他的赢利产品。在轻型飞机、复印机和计算机行业中，有时候会采用这种战略。

有利于交叉补贴的条件

进行交叉补贴的原因和动机很明确，即通过折价出售基础产品，引发更赢利产品的大量销售，从而提高整体利润。这种战略主要依赖下列条件。

基础产品具有充分的价格敏感度。对基础产品的需要必须对价格足够敏感，折价会引发销售量的增加（或者提高人气），从而通过引导顾客购买赢利产品，提高整体利润。如果基础产品的需求对价格并不敏感，企业最好在基础产品和赢利产品上都按照正常的方式获取利润。

赢利产品的价格敏感度非常低。若赢利产品的需求对价格不敏感，提价将不会大幅降低销售量。这一点必须要得到保证，否则出售赢利产品所得的利润将不足以抵扣基础产品折价出售的损失。需求对价格不敏感取决于为买方创造产品的价值以及相应的替代威胁。

赢利产品和基础产品的关联比较紧密。赢利产品的销售利润必须和基础产品的销售利润以某种形式关联。买方在购买低价产品的时候不会像摘樱桃一样，一个一个摘。产品之间的联系未必就有约束力，但其联系应该比较紧密，足以让买方和其他买方的联系不断加强，很多客户愿意从两家购买足够的产品，从而保证折价出售基础产品是值得的。

基础产品和赢利产品之间产生关联的起源因行业而有所不同。在零售业中，出于采购成本的考虑，顾客来到店里就很有可能顺便购买赢利产品。在升级购买中，品牌的忠诚度和转换成本等要素可能会促使购买剃刀的买方继续从某家商店购买刀片。此外，买方认定的或者产品之间实际存在的关联（比如胶卷和备件）可以将产品联合起来，买方认定产品制造商是供应零件、维修和保养服务的最佳供应商（比如电梯）也可以达到同样的目的。基础产品和赢利产品之间的关联还取决于赢利产品被替代的可能性。如果备件可以翻修，则设备销售和零件销售之间的关系就会大大不同。

进入赢利产品所在的行业存在壁垒。要成功进行交叉补贴，进入赢利产品所在的行业往往有难度，除非基础产品和赢利产品紧密关联。要想使剃刀和刀片战略获得成功，一定要保证模仿零件或者易耗品所在行业存在进入壁垒。

交叉补贴的风险

交叉补贴的风险往往源于未能满足上述第三个条件。如果基础产品和赢利产品之间存在的联系不够紧密，实施交叉补贴的企业可能会发现自己只能低价销售基础产品，而赢利产品卖不了。买方会从竞争对手那里买入赢利产品，主要渠道如下。

买方选择。买方只购买基础产品而不买进赢利产品，或者从其他没有进行交叉补贴的供应商处买入赢利产品。

赢利产品替代品。如果对赢利产品的需求减少或者完全消失，就会影响交叉补贴，因为买方不愿意购买赢利产品。例如备件翻修无须重新买进新备件，也不提升产品的使用期限，就会产生这种效果。

买方垂直一体化。买方采购基础产品，但是通过一体化，在公司内部生产赢利产品。例如，由买方公司内部提供服务，或者买方自行生产或者翻修备件。

专业（实施集中战略）的竞争对手。专业竞争对手以较低的价格出售赢利产品。例如，独立服务公司在很多行业普遍存在，主要服务于特定品牌的机器或者模仿制造备件。它们的目标是行业领导者，主要提供一些简单的服务，或者仿制最容易更换的零件。设备生产商在零件和服务中的利润率因此受到影响，有可能只剩下些零星的零件或者销售量很低的零件。比如瑞士的苏尔寿公司就是海上柴油发动机零件供应商的主要目标。专业生产商进入行业的风险取决于基础产品和赢利产品之间联系的紧密程度，以及进入赢利产品的壁垒。

交叉补贴和行业变革

当行业发展成熟时，交叉补贴的适用性也会发生改变。在捆绑销售中，行业的发展会使捆绑销售越来越不合时宜，但这种情况未必在每个行业内都会发生。下列原因决定了交叉补贴不再适用。

基础产品和赢利产品之间的关联日渐疏远。当买方对产品的了解程度加深，并对价格日益敏感时，从出售基础产品的同一家企业购买赢利产品的需求就会减少。技术的传播减少了转换成本，或者行业内出现了对赢利产品的替代品，那么基础产品和赢利产品之间的关联就会减少。

赢利产品所在行业的进入壁垒下降。技术的发展和差异化程度的降低有可能会降低赢利产品所在行业的进入壁垒。这种现象的一种结果是买方也进入赢利产品的制造行业。

对赢利产品替代的概率提高。随着行业的发展，人们可能会发现赢利产品的替代品。例如，零件翻修的新技术出现（如飞机引擎零件），或者发现了保存易耗品的方法（例如在人造肾主机上可以重复使用的渗析膜）。

交叉补贴的战略意义

如果条件具备，交叉补贴可以大力提升性能。诸如吉列公司、柯达和施乐等著名公司就已经成功实行了这项战略。然而，支持交叉补贴的条件可能会消失，因此需要企业采取积极的措施延续交叉补贴。此外，企业必须要明确交叉补贴是一项有意而为之的战略。

交叉补贴的重要战略意义具体如下。

为其他企业进入赢利产品所在的行业创造壁垒。实行交叉补贴战略要求企业创造或者提升赢利产品行业的进入壁垒。这表明企业必须要保护自己专有的服务程序、零件生产技术以及易耗品的设计，防止其他企业的模仿。要做到这一点需要积极的专利申请，有意为不同模型创造不同的易耗品，开展有效的营销活动，宣传从同一个企业买入基础产品和赢利产品的重要意义。很多企业就是因为忽略了这些因素，白白浪费了交叉补贴的优势。

施乐就是积极保护自身赢利产品的典型。易耗品是复印机赢利能力的一大来源，施乐公司为不同型号设计了不同的专业墨盒，积极宣传从生产商处买入易耗品，从而保证最佳复印效果和复印机使用期限的重大意义。

加强基础产品和赢利产品之间的关联。任何可以加强基础产品和赢利产品之间关联的因素都能保护企业实施交叉补贴战略的实力。让竞争对手实现兼容接口难度大大增加的产品设计就属于这种策略。柯达公司向消费者推行广告，说明了在柯达相纸上完成相片冲印的重要意义，试图将相机和相纸的销售紧密结合起来。

随着行业的变化，做好准备修正交叉补贴。如果支持交叉补贴的条件发生了变化，企业必须做好准备修正交叉补贴。要努力实现基础产品和赢利产品相对赢利能力的对等。企业常能从复杂的定价模式中受益，根据这种定价模式，企业可以降低赢利产品的价格，从而防止部分买方转向别家采购。企业必须避免为竞争对手创造条件使其进入赢利产品行业。

鼓励进入基础产品行业从而推动赢利产品的销售。如果赢利产品是专有的，可以通过技术许可鼓励企业进入基础产品行业，来推动赢利产品的销售。柯达曾经鼓励其他企业使用其胶卷格式进入相机行业。

避免意外的交叉补贴。企业应该有意识地采取交叉补贴，不能在不了解交叉补贴的情况下贸然采用。没能了解不同细分领域成本的不同，很有可能会使企业错误地使用交叉补贴。战略成本分析可取的系统方式详见第3章，这是有效开展交叉补贴的前提。要明白交叉补贴会吸引竞争对手，让买方随意选购，这也是吸引新进入者的方式。

互补和竞争战略

每个行业都有互补产品。企业必须明白自己赖以生存的互补产品，以及互补产品影响企业竞争优势和行业结构的原理。企业必须决定自己应该生产哪些互补产品，如何进行包装盒定价。捆绑销售、分拆销售和互补产品等战略的实施是发生行业重组的最基本的方式。实施有关互补产品的战略，一定要保证自己能从中获得机遇，且竞争对手不能从中获得竞争优势。

COMPETITIVE ADVANTAGE

第四部分 进攻和防御竞争战略的意义

13 行业情景和不确定情况下的竞争战略

企业在面对未知的未来时，要如何选择竞争战略？油田供应商为钻井行业的不景气还要持续多久而苦恼，有可能是1年，也有可能是10年。行业结构不是静态的，很多行业内的企业对行业结构将来如何变化毫不知情。未知的原因很多，有可能源于行业内部，也有可能与整个行业所处的环境有关。绝大多数观察者都认为未知因素在过去几十年里剧增，主要原因是原材料价格的波动，金融和货币市场的动荡，放松管制，电子产品的革命，以及国际竞争的加剧。

每个企业都要面对某种程度的不确定因素。在制定竞争战略的时候，未必能妥善地处理不确定因素。历史将会重演，或者管理者对行业最有可能发生的情况有了模糊的预测，战略就是以这样的假设为基础的。对未来行业结构或明或暗的预测往往都有偏差，固守传统思想会使未来所有的不确定因素都占有相同的分量。经理往往无法考虑或者低估那些不太可能发生但一旦发生就会对行业结构或者企业的竞争优势产生巨大影响的激进的突发变革。

有些企业在战略规划的过程中制订了应急计划，努力根据多种不确定因素来衡量战略。应急计划很少付诸实施，而且通常只是针对一两种关键的不确定因素来检验战略，如通货膨胀率或者石油价格。应急计划很少包括针对可能出现的行业结构的分析，经理们也很少考虑其影响。在面对巨大的不确定因素时，企业往往选择那些比较灵活的战略，但这样做耗费资源，成本不低，甚至有可能降低企业的竞争地位。

行业情景是规划的工具

人们逐渐意识到在规划的过程中要考虑不确定因素，有些企业开始使用行业情景作为全面理解行业不确定性的战略工具。行业情景是企业对行业未来可能的发展状况的内在、一致的看法。通过构建不同的行业情景，企业能够系统地探索战略选择不确定性可能引发的结果。1973 年石油危机的爆发，使得不确定因素的作用凸显出来，从此行业情景的应用变得日益重要。

战略规划过程中历来使用的行业情景都强调了宏观经济和宏观政治因素，我将这种情景称为宏观情景。构建情景强调了创建特定的国家和国际经济、政治环境的意义，包括经济增长率、通货膨胀率、贸易保护主义、管制、石油价格和利率等。宏观情景使我们可知石油、自然资源和航天航空公司是利用情景进行规划的引领者，其中荷兰皇家壳牌公司是公认的先驱。全球宏观经济和政治事件对国际石油或者国家资源公司的成功有着深远的影响。此外，还可以在多元化企业中制定公司情景，所以，在业务单元中要留意那些对诸多业务单元都有影响的变量。

宏观情景彼此之间互相关联，但在针对特定的行业制定战略的过程中有过于泛化的倾向。人们针对宏观情景对每个具体行业的影响的理解往往不够深刻。构建宏观情景要求对一系列主观因素进行广泛的分析。除了几个基础性行业外，宏观经济和政治环境很少对各种行业有重大影响。宏观情景中诸如技术变化和竞争行为的不确定因素已经成了驱动特定行业结构变化的主导因素。结果，很多运营经理开始怀疑宏观情景的作用，因此还没有将宏观情景普及，使其成为战略规划必不可少的一部分。

行业情景

行业情景是考虑行业不确定因素，进而做出战略选择的有力工具。有了行业情景，企业在面对未来的不可预知时，不至于做出危险的片面的猜想。行业情景能鼓励经理对未来做出明确的预测，并突破传统思想的禁锢，做到理性思考。企业还可以在获悉各种信息的前提下，妥善考虑竞争不确定因素，从而做出正确的选择。

在竞争战略中，分析情景最恰当的层面是行业。我将这个层面的情景称为行业情景。行业情景使企业能从特定行业的角度分析不确定因素的战略含义。通过集中分析行业、宏观经济、政治、技术和其他不确定因素，可以理解这些因素对竞争的影响。行业情景还明确地规定了竞争者行为，这是战略选择过程中不确定因素的关键起因。

本章描述了构建行业情景并应用行业情景指导竞争战略选择的方法。开篇确定了行业面临的不确定局面的来源，以及如何从中构建最有意义的行业情景。接着，本章分析了行业情景，确定了那些对行业结构和竞争优势产生最大影响的行业情景。然后，本章阐明了按照面临的不确定情况选择最佳战略的方式。最后，针对行业情景如何纳入企业先行的战略规划过程进行了总结。

构建行业情景

行业情景是企业针对行业未来结构的内在而一致的看法。它是建立在针对有可能影响行业结构的重要未知因素的可行假设基础上的，构建行业情景对创建和保持竞争优势有着重要的影响。行业情景并不是行业发展的预告，而是未来可能出现的结构。企业要慎重选择反映未来可能出现行业结构的一系列行业情景，分析其对竞争优势的重要影响。整套行业情景包含多个情景，往往在确定竞争优势的过程中得到应用。行业情景中涉及的时间应该与企业做出的重要投资决策的时间一致。

行业的未来总有很多不确定因素。那些影响行业结构的不确定因素非常重要，包括技术飞跃、新的竞争对手进入以及利率的波动。包括宏观经济条件和政府政策在内的外部因素也会通过行业结构来影响竞争。结构变化要求企业调整战略，为竞争对手改变自己的相对地位提供重要的机会。

第 1 章描述的五大竞争力构成行业情景的理论基础。影响这五大竞争力的不确定因素对竞争地位有重要的影响，因此在构建行业情景的时候必须予以考虑。构建行业情景一般从分析当前的行业结构和确定所有可能影响行业结构的因素开始。这些不确定因素可以转变为各种不同的行业结构。具体的过程如图 13–1 所示。

图 13–1 显示的过程过分简化，具有误导意义。构建行业情景需要几个步骤，其中需要做出多次的正确判断。很难完全确定哪些不确定因素对战略最重要，建立了初步的行业情景后，才能理顺其中的关系，形成如图 13–1 所示的反馈环路。

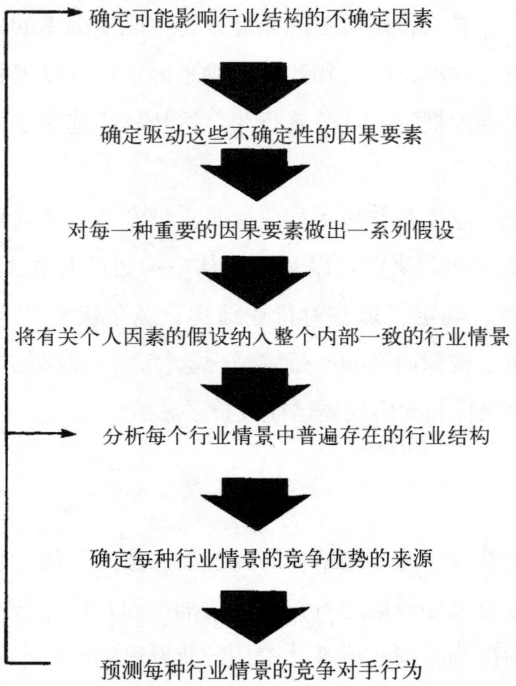

图 13–1　构建行业情景的过程

在确定了形成竞争优势所需要的行业结构和要求后，才能在每种行业情景中引入竞争行为。虽然竞争行为能影响结构，但它本身就是一种不确定因素的来源。如果没能理解竞争对手所处的结构环境，在行业情景中预测竞争对手行为几乎不可能。在某种行业情景中，竞争对手可能出现的行为会修正行业结构，有关竞争对手行为的不确定因素可能产生额外的行业情景。

我将采用美国链锯行业拓展的例子来描述构建行业情景的方式。有必要对美国链锯行业的背景信息有所了解，这样才能更好地分析行业情景。链锯行业在 20 世纪 70 年代以前一直保持了比较稳定和赢利的结构。在 20 世纪 70 年代初，有迹象表明行业正处在重大结构变化的边缘。人们相信出售给各个家庭和其他随机使用者的小型链锯可能进入一个爆炸性增长的阶段。如果这种情况发生的话，有可能触发重大的行业结构变化，而行业结构变化将朝着不同方向进行。

20 世纪 70 年代初，绝大多数链锯出售给专业的使用者，包括伐木工、农场主和其他以链锯为基本营生的人。专业人士使用频率较高，因此看重工具的耐用度、舒适度和可靠性。链锯主要通过链锯经销商出售，这些经销商还提供服务和备件。经销商往往只经销少数几家制造商的产品。绝大多数链锯是大型的、强大的汽油锯，制造商用自制或者买来的零件进行装配。链条、拉杆和链轮齿这类零件的供应方是大批量的生产者，它们具有规模效益，也有一定的议价能力。电锯是汽油锯的潜在替代品，但不足以满足绝大多数专业人士的需要。

20 世纪 70 年代初的绝大多数竞争对手包括国康力（国康力是德事隆集团的分公司）、迈科络和斯蒂尔；紧跟其后的是罗珀、雷明顿和比尔德-普兰。行业竞争程度适中，主要围绕质量、功能、经销网络和品牌名声。国康力公司的市场份额最大，迈科络其次。两家企业都实施差异化战略。斯蒂尔公司采用集中战略，主要的竞争区域在于优质细分领域，按照质量、耐用性和服务实施差异化。

截至 1973 年，一些不确定因素初现端倪。能源危机、自助运动和其他原因刺激了随机使用者对链锯的需求。普通用户远没有专业用户那么老练，它们使用强度较低、使用要求不太高。一般用户未必会从服务型经销商处购买链锯。链锯的销售渠道得到了拓展，包含五金连锁店、样品陈列室和百货商场等，这能鼓励新进入者进入市场。百得公司收购了迈科络，艾默生电气公司收购了比尔德-普兰。这些收购行为为那些先前受财力限制的竞争对手注入了新的资源和潜力。本章下文我将为链锯行业构建多种行业情景，同时描述行业情景构建的基本原则。

确定行业不确定因素

确定对竞争产生最重要影响的不确定因素，其核心是行业情景技术。不确定因素的来源很难辨认，经理可能会觉得找到突发变革或者避免陈旧思想的影响非常困难。为了确认不确定因素，就要分析行业结构中的每个因素，并分为下列三类：恒定因素、既定因素以及不确定因素。行业结构中的恒定因素是指很难改变的结构因素。结构中可以预料的因素是指发生变化的领域，其变化大体上是可以预测的。既定的趋势可能会按照行业情景进展，速度有快有慢。在进行充分的行业分析后，可以确认多种行业结构。结构不确定因素是那些建立在无法解释的不确定因素基础上的未来结构因素。恒定因素和既定的结构变量是整个行业情景的必要组成部分，而不确定的结构变量最终产生了不同的行业情景。

要确定行业结构要素及其具体的分类，第一步是探讨行业观察家内部讨论或者提及的所有明显行业趋势和可能的行业变化，虽然只有那些有可能影响结构的不确定因素才会对行业情景的构建产生重大影响。一开始要辨认所有不确定因素来避免忽略重要因素。发生概率很低但可能对结构产生很大影响的不确定因素绝对不能被忽略。每一种趋势或者可能发生的变化都要经过仔细研究，确定其能否对行业结构产生重要影响，明确其影响是否可以明确或者提前预知。这个过程会为引导我们认识混合了原因和结果的多项不确定因素。

只考虑明显的趋势，有可能会忽略重要的突发性变革。以明显趋势为基础的行业情景只反映了传统的看法，不可能理解竞争对手尚未认识的未来结构。避免忽略突发变革的方式是了解行业观察者的看法，他们有可能看到新机会，能够更加公正地对待行业情景，为我们克服守旧的思想提供其他分析思路。

多种环境因素可能导致既定的或者不可预知的行业变化，包括技术趋势、政府政策改变、社会变革和不稳定的经济条件。环境变化本身并不重要，但因其有可能对行业结构产生影响，所以不可小觑。每个行业都在发生着诸多根本性的变革，具体如表 13–1 所示。这些变化为行业结构性变革提供了动力。每一种动力都应该仔细分析，看其是否影响行业。有时候变革的过程还会按照可以预见的方式发生，有时候这些变革的速度和方向不能确定，导致了某些结构因素的不确定性。

表 13–1　驱动行业结构变化的演变力量

增长的长期变化
服务的买方细分领域的变化
买方学习
不确定因素的减少
专有知识的扩散

（续表）

经验的积累
规模的扩展（或者收缩）
投入和货币成本的变化
生产创新
营销创新
工艺创新
邻近行业的结构变革
政府政策变革
邻近行业的结构变革
政府政策的变化
进入和退出

最难预测的行业变化往往是那些源自行业之外的变化。例如，行业中的很多企业以前几乎没有接触过电气产品，它们为微型计算机的发展所震惊。与已经起步的企业相比，新进入的企业对行业结构的影响不可预知，但也更深刻。

因此，在某些行业里，从行业内部起步理解行业外部不确定因素的起源，就可以构建行业情景。在其他行业里，从宏观情景开始分析，再集中分析行业情景更加合适。宏观情景可以为可能的行业结构提供重要的见解。了解宏观经济、政治或者社会变量的变化，并从行业出发看待外部环境的变化是难以预料的。确定未知因素的另一种方法建立在技术预测的基础上。系统地看待企业价值链中涉及的技术（第5章）如何受到外部发展的影响，有可能揭示一些企业内部技术人员无法预知的技术变化。

在构建情景的过程中，一定要努力辨别一种或者多种有可能对结构产生重大变化的突发变革，包括技术变革。如果重大的突发变革对赢利能力产生了实质的影响，它们就应该在发展情景的过程中被视为一项重要的不确定因素。如果重大的突发变革对结构有着根本的影响，却未必马上发生，那么最好将之与普通的情景区别对待。

为了显示上述观点的应用，表13–2罗列了1973年链锯行业的不确定结构因素。在五大竞争力中除了供应商这一项，其他各项均存在重要的不确定因素。由于不确定结构因素可以作为构建多个情景的基础，所以其数量有可能很多。在链锯行业中，这些不确定因素必须融入对战略制定和实施起重要作用的几个情景中。

表 13–2　美国链锯行业的不确定结构因素

进入壁垒

是否会出现新的专有产品设计?

未来制造业规模经济将有多大?

未来营销的规模经济有多大（媒体组合和费率）?

获得每个渠道的难度有多大?

需要指定哪些安全法规?

买方

随机用户的需求如何?

专业/农场用户的需求如何?

经销商对比非经销商的销售组合是怎样的?

处于服务经销商渠道之外的自有商标的重要性如何?

直接销售还是通过经销商完成?

买方的价格敏感度如何?

竞争

随机用户渗透曲线的形状是怎样的?

传统的竞争对手会怎么做?

新收购的竞争对手会怎么做?

其他外国企业会认为美国行业有吸引力吗?

固定成本有多高?

每个竞争对手对待链锯生产有多投入?

替代品

电锯将占领多少气动链锯的市场?

供应商

相对比较稳定

自变量型不确定因素与因变量型不确定因素的比较

将不确定结构性因素转变为情景，首先要从区分独立型和因变量型不确定因素开始。

- 自变量型不确定因素。这些结构因素的不确定因素独立于其他不确定因素。不确定性的起因可能在行业内部（如竞争对手行为），也有可能源自企业外部（如石油价格）。
- 因变量型不确定因素。这些结构因素有可能部分或者完全由独立的不确定因素决定。例如，在链锯行业中，未来电视广告的费用不确定，但主要取决于随机用户需求的规模。随机用户是电视广告的受众，而专业使用者和农户是通过专业杂志了解链锯产品的。

自变量型不确定因素是构建情景的变量。只有自变量型不确定因素才是构建情景的基础，因为它们是未知情况的真正起因。一旦确立了对不确定因素的假设，就能解释因变量型不确定因素，因变量型不确定因素就能成为每个情景的一部分。

自变量型不确定因素和因变量型不确定因素的区别在于“度”，因为很多行业的结构特征部分是由自变量型不确定因素决定的，但还要受到其他行业特征的影响。行业密度主要取决于进入壁垒的高度，因此是因变量型不确定因素，同时它也取决于一系列自变量型不确定因素，包括意外的收购或者强大竞争对手的进入等。因此，在构建情景的各个阶段里，企业必须努力分析影响每个不确定变量的最重要的因素，并区分使用这些变量，即判定它们是自变量型不确定因素还是因变量型不确定因素。在开始分析的时候，往往哪些不确定因素是依赖型因素并不明朗，一旦分析了行业情景，就有必要修正结构特定要素的分类方式。

将行业结构的不确定因素分类为独立的情景变量和因变量，要求辨认不确定结构因素的因果要素。因果要素决定了每个不确定结构因素的未来状态。比如，随机用户对链锯的需求水平取决于能源价格、建立家庭的速度以及建有壁炉的新住宅的数量等因果要素。

出于实际的考虑并不能显示所有可能决定不确定变量的基本因果要素，因为这些因素数量很多，但衡量起来有困难。然而，因果关系可以回溯到情景的自变量和因变量。因果要素在决定每个情景变量的假设时也很重要。如果随机用户需求的水平受能源价格的影响较深，那么预测能源价格的区间就是确定可能的需求水平的必要步骤。

表 13–3 是根据表 13–2 中罗列的所有不确定因素归纳的链锯行业的情景变量，主要按照其对行业结构的重要性次序排列。一旦随机用户的需求和销售的渠道明朗了，很多行业的不确定因素就能确定。因此，链锯行业的情景变量较少。如果随机用户对链锯的需求增加，政府的安全法规有可能会出台；行业内不太懂行的用户数量越多，事故出现也就越频繁。如果随机用户的链锯产品销售额增加，营销活动也有可能大幅度增加，并朝向电视广告转变。

表 13–3　链锯行业的情景变量

最重要的情景变量
随机用户需求水平
随机用户渗透曲线的形状
经销商和非经销商的销售组合
非经销商的自有品牌与品牌销售的对比
不太重要的情景变量
专业用户和农场用户的需求
电锯的渗透率

表 13–4 表现了链锯行业中四大重要的情景变量的因果要素。通常情况下，每个变量都有对应的因果要素，因果要素反映了行业内外的竞争力量。从表 13–4 中还可以看到有些因果要素反映了行业结构或者竞争对手行为的其他情况。随机用户需求部分是由营销活动的强度和竞争对手的定价行为决定的。未来的渠道组合有可能受随机用户需求水平的影响，因为随机用户比专业用户更喜欢使用不同的渠道商。情景变量的确定具有内因和外因，这种现象比较平常，分析情景必须能反映彼此的依赖关系。

表 13–4 决定链锯不确定性的因果要素

情景变量	因果要素
随机用户需求水平	**外因** 社会趋势 能源成本 烧柴炉和壁炉的安装 成立家庭的数目 出售随意使用的链锯的渠道 **内因** 竞争对手的营销行为 竞争对手的产品变化
随机用户渗透曲线的形状 *	**外因** 经济条件 能源价格变化的模式 社会趋势的模式 链锯变革速度 有关链锯的渠道策略 **内因** 竞争对手的营销行为
经销商和非经销商的销售组合	**外因** 渠道产品系列政策 消费品对链锯的采购习惯 渠道提供服务的能力 随机使用链锯的模式（决定替换行为、备件使用和服务需要） **内因** 竞争对手的渠道政策
非经销商的自有品牌与品牌销售的对比	**外因** 渠道品牌政策 渠道产品政策 **内因** 竞争对手的渠道政策 竞争对手的品牌政策

*渗透曲线是指拥有链锯家庭数目的增长曲线。

围绕每个变量因果要素的不确定性导致了情景的产生。有关情景变量的假设条件决定了因变量型不确定因素的结果。考虑既定和恒定的结构要素，从而完成整个行业未来结构的图景，并明确每个情景中预知趋势变化的速度。图 13–2 显示了整个结构示意图。

构建有用的情景涉及明确行业结构不同因素关联的逻辑，以及区分情景的自变量和因变量和既定的行业变化因素。情景必须要揭示起因于彼此影响的行业结构变化的附带影响。行业结构不同方面之间的关联是情景技巧应用的核心，理解这个逻辑对于我们理解情景对制定企业战略的影响有重要意义。

确定一系列情景

行业情景建立在有关每一项行业变量的一系列源于因果要素的合理假设基础上。这一系列有关行业结构假设的结果如图 13–2 所示。在特定假设条件下，对行业未来的结构出现了内在的一致评定，就形成了行业情景。有关情景变量可能出现的结果的合理假设决定了要分析哪些行业情景。

一旦确定了某些行业变量，且存在唯一有影响力的行业变量，构建一组行业情景就相对比较容易。假如在链锯行业中唯一的情景变量是随机用户的需求，就可以在对需求做出若干假设后构建起行业情景，但是相关情景变量的数目比绝大多数行业都多。针对某一项情景变量做出的不同假设所产生的情景数量可能翻倍，因此也要对产生的情景数量进行分析。例如在链锯行业中存在 4 个情景变量，就很容易构建几十个行业情景。

有两种方式可以限制情景的增加，即减少情景变量以及针对每个变量所做的假设。第一步是确保情景变量全部都是未知和独立的。按照这个标准排查，可以减少部分变量。还有一种减少情景变量的方式是专注于那些对结构有重大影响的变量。虽然有很多因素可能会对未来的结构产生影响，但是只有少数能对竞争优势产生影响。有时候，某个变量对结构的影响只有在对情景分析后才会显现。比如在链锯行业，所有 4 个情景变量都很重要。

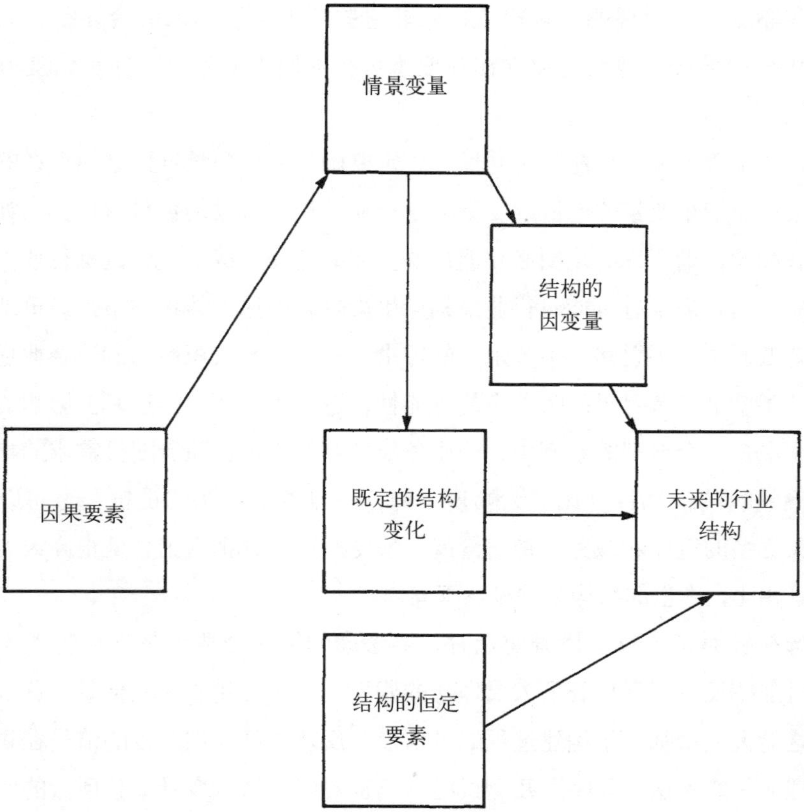

图 13–2　未来行业结构的决定要素

确定哪些行业情景作为分析的对象的第二步是确定针对每个情景变量所做的不同假设。假设的数量是否恰到好处，主要取决于其因果要素差异的程度。情景变量可以是离散或者连续的。若情景变量是离散的（针对某项法规是否通过的问题），假设的选择相对比较清楚；若情景变量是连续的（例如随机用户需求的水平），就会出现如何对其价值做出恰当假设的问题。

假设的选择取决于 4 个要素：限制不确定因素，对结构影响的规律性，管理层的看法和可操作性等。有关情景的假设应该能限定变量价值的合理区间，显示行业结构中的重要差异。由于行业情景并非行业预告，一定不能忽略那些发生概率低的情况。使用极值可以增进对行业结构演变方向的理解。例如，随机用户需求水平的巨大差异会大大影响链锯行业演变的轨迹。但这并不代表在构建行业情景的时候，就能使用不太可能出现的变量价值，除非这些不太可能的取值会导致行业结构的巨大变化。如果行业情景是建立在高度不可行的假设基础上，其可信度就会大大降低。

设定了不确定因素可能的区间后，一定要确定每个变量价值之间存在的假设数目。如果行业情景变量的价值改变影响了行业结构，假设的数目就很少。如果实际情况并非如此，则假设的范围必须能反映主要的突变。例如，在链锯行业中，中等水平的随机用户需求有可能对行业结构产生影响，而这种结构并不是简单地介于高需求或者低需求水平之间。中等水平的需求为一两个高效规模的制造企业提供了空间，提升了多个竞争对手同时扩张的可能性，造成生产能力的过剩。影响的不规则性，还体现在一个典型的事例中，即服务经销商的程度。随着随机需求的增加，通过分销商销售的链锯百分比会大幅度下降，一旦首次购买的链锯买方可以升级服务，购买更多的链锯和服务，销售量就会恢复。这与分销商销售量很高或者很低的行业情景相比，产生的结构影响显然不同。

在选择针对每个行业情景变量时，要考虑的第三个要素是高层管理人员的想法。针对那些反映了高层管理人员理念的假设，至少要建立一种情景，这一点非常重要。这能大大增加情景构建过程的可信度，反映了经理们假设的情景在揭示不同高层管理人员的看法差异时以及测试经理们针对每个情景变量单独所做的假设总体是否一致时非常有用。如果综合这些假设所得的行业情景不可行，经理对未来的看法就有可能改变。因此，证明使用多种情景而非某一种情景更有效至关重要。

在选择为每个情景变量设定多少个假设数目时，最后要考虑的因素是在实践中真正有效地开展分析时，情景的限量是多少。情景数量超过 4 个，分析任务就将大大加重，战略问题的重点也将难以实现。为了减少检验的假设数量，可能要进行妥协。由于在日后的分析中，可以增加、减少或者综合相关的情景，所以一定不能过早地强调这种数量的限制。

表 13–5　链锯行业情景中假设的范围

情景变量	假设		
随机用户的需求水平	低	中	高
随机用户渗透曲线的形状	稳步增加	峰值	
经销商和非经销商的销售组合	经销商为主	非经销商为主	短期内转向非经销商，长期来看，经销商回头率较高
非经销商的自有品牌与品牌销售的对比	品牌销售比例较高	自有品牌销售比例较高	

表 13–5 显示了链锯行业中情景变量选定的假设范围。除了随机用户的需求水平和经销商与非经销商之间的混合比例外，每个变量包含两个假设就足以显示其对行业结构的影响。渗透曲线形状的关键区别体现在它是逐渐上升，还是突然飙升，随后变得比较水平（峰状）。峰状曲线提升了竞争对手资本投资过剩的风险。自有品牌产品销售量的比例有助于确定买方的议价实力以及诸如迈科络和国康力（制造商的品牌销售显然没有自有品牌销售重要）等著名品牌的相对位置。表 13–5 中显示的每个假设都可以量化。

假设条件的一致性

情景是指对未来行业结构可能的发展情况的内部一致的看法。分离情景变量和非独立因素可以部分保障情景内部的一致性。情景的另一个要素是，每个情景变量的假设条件都要保持一致。

情景变量经常会影响彼此，因此将部分假设条件综合起来未必能实现情景所需要的内在一致性，由此就能排除部分不合乎条件的情景。图 13–3 和图 13–4 显示了链锯行业的过程。图 13–3 比较了随机用户需求和随机用户渗透曲线的形状。除非随机用户需求很高，否则渗透曲线不太可能会被突破。因此，图 13–3 中有两组假设条件不一致。图 13–4 将需求的 4 组假设与链锯的渗透曲线形状进行了对比。从中再次发现了某些假设条件彼此不一致，应该排除掉。只有当随机用户的需求水平不高时，提高服务的经销商才能在销售渠道中占主导地位；只有当随机用户的需求处于中等偏上水平时，非经销商才能占有较高的市场份额。当随机用户需求较高且呈峰状时，才有可能暂时转向非经销商方式，进而导致非经销商方式的份额增加；随后随机用户需求骤降，较看重产品的随机用户转向了经销商。图 13–4 中没有显示的第四个情景变量是：非经销商自有品牌的销售和品牌销售的比例。但是显然，自有品牌产品的高渗透率与经销商占主导的现象并不一致。

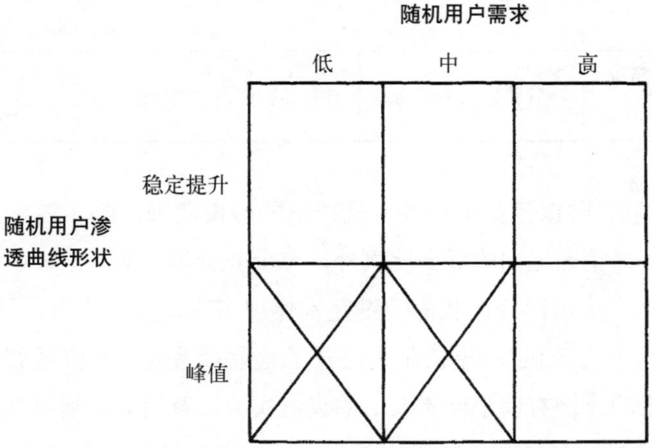

图 13–3　随机用户需求和链锯的渗透曲线的一致性

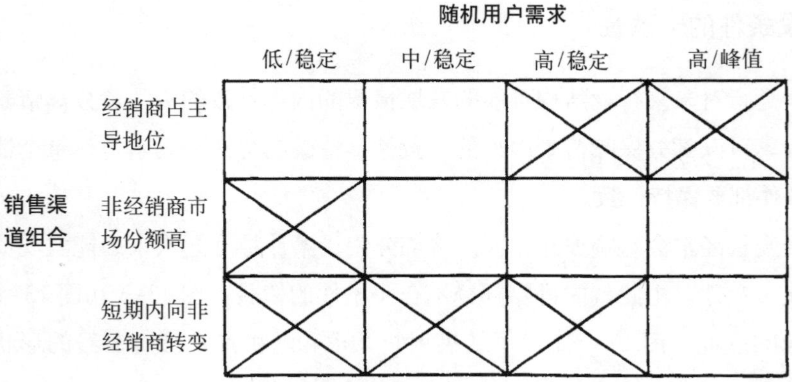

图 13–4　链锯销售渠道组合和需求的一致

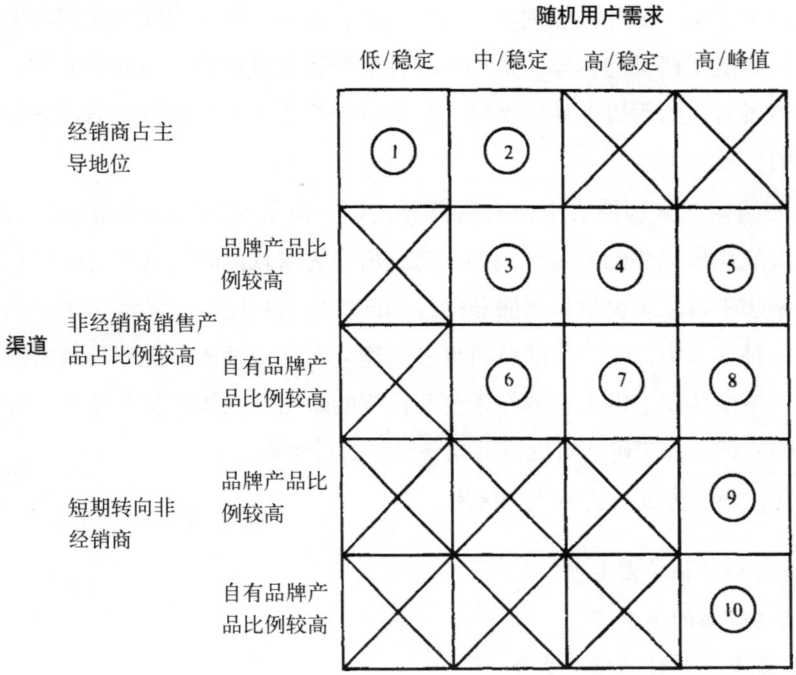

图 13–5　链锯行业一致的情景

因此，我们可以精减假设条件一致的情景的数量，具体如图 13–5 所示。有关情景变量一致的 10 个组合就是我们进一步分析的对象。决定内在一致的假设条件，这个过程对于构建行业情景非常重要，因为对待行业未来结构一致的看法是情景模式的主要优点。

分析情景

情景规划的第二步是分析每个情景对竞争的意义。情景的分析涉及下列几个步骤：

- 决定情景对应的未来的行业结构
- 发掘情景对行业结构吸引力的影响
- 明确情景对竞争优势来源的影响

图 13–2 的流程示意图可以显示情景对未来行业结构的影响。有关情景变量的

假设条件决定了结构的非独立因素。这些非独立因素与结构的既定因素和常量因素结合起来，完成了情景的构建。结构中的预定变化可以依据不同的情景加速或者减速。每当情景对应的假设条件出现时，每个情景都显示了代表行业结构五种竞争力作用情况的景象。

未来的结构在赢利能力上会有所差异。每个情景对应的行业结构将决定，甚至有可能改变竞争优势的来源。例如，随机用户需求较低的情景与随机用户需求较高、渠道销售不再依赖提供售后服务的经销商的情景相比较，其竞争优势的要求不同。在后一种情景中，差异化战略将更多地建立在广告投入、轻型和紧密的锯形设计基础上，不像传统上以卓越的经销商和链锯的耐用性来体现其独特性。针对每个行业情景的分析必须明确其对价值链竞争优势的后续影响。

情景在以下几方面具有重大的区别：

- 价值活动的相对重要性
- 价值链适当的设置
- 成本或者独特性的驱动要素
- 关联的重要意义
- 竞争优势不同来源的可持续性
- 通用战略的选择

表 13–6 显示了针对链锯行业两个情景的分析。情景 1 导致的行业结构与当前的行业机构类似，而情景 7 对应的行业结构对待竞争优势的要求则完全不同。

表 13–6　链锯情景的分析

	情景 1 “随机用户市场从未实现”	情景 7 “自有品牌占主导地位”
未来的行业结构	与当前的行业结构相同	进入壁垒转变成规模经济和绝对成本优势 渠道商的力量在增长，价格敏感度提高 竞争压力加大 电锯成为主要的产品线
结构吸引力	高	总体说一般，虽然市场领导者也能具有较高的赢利能力

（续表）

	情景 1 "随机用户市场从未实现"	情景 7 "自有品牌占主导地位"
竞争优势的来源	基本没变	产品随机使用的市场份额 低成本产品设计 广告的规模经济 低劳动成本领域的自动化厂房 在职业化或农场细分领域中具有很强的力量，不必进入随机用户细分市场竞争

分析情景的一个重要部分是确定特定情景已经形成的时机。有时候，情景出现得非常迅速。在链锯行业中，针对随机用户需求的水平，不确定性下降需要一年，随机用户需求达到峰值需要若干年。竞争对手必须要在尽快实现某个战略或者等待更好的信息出现再做决定之间做出选择。因此企业为了确定竞争对手的行为，设定企业自己的战略，必须预测不确定性何时会消失。

在情景中引入竞争对手行为

若企业在自身所处的行业中处于主导地位，或者竞争行为对行业结构没有太大的影响，则针对情景的分析就要停留在行业水准上。在绝大多数企业中，竞争对手还可以影响行业结构，其战略将影响企业的抉择甚至企业将来的成功。因此，情景的分析必须包括竞争对手。当存在若干强大的竞争企业时，竞争对手分析将是每种情景分析最重要的一部分。

每种情景对应的未来行业结构对不同的企业会产生不同结果。例如，相比那些专门服务专业人士的企业，随机用户需求的增加将让那些生产适合随机用户使用的产品且在渠道方面拥有资源优势的企业大大受益。竞争对手要以能反映企业目标、假设、战略和能力的方式来应对行业结构的变化。例如，比尔德－普兰公司对待随机用户需求不断上涨的反应比较激进，主要是因为母公司（艾默生电气）的增长目标很高。竞争对手的行为可能通过反馈回路来影响情景中行业结构的速度和方向。在情景 7 显示的链锯情景中，如果比尔德－普兰和迈科络都大力投资新的生产能力，两家公司之间的竞争要比两家公司或者其中某家公司采取保守策略时面临的竞争更加激烈。

整套竞争对手分析工具应用来预测不同的情景中竞争对手的行为方式。战略图示是在某个情景中对各种竞争对手的反应进行综合分析的重要工具。战略的轴线反映了情景暗示的可持续性竞争优势的关键来源。由于每种情景暗示了不同的未来行业结构，最有可能影响竞争对手相对地位的变量将有所不同。比如，链锯情景 7 对应的行业结构会向更加激烈的价格竞争转移，生产规模会成为竞争优势的重要来源，虽然它并没有情景 1 对应的竞争优势来源更重要。

战略图示可以同时显示某个情景中所有竞争对手的预期行为，这有助于分析竞争对手之间的相互影响以及对彼此行动的反应。例如，如果预计所有竞争对手在某个情景中朝着一个方向移动，那么随着情景的展现，有些企业会修正战略来避免正面冲突。

竞争对手的行为很难估计。假如在某个情景中一个或者多个重要的竞争对手不太确定，且有可能对竞争产生重要影响，这就为情景引入了额外的情景变量。在某些情景中，若针对竞争对手有很多不确定因素，必须要按照竞争对手的行为方式进一步分解为两个或者三个情景。这种方法也可以用来分析新进入企业的不确定因素，这些企业与行业当前存在的企业拥有不同的资源和技能。

图 13–6 显示了表 13–6 分析的链锯行业情景的最重要竞争对手的不确定因素。在情景 1 中，主要的不确定因素是迈科络和比尔德–普兰是否都会大力投资扩展生产能力，加大广告支出，就算随机用户市场从未完全实现。由于两家企业都有了新的母公司，迈科络和比尔德–普兰都可能倾向于采用比较激进的措施。此外，这两家企业将要面临怎样的情景，短期内情况也不会明朗。尽管出现了战略转移的迹象，国康力仍可能会选择瞄准整个随机用户市场，或者是传统细分领域，哪怕是牺牲市场份额也要保持较高的赢利能力。虽然国康力的母公司希望获得较高的利润，但快速增长的机会也会影响国康力的选择。

分析情景的数量

由于分析情景比较复杂耗时，所以应该依次分析不同情景，以期在无须分析全部可能出现的情景的前提下，为战略的选择提供见解。可以先从分析支柱型情景开始，即分析最典型的情景。支柱型情景一般会产生与众不同的行业结构，因此有助于界定战略选择的范围。支柱型情景之间的差异能够激发战略思维。在链锯行业中，情景 1 和情景 7 就是如图 13–5 所示的支柱型情景。

在分析了支柱型情景后，就要分析那些行业结构与支柱型情景对应的结构完全不同的情景，这就要求分析那些最有可能发生的行业情景。这个过程将一直延续，直到我们充分理解了决定未来行业结构的情景变量为止。此外，把发生概率极低的突变情况归为特殊情景对之分析，没有必要追求全面，但要作为战略选择的考虑因素。

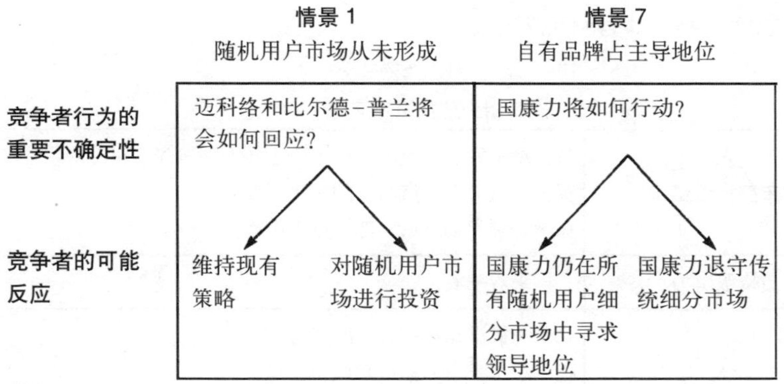

图 13–6　链锯产业情景中的竞争者行为

图 13–7 表明了链锯行业的中间情景 9。它与情景 1 和情景 7 的区别较大。该情景认定随机用户使用链锯只是一时流行，自有品牌的销售永远不会成为主流。因此，情景 9 为企业提出了一个两难的问题，如何把握随机用户需求短暂的繁荣而不疏远经销商或者牺牲自身的关键竞争优势？比较情景 9 和情景 1、情景 7，图 13–7 告诉我们竞争优势的决定要素以及竞争对手可能采取的行为会大不相同。只要稍微考虑一下其他链锯行业的情景就可知，这 3 个行业情景代表了不确定因素对竞争产生影响的典型情况。

情景的目的是理解行业和竞争条件发生改变的方式。预测未必完全准确，构建情景的努力主要是为了展现多种预测情况对应的逻辑结果。情景分析无非就是对一个行业内将来可能发生的无限可能中最有可能出现的情况进行分析。正确而卓越的情景选择能让企业明白与战略制定相关的未来行业结构的变化情况。应该选择适当的情景来与经理沟通，帮助经理拓展思维，为未来做好准备。

确定情景发生的概率

很少有哪两个行业情景会以相同的概率发生。行业情景并不能覆盖所有可能发生的情况，可以用情景分析未来可能出现的行业结构对企业的战略意义。然而，行业情景的战略意义部分受制于其发生的概率。确定各种情景相似结果的相对概率，这一点非常重要。如果当前分析的情景选择正确，就能够代表可能发生的行业结构状况。比如在链锯行业中，与情景 1 类似的行业结果不太可能发生，而与情景 7 和情景 9 接近的结果就都有可能发生。

情景 9

随机用户使用链锯只是一时兴起

未来行业结构	进入壁垒发生了改变，但不至于转变到情景 7 对应的程度 买方力量随着渠道组合的变化而改变 在增长爆发期过后，恶性竞争出现
结构吸引力	长期来看一般
竞争优势的来源	收割随机链锯短期利益的能力 在专业用户中的品牌意识 应对竞争的低成本地位 保持经销商的忠诚 避免产能过剩 保持传统优势
竞争对手行为	迈科络和比尔德-普兰将采用怎样激进的投资策略？ 激进　　谨慎

图 13–7　链锯中间行业情景分析

确定每种情景的概率将伴有偏见和因循守旧的问题。应以不偏不倚的方式来评价情景，按照每个情景变量内在的因果关系进行分析，这一点非常重要。经理们对行业情景发生概率的估计不够明朗，应该予以明确，如果他们的想法与行业分析的结果相悖，也要加以重视。

行业情景的特征总结

可以根据诸多特征对行业情景进行区分。每个情景实际上都要求对行业结构、竞争对手行为以及在有关未来特定假设条件下的竞争优势来源进行全面的分析。要牢记分析行业和竞争优势所需要的一系列技术，但情景分析工具只是确定行业结构不确定因素和分析行业结构的框架，本身并不是目的。理解不确定因素影响未来行业结构的过程与实际构建的行业情景同样重要。

行业情景的成功分析依赖于精确的判断和正确的妥协。构建情景是对不确定因素进行抽象、确定战略的过程。针对未来的行业结构选择并分析一些情景，要求选择最重要的案例并加以简化。这个过程几乎都带有重复性，随着分析的深入，企业能更好地理解关键的不确定因素和行业结构之间的关系。

最后，要记住行业情景的主要目的是确保企业对未来的看法从根本上是一致的。情景旨在构建对未来行业结构的看法，明确不同情景变量之间的关系，明白针对不同的行业特征所做的假设要具有内在的一致性。情景的构建帮助我们将多种不确定因素联系起来，对未来形成多种根本一致的看法。因此，情景强调了行业趋势和竞争对手行为互相作用的方式，它们有彼此推动的成效。行业情景旨在减少人们片面地针对行业中某个因素的不确定行为，因为这样做无疑会让企业本不能确定的多种因素更加复杂化。

行业情景和竞争战略

在构建并分析了一系列行业情景后，接下来的任务是利用行业情景来制定竞争战略。情景本身并不是目的。很多公司在依据行业情景制定战略的时候犹豫不决，它们往往把工作重心放在了构建情景而不是确定情景的意义上。之前的文献也很少有针对应用情景来制定战略的指导性研究。

如果企业对即将发生的情景有很好的预期，在不同的情景中，优化战略往往不同。每个情景都涉及不同的行业结构、关键竞争对手的行为以及竞争优势的行为等。图 13–8 表明了链锯行业中，顶级公司在每一种行业情景中实施的战略各异。

哪种情景会发生，企业并不知情，因此企业必须要在选择自身的战略时，依据自己的资源和最初的竞争地位来选择应对不确定因素的最佳办法。针对不确定因素

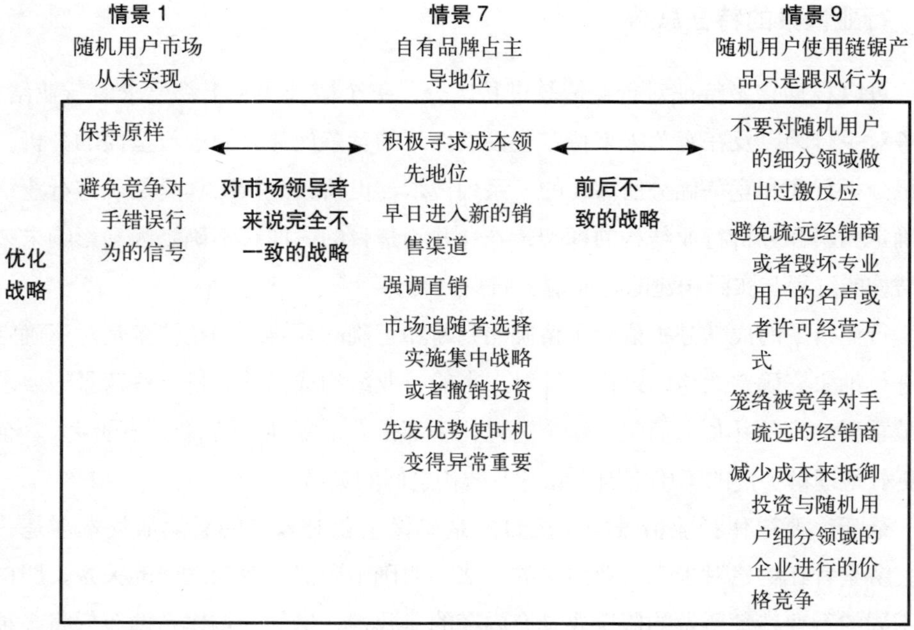

图 13–8 不同链锯情景中的竞争战略

最常见的办法是选择强大的战略，即无论发生什么情景都可靠的战略，但这并不是唯一的做法。企业可能只为某一种情景做好准备，尽管这种情景有可能永远不会发生。相反，拥有巨大资源的企业有时可能实施同时应对所有情景的多种战略，然后等待态势的发展，集中力量针对已经发生的情景实施对策。比如，假如企业对渠道的组合有疑惑，强大的链锯企业可能在所有可能的渠道中稳固自己的地位。

只按照某一种情景建立战略风险很大，而按照所有情景的要求设计战略、追求成功往往过于奢侈。此外，不同情景对应的战略可能彼此矛盾。例如，为链锯产品开发非经销商渠道就很有可能产生疏远经销商的风险。很难同时平衡经销商和非经销商的利益和要求。在这些情况下，根据多种情景定位往往会让企业处于进退两难的局面，不但得不到竞争优势，还会模糊品牌形象，甚至采用次优的组织结构（见第 1 章）。不同情景要求的战略彼此不一致，这常会给企业提出战略难题。在链锯行业中，同时为三个情景做好准备，就有可能形成次优的情况，因此链锯生产商在选择战略前将经历困难的抉择。为企业揭示决策过程中的各种战略因素是构建情景的一大功能。

与情景对应的战略方法

企业若面对具有不同战略影响力的情景，在战略选择中有 5 种基本方法应对不确定因素。这 5 种方法常常可以单个或者结合使用。

1. 选择最有可能出现的情景。企业按照最有可能发生的某个情景（或者多项情景）来设计战略，并承受这个（这些）情景不会发生的风险。在链锯行业中，企业必须选择最有可能出现的三种情景，并采取对策。

在实践中，看好并选择最有可能出现的情景是企业在面临不确定因素时最常采用的战略方法，人们对此心照不宣。经理往往在未来不可言传的假设基础上制定战略。没有了明示，企业将盲目地构建情景，因而可能无法通过内部一致性测试，而这对于在不确定因素基础上构建良好规划非常重要。

为最有可能发生的情景有意识地设计战略是否可行取决于下列因素：最有可能发生的情景的具体概率，若其他情景取而代之所带来的负面影响，企业的资源和最初的地位与它针对最有可能发生情景采取的战略之间是否符合等情况。当按照最有可能发生的情景设计战略而产生了相应的风险时，企业实施的战略将不再适用于实际情况，但中途改变这种战略则非常困难。

2. 选择最佳的情景。根据这种方法，企业按照自己的资源和最初资源，以最能保持自身可持续性竞争优势的情景设计战略。这种方法凭借能为企业带来最佳收益的行业结构来修正战略，挖掘企业增长和发展的潜力。当然，这种方法的风险是若最佳情景没有如期发生，企业实施的战略就不能有的放矢。

3. 多手准备。企业选择在所有情景中均能带来满意结果的战略，或者至少选择在那些概率较高的情景中能生效的战略。这是一种制定强大战略的方法，这种方法与博弈理论中的极小化极大战略类似。极小化极大战略让博弈者将自己承受的最大损失最小化。在链锯行业中，多手准备可能需要开发适用范围很广的产品型号和系列，在企业为经销商供应商品的同时，与非经销商就略有差异的产品按照不同的品牌出售达成协议。

通常情况下多手准备会使企业采取对每一个情景而言都不是最优的策略。多手准备减少了情景选择的风险，使企业在战略地位上所做的牺牲更值得。此外，多手准备还有可能让企业比选择某种情景实施战略付出更高的成本，因为这种方法要求企业为多种不同的竞争情况做好准备。

4. **保持灵活**。还有一种应对不确定情景的方法，即在某情景变得明朗化前，实施比较灵活的战略。这是制定强大战略的另一种方法，表明企业一定要提前界定好“强大”的概念。企业不会过早投入资源的使用。一旦不确定因素比较明了，在考虑企业资源和技能的前提下，企业会选择一个适用于正在发生的情景的战略，这样就能集中资源应对这个情景。在链锯行业中，维持企业在专业用户市场中的地位，并从其他企业那里采购随机用户需要的链锯，就能实现灵活应用战略。

实现战略的灵活运用，往往要企业付出战略地位的代价，因为早早投入资源使用的企业能够获得先发优势。先发优势包括名声、专有学习过程以及最好的零售渠道等，这些内容已经在第 5 章中详细讨论。在链锯行业中，进入新渠道的企业可能得到最优的渠道。灵活的战略牺牲了先发优势，换来的是风险的降低，这与多手准备不同。采取这个战略，只会延迟资源的投入，而多手准备是针对所有可行的情景制定战略。如果企业能够尽快明白哪些情景可能发生，就能使实施灵活战略的成本最小化。

5. **施加影响**。应对不确定因素的最后一种方法是影响，即企业努力利用其资源来促成某种理想情景的发生。企业会努力提升某种情景发生的概率，在这种情景中，企业有更好的竞争优势，这要求企业尽可能影响情景变量背后的因果关系。链锯随机用户需求的某个因果要素是燃柴炉的安装，企业可能会努力影响对锅炉的需求。这可能要求企业与燃柴炉生产商合作，或者要求大力投入广告，在为链锯做广告的同时，宣传燃柴炉的价值。技术变化、渠道政策、政府规定以及其他不确定因素的来源都有可能受到影响。企业能从某个理想的情景发生的情况中获得怎样的竞争优势，这要与施加影响的概率和成本等要素进行权衡。

综合战略和次序战略

使用综合战略和次序战略的概率存在且很可取。选择最有可能发生或者最佳的情景可以与试图影响情景发生的措施结合起来。同理，保持灵活的战略是选择最有可能发生情景的次序战略逻辑的一部分。企业可以选择一开始多手准备，然后根据实际发生的情景来预测未来的行业结构，虽然这样做比先实施灵活战略然后进行抉择的成本更高。

企业还可以针对自己对情景的选择，为价值链的某些行为设定政策，同时在其他活动上采用多手准备或者保持灵活战略的方式。比如在链锯行业，企业可能认定随机需求量较高，所以通过建立新的低成本设施和设计多种经济、轻便型产品，开展生产和技术开发活动。同时，企业还做好了多手准备，最小化其垂直一体化的水平，在生产中减少资本投资，将部分风险转移给供应商。企业还可以加大在营销和销售活动中的开支，保持与经销商的关系，同时在专业市场和农业细分领域内保持市场地位。

企业还可以选择其他风险管理方式，加快对可逆性行为的执行（如广告投入），推迟不可逆的投资行为（如厂房投入）。所有逃避责任或者多手准备的方式往往意味着某种程度上对竞争优势的牺牲，而这往往会让员工甚至外部的观察者（如证券分析师）摸不着头脑。

行业情景中的战略选择

就竞争优势而言，所有对待不确定行业结构变化的方式都有其潜在的利益、成本和风险。在企业选择应对方法的时候，下列因素格外重要。

先发优势。先发优势的规模（见第 5 章）对企业做出选择或者延迟决定是否可取有着重大的影响。当前期先发企业获得竞争优势时，就可以排除实施灵活战略的可能性。在链锯行业中，获得新渠道可能涉及重要的先发优势，因为诸多批发商不可能同时经营多种链锯产品。

初始竞争地位。按照企业的初始竞争地位的不同，行业情景对企业发挥的作用往往不同。根据与企业初始竞争地位一致的情景设计战略，其结果要远远优于按照最有可能发生的情景设计战略的效果。企业努力推进某种情景的发生就是按照能为企业带来最大竞争优势的情景方向来发展企业。

要求的成本或者资源。多手准备和推动某种情景的产生往往比认定只发生某一种情景所需要付出的成本和资源更多。保持战略的灵活性介于两者之间。

风险。每种方法的风险都是多种因素综合作用的结果。

资源投入的时机。尽早执行决定比延迟行动所遇到的风险更高。保持灵活的战略能够通过延迟企业的决定，尽量降低企业所涉及的风险。企业能拖延多久才做出决定，要按照先发优势和做出决定的时间来确定。

其他情景对应战略不一致的程度。风险取决于出现错误的情景、战略执行不力的程度。多手准备能够以更高的成本或者更低的竞争地位来使风险最小化。不同情景对应战略之间不一致的程度取决于每个情景中行业结构和竞争优势来源的区别。

情景的相对概率。方法的选择取决于情景的相对概率。多手准备旨在减少企业在所有情景中的风险程度，而影响则是试图改变理想的情景发生的概率，从而降低风险。认定最有可能发生的情景比多手准备风险更高，而选择最佳的情景则是所有办法中风险最高的一种。

不确定因素消失时，改变战略成本。企业确定了产品范围、渠道、广告政策、设施等，决定执行某种战略。企业实施这种战略的程度决定了应承受的风险。企业执行某种战略的程度则取决于要求投资的不可逆性，这种不可逆性因各种行业和战略而异。保持战略灵活性旨在降低改变战略的成本。

竞争对手的预期选择。企业选择如何应对不确定因素的方法，必须要反映其竞争对手已经或者即将做出的选择。竞争对手的选择可能会使企业无法执行某种战略，或者有更充分的条件执行其他战略。多手准备或者保持灵活的战略往往能提升企业做出某个正确选择的成效。

应对不确定因素的最好办法是有意识地选择实施某一种或者某几种方法，而不是按照惯性或者不够明朗的情景做出选择。权衡选择上述某种战略方法涉及的因素往往要求所有反映行业结构不同方面彼此赖以生存的情景具有一种逻辑关系。应对不确定因素最有挑战性的一点是，找到一种创新方法使保持灵活战略、多手准备的成本最小化或者使正确选择的优势最大化。理解价值链中每种活动能够增进不同情景中企业的竞争优势。

情景变量和市场情报

究竟哪些情景会发生，取决于情景变量。情景变量因此成了行业结构变化轨迹的关键指标，行业结构变化有可能迅速明朗，不确定因素也有可能会持续很久。情景变量及其因果要素应该成为搜集市场情报的焦点。影响情景变量的变化是行业结构变化的警示信号。保持灵活战略的企业会密切关注情景变量的状态来决定何时采取行动。

有关情景变量未来状态的早期信息具有巨大的战略价值。企业预测特定情景发生的概率越有自信、时间越早，就能越快执行战略，获得相应竞争地位带来的利益。信息搜集的投入和措施应该专注于情景变量，而不是盲目地追踪伴随着行业演变的其他诸多变化。

有关情景变量的正确信息在构建行业情景的过程中非常重要。由于情景变量是结构变化的关键，理解这些变量可以提升企业调查多种情景的效率，将那些看似是情景变量的要素转变为结构的预定因素。比如，在链锯行业中，有关家庭形成的有效数据、拥有壁炉的住宅数量和其他因果变量可能会减少有关随机用户需要的假设数量和范围。

情景和规划过程

每一个计划在某种程度上都建立在行业情景基础上，哪怕这个过程很模糊。使用明确的行业情景将给规划带来不确定因素，在透彻而深入理解不确定因素对竞争影响的基础上制定开放的、基本的战略。如果人们认定这些情景没有什么新鲜的地方，或者情景本身非常直白，那么他们对使用情景的抵制将大大减少。行业情景是促使管理团队系统地思考未来，并以无害的方式修正不切实际的假设条件的有用手段，因为在这些情况下，情景并不等于对未来的预期。

业务单元经理能在获得企业其他人员以及企业外部人员的指导和见解后，构建最合适的行业情景。那些实际设定竞争战略的人必须理解行业情景不确定因素的任务，确保选定的行业情景与业务单元相关。一旦确定了基本的行业性质、竞争对手，完成了价值链分析，就应该在规划的过程中合理构建行业情景。不了解情况，就无法构建有效的行业情景；如果企业缺乏基本的规划技巧，行业情景的构建也就不应该纳入企业的规划过程中。利用情景的最佳方式是引导战略的选择，而不是验证某种战略是否有效。

各业务单元并不需要每年都做一次行业情景的构建或者修改。只有行业出现不确定因素时，才需要构建行业情景，但是不定期构建行业情景就有可能让管理者忽略行业中的关键不确定因素。行业情景要求人们采取有创意的方式来寻找可能出现的结构变化。行业情景构建的频率必须依赖高层管理人员对业务单元经理的客观性和远见的信任程度。

使用行业情景面对的一大重要组织问题是理解发现不确定因素和管理层实际

付诸努力去应对这些不确定因素之间的关系。行业情景强调行业中出现的不确定因素，而机构上下对待已经选定的战略不遗余力地执行，就能更加成功地执行战略，其成效也越发明显。这表明应该由业务单元的管理团队来构建行业情景，但组织上下传达的只是选定的战略而不是行业情景。组织能够应对的不确定因素和模糊的情况也只有这么多了。

构建行业情景时公司的作用

公司规划小组或者其他公司层面的管理人员在行业情景中占有重要地位，但行业情景应该在业务单元层面上构建。

宏观情景作为参考。公司团队可以为业务单元提供宏观情景，作为构建行业情景分析的一部分。宏观情景可以拓展业务单元经理的传统思维模式，如果只从业务单元的角度思考，很难构建行业情景。

技术预测。公司规划团队可以管理或者支持核心技术领域或者对许多行业有重大影响的技术预测，这一点我在第 5 章中已经提及。这类研究能帮助业务单元经理拓展有关其对行业的技术影响，这就是不确定因素的关键来源。

培训和挑战。企业规划团队在有关行业情景的应用方面提供培训和指导服务。构建情景是一项复杂的任务，有了经验，且能和公司分享经验，业务单元经理就能更加妥善地完成行业情景的构建。

除了培训外，在理顺行业变量、决定最重要的行业变量、明白客观的概率、思考以最低的成本多手准备或者保持灵活的战略以及采取措施影响情景发生时，从旁观者的角度能够获得更加有效的见解。

公司风险分析。在分析每个业务单元的行业情景后，高层经理就能够确定对多元化企业有着广泛影响的情景变量。我们有能力对某个特定的情景变量对企业总体的影响进行评价。当某个情景变量对企业的作用较大时，有些业务单元战略就应该修正。同时，如果一个行业情景能影响诸多行业情景，为此做出大量的投资也值得。这种风险分析的方法是建立在业务单元对不确定因素全面评价的基础上的。许多企业对待公司风险从上而下的分析方法是建立在局外人对每个业务单元的风险的总合和简化的风险基础之上的。

行业情景和创意

绝大多数战略规划是建立在对未来的单点估计基础上的，通常还包括管理层的最佳猜测。很少有企业有能力提前洞悉竞争环境的基本变化，并以有创意的方式来应对。行业情景是审视竞争中不确定因素的系统工具，可以由此明确决定关键不确定因素的情景变量。情景旨在拓展对待未来的思路，扩大企业决策选择的范围。情景是提升企业远见的一致性的有效手段。除了明确行业情景外，企业可以通过战略的选择（施加影响、多手准备、保持灵活）或者在有效管理风险的前提下进行选择等方式来减少不确定因素带来的影响。行业情景还可以表明对未来做出错误估计的结果，以及在预测的过程中获得的关键影响。因此行业情景是提升战略规划创意能力的基本工具。它们不能保障创意能力，但却能大大提升企业决策和战略制定的创意。

行业情景工具本身并不足以制定战略。但是，情景为企业在不确定的条件下制定战略提供了分析框架。情景工具与多种理解行业结构的重要理论工具、竞争对手的行为和竞争战略结合时，就成了战略家重要的武器。

14 防御战略

每个企业都会受到竞争对手的攻击。企业主要面临两类竞争对手的攻击：刚入行的新企业和业内努力重新定位的老企业。我将使用挑战者这个概念来描述这两类企业。妥善执行的进攻战略构成了应对挑战者攻击的最佳防御。企业必须不断投资，通过提升自己的相对成本地位来获得竞争优势，这样的差异化战略将很难遇到对手。就算实行了激烈的抵御战略，防御战略依然发挥着重要的作用。企业通过自己选择的竞争方式加大竞争对手进攻自己的难度。

防御战略旨在降低竞争对手进攻的概率，引导竞争对手在威胁性较小的领域里对自己发起进攻，也可以减少进攻的强度。防御战略不会提升竞争战略本身，但会加强竞争优势的持久性。几乎所有有效的防御战略都要求投资，企业可以放弃某些短期的赢利能力来提升竞争优势的可持续性。最成功的竞争战略综合了进攻和防御手段。

本章描述了防御战略的原则。防御战略依靠影响竞争对手的决策过程，旨在降低竞争对手作为挑战者挑战自己的资格或者地位。企业可以降低竞争对手挑战的动机或者提升竞争对手的进入或者移动壁垒。由于竞争对手发起进攻的特征随着时间的变化而变化，适当的防御步骤能够改变竞争的进程。我将在本章描述防御战略的发展进程，企业可以参考防御战略的范围及其重要的特征。接着我将阐明企业在特定的行业里确定最有效的防御战略的过程。最后，我还将描述企业应该从行业中退出而不是继续加大投资进行防御的原因。

进入或者重新定位的过程

实行防御战略，要精确理解挑战者对待企业以及挑战者提升战略地位等多种战略的赢利能力，必须意识到新企业或者老企业的进攻及其决策和行动的时间和阶段，由此才能制定防御战略。适当的防御战略必须依据整个过程而非某个行动制定。适当的防御模式会随着进攻的进程而发生变化，在此过程中，挑战者的投入程度和投资力度会有所变化。

进入或者重新定位的过程包括4个阶段。我将首先讨论新进入者的情况，然后说明这几个阶段如何适用于业内资深的企业进行重新定位。

准备期。这是新企业进入前的准备阶段，在此过程中需要分析行业准入目标。新手企业在此过程中所做的投资主要受市场研究、产品和工艺技术发展、与投资银行就兼并等事宜进行接触等因素的限制。由于企业入行的目的很难为人所知，这个阶段最难确定。在准备期结束的时候，很多企业决定不进入行业。

进入期。在这一期间，新企业为在行业内确立基本的地位而投资。这个阶段涉及的活动包括持续的产品和工艺技术开发、测试市场、全国拓展、组建销售团队和厂房建设。新进入者希望在这一个阶段结束时，在行业内确立可靠的地位。进入期可能持续几个月或者几年时间，主要取决于建立企业初始地位所需要的时间。在服务性企业中，比如饭店，进入期需要几个月时间。在自然资源行业，进入期可能需要5年甚至更多。

次序期。在这一期间，新进入企业的战略从进入战略转变为长期的目标战略。这个阶段并非在每次进入时都会发生，但却能反映许多行业依次序进入战略带来的好处。宝洁公司进入消费类纸制品行业就是一个例子。宝洁公司收购了查敏纸业——一家品牌名声不响的地区性企业，然后通过全国化重新定位自己的战略，大力投资广告，改进产品。在次序期，新进入者可以采取各类措施，拓展其产品线、实施垂直一体化或者扩展自身的地理覆盖范围。这些活动要求企业不断对行业进行投资，即使在企业站稳了脚跟后，还要继续投资。

后进入期。这是企业进入行业后的时期。进入这个阶段，新企业将转移投资到需要维持或者保护自身行业地位的领域里。

行业已有企业的重新定位也需要类似几个过程。竞争企业首先考虑重新定位，然后开始对重新定位进行投资，最终实现一直追求的竞争地位，也可能实现不了。颇具规模的企业可能通过一系列步骤重新定位。因此，挑战者重新定位的初始举动往往不能表示其最终的目标战略。

进入或者重新定位的过程对于防御战略非常重要，原因如下。首先，挑战者对战略的投入在不同阶段有所不同。通常情况下，在进入或者重新定位的过程中取得了一定的成功，则挑战者就会加大自己的投入。企业一开始对进入或者重新定位的过程的投入程度不同，反映了企业管理层对待进入或者重新定位决策是否恰当的看法，也表明了企业对可利用机会的观点。然而，在做出决策后，随着时间的流逝，将使用必要的资源，从而获得战略进展，投入程度往往也会提升。挑战者的投入程度是防御战略的关键，因为它反映了企业阻止或者限制挑战者目标的难度。

随着进入或者重新定位的过程的进展，退出和收缩壁垒也有可能提升。退出和收缩壁垒较高，使得驱逐挑战者或者使其限制或减少目标的做法更难开展。随着挑战者对专业资产、长期合约、与兄弟业务单元开展的横向战略以及针对产品或者工艺开发所做的投资等投入的加深，退出和收缩壁垒将不断升高。在某些行业里，站稳脚意味着形成重要的退出壁垒。在其他行业中，挑战者可能把提升退出壁垒的风险延迟到进入过程。理解挑战者退出和收缩战略的高度及其随着时间推移而改变的方式是防御战略的关键。

挑战者投入得越多，退出壁垒越高，防御就变得越发困难。由于挑战者的投入会增多，退出壁垒也将不断上升，在制定具体的投资策略时，防御战略要分阶段制定执行，其时机非常关键。在防御者确定是否采取措施来提升退出或者收缩壁垒前，采取防御行动将给挑战者内部的决策过程投下一层阴影。明确设置价值链必要的高成本或者高风险投资可以估计挑战者采取的关键措施。防御战略的重要原则是在退出壁垒上升前采取防御措施。

随着竞争对手进入或者重新定位的进展，挑战者将不断学习。企业将产生一些关于最初决策的看法，有些是被经验证明的，有些是与其矛盾的。经验还会影响其对未来的看法。挑战者可以根据竞争对手入行或者重新定位的过程中一开始发生的事件来调整自己的战略，这使得防御者获得了改变挑战者信息和看法的重要机会。企业往往要比挑战者对行业信息了解更多，也有能力比挑战者更好地预测后者实施战略带来的影响。这还可以使企业影响挑战者的战略方向，从而使企业的负面影响最小化。

防御者必须努力阻止挑战者入行的努力和决心。在考虑到进入新行业需要承担的风险和采取的不确定措施时，管理者可能对挫折或者早期出现的成功或失败信号格外敏感。高明的防御者能防止挑战者实现其入行后的初始目标，努力改变行业竞争的规则，使挑战者怀疑自身针对行业吸引力或者行业定位的最初假设。

随着挑战者进入行业或者重新定位过程的进行，挑战者真正的目的将日渐明了，这对防御战略有重要的影响。在入行或者重新定位的过程开始前，企业只能揣测可能的新进入者或者有意对自己发起进攻的竞争对手的身份。一旦进入行业或者重新定位开始后，挑战者的身份就会被揭晓。一开始，挑战者的战略和长期目标并不清楚，随着时间的推移才会变得更加清楚。只有在次序期开展重大投资后，挑战者最终的战略才能为人所知。

企业不可能抵御所有竞争对手或者潜在竞争对手对自己发起的所有进攻，因此在挑战者出现前采取的抵御战略没有针对性，而提高普通防御战略成效的成本往往很高。一旦挑战者开始进攻，就要针对特定的挑战者制定防御战略。原则上，预计哪些企业最有可能成为挑战者及其可能出现的进攻路线，这样做成本较高。投资在最需要的地方，这样将大大提升防御战略的成本效益。

防御战略

防御战略旨在影响挑战者对进入行业或者重新定位预期回报的计算结果，让挑战者认定进入行业或者重新定位是不明智的决定，或使其采纳对企业威胁性较小的战略。为此，防御者要对防御战略进行投资。绝大多数防御战略成本很高，通过减少短期赢利能力，巩固企业的长期地位，可以提升其竞争优势的可持续性。然而，除非企业不惜一切代价阻止对手，否则绝大多数企业不可能完全排除进攻的威胁。

因此，防御者应该大力投入，将进攻的威胁降低到一个可以接受的程度，权衡进攻的风险和防御的成本。

所有防御战略都包含了三种防御战略：

- 提高结构性壁垒
- 提高挑战者预期的报复行为
- 降低进攻的诱因

第一种防御战略是提高结构性进入壁垒或者移动壁垒（见第 1 章）。结构性壁垒的存在降低了挑战者采取措施的预期利润。例如，通用食品麦斯威尔咖啡品牌在营销方面拥有规模优势，迫使挑战者在取得与企业大致相等的市场份额前，不得不承担相对较高的营销费用。这类高成本将减少挑战者进入行业后获得的预期利润，使其低于通用食品的利润，从而减少它对企业发起挑战的概率。

第二种防御战略是提高挑战者预期的报复行为。企业对挑战者发起报复会减少挑战者的收入或者提升其成本，因此影响挑战者的预期赢利能力。提高结构性壁垒、提高挑战者预期的报复行为，都能恶化挑战者在成本驱动要素或者独特性驱动要素中的相对地位，进而影响其竞争地位。

第三种防御战略涉及降低挑战者进攻的诱因。提升进入或者移动壁垒以及挑战者预期的报复行为会减少挑战者预期的利润，降低挑战者的进攻诱因，使企业接受更低的利润。如果企业降低价格或者从关联业务单元而不是行业内获得利润，挑战者即使成功发起了进攻，所得也会比较少。

在挑战发生前或者发生时，都可以使用这三种防御战略。一旦挑战开始，企业必须考虑其和挑战者之间的相对地位，还要考虑自己对待挑战者的行为可能会对其他企业产生的影响，比如鼓励和打击其他企业。不能也不应该根据传统的短期赢利目标来衡量针对防御战略的投资，这样做恰恰忽略了防御战略的目的。有意阻止挑战者的行为会降低企业的短期赢利能力来保证长期赢利能力。

提高结构化壁垒

第 1 章总结了一个行业内出现的结构化进入壁垒或者结构化移动壁垒。每个防御者都会对所有类型的壁垒产生影响。某些行业里，在广告、营销团队、厂房生产能力和开展其他业务所必要的活动上的开支（不考虑防御因素）产生了较高壁垒的副产品。如果开展的活动自然产生的壁垒非常高，企业就很幸运，不必继续在防御战略中投资。但从长期看，有必要加强投资，在自然产生的壁垒基础上加固、提升壁垒。

虽然积极提升价值链竞争优势的举动能够提升结构化壁垒，但我在这里主要阐述的是提升壁垒的防御措施。提升结构化壁垒的防御战略就是封闭挑战者发起进攻的逻辑渠道，其中最重要的几项如下。

填补产品或者定位缺口。当企业填补产品系列的缺口或者预先采取了挑战者可能想要采用的营销主题时，挑战者就会被迫与防御者进行正面交锋，使其无法占据商业据点，也不能制定高价弥补其高成本。填补缺口有多种方式。

- 扩大产品范围来填补可能出现的产品空当。精工收购手表品牌脉冲星，遏制了西铁城和天美时在低端产品领域对自己开展的进攻。
- 引进与挑战者拥有或者能够利用的产品特征定位匹配的品牌。这种防御或者对抗行为在不损害主要品牌的定位的前提下提升了壁垒。
- 在次级产品系列或者次级营销活动中使用营销主题，以避免竞争对手使用这类营销主题。
- 为了打消竞争对手拓展生产范围的念头，在与竞争者产品类似的产品中采用防御性低价战略（第7章）。
- 鼓励友好互利型竞争对手在不威胁企业自身的前提下填补产品缺口（第6章）。

不能期望防御性产品种类和营销活动与企业的核心业务取得相同的利润，防御性产品的价格必须反映其防御性质，但是这类产品或者营销举动的防御性价值不一定要求企业对其大肆投入。就算填补市场缺口的产品没有对应的积极推广策略，其存在本身就能对竞争对手产生一定的威胁，从而起到延迟作用。提升壁垒能让挑战者有更充分的理由认定自己会遭遇企业对其开展更强的报复。

封锁渠道途径。当企业加大了挑战者获得销售渠道的难度，就为其设立了一大重要的结构化壁垒。这不仅可以针对企业销售渠道制定防御战略，还可以通过封锁销售渠道，使挑战者无法找到进入企业拥有渠道的跳板或者替代渠道。例如，挑战者经常会使用自有品牌渠道来提升销售量，增进自身的经验。

封锁渠道的策略包括以下几点。

- 与渠道商签订独家销售协议。
- 向渠道商供应整个系列的产品以填补产品种类的空当。这样，竞争对手要想在行业内站稳脚跟就更难了。
- 扩展产品范围，包含产品的所有尺寸和形式，进而填充渠道商的货架或者仓位。
- 采用捆绑销售或者分拆销售方式，减少自身被挑战者攻击的可能性（第12章）。
- 按照渠道商的整体购买额度提供销售量或者价格折扣，打消渠道商与新供应商接触的积极性。
- 企业为其产品提供具有吸引力的售后服务支持，促使渠道放弃自身在售后支持人员和设备方面的投资。
- 主动向自有产品经销商供应产品，防止挑战者占领这类销售渠道。
- 鼓励友好互利型竞争对手在不威胁自身的前提下占领销售渠道。

提升买方的转换成本。企业可以通过提升买方的转换成本提高壁垒。我已经在本书第4章和第8章描述了提升转换成本的方式。在防御战略中常用的方法包括以下几点。

- 免费或者低价为买方人员提供培训，帮助他们掌握应用或者维护企业产品的能力，或者帮助他们在诸如纪录保持一类的特殊程序中支持从企业买入产品的行为。例如，通过为买方人员提供培训，佳斯迈威就有效地提高了屋顶承包商购买屋顶材料的转换成本。
- 参加与买方共同开展的产品开发活动，或者向买方提供应用工程支持，辅助买方将企业产品融入买方的产品或者工艺应用过程中。
- 通过使用专有的计算机终端，建立与买方的联系，促成直接订购或者询价的发生，或者在企业的计算机上通过维护买方数据库加强与买方的联系。

- 拥有在买方场所应用的厂区储备设施或者设备。比如在车用油行业，主要的供应商在车库或者修车店附近拥有大容量的油箱。

提高挑战者为顾客提供试用产品的成本。如果挑战者让买方试用其产品需要承担高昂的成本，则会面临很高的壁垒。提升壁垒要求企业理解最先购买产品的种类、最有可能参与产品使用的买方类型以及最有可能购买挑战者产品的买方。要封闭竞争对手产品试用的途径，主要有下列几个步骤。

- 有选择地降低优先被购买的产品价格。
- 对有可能参与挑战者产品试用的买方提供优惠的折扣券或者试用服务。
- 通过打折或者交易提升买方购买量、延长订购间隔、延长合约期限。所有这些措施都能阻碍挑战者获得订单。
- 宣传或者透露即将出现的新产品或者价格变动的有关信息，使买方推迟购买。

采取防御措施增加规模经济。如果规模经济增加，就会提高经营壁垒。可以在广告、技术发展等领域增加规模经济，这些领域的规模经济的临界值往往是由竞争状态决定的。通过提升企业在技术发展中的开支，进而提升新产品的开发速度，企业能够提升挑战者需要对技术开发所做的投资，这些投资分摊在小规模销售上对竞争对手来说很不划算。在由竞争型开支水平而非技术决定的最小规模的价值活动中（第 3 章），企业可以卓有成效地提升规模经济，这意味着企业需要在拥有成本优势的领域里开展差异化（第 4 章）。

采取防御措施提高规模经济的临界值有多种方式，具体有如下几种。

- 增加广告开支。
- 增加投入，促进技术变革的发生。
- 减少需要固定或者半固定发展成本的产品模型的生命周期。
- 增加销售人员或者扩大服务范围。

采取防御措施提升资本要求。假如企业能够提升竞争需要的资本数量，挑战者就会对行业望而却步。很多提升起步成本的防御战略能够在实际中提升挑战者的资本要求，有些防御措施对资本要求有着特定的影响。

- 提升为经销商或者买方融资的数量。
- 增加保修范围或者放宽收益政策。
- 减少产品或者零件的交付时间，明确需要提升的存货数量或者额外生产能力。

杜绝其他可用技术。如果企业能够杜绝挑战者采用某些技术，就能阻止挑战者对自己发起进攻。杜绝技术使用的方法有如下几种。

- 对产品或者工艺可行的其他技术进行专利申请，比如施乐在复印机行业初期发展阶段卓有成效地获得了诸多专利。
- 通过采购许可、保留采用其他技术的试用车间、与拥有其他专业技术的企业建立合作关系、使用其他技术生产产品等途径，保证企业在其他技术开发过程中的参与度。所有这些策略都能让挑战者知道企业如有需要，就能获得其他技术。
- 授权或者鼓励友好互利型竞争对手采用其他备选战略（第 6 章）。
- 通过价值信号显示，表明某些技术措施不可行。

在保护专有知识方面大力投资。假如企业能保护自身在产品、工艺或者价值链上其他活动的专有知识，就相当于提升了壁垒。企业常不具备系统的项目来限制专有知识的传播。基于第 5 章的讨论，这样一个系统的项目应该包含下列要素。

- 严格限制对设施或者人员的使用和接触。
- 自行制造或者改进生产设备。
- 关键零件实现垂直一体化，避免将专有知识传递给供应商。米其林在轮胎业务上就积极地采取了这一措施。
- 积极申请发明专利。
- 对所有侵权者提出诉讼。即使诉讼获胜概率较小，也会延迟挑战者的投资行为。

巩固与供应商的联系。如果企业能够阻止或者限制挑战者接触最佳的原材料、劳动力或者其他投入要素，就能提升壁垒。典型的措施具体如下。

- 与最佳供应商签订独家采购协议。
- 采用后向一体化，部分或全部拥有供应商，排除供应源外流。
- 需求过剩时，可以选择关键的地点（如矿、林地等资源）来预防竞争对手染指。
- 鼓励供应商定制自身的价值链来满足企业的需要，提升供应商转换成本或者服务新的竞争对手。
- 签订长期的采购合约占用供应商的生产能力。可口可乐公司据说在采购高果糖玉米糖浆（一种糖的低成本替代物）时，就采用了这项战略。

提升竞争对手的投入成本。如果企业能够提升挑战者的相对投入成本，就能提升壁垒。要做到这一点，主要依赖竞争对手或者潜在竞争对手的成本结构的差异。由此给定的投入要素价格变化能对竞争对手产生更大的影响。提高竞争对手投入成本常见的策略如下。

- 避开同时服务于竞争对手或者潜在竞争对手的供应商，提升这些供应商的成本，避免将一些企业的规模经济通过供应商转移给竞争对手。
- 抬高那些在竞争对手成本结构中占据比例较大的劳动力或者原材料的价格。

采取防御措施实现关联。企业可以通过利用竞争对手难以实现的关联来降低成本或者提升差异化程度（第9章）。同时，竞争对手采取的关联，如果企业无法与之匹敌，就是企业需要防范的威胁。防御措施方面的考虑可能意味着企业追求特定的关联，包括进入新的业务领域来提高自身的防御地位。

鼓励提升壁垒的政府政策。政府政策可以在产品或者工厂安全、产品测试和污染控制等领域成为主要的结构壁垒。这类政策能够提升规模经济、资本要求以及其他潜在的壁垒，企业也能按照有利于巩固自身地位的方式来影响政府政策的性质。具体而言，企业可以做到以下几点。

- 鼓励严格的安全和污染标准。
- 根据法律法规，挑战竞争对手的产品和做法。
- 支持大范围产品测试的要求。
- 游说通过贸易融资或者其他有利的贸易政策来应对国外的竞争对手。

建立合作关系提升壁垒或者与挑战者合作。与其他企业建立合作能以多种方式提升壁垒，上文已经有所阐述，包括提前驱逐竞争对手、使用其他技术或者填补产品空白。同时，与潜在的挑战者合作，将威胁转化为机会。

提高挑战者预期的报复行为

第二种防御战略是提高挑战者预期的受到企业报复的威胁。这类报复威胁主要取决于挑战者对报复的认知及其严重程度。对于防御者来说，可以采取多种手段来显示其对潜在挑战者报复的信号。例如，陶氏化学公司多年来为满足市场中对镁的需求，加强了生产能力，表明它捍卫自己市场份额的决心。如果陶氏化学公司没有这样大肆扩展生产力，很多挑战者恐怕早已决定进入该行业与之竞争了。

通过表明企业试图捍卫其地位、创造条件为企业必然采取的报复行为铺路或者表明企业有雄厚的财力和人力来对挑战者实施报复，就能增加挑战者受到报复的威胁程度。潜在挑战者感受到了企业报复的威胁，就会受到企业行为的影响。企业以往如何打击报复竞争对手，这些历史会影响挑战者，尤其是企业过去如何对付挑战者会在很大程度上影响挑战者。企业必须仔细管理自己在实际或者潜在竞争对手心目中的形象。提升挑战者感知的可预见的报复行为包括以下几点。

- 显示防御的决心。企业如果不断显示其防御自身地位的决心，就能大大提升挑战者可预见的报复程度。
- 从公司层面表示业务单元对于企业的重要意义。
- 公开声明提前构建充分生产能力的重要意义。

这样的信号能够也应该通过所有现存的渠道开展，包括公开声明、行业刊物、分销商和买方，从而实现最大的防御效果。

显示初期的壁垒。绝大多数有效提升结构化壁垒的策略要求企业大力开展投资。但是，企业有时候通过市场信号或者部分投资可以实现同样的效果。规划行动的市场信号或者部分投资的目的在于，提升未来挑战者预计的企业对其开展的报复程度。例如，企业还可以公开或者披露有关新产品生产、对抗品牌或者新工艺技术等信息，来增加挑战者对风险的感受程度，企业放出这种风声，让挑战者觉得威胁近在咫尺。这些市场信号能使竞争对手延迟未来开展行动的决定，直到获得更多的信息来判断这些信号是否可靠。IBM经常提前发布新产品的信息。

确立封锁地位。企业通过在竞争对手或者潜在竞争对手占据的其他国家或者行业内的封锁地位或者防御地位，可以获得报复工具（第9章）。封锁了竞争对手在某些能获得不成比例的现金流或赢利能力的业务单元中的地位，为企业开展有效的报复行为提供了基础。

相比企业所在的核心行业，在企业所占据地位较低的行业里开展价格战或者其他报复性行动的成本更低。确立封锁地位的价值就体现在这个原则上。相比直接报复，封锁地位还是一种风险较小的报复行为，直接报复很有可能引发斗争的升级，且连累友好互利型竞争对手。

兑现参与竞争的承诺。企业如果努力在价格或者其他方面追赶竞争对手提供的产品（我们不甘落后），就提升了挑战者对其开展的报复行为的期望。企业公然采取这样的立场会阻止挑战者通过折扣获得竞争地位，尤其是当企业曾经公开兑现过自己的承诺时。当然，在竞争对手眼里，企业必须有能力兑现自己的承诺。

提高退出或者丧失份额的代价。所有提升企业保持自身市场份额的经济需要（提升收缩壁垒）的事件，都是企业认真开展报复的手段。

- 先于需求构建生产能力。
- 针对固定数量的投入要素签订长期的供应合约。
- 提高垂直一体化。
- 投资专业设施。
- 提高退出固定成本的公开合约关系。
- 企业利用内部业务单元之间的联系表明其在行业中必胜的信心。

市场份额丧失额度的增加或者退出壁垒的提升无疑会给企业带来风险，公司不得不为之付出昂贵的代价。然而，这和其他绝大多数有效的防御战略一样能通过提升竞争地位的可持续性来提高丧失市场份额的成本或者风险。

积累报复的资源。如果企业已经具备了开展有效报复所需的资源，那么给挑战者造成的报复威胁就会大大提升。展现报复能力的途径有以下几个。

- 保持充裕的现金储备或者流动性（作战储备）。
- 准备新型号或者新产品的生产，并对外透露这些新产品的上市计划。

鼓励友好互利型竞争对手。友好互利型竞争对手能够增加许多行业发生报复行为的威胁，能够第一时间抵御挑战者（第6章）。竞争对手的存在，还能合理地引导挑战者对对手发起进攻。

树立榜样。通过对待并非具有真正威胁性的对手以及具有威胁性的挑战者，企业能给其他企业树立积极对抗的印象。对待不具威胁性挑战者的决策，其实能体现企业对抗真正挑战者到底的架势，这就是防御战略的价值所在。积极回应某个挑战者能给所有挑战者发出明确的信号。

建立防御性联盟。与其他企业建立联盟，影响上述诸多因素，能大大增加企业对挑战者开展报复的威胁。例如，与其他企业的联盟能为企业确立尚不具备的封锁地位，使其获得报复资源。

企业对其挑战者开展报复威胁手段的增加也提高了企业承担的风险水平。当然，这也表明这些策略对竞争对手而言有格外重要的意义。因此，企业如果打算通过这种方式来保持自己可持续性的竞争地位，就必须做好准备进行投资。

受到攻击时开展的报复

我在上文描述了企业通过让挑战者更多地感受到可能受到企业的报复威胁，进而预防其进攻。进攻开始之后发生的情况对挑战者来说尤为重要。期间，挑战者急需企业遭受进攻后的消息，对一开始的进攻措施能否奏效格外敏感。挑战者往往把最初的成败看得过于重要，以此作为未来长期规划的基础。因此，就算防御者对之实施的报复持续不久，也能影响挑战者对未来的期望。一般而言，快速积极的报复是限制进攻的必要手段。

一旦开始了进攻，很多传统的策略都可能实施，因为企业知道了挑战者的身份，对其采取的策略有所了解。

瓦解测试市场或先导市场。有很多举措可以瓦解市场进入行为，混淆挑战者对早期进入结果的分析和判断。宝洁公司是竞争对手测试市场里一位强悍的对手。其强硬的行动可能会加剧挑战者对其地位不确定性的感知，或者使其对未来丧失信心。典型的瓦解性举措包括以下几点。

- 高开支、不定期的广告活动，优惠券或者样品试用服务。
- 低成本服务、质保或者以旧换新服务。

赶超战术。如果企业能在挑战者发起进攻的时候推出新产品或者新工艺，就会大大打击挑战者的积极性。尤其当这类举动迫使挑战者在花费了大量资源为了保持自身的竞争地位急需投资的时候，更是如此。

诉讼。诉讼能提升挑战者进一步投资的风险或成本，进而拖延挑战者进入的过程。报复时采取的诉讼方式如下。

- 增加了挑战者产品或者工艺未来不确定性的专利诉讼。
- 针对挑战者的进攻策略提起的反托拉斯诉讼。
- 质疑挑战者产品有关性能保证的诉讼。

降低进攻的诱因

第三种防御战略是降低挑战者的进攻诱因，而不是提升挑战者进攻的成本。从广义来看，利润是促使挑战者开展进攻的主要诱因。挑战者认定进攻能得到的利润主要取决于企业自身的利润目标以及潜在挑战者对未来市场条件的预期。

减少利润目标。企业获得的利润是显示企业竞争地位吸引力的明显标志。防御战略的本质是确定可维持的价格和利润水平。很多企业因为过于贪婪而招致对手的进攻，企业可以有意选择放弃当前的利润来减少进攻的诱因，这就意味着降低价格、提升折扣等。

结构化进入或移动壁垒、报复的威胁与企业的赢利能力之间存在某种平衡。如果企业的赢利能力很高，挑战者会试图穿越较高的壁垒或者奋起反抗企业在其进攻后发起的报复措施。比如在具有较高赢利记录的行业里，包括油田服务和制药行业中，就吸引了很多企业大肆投资试图进入行业，哪怕需要克服较高的进入壁垒，对抗诸多强大的竞争对手也在所不惜。比如美国天合公司进入油田服务行业，而宝洁公司进入了制药领域。很多受到这些行业高利润吸引的新企业没能仔细考虑进入成本，常常低估所需要的投资。同理，在具有周期性的行业里，暂时的高利润往往被误认为长期的赢利机会。过于贪婪往往使企业在遭受挑战者进攻、地位受到威胁时，采用隐秘或者明确的收割战略。

管理竞争对手的看法。挑战者有关未来行业前景的假设可能促使其对企业开展进攻。如果挑战者相信行业正经历爆炸性增长，不管壁垒有多高，它们都会对企业发起进攻。正确管理竞争对手的看法在第6章已经阐述。虽然企业不能促使潜在的竞争者放弃有关行业的真正看法，但防御战略可以更切实际地得出针对潜在竞争者的假设。可以采取的措施包括以下几点。

- 公开真实的内部增长预测。
- 在公共论坛上讨论真实的行业看法。
- 资助质疑竞争对手不真实假设的独立研究。

一般而言，防御战略会影响竞争对手对报复行为、壁垒行为等情况的看法。影响竞争者有关未来行业条件的看法是这项任务的重要组成部分。

评价防御战略

上述防御战略因不同企业的特征而有所不同，是否适用于企业也要视具体情况而定，企业必须按照自身面临的潜在威胁来决定哪些战略最有效。可以采用以下几种重要的测验来评价防御战略的作用。

对买方的价值。企业应该选择对买方最有价值的防御战略（第4章）。很多防御战略涉及投资，包括广告开支、品牌对抗和某些产品种类的降价行为等。针对买方的战略，一定要让买方明白其价值，才能具有防御性作用。假如广告开支的增大没能提升买方意识或者顾客忠诚度，这些措施就不具有防御性价值，因为挑战者没有必要增加自己的广告开支。假如买方对赊账很敏感，则提供更多的赊账能迫使挑战者提供同等水平的赊账条件，否则就会面临竞争劣势。

提升了差异化战略同时能增强企业竞争力持久性的防御战略在一定程度上保证了投入对应的回报。买方对防御战略的反应，不一定要完全抵偿成本，只要让那些无法赶超企业防御战略的挑战者处于竞争劣势即可。广告开支的增加对应的防御性价值不应该只用增加的销售额来衡量；要明确这些投资是否值得，还要看该项措施能否促使挑战者投入更多的广告消费来进攻企业的竞争地位。

成本不对称。企业应该选择防御战略来使潜在的挑战者处于最大程度的相对成本劣势上。防御战略的有效性取决于企业采取防御战略的成本和挑战者需要承担成本之间的权衡。例如，某大型企业增加全国网络电视广告，通常会使市场份额较小的竞争对手需要增加更大比例的广告投入，才能赶超大型企业巨大的影响力，因为全国网络电视广告受制于全国市场份额驱动的规模经济的影响。引进新产品的生产也能使挑战者承担的成本大大超过企业的成本，因为新产品的开发成本基本上是固定的，而挑战者必须在占较小份额的最初销售的产品上分摊这些成本。相反，降价措施也能使企业承担比挑战者更多的成本。有句老话说得好，傻瓜都能降价。企业如果采用削价的方式来自保，往往要比挑战者付出更大的代价。

成本不对称源于企业和挑战者在诸如规模、学习、地点或者关联等成本驱动要素方面的相对地位。企业应该选择能更多地提升自身而不是挑战者成本地位的防御战略，往往这些措施是企业在差异化战略中具有成本优势的原因（第4章）。在某些行业里，加大广告力度会使竞争对手处于极大的竞争劣势中，而在其他行业，则可以增加销售队伍的规模。第3章描述的分析成本行为是我们确定成本不对称的起点。

防御战略的成本不对称受到战略具体针对性的影响，究竟是普通意义的防御，还是针对特定的攻击渠道或者具有威胁性的挑战者，会有很大的不同。战略必须有广泛的应用基础（例如一系列削价），且比那些针对具体产品削价的措施承担更高的成本。例如，只针对新买方最先可能购买的产品实施降价战略，其成本肯定要比全体产品降价小得多。优秀的防御战略要求防御性投资很具体，直接针对那些最有威胁性的项目。

成本不对称战略还取决于相关的挑战者。比如，挑战者是新成立的企业还是大型成功的消费品公司，企业增加全国广告开销对其的影响皆不同。防御战略的成本不对称是相对的，而不是绝对的。

成效的可持续性。企业应该选择具有持久效应的防御战略。任何防御战略的成本效益都取决于企业为保护其防御价值所需要进行的再投资。广告开支增加的影响比较深远，远远超过了现阶段可见的影响。企业为了保持其壁垒，也许不断对广告进行投资。投资生产工艺行为，不会立竿见影，起码不像克服壁垒的投资那样速战速决。同理，投资阻止挑战者接触供应商的行为能产生持久的壁垒，但需要的再投资却不多。如果企业不能创造长期的壁垒或者可靠的长期报复威胁，就无法证明企业应该或者大力开展防御战略并投资。为了进入行业或者对自身的竞争地位进行收割，企业应该对降低挑战者进攻的诱因进行投资。

信息清晰度。企业应该选择自己坚信挑战者能感受并认识到其意义的防御战略。竞争对手对行业经济的理解以及认识价值信号的能力各不相同。它们有可能遗漏某些信息，甚至误解某些战略。一般而言，涉及价格、信用、广告、销售团队和新产品的战略比较明显，而那些涉及间接信号（例如公然的生产能力拓展）、工艺变化或者提升退出和收缩壁垒的战略则不太明显。

留意并理解防御战略的可能性不仅取决于战略本身，还要取决于面对的挑战者。缺乏一套成熟成本体系的竞争对手往往无法理解防御战略对自身成本地位的影响。此外，挑战者针对行业以及企业的假设会影响其对企业行为的解释。

可信度。企业应该选择可信的防御战略。挑战者认真对待不同防御战略的程度各不相同。除非挑战者认定提升了壁垒的防御战略是竞争的永久或者持久特征，否则这种防御战略并不足为信。是否拥有资源开展报复，以及向世人宣告报复的决心将影响报复威胁的可信度。

对竞争对手目标的影响。企业应该选择那些对其潜在的竞争对手有着量化影响的防御战略。由于挑战者的目标各不相同，并非所有的防御战略都有相同的效果。针对与企业有着同类所有者结构的竞争对手的有效防御战略，未必就能对国有企业有同样的防御效果。同理，挑战者对一开始遭遇的损失或者获得的短期利润的敏感度各不相同。经理有时候抱怨企业受到了非理性的攻击，但看似非理性的攻击往往起源于挑战者与企业具有不同的目标。因此，防御战略应该能够反映挑战者而非企业的目标。

其他结构性成果。企业应该选择那些对行业结构具有积极或者中性影响的防御战略，避免那些永远侵蚀行业结构的战略。提高转换成本、鼓励替代的新产品的诞生，就比降价战略更有效，后者提升了买方的长期价格敏感度。提升了挑战者认定企业实施报复预期的战略不可避免地会提升行业的竞争压力。提高退出壁垒可能会增加行业内竞争对手对抗的风险。行业领导者往往能通过自己的防御性措施影响整个行业结构。

防御战略还可能伤害友好互利型竞争对手。增加广告开支或者降低价格可能会降低友好互利型竞争对手的竞争地位，影响其发挥第 6 章描述的积极作用的能力。友好互利型竞争对手必须意识到企业采取的这些防御战略并不是针对自己，而是其他挑战者。防御战略不能在真空状态下设置，必须清醒地认识其结构性影响。

同行的赶超行为。企业采用的防御战略如果被其他对手模仿，往往对抵御新企业入行比较有效。同行的赶超行为表明，当潜在的新进入者在攻击行业内的其他企业时，对手采取防御战略所做的投资不可避免地产生了各种壁垒。小型的竞争对手对防御措施投资不够，可以从行业领导者那里获得搭便车的福利。在某些行业内，企业通过推动其他企业对防御措施采取行动，能获得较好的战略优势。在这些行业中，新企业入行带来的威胁要大于行业内已经存在的同行企业。

防御战略

与进攻战略相结合，明确的防御战略能提升企业具备竞争优势的可持续性。防御战略的主要形式是阻止——防止挑战者一开始发动进攻，或者打消其进攻的念头，减少其威胁性。另一种防御战略是回应，即企业对挑战者的行动做出回应。企业的回应旨在降低挑战者采取行动的目标或者引导挑战者解除这些目标。在阻止和回应两种防御战略中，重要的原则是改变挑战者对进攻行动吸引力的评估。

阻止

一旦挑战发生，阻止的成本往往比对抗的成本低。除非企业深刻理解威胁的性质，否则无法阻止挑战者的行为。军事战略中的防御准则是，战线四周的敌人防不胜防，要全面防御，代价将十分惨重。这一原则在竞争战略中同样适用。企业必须决定哪些竞争对手或者潜在的竞争对手最危险以及它们可能的行为方式。唯有如此，才能采取正确的防御战略。第 13 章中描述的情景是检验防御的有效工具。

阻止中最重要的措施具体如下。

1. 彻底理解现存的壁垒。企业必须清楚地了解当前行业内存在的进入和移动壁垒及其具体的起因和变化方向。企业受到规模经济的保护吗？获得渠道是否很困难？这种困难产生的原因是什么？导致差异化的价值活动是什么？企业成本地位和差异化战略的来源是否具有可持续性（第 3 章和第 4 章）？

现有壁垒的高度影响了竞争对手对企业地位的威胁。如果壁垒在下降，企业想要保持其赢利能力，就必须重建或者替换这些壁垒。当前存在的具体壁垒还决定了挑战者可能采用的战略，影响企业的防御战略在哪些方面开展最有成效。受到高渠道壁垒保护的企业很有可能面临竞争对手创造新渠道而非侵蚀现有渠道的举措。相反，规模小、管理费用低或者不具备多种可持续性成本壁垒的企业往往会受到那些满足于低投资回报率的小型竞争对手的攻击。挑战者往往努力通过绕行现存壁垒或者在一定程度上使壁垒失效的方式来进行（第 15 章）。

要充分利用行业壁垒，企业必须精确地理解每种壁垒的具体来源。在住宅屋顶产品行业里，企业必须意识到规模经济主要受到地区规模的驱动，影响因素包括高昂的交通费用、经济生产和销售团队利用以及产品组合的地区差异等。如果屋顶产品企业认定规模壁垒，但并不理解规模壁垒的具体行为，则有可能实施错误的防御战略。

2. 预期可能出现的挑战者。企业必须对最有可能挑战自己的企业有所预期，包括潜在的新企业或者试图重新定位的成熟竞争对手。知道哪些企业可能是挑战者是集中精力开展防御性投资的关键。壁垒的高度和报复的影响与挑战者的身份相关，但这并不是绝对的。在车用油行业内，潜在的入行者要面对嘉实多、奎克州立公司和其他主要石油企业。鉴于这些巨头拥有的资源，诸如资本和规模等壁垒，对于独立的新进入者来说，就变得不那么重要了。

预测哪些企业可能成为挑战者，需要回答以下三个问题。

有哪些现有的竞争对手对现状不满意？最有可能成为挑战者的企业就是那些对现状不满意的现存的竞争对手。总是无法实现自身目标的竞争对手往往有可能重新定位自己。评估竞争对手的假设、战略和能力应该能显示它们能否按照对企业有威胁的方式重新定位。重新定位时，友好互利型竞争对手（第 6 章）比恶劣的竞争对手带来的威胁更小。企业收购竞争对手也可以改变竞争对手的目标，甚至产生潜在的挑战者。比如，在啤酒行业，菲利普莫里斯收购米勒就是与安海斯布希公司进行激战的前兆。

谁最有可能成为潜在的新进入者？决定哪些现有竞争对手最有可能重新定位并不容易，预计哪些企业可能进入行业更是难上加难。确定潜在的新进入者可以分离那些已实施活动、自然进入行业的企业。最普遍的潜在的进入企业包括以下几类。

- 在其他领域竞争的区域性竞争对手。
- 当前并没有在国内运营的外国企业。
- 有可能开展前向整合或者后向整合的企业。
- 可能实现有形关联、无形关联或者通过入行确立封锁地位的企业（第9章）。

区域性企业往往会进入其他地区或者在全国范围内竞争。近来，这已经成了食品行业非常普遍的战略。许多重要的食品公司，包括联合食品公司和亨氏公司收购了很多区域性企业，从而实现全国范围的发展。随着产业全球化的发展，外国企业进入本国产业的情况也很常见，总部设在英国的布茨公司在美国防治关节炎类药品市场中进攻美国普强，就是一个例子。

业务单元之间有很多种形式的有形关联，代表了多元化的一种方式，这在第9章中已有所提及。应该及时追踪潜在的关联来确定可能出现的入行企业。例如，柯达公司在化学和光学方面具有技术实力，松下采取办公自动化战略，因此柯达进入复印机行业实属必然。

确定潜在的入行企业的主要障碍是避免受制于教条。很多企业过分专注于新竞争对手的传统来源，比如区域性企业或者分立企业，忽略了外国企业或者相关多元化企业等重要的竞争对手。随着行业的发展，最有可能入行的企业也会发生变化。

是否存在替代的竞争对手？在某些行业里，替代品生产企业可能是最危险的竞争对手，因此应该成为预防战略制定执行时主要关注的焦点。第8章描述了确定替代品的方式以及阻止具有威胁性替代品的方式。

3. 预测可能的攻击渠道。制定阻止战略的第三步是预测可能的攻击渠道。企业必须确定挑战者攻击自己的最佳方法，这样就能使其集中精力在最薄弱的领域里进行预防性投资。每个管理团队都应该自问一个问题："据我所知，如果我是竞争对手，我该如何攻击这个企业？"

可能的攻击渠道取决于现有的进入或者移动壁垒及其变化的方式。在芥末行业里，第戎大幅度增加了广告开支，使用差异化战略攻击了旗牌芥末。考虑到旗牌公司规模的相关优势，第戎大幅度增加了广告开支，这比直接对抗旗牌更有逻辑。由于SCM（史密斯–柯罗拉商务公司）当前的渠道和品牌忠诚度问题，SCM的便携式复印机最有可能受到融合了新的电子技术的兄弟公司自有商标的影响，其中的道理也是一样的。美国农场设备公司在小型拖拉机产品上比在大型拖拉机产品上更容易受到攻击，该公司在美国拥有基地，比日本同行拥有更大的优势。

可能的攻击渠道还会影响潜在挑战者的假设、战略和能力。米勒啤酒强调在啤酒行业内大力推出广告活动和市场细分。考虑到米勒与其母公司的无形关联，这样做不足为奇。德州仪器公司在半导体行业一直保持着传统竞争状态，而它在个人电脑领域进行的削价活动则不合时宜，这也在预料之中。收购二线竞争对手是潜在的新进入者向企业发起挑战的常见方法，因此企业一直都不能排除这种可能性。比如在卡车行业，奔驰收购了列车运输公司弗莱特莱纳，沃尔沃公司收购了卡车运营公司怀特汽车公司，法国雷诺公司与麦克公司建立了联盟关系。

4. 选择防御战略来封锁可能的进攻渠道。有效的阻止措施要求企业封锁竞争对手可能的进攻渠道。这要求企业选择成本效应最高的措施，提升结构化壁垒或提升挑战者对企业开展报复的预期，具体见上文描述。正确的防御战略组合依企业而不同，必须要满足上述标准。如果企业最有可能受到自有商品的攻击，该企业就得投资特定的自有模型，并表现出价格竞争的意愿。此外，所选的防御战略必须要针对最有可能发起挑战的挑战者。防御战略必须反映潜在的挑战者的实际目标，且引起同行的注意。

5. 捍卫企业作为强悍的防御企业的形象。除了投资防御战略外，企业必须清楚地表达其自我防御的立场和打算。企业要不断发出坚决防御的信号，必须仔细管理自身树立的形象。每发布一项声明，在市场上的举动都必须权衡，证明企业发出了这样的信号。理想状态下，企业是能够实现宝洁公司已经树立的形象的。针对公司上下所有经理的民意调查显示，包括掌管消费品和非消费品业务的管理人员的调查在内，宝洁公司上下齐心，坚决捍卫自身的市场份额。宝洁公司树立了这样的形象并非偶然，而是长期言行一致的结果。

6. 设定实际的利润期望。除非企业有符合实际的利润预期，否则不可能开展有效的预防战略。企业的利润目标必须反映企业具备的壁垒以及那些通过防御性投资创造的壁垒。减少当前的利润往往能让企业获得长期的利润。

回应

如果阻止型防御战略不成功，在进攻开始后，企业必须决定其对挑战者做出的回应。阻止不能也不应该试图将攻击的概率减少到零。这样做往往代价过大，而且企业也没有能力预测所有可能发生的挑战。因此，有效及时地回应挑战是防御战略很重要的一部分。

有效的回应建立在改变挑战者的预期基础上。我在本书描述的所有防御战略都可以用来实现这个目标，且与特定挑战者的目标、假设和能力匹配。例如，通用食品公司的麦斯威尔品牌就对宝洁公司发起了顽强有效的抵抗，无疑让宝洁重新思考了自身在咖啡行业的目标。麦斯威尔使用了积极的定价、广告和品牌对抗方式来捍卫通用食品公司在市场的地位和决心。这种防御措施的力度证明人们认定宝洁公司在咖啡行业的投资回报率较小。

进行回应的时候，要遵循多项指导原则。

尽早做出回应。企业必须尽早对进攻做出反应，因为挑战者的退出壁垒和决心会随着其早期目标的实现和累计投资额的增加而不断增长。虽然企业并没有直接对抗进攻的能力，但企业立即做出一些回应来牵制挑战者的预期也是必要的。哪怕只是一些不太有力的行动，诸如增加广告开销，也能阻止竞争对手的初始目标，提升其信心增加资本投资，实现目标。

加大投入，尽快发现竞争对手的早期行动。鉴于企业在进入或者重新定位初期尽快回应的优势，企业可以尽早发现挑战者的实际行动，从中赢得大量可持续性优势。下列活动可以促成这一情况的发生。

- 定期与原材料供应商、设备供应商和工程服务公司接触，了解有关订单或者主要利益的情况。
- 密切与广告媒体接触，了解广告档期的采购情况。
- 在贸易展览上，监控参加公司的身份。
- 定期与行业内最富冒险精神的买方接触，这些买方有可能是新型竞争对手首先接触的顾客，它们也很有可能去寻找替代性货源。
- 监控技术会议、学校和其他有可能招募技术人员的地方。

将回应措施建立在针对进攻原因分析的基础上。企业必须努力理解为什么挑战者对自己发起了进攻，其目标是什么，挑战者长期采用的战略是什么。因迫于无奈进行的进攻，或者迫于母公司针对某个业务单元增长的需要发起的进攻，企业相应的措施将有所不同。挑战者的目标、计划和时间安排也要分析，因为出色的回应措施会遭到破坏并最终使挑战者的目标有所变化。好的回应措施还要意识到如何将挑战者的行为纳入其长期战略中。

除了阻止挑战者外，还要不断努力促使其改变战略。企业对竞争对手的挑战做出回应，部分原因是它无法阻止挑战者的行为，但依然要降低其行为的威胁性。让挑战者集中精力实现或者重新界定其战略往往要比让其收回同样的战略更加容易。企业必须明确减少挑战者部分或者完全实现目标后给企业造成的威胁，由此调整自己的战略。

认真对待每一个挑战者。所有类型的挑战都不能忽视。每个挑战者进攻的动因和能力都要加以详细的分析。即便是实力不强的挑战者也有破坏行业结构或者伤害友好互利型竞争对手的能力。此外，企业对待不太有威胁性企业的举措向严重威胁企业发展成功的企业发出了信号。同时，企业必须避免对某个挑战者过分回应。回应需要支付成本，且必须是为了应对实际存在而非臆想的挑战。

认定企业的回应是一种获得竞争优势的方式。回应可以为企业赢得竞争地位而非仅仅阻止竞争对手。强大的竞争对手之间的争斗给彼此带来的伤害往往大于其对弱小的同行企业造成的危害，软饮料和啤酒行业发生的情况就验证了这一点。此外，竞争对手在某个细分领域内发起的进攻，可能使企业在其他细分领域受制于其他企业。

对削价的反应

削价是最难对付的一种竞争形式，削价对企业的赢利能力有重大影响，还有可能造成价格不可逆转的螺旋式下滑。因此，企业在面对削价情况的回应必须十分谨慎。除了上述因素外，在考虑对削价做出回应的时候，还需要考虑一些额外的问题。

竞争对手实施削价的原因。竞争对手可能迫于短期增加现金的压力或者为了能长期占据更多的市场份额而降价。竞争对手因不了解成本，认定降低定价能为自己带来更合适的回报，也有可能实施削价。更糟糕的情况是由于竞争对手的成本很低，降价似乎是必然。对待削价的正确方式依据削价的原因而异。因此，要尽快且尽可能准确地分析削价的理由。

主动挑衅。竞争对手的削价行为可能是因为它们认定企业不会对此做出积极的回应，且希望在保持利润的情况下保留价格保护伞的作用。因此，尽早对削价行为做出回应，对于限制削价行为往往是必要的。企业的回应未必是在希望削价者自动退场时，妄想凭借对应的降价来赶超对手。企业必须说服削价者，动机不纯的削价行为不足以让自己瘫痪。

局部回应。对待削价的反应应该针对特定的、容易受到影响的买方，或者针对那些差异化战略成本最低的产品范围，不要采用放之四海而皆准的措施。集中力量回应能大大减少其成本。

交叉还击。如果企业对竞争对手的降价行为做出回应，利用价格和其他措施打击其关键的买方或者产品系列，就能遏制或者减少削价的范围。同理，如果利用其他行业内封锁地位的方式进行回应，有时候也能阻止竞争对手的削价行为。这里的原则是表明削价者从削价中得到的要远远少于失去的。

以其他方式降价。通过向顾客提供免费的服务、附属设备折扣或者其他比削价更容易逆转的行为来对削价者做出回应，这样也能实现降价的效果。此外，间接的削价行为更容易在小范围内进行，竞争对手也很难赶超。如果间接降价、打折扣或者其他特殊折扣方式不成功，也比直接降价更容易收回。

创造或者利用特殊产品。面对竞争对手的削价行为，企业可以采用品牌对抗或者提高产品经济性（比如不提供免费服务）等方式来回应，这样要比直接降低主要产品系列的价格更划算。买方购买特殊产品的价格更低，也在同时提醒买方，这些产品比企业正常供应的产品质量要差。

防御和撤资的比较

在很多行业中，进行防御性投资能得到很高的回报。然而，企业必须优化防御性投资，而不是使防御性投资最大化。在某些行业里，防御性投资并不适用，或者只在某个权宜之计中适用，当企业并不具有可持续性地位时的确如此。在这些行业里，最好的防御战略是“拿钱跑路”。这表明企业尽可能赚钱，知道对手的进入或者重新定位迟早会影响自己的竞争地位。有时候，这种战略部分是为了鼓励竞争对手进入行业，从而推动市场的增长，让企业在实施收割战略时获益。

防御中撤资比投资更划算的条件如下。

- 壁垒低，或者随着行业的发展，壁垒不再起作用。
- 很少有创建壁垒的机会。
- 潜在的进入企业或者现有的竞争对手拥有超凡的资源。
- 竞争对手具有很低的投资回报目标或者其他恶劣的对手所具备的特点。

防御战略的陷阱

在防御企业的竞争地位时有很多陷阱。即便是地位稳固的行业领导者若在防御战略制定时犯了错误，也经常会被竞争对手击垮。在防御中最容易犯的错误是过分关注短期赢利能力，这与防御战略需要投资的现实刚好相悖。这类企业看重并奖励短期赢利能力的提高，却不鼓励防御战略要达到的减少风险的目标。成功的防御战略所带来的好处很难衡量，因为一切正常就是防御战略成功的标志。

防御战略制定执行的过程中还容易犯的一个错误是企业的自满情绪。企业往往不会仔细分析潜在挑战者所处的环境，也无法慎重考虑挑战发生的可能性。结果，企业没能采取简单、经济的预防措施，这点常让人扼腕叹息。此外，企业还常常因为实现了不可持续的赢利目标或者忽略了买方的需求而无意识地邀请竞争对手进入行业。我在下一章将介绍赢得竞争优势的原则，届时还会涉及防御战略常面对的其他陷阱。

15 攻击行业龙头企业

行业龙头企业有哪些弱点？行业龙头企业的市场份额和赢利能力是企业考虑进入行业或者重新定位的主要诱因。行业龙头企业在自我防御方面常具备一些优势，包括名声、规模经济、累积学习能力和优先获得供应商或者渠道商的能力。此外，绝大多数龙头企业对行业发展非常投入，具备必要的资源对挑战者不遗余力、坚决地打击到底。企业想从龙头企业手里获得市场份额，是一项非常高难度、高风险的任务。

然而，龙头企业也有其弱点。耐克公司在运动鞋领域打败了阿迪达斯，史都华在冷冻食品行业战胜了邦凯和史云生。企业成功的战略依行业不同，但都有一个共同点：这些战略都能瓦解龙头企业的竞争优势，同时避免受到全面的打击报复。虽然行业的结构性变化有时候让龙头企业暴露缺点，但若能更深刻认识当前的行业结构，这样的跟随者或者潜在的入行者就更有能力打败龙头企业。

本章将总结整本书所涉及的内容，为企业确定行业龙头企业的缺点、制定成功攻击龙头企业提供分析框架。我将从挑战者的角度，即行业内的追随者或者考虑进入某个行业的企业的角度来阐明这个框架。本章首先确定了挑战者成功攻击龙头企业需要的严格条件，接着描述了挑战者对付龙头企业采取的战略，包括改变竞争基础、利用龙头企业的僵化体制。我还在本章阐述了表明龙头企业弱点的行业和企业特征。本章最后的结语部分讨论了攻击龙头企业经常犯的错误。

虽然本书的每一章都提出了进攻战略的建议，但成功击垮龙头企业这一艰巨的任务需要综合所有建议。虽然本章的框架是按照进攻龙头企业的要求来搭建的，但在选择进攻战略对付竞争对手时，这些原则也同样适用。此外，行业龙头企业可以使用相同的理念来理解自身的弱点，从而更有效地制定防御战略。

攻击行业龙头企业的条件

进攻战略的第一条原则是不管挑战者当前具备哪些资源，其实力如何，都不能使用模仿战略与龙头企业正面交锋。龙头企业执行业牛耳的地位，凭借其内在优势，对付企业的这种挑战不成问题，而且龙头企业还会利用一切手段进行报复，随后的战斗将不可避免最先耗掉挑战者的资源。

宝洁公司在挑战通用食品麦斯威尔咖啡品牌的时候就违反了这项原则。宝洁公司的福爵咖啡不比麦斯威尔咖啡具有更多的产品优质特征，宝洁公司的产品和市场营销手段与通用食品公司的价值链活动也并无二致。麦斯威尔咖啡使用一系列的防御战略成功实现了对宝洁公司的福爵咖啡的报复，受益于其自身较高的市场份额和有利的竞争地位。福爵咖啡已经获得了一些市场份额，主要是以牺牲小型竞争对手的利益为代价。不过，福爵咖啡的赢利能力还需要提高。相反，麦斯威尔咖啡已有较高的赢利能力，能持续不断地抵制福爵试图成功获得市场份额的努力。

可口可乐向施格兰出售其名为葡萄酒系列（Wine Spectrun）的葡萄酒业务，就是另一个违反攻击龙头企业规则的实例。当可口可乐在葡萄酒行业从二线竞争对手处赢得市场份额时，该公司面临着与嘉露相比极差的成本劣势。无论是产品还是营销策略方面，可口可乐公司都没有任何创新的办法去对付嘉露，只能加大费用支出。嘉露对可口可乐的抵制表明可口可乐从未在葡萄酒行业获得不错的利润。IBM在复印机行业也面临着相同的困难。IBM在复印机业务上没有获得差异化或成本优势，在中高容量的复印机上受到了施乐和柯达的强烈抵制。

成功地击败龙头企业要求挑战者满足三项基本条件。

1. **具有可持续性竞争优势**。相比行业龙头企业，挑战者必须具备明确的可持续性竞争优势。如果挑战者具备低成本优势，企业就能利用削价来获得比龙头企业更明显的竞争优势，或者以行业平均价格出售产品来获得更高的利润，利用多余的利润对营销活动或者技术发展进行再投资。这两种情况都能让挑战者赢得更多的市场份额。如果企业有差异化的优势，就能产生溢价或最小化营销活动和领先于龙头企业试用活动的成本。挑战者具备低成本和差异化这两种竞争优势中的任何一种都必须可持续，请使用本书第 3 章和第 4 章阐述的可持续性标准来衡量。可持续性保证了挑战者能在交叉的时间内填补市场份额的空白，防止过早被龙头企业模仿。

2. **其他活动的相似性**。挑战者必须有办法部分或者全部抵消龙头企业的内在优势。如果挑战者采用差异化战略，它必须能部分抵消龙头企业因为规模、先发优势或其他原因自然产生的成本优势。除非挑战者具备成本接近的特征，否则龙头企业会利用其成本优势来抵消（或者赶超）挑战者的差异化战略效果。同理，如果挑战者将其进攻建立在成本优势基础上，挑战者必须能为买方创造可观的价值。否则，龙头企业会具备向挑战者保持溢价的情况，为龙头企业带来积极开展报复行为所需要的总利润。

3. **龙头企业决定报复面临的障碍**。挑战者必须具备一些方法来缓冲龙头企业对自己发起的报复。行业龙头企业不能对挑战者开展旷日持久的打击报复，有可能是出于龙头企业自身条件的考虑，也有可能是因为挑战者选择的战略。龙头企业对挑战者发起的报复如果没有任何障碍，当挑战者进攻龙头企业时，就会触发龙头企业消灭挑战者的攻势，不管挑战者具备怎样的竞争优势，都难以抵挡。尽职尽责的龙头企业具有优势和根深蒂固的行业地位，通过积极的报复行为，促使挑战者承担昂贵的经济和组织成本。

上述有关挑战者圆满进攻龙头企业需要具备的条件，主要是根据第 1 章说明的竞争优势的原则得出的。挑战者若能满足这三个条件，其成功赢得竞争地位的概率就大大提升。宝洁公司的福爵咖啡、可口可乐的葡萄酒系列、IBM的复印机等都没有完全满足上述三个条件，因此这些企业没能撼动龙头企业的地位。

挑战者满足这三个条件的困难主要在于龙头企业的战略及其积极程度。如果龙头企业处于进退两难的境地，没有任何竞争优势，挑战者能很容易地通过成本领先或者差异化战略赢得竞争地位。在这种情况下，挑战者只要意识到龙头企业的弱点，执行利用这些弱点的战略即可。从另一方面来看，要想成功进攻一个积极实施成本领先战略或者差异化战略的龙头企业，通常要求挑战者开展主要的战略创新，包括发展新的价值链等。

水磨粉行业里，就有挑战者满足三个条件的例子。美国嘉吉公司和阿彻丹尼尔斯米德兰在面临CPC国际集团、斯特里制造公司和标准品牌公司等传统领导企业的竞争时依然成功进入行业。嘉吉公司和阿彻丹尼尔斯米德兰拥有新的连续加工工厂，成功进入该行业，这类工厂体现了加工技术近来发生的变化。这些公司集中精力，主打产品范围较小，主要走量，通过精简销售队伍，减少了管理费用。这些举措使得嘉吉公司和阿彻丹尼尔斯米德兰比传统的制造商赢得了更多的成本优势。同时，尽管很多其他行业龙头企业努力开展差异化，嘉吉公司和阿彻丹尼尔斯米德兰在差异化战略上却实现了平分秋色。产品本身是商品，而且很多买方并不看重广泛的服务。此外，有几项因素妨碍了传统行业龙头企业所开展的报复。传统的行业龙头企业因为害怕打破整个行业的平衡不敢对挑战者打击报复，而行业内的对抗，在传统上看来是一场绅士间的较量。同时，龙头老大CPC国际集团和标准品牌公司已经开始多元化经营项目，其主要精力和资源已经脱离了传统的水磨粉行业。

水磨粉行业展示了挑战者满足三大条件的情景。很好地满足了某个条件的企业能弥补其他条件的不足。经济型航空公司，如美国人民捷运和西南航空公司进入行业就展现了满足两项条件的挑战者可以弥补剩余一项条件的不足。第3章描述了经济型航空公司因为使用不同的价值链比干线运输公司拥有更明显的成本优势。此外，很多乘客认定经济型航空公司的服务与干线运输公司提供的服务类似，经济型航空公司面临着干线运输业报复的风险，因为后者可能要捍卫自己的市场份额。虽然干线运输公司对于要不要报复打击心存疑虑，主要是降价的成本很高，也怕损害自身的质量形象，但经济型航空公司呈现的威胁如此之大，最终干线运输公司选择了反击。经济型航空公司只享受了很短暂的一段没有被报复的时间，它们得到的巨大的成本优势大大增加了干线运输公司开展报复的成本。很多干线运输公司从来没有尝试过与经济型航空公司竞价。

联邦快递公司成功击败默瑞运输公司进入行业，再次证明了挑战者使用某个领域的优势来抵消龙头企业持久竞争力的能力。联邦快递公司独特的运输系统，以及其使用自有飞机和孟菲斯中枢，在连夜递送小包裹服务中实现了差异化优势。联邦快递公司有较高的可靠性，除此而外，还在其他方面实现了差异化，详见第 4 章。虽然联邦快递公司最终实现了与默瑞运输公司成本地位的平等甚至取得优势，其价值链仍具有更高的规模灵敏度，表明联邦快递公司的初始成本相对较高。这样的成本劣势和沉重的债务负担，使其一开始很容易受到报复行为的打击。默瑞运输公司一开始没有把联邦快递公司放在眼里，它没能开展报复，直到联邦快递公司已经获得了相当大的市场份额来确立自身的成本相近地位。这个例子表明，龙头企业没能迅速实现报复，给了挑战者喘息的时间和资源来克服其在成本或者差异化方面的劣势。这再次证明了本书第 14 章中描述的快速回应在决定龙头企业防御自身竞争地位过程中的重要作用。

进攻龙头企业的渠道

成功地攻击龙头企业要求挑战者具备一定的战略眼光。挑战者必须要实施不同的战略，从而抵消龙头企业的自然优势，意识到龙头企业开展的报复，为之创造障碍。挑战者成功应对龙头企业的战略依行业有所不同，有三种常见的进攻渠道，具体如下。

- 重新配置。挑战者在执行价值链活动中进行创新或者对整个价值链进行重新配置。
- 重新定义。挑战者重新界定自身和龙头企业之间的竞争范围。
- 纯粹投资。挑战者通过优质的资源或者更多投资的意愿来购买市场地位，由此提升企业的竞争地位。

这三种渠道都能改变行业内的竞争规则，从而抵消行业龙头企业的劣势，使挑战者获得成本或者差异化优势。这三种渠道并不是彼此排斥的，一些企业已经成功地施行了。重新定义竞争范围往往要求对价值链进行平行的重新界定。使用一种或者多种进攻渠道能大大提升进攻龙头企业的成功概率。这三大渠道如图 15–1 所示。

		重新配置价值链		
		与龙头企业具有相同的价值链	新的活动	新的价值链
竞争范围	与龙头企业相同	纯粹投资	重新配置	重新配置
	与龙头企业不同	重新定义	重新配置和重新定义	重新配置和重新定义

图 15–1 攻击行业龙头企业的渠道

攻击龙头企业的渠道有两个方面的重大区别，具体如图 15–1 所示。挑战者和龙头企业相比，可以对双方价值链的配置和竞争范围进行对照。挑战者可以利用相同的价值链或对价值链部分活动进行重新配置，甚至对整个价值链进行重新配置。同时，挑战者还有可能与龙头企业在相同的活动范围内竞争，归根结底是竞争范围的问题。正如本书第 2 章所描述的，竞争范围包括了行业内部的细分内容、一体化程度、地域范围和行业范围以及企业使用协调战略在其中竞争的所有行业范围。

单纯重新配置涉及重新设计活动，或者最终出现完全不同的价值链，虽然挑战者和龙头企业拥有相同的竞争范围。单纯重新定义涉及不同的竞争范围，但竞争的基础是拥有同样的价值链。重新配置和重新定义能综合新的价值链和不同的竞争范围。纯粹投资不会对价值链进行重新配置，也不会对竞争范围进行重新界定，而是依赖挑战者所做的投资，从而实现竞争优势。

重新配置

重新配置使挑战者和行业龙头企业在相同的活动范围内以不同的方式竞争。挑战者执行个别价值活动的方式会不同，它也可能对整个价值链进行重新配置，从而降低成本或者提升差异化的成效。重新配置价值链必须具有可持续性，不易被模仿，这是攻击行业龙头企业的基础。可持续性来源于先发优势以及其他在本书第 3 章和第 4 章中描述的要素。

重新配置导致竞争优势的方式已经在本书中进行了详细的讨论，其可能涉及价值链的任何活动。第 3 章和第 4 章详细描述了重新配置价值链产生成本优势或者差异化的原因。比如，在葡萄酒行业，第 3 章描述了嘉露通过重新配置采购、混合、瓶装、物流和营销等价值活动实现成本优势的过程。第 4 章描述了在冷冻食品行业里，史都华重新配置了营销、技术发展、采购和经纪人关系来实现并保持差异化优势。

重新配置的价值活动越多，越有可能使挑战者相对领导者的竞争优势更持久。重新配置整个价值链，正如本书前文描述的经济型航空公司和艾奥瓦牛肉公司展示的情况，是挑战者针对那些高度专注于维持传统行业价值链的龙头企业最强大的竞争优势来源。

挑战者成功实现进攻龙头企业的重新配置的例证具体如下。

产品变化。挑战者可以通过改变产品来进攻龙头企业。

优越的产品性能或者特征。产品具有买方看重的性能或者特征，主要源于挑战者对买方价值链的理解（第 4 章）。宝洁公司的查敏卫生纸更柔软，比斯科特的纸质产品吸水性更强，这样宝洁公司自然就成了引领者。同理，酷柏和巴恩斯欣德公司（露华浓公司的一个分部）的软式隐形眼镜为进攻博士伦公司提供了武器。

低成本产品设计。第 3 章描述了产品设计影响相对成本地位的原理。佳能的 NP200 复印机使用彩喷投射技术，比竞争对手对零件数目的要求更低。低成本的设计使佳能公司显著提升了其在小型普通纸复印机行业的地位。

出厂物流和服务变化。挑战者可以通过改变产品支持、售后服务、订单处理或者商品分销来攻击行业龙头企业。

物流系统更快捷。第 3 章描述了分析物流系统中提升相对成本地位的方法。相对成本地位有时候可以通过重新配置价值活动来降低，联邦快递公司就是这样做的。

售后支持更灵敏。第 4 章表明了如何评估对买方最有价值服务的参数。挑战者重新配置价值链，使其更快速地回应买方的要求，实现差异化。维特科是一家专门出售海上石油钻井设备的公司的一个燃油工程分部，它通过提供优质的培训材料和其他售后服务支持来帮助其买方掌握复杂的水下钻井任务。

订单处理更有效。第 4 章描述了如何确立并评估交付系统增效的办法，由此确立差异化。增效方式包括执行新的功能，比如控制买方存货，这实际上是接手了买方价值链的活动。有些批发企业使用在线订购系统来接管零售顾客的存货管理功

能。麦克森曾通过其药品分销3PM订单处理系统大大提升了自身的竞争地位，该系统使药剂师可以直接订购，并提供其他有价值的信息。

营销变化。挑战者已经通过营销价值活动的创新在很多行业向龙头企业发起进攻。最常见的创新活动包括以下几个。

在营销投入不足的行业增加营销活动的投入。挑战者可以升级营销开支来进攻龙头企业。在芥末、冷冻餐饮和冷冻土豆行业中，老波庞芥末酱、史都华和奥丽达就成功地做到了这一点，如今正在努力提升传统广告开支的费率。更高的花销水平使得企业能够更好地显示价值，获得更高水平的品牌识别和溢价。

新的定位。为了攻击行业龙头企业，挑战者可以设想到新的产品定位方式。史都华冷冻食品作为一项美食的新定位是其取得优势支配地位的关键要素，详见第4章。

新型销售组织。新型的销售组织可能具有不同类型的销售人员，有时候是成功进攻领导者的基础。皇冠集团拥有娴熟的技术型销售团队，经过重组向罐装商销售整套皇冠瓶罐产品、瓶盖和包装设备，这就是皇冠集团比美国罐装公司和大陆罐装集团更成功的原因。

运营变化。可以降低成本或者提升差异化战略的运营价值活动的变化为很多挑战者成功击败领导者提供了基础。本书第3章中描述，艾奥瓦牛肉公司在牛肉包装行业里率先启用了一条全新的价值链。嘉吉和阿彻丹尼尔斯米德兰公司利用全新连续加工工厂进入水磨粉行业。修正的生产工艺提升了产品质量，这是奥丽达在冷冻土豆行业取得成功的原因。有时候全新技术的出现改变了工艺，或者某技术子类变革为传统工艺技术重新注入了活力。

重新配置下游活动。利用龙头企业忽略的渠道或者率先集中发展新兴的行业是攻击行业龙头企业的新渠道。下游创新的实例包括以下几个。

开创新渠道。天美时在20世纪50年代开创了使用杂货店和大型卖场作为手表销售渠道的先例，虽然行业里有宝路华这样的知名品牌和瑞士制表商，但天美时仍然在行业里取得了领先地位。传统的龙头企业通常使用珠宝商店的渠道。

抢占新兴的渠道。理查逊–维克斯公司引领在超市销售玉兰油产品等高品质护肤品的潮流。超市是这种产品的新兴渠道，该公司通过保持玉兰油的领先地位，获得了先发优势。

直销。日本拉链公司YKK绕过了批发商，直接向服装产品销售，打败了达龙公司。

要成功击败龙头企业，仅在价值链上开展某一项创新是不够的。史都华将产品变化与多项重大的营销创新结合起来。嘉吉和阿彻丹尼尔斯米德兰公司联合开展工艺变化和生产线、营销变化。天美时综合新渠道与低成本制造技术，以前所未有的电视广告规模推进产品。可持续性产品竞争优势有多种来源，详见第3章和第4章。

结构变化为重新构建价值链创造了条件。天美时成功打败瑞士手表，主要得益于对电视广告和大众销售渠道以及战时生产技术发展的充分利用。同时，买方收入的增加和态度的转变使得手表成为日常必需品。在许多行业里，重新配置价值链要以重新思考内部的做法而不是利用外部变化为前提。总之，重新配置价值链是一项创意活动，很难按照规定或者预期的方式实现。行业分析、价值链分析、技术分析、行业情景以及本书提出的其他概念能帮助我们寻找重新配置价值链的机会。

重新定义

攻击龙头企业的第二种渠道是重新定义竞争范围。竞争范围的扩大意味着实现关联或者收获一体化的利益，缩小竞争范围使得企业为了特定目标重新制定价值链。本书前面几章我多次提及，尤其是在第2章、第7章、第9章和第12章里，我阐明了企业的活动范围将在很大程度上影响竞争优势。挑战者能够从4个方面改变竞争范围，重新定义范围的方式是彼此渗透的。

- 行业内集中。缩小竞争基础，集中应对某个细分领域，而不是漫无目的地出击。
- 一体化或者分拆。扩大或者缩小在企业内部开展的活动范围。
- 重新界定地域。从地区、国家甚至全球的角度拓展竞争范围，还可以沿着反方向来缩小竞争范围。
- 横向战略。将竞争基础从某个行业拓展到多个行业。

集中

对付行业龙头企业成功的集中战略主要形式见第 7 章的描述。

- 买方集中。像拉昆塔这样的平价酒店主要针对中产商务人士，还创造了低成本价值链来满足其特殊要求。
- 产品集中。佳能、日本理光和萨文集中于小型普通纸复印机，从而挑战施乐公司的龙头地位。
- 渠道集中。斯蒂尔通过只服务经销商来击败链锯产业的国康力和迈科络，由此实现集中服务买方的效果。

集中战略常见的优势体现在行业龙头企业很难在不影响自身战略实施的情况下对挑战者的集中战略实现报复。这延迟了龙头企业对挑战者的打击，使挑战者有时间在行业里立足。此外，攻击领导者的集中战略可以成为次序战略的一部分。在次序战略中，挑战者一开始通过集中战略攻击行业龙头企业，然后逐渐拓展其竞争范围，与行业龙头企业在较广的范围里竞争。日本生产商在电视机和摩托车行业已经采用了这种战略。在这两个行业里，日本制造商从低端产品系列开始，逐渐拓展产品范围。耐克也是用了这种方法在跑鞋领域里成功挤走了阿迪达斯，一开始集中于高品质产品领域，然后利用已经确立的名声向下游拓展产品范围。次序战略的基础是细分领域之间的关联（第 7 章），这使得身在某个细分领域的企业逐渐在其他细分领域里赢得竞争优势。次序战略的优势体现在初期不会激起行业龙头企业对挑战者开展报复行为。

一体化或者分拆

挑战者应该使用一体化或者分拆的方式进攻行业龙头企业。后向一体化或者前向一体化有时候会降低成本或者提升差异化效果。在葡萄酒行业，嘉露在瓶装行业实现一体化是其获得成本优势的重要原因。瑞士食品零售商米格罗在行业内的地位不断上升，主要归功于产品和包装的后向一体化。条件改变还可以使分拆成为赢得竞争优势、超越采用一体化龙头企业的重要手段。

地域重新界定

在一个或者多个国家运营的行业龙头企业，有时候会被区域化或者全球化战略击败。通过将某个行业的竞争基础拓展到多个行业，挑战者拓展了市场的地域限制，通过地域关联赢得了成本或者差异化优势。整合并协调多个国家价值活动的全球战略，可使企业获得生产或者产品发展的规模优势，创造更好地服务全球买方的能力，进而获得其他方面的竞争优势。行业的全球化已经成了汽车（丰田和尼桑对抗通用汽车）、摩托车、起重机、电视机和多种医疗设备等行业挑战者成功的主打战略。

针对跨国的行业发展，国别差异意味着全球战略是不利于生产力提高的。实施全球战略的龙头企业很容易受到采用国别差异战略的挑战者的攻击。嘉实多在车用油行业的成功就得益于这种战略。就算在国际化行业里的某些细分领域中，集中某个国家的战略也具有可持续性，而在其他细分领域中，则要求全球战略。这两种情况下，非全球化应该是攻击全球战略的一种方法。

在很多行业里，集中于某个城市或者某个地区的企业成功地击败了实行全国战略或者全球战略的竞争对手。在竞争对手集中某个区域的时候，竞争优势就来源于全国竞争。甘尼特集团的《今日美国》就希望借此战略在报业取得成功。

横向战略

挑战者可以利用业务单元之间的关联作为拓展竞争范围的手段。本书第 9 章和第 10 章已经详细介绍了关联可以为在相关行业内经营的企业带来竞争优势。实施覆盖了多个行业横向战略的挑战者可能会成功打败一个在行业内更小范围或者不同领域经营的行业龙头企业。比如在个人电脑领域，IBM 利用个人电脑与其他业务单元之间的关系来击败早期的龙头企业，如苹果和天迪。关联还可以替代企业在任何行业内取得的市场份额，抵消龙头企业的竞争优势。

特殊形式的关联和互补产品已经在第 12 章中描述。捆绑销售可以在某些行业内赢得竞争优势，而捆绑优势可以在其他行业获得竞争优势。美林证券的CMA捆绑产品综合了多种之前分别销售的金融服务产品，使得美林证券赢得了比经营多种金融服务的企业更好的竞争地位。

多重再定义

这 4 种重新定义的模式并不是互相排斥的。挑战者可以在采用全球化战略的同时实现利用关联，松下电器在家电领域就是这样做的。松下电器在很多电子消费品领域中共享生产活动、销售渠道和其他价值活动，它还可以在全球范围内整合并协调战略。这个战略战胜了凭借单个产品或者在单个国家经营的竞争对手。

挑战者可以将某个方面狭窄的竞争范围和其他方面宽泛的竞争范围结合起来，可以在集中于某个行业某个细分领域的同时，实现全球范围的竞争。同时在多个方面重新定义竞争范围已经成了竞争优势的有力来源，因为每次重新界定产生的竞争优势可以逐渐积累。

图 15–2 显示了竞争范围的多个方面，表明挑战者审视竞争范围各种因素的方法，这是判断其能否成为攻击领导者的方式。该图勾勒了龙头企业的竞争范围，探讨了其他可行的竞争范围界定（包括拓展或者缩小竞争范围），从而确定能否为挑战者创造强大的竞争优势。上面的示意图代表了 20 世纪 70 年代汽车行业的情况。通用汽车与采用大布局战略、涉及多个模型的企业竞争。虽然通用汽车公司在全美乃至全球范围竞争，但其在战略本质上主要是以某个国家为核心，全球协调量比较少。丰田和尼桑选择集中于小型汽车市场，采用全球协调的战略，这两家公司在此过程中赢得了超越通用汽车的竞争优势。

图 15–3 表明了美国报业的竞争模式。行业内的传统战略是用多种新闻服务某个城市，尽管很多报纸可能同属于某个连锁集团。《华尔街日报》和《纽约时报》就采取了针对市场细分领域的国家战略。《华尔街日报》最近采用了部分全球化的战略，设立欧洲版和亚洲版。同时，《今日美国》旨在全国范围内出售针对大众的日报，这大大吸引了全国广告商。《今日美国》和《华尔街日报》的战略能实现，得益于现代通信技术和计算机排版和印刷技术的发展。报业中重新定义竞争范围已经成为赢得竞争地位的主要因素。

上述重新定义竞争范围的例子表明了重新定义竞争范围和重新配置价值链可以同时进行。《华尔街日报》如果没有采用全国乃至全球战略，就不会取得如此成功的效果。企业必须视重新定义竞争范围和重新配置价值链为攻击行业龙头企业的互补方式。

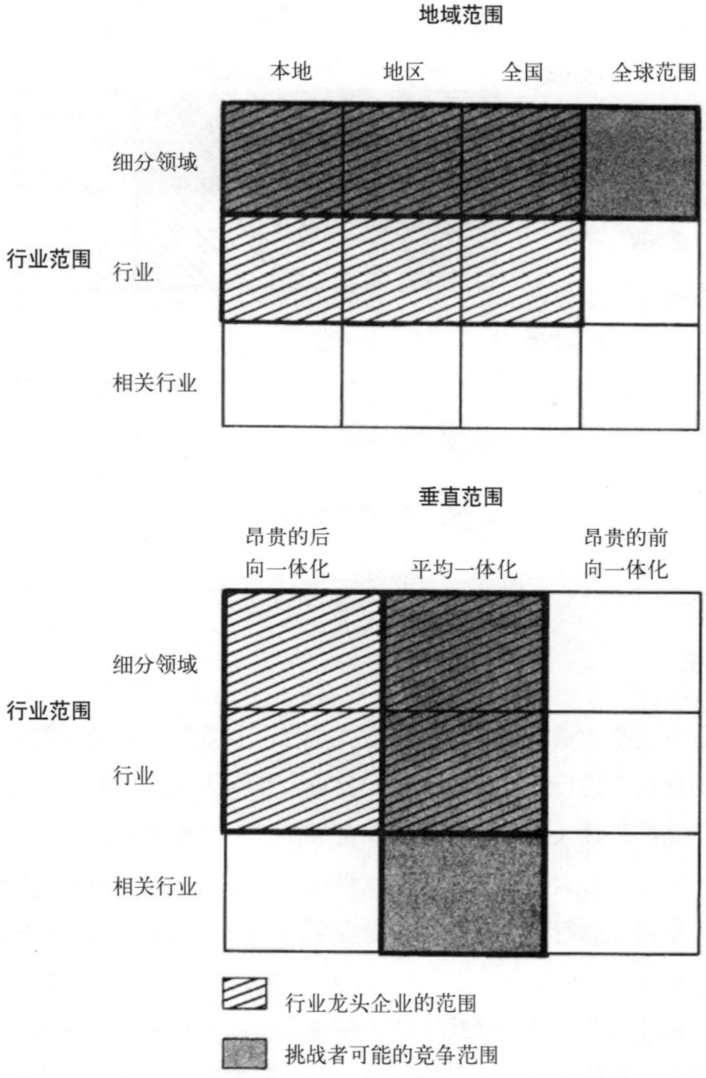

图 15–2　行业龙头企业的其他竞争范围和挑战者战略

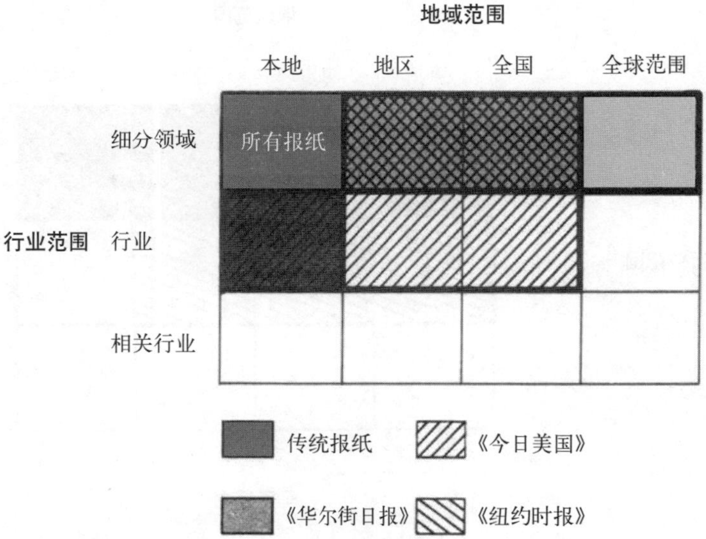

图 15–3　报纸行业的其他范围

纯粹投资

攻击行业龙头企业最具风险的一种方式是在没有重新定义竞争范围，也不重新配置价值链的前提下进行纯粹投资。纯粹投资包括买入市场份额、积累销售量或者通过降价或提高广告投入来提高品牌认同度等。挑战者充分投资，旨在实现一定的市场份额、销售量，扩大名声，从而在赢得相对成本地位或者差异化战略中遥遥领先。挑战者无须特立独行，也不比龙头企业更加出色，只要用更多的资源、更主动的投资超过龙头企业即可。

这种削弱行业龙头企业竞争优势的方法成本很高，也未必能成功。行业龙头企业具有成本或者差异化优势，通常有充分的财力对抗这种战略。龙头企业往往愿意投资捍卫自己的地位。石油公司多元化经营，试图进入化肥行业，纯粹投资就带来了巨大的风险。虽然该石油公司资金雄厚，在重新配置价值链和重新界定竞争范围的过程中并没有得到竞争优势，导致了让人沮丧的结果。

纯粹投资的成功依赖于挑战者优先获得财力或者行业龙头企业不愿意在行业内投资的前提。财力雄厚的龙头企业可能会自满，有较高的壁垒，发展目标很多或者面临着母公司对其提出创造更多现金收益的要求。纯粹投资在行业龙头企业规模不大、投资不足的行业里最成功。这些龙头企业虽然拥有竞争优势，但却没有实力采用激进的报复手段来打击挑战者进入行业的勇气。

纯粹投资本身是进攻龙头企业最不讨好的方式。然而，愿意投资往往是基于重新配置或者重新定义基础战略的重要补充。在罐装行业中，皇冠集团大力投资，而美国罐装公司和大陆罐装集团却在积极收成，这就加快了皇冠集团通过其现代设备获得竞争优势的进程。

建立联盟攻击龙头企业

挑战者可能需要与其他企业建立联盟，获得必要的资源、技术、市场机会或其他优势来攻击行业龙头企业。联盟是实现重新配置价值链、重新定义竞争范围或者纯粹投资的一种方式，虽然企业确立联盟未必就能实现成功。不同种类企业结成联盟在很多击垮龙头企业的情况中发挥了重要作用。两种常见的联盟形式具体如下。

- 收购。企业收购另一家公司（或者多家公司）或者企业本身被其他企业收购。
- 联合。在不开展兼并的情况下，企业与其他公司进行联合，包括授予许可证、合资企业和供货协议等。

收购为拓展企业的竞争范围创造了条件，包括在新的细分领域、新的地理范围内获得竞争地位，以及通过加强一体化程度或者在相关行业内建立据点，这些都能达到同样的目的。IVECO公司兼并了许多欧洲卡车制造商，成为一个很有竞争力的企业。收购在重新配置价值链或者纯粹投资战略中发挥着巨大的作用。收购可以使两个机构按照可行的方式合并资源和技术。

联合能将不同企业的资源和技术按照有利于重新配置价值链、重新定义竞争范围或者纯粹投资的方式进行整合。日本的电视机制造商获得了美国无线电公司彩电技术的授权，为自身开展产品和工艺创新提供了很好的起点。同理，联合还推动了欧洲空中客车工业公司的诞生，使一群举步维艰的国内企业联合成为一个全球竞争的公司。联合措施与企业自身的行为结合起来，可以拓展竞争范围。比如在阀门行业中，WKM公司只在美国境内销售产品，在其他地方则采用许可证的方式经营。

联合在攻击龙头企业的过程中发挥着非常微妙的作用。挑战者有时候与行业龙头企业建立联合关系，这样的关系为日后挑战者进攻龙头企业奠定了基础，详见第5章。行业龙头企业授权其他许可技术，确立合资经营生产或者营销业务，这样就让挑战者学习到龙头企业的优势，使其可能获得突破性进展。很多日本企业从行业龙头企业获得了国外先进技术的许可，日后又对这些技术进行了改良。

收购和联合本身也不是万无一失的。收购行为很难实现一体化，而且在建立联合的合作伙伴之间开展协调工作又有很多麻烦。比如在复印机行业中，佳能受益于施乐与其合作伙伴兰克施乐公司以及由兰克施乐公司牵线搭桥联合的另一个企业——富士施乐公司协调合作时出现的问题。佳能具有强大的全球协调能力，由此产生了一些竞争优势。

行业龙头企业开展报复的壁垒

成功的挑战者必须要发现甚至创造行业龙头企业开展报复后遇到的困难，这旨在削弱龙头企业的天然优势，减少挑战者发起进攻的成本。有多项因素可能阻碍龙头企业对挑战者开展报复。

混合动机。如果挑战者的战略为龙头企业创造了混合动机，它就能遏制行业龙头企业报复的能力。龙头企业必须损害其过去的战略来对挑战者还击或者与之竞争，这就面临着混合动机。例如，已经在服务方面确立了竞争优势的龙头企业，如果在回应挑战者战略时做出了没有必要的举动，就会功亏一篑，损害自己难得建立的名声。挑战者可能选择保持自己过去的战略，承受市场份额的损失。比克公司引入了低价的一次性钢笔，这就为吉列公司的书写文具部门创造了混合动机。书写文具部门妥善地发展了产品的质量取胜品牌形象。赶超比克公司的战略可能会损害这种形象，书写文具部门最终引入了全新的品牌——书写兄弟（Write Brothers）来对抗比克公司。

龙头企业与母公司其他业务部门之间确立的关联可能是混合动机的基础，因为确立关联涉及了成本僵化（第9章）。关联可能会限制龙头企业的行动，使其难以在做出还击的同时不损害兄弟业务单元。当行业龙头企业采用捆绑战略的时候，就有可能产生混合动机，详见第12章。行业龙头企业可以让挑战者赢得适量的份额，不必实行分拆经营，以免整个行业转向分拆经营。

龙头企业反击的成本较高。如果挑战者的战略使得龙头企业回应时要付出较高的成本，龙头企业就不会进行报复。龙头企业占有较大的市场份额，就会对实施昂贵的报复行为再三思考，包括全面的降价行为和加大保修服务的范围。如果龙头企业的设备、设施或者劳动合约不合适或者已经过时，回应成本也很高。第 14 章阐述了防御战略成本评估的方式。

不同的财务任务和目标。拥有不同财务任务和目标的龙头企业可能不会对挑战者的进攻做出回应。强调短期利润的龙头企业会向愿意放弃份额的挑战者让出市场份额。同理，如果报复行为要求大量投资，希望保持高现金流量的龙头企业也不会进行报复。丹碧丝的例子证明了龙头企业若具有不同的财务目标，就会招致其他企业的进攻。在女性卫生产品领域内保持较高的回报率似乎已经成了丹碧丝内部的当务之急，这使其对竞争对手发起的不断进攻鲜有反应，直到近来才发生改变。财务目标的差异是许多外国企业成功打败美国龙头企业的主要原因。

业务约束。如果龙头企业决心或者努力在其他行业内取得成功，对于挑战者发起的进攻，龙头企业有可能不会报复。母公司可能会限制某个业务单元的资源或者控制器目标。例如，母公司认定公司的主要任务是获得现金收益，则公司就不太可能从母公司那里获得资源来抵御挑战者的攻击。同理，积极追求多元化战略的企业可能不会密切监视或者捍卫其核心业务。皇冠集团比美国罐装公司和大陆罐装集团取得了更大的成功，部分就是因为两个龙头企业试图利用其他包装方式实行多元化。

监管压力。行业龙头企业如果认定自己因为监管压力无法行动，就有可能不采取振复。反托拉斯检查、安全标准、污染监管和其他类型的法规都有可能限制龙头企业的回应。有些观察者认为政府对连锁罐装系统的压力会转移可口可乐公司的注意力，使其无法专心应对百事可乐的挑战；当AT&T公司面临着新的竞争时，就因为监管压力无法有力回击。

盲点。在解释行业条件的时候，龙头企业可能因为错误的假设或者盲点而遭受损失。如果龙头企业错误地估计了买方的真正需要或者行业变化的影响力，挑战者就应该在龙头企业有所行动前赢得竞争地位。此外，龙头企业可能会天真地意识到挑战者的行动不明智或者不具有威胁性，直到挑战者在行业内确立了市场地位才幡然醒悟。

盲点对于很多挑战者的成功具有至关重要的意义。哈利戴维森公司错误地估计了市场对小型摩托车的需求，坐看本田公司在行业内立足；施乐似乎误解了小型复印机的重要性；虽然设计和自动化生产技术取得了巨大进展，齐尼思依然固守手工装配电视不放。仔细分析竞争对手的假设能反映这些盲点。

不正确的定价。龙头企业可能会根据平均成本，而不是向给定的买方交付成品的成本来设定价格。如果挑战者的目标是定价过高的产品或者买方，并提供了较低价格，那么领导者确认真正的成本就会比较慢，且不愿意降低其毛利润。龙头企业对这些战略进行回应，从一个个细分领域里退出来，直到最后领导者以行业龙头企业的身份出现。

绅士游戏的一部分。如果行业内的对抗不温不火，龙头企业的反应可能比较慢。这些行业的龙头企业因为害怕破坏自己与其他竞争对手的关系而不采取对挑战者实施的报复。可口可乐是软饮料行业的元老，这里的每个企业都遵守游戏规则，这也部分说明了为什么直到最近可口可乐才对百事可乐发起了强烈的报复行动。

龙头企业发起报复的障碍源于多重不同的原因。有些障碍起因于诸如混合动机或者资源分配的优先顺序等有形因素，还有些障碍源于龙头企业的认知错误，盲点和不正确定价就属于这种情况。当龙头企业开展的报复存在有形障碍时，挑战者成功的概率就会增大。多种障碍的存在使得龙头企业面临的问题日益复杂。比如瑞士手表企业在回应天美时的挑战时，对天美时一次性手表的适销性缺乏认识。鉴于瑞士手表企业的劳动强度，为赶超天美时自动化设施付出了高昂的回应成本，如果这些企业要追随天美时的战略，启用杂货店这个销售渠道，就得面临隔离珠宝店销售渠道的混合动机。

重新配置价值链，重新界定价值链的战略，经常要利用龙头企业开展报复的障碍，由此创造混合动机以及高昂的回应成本，使龙头企业无法正确认识自己。相对而言，纯粹投资战略的一大困难在于它与其他两个进攻途径相比，很难与龙头企业实施报复时遭遇的障碍相联系。当龙头企业具有不同的财务任务和目标，且不愿意与挑战者的投资活动竞争时，纯粹投入才最有效。

行业龙头弱点的信号

上述讨论表明了诸多显示行业龙头弱点的信号。主要有两大类，行业信号和基于行业龙头企业特征的信号。

行业信号

结构变化是暴露行业龙头企业弱点的最强信号。来源于行业外部的结构变化是显示龙头企业弱点的明显标记，因为成熟的企业往往会误解这些标记。

显示龙头企业弱点的重要行业信号包括以下几点。

技术突变。技术突变提升了行业龙头企业竞争优势被忽略的可能性，详见第5章。比如在轮胎行业里，米其林在子午线轮胎上取得的技术突破挑战了固特异轮胎和耐火石。在打字机行业里，电子产品的出现证明了安德伍德的衰落实属必然，并威胁着SCM。由于龙头企业具有的规模经济和累积学习效应，相比挑战者，它们有更优越的地位对持续的技术变化做出反应。

买方变化。买方价值链上的任何变化，无论出于什么原因，都能为差异化、新渠道、分拆经营带来新的机会。比如，劳动力大军中女性成员比例的增加为许多行业中生产女性或者家庭产品的企业创造了条件。由于龙头企业的行业地位限制，新的买方细分领域也有充分的机会。

改变渠道。新渠道的出现为攻击当前渠道内占有统治地位的龙头企业创造了条件。将诸多消费品销售转向市场，就为攻击多个龙头企业创造了条件。

改变投入成本或者质量。重要投入要素质量或者成本的变化，会为挑战者通过新的生产工艺、锁定新的原材料货源或者重新设计产品来减少或改变物资内容，进而获得成本优势提供了条件。比如，能源成本的急剧上升为炼铝行业重新定位创造了条件。

绅士游戏。正如本书上文所述，具有悠久而稳定历史的行业表明龙头企业扮演了政治家的角色，可能报复会比较慢。

龙头企业的信号

行业龙头企业的下述特征能显示其弱点。

进退两难。陷入进退两难境地的龙头企业（相比其他现存竞争对手缺乏成本优势或者差异化战略），给挑战者提供了诱人的目标。挑战者可能会发现很难满足在本章一开始阐明的三个条件。

买方不满意。龙头企业的买方不满意，就容易受到对手的攻击。不满的买方认为龙头企业已经显示了自己的议价能力，或者龙头企业的员工因为过去的成功开始骄傲自满。买方不满会大力鼓励并支持挑战者。

当前行业技术的先行者。开创了当前一代行业技术的龙头企业可能在将来不会进行技术创新，这是由于投资当前的技术会变得僵化。在汽车行业发展的初期，福特公司似乎从一开始就被这个问题困扰。

极高的赢利能力。赢得了极高利润的龙头企业为挑战者提供了保护伞，前提是高利润减去进攻的成本后有盈余。利润很高的龙头企业不愿意减少自己的利润来报复。此外，额外的回报也表明龙头企业可以放弃生产线上不太赢利产品的份额，为挑战者实施集中战略提供了条件。

监管问题的历史。具有监管问题历史的龙头企业，比如反托拉斯问题，可能无力大肆报复，或者自认为无能为力。

在母公司业务组合中执行力较差。被母公司认定执行力很差的企业可能不具备财力来赶超最近的技术变化，或者没有充分的自主权来决定放弃部分利润，从而大力打击挑战者。

攻击行业龙头企业和行业结构

是否适合攻击龙头企业的最终标准是权衡其对整体行业结构的影响。挑战者进攻行业龙头，如果会破坏行业结构，就很不明智。挑战者必须寻找新的竞争方式，否则无法赶超龙头企业，取得成功。然而，新的竞争方法在某些情况下可能会减少差异化的可能性，降低进入壁垒，或者可能会产生其他负面结构影响（详见第1章）。与此息息相关的风险是挑战者获得了市场份额却没有取得超越龙头企业的明显优势。如此一来，龙头企业和挑战者之间就在竞争地位上实现了相对平衡，这可能意味着行业将经历长期的不稳定。后续的战争就有可能旷日持久，双方都有可能付出高昂的代价，导致两家企业都不可能获得竞争优势。

意识到有些竞争对手是优秀的龙头企业，这一点很重要（详见第6章）。攻击优秀的龙头企业可能会恶化挑战者的赢利能力。如果优秀的龙头企业提供的保护伞在此间消失，面临这种情况，挑战者就必须放弃对龙头企业的进攻，转而在其他行业寻找发展的机会和形式。